道南学派研究

福建省社会科学院
中国社科院哲学所　　宋明理学研究中心　编

姚进生　主　编
陈国代　黎晓铃　副主编

厦门大学出版社
XIAMEN UNIVERSITY PRESS
国家一级出版社
全国百佳图书出版单位

前　言

　　北宋,以儒学融合佛道的新儒学(理学)基本形成,出现了濂、洛、关诸理学派别。理学在北方形成后,闽中的杨时、游酢、陈渊、胡安国等一批学者纷纷北上,拜程颢、程颐、张载为师,以传播理学为己任,在闽中续传"北宋五子"的理学思想。清人蒋垣《八闽理学源流》卷一云:"周敦颐理学之教得二程而益盛。闽福清王蘋,将乐杨时,沙县陈渊、陈瓘,建阳游酢皆从二程受业。濂、洛之教入闽,由此而盛。"当时,闽中不但出现了像杨时、胡安国等一批重要的理学家,而且形成了诸如道南学派、武夷学派、艾轩学派等理学学派。他们授徒讲学、著述立说,互相辩论、相互启发,思想异常活跃,开辟了早期闽中理学的新时代。

　　杨时、游酢学成归闽时,程颢目送说"吾道南矣"。游杨把程氏之道传给罗从彦,从彦传至李侗,开创了宋代理学发展史上著名的道南学派。从本质上来说,道南学派的学术思想——道南学,是在特定历史条件下形成的,有着独特的学术风格和思想文化特点。诸如"以理阐释太极,强调太极是至理之源"、"阐发理一分殊,强调以殊求一"、"既注重格物穷理,又强调反身而诚"、"默坐澄心,静中体认未发"、"重视对'四书'的诠释"等等。应该说,道南学派对理学思想的传播和阐发,为后来朱熹闽学思想体系的形成和成熟作了理论准备。但中国哲学史和宋明理学史著作都只论述朱熹的理学思想,而对早前的道南学派很少有涉及,其存在并没有引起学者足够的关注。

　　近几年来,宋明理学研究中心与闽中的相关研究机构共同举办学术研讨会,开展对道南学派的研究。2011 年 7 月,在武夷山举办了"杨时教育思想与书院文化"学术研讨会;2013 年 9 月,在延平区举办了"纪念李侗 920 周年诞辰暨《延平答问》"学术研讨会;2013年11月,在延平区举办了第四届"闽台游酢文化"研讨会;2014年12月,在武夷学院举办了"罗从彦理学思想及其当代价值"学术研讨会。每一次研讨会都邀请国内各地学者参加,展开坦诚、开放、务实、求真的讨论。这些学术研讨会,拓展了对道南学的深入研究。而研讨会的圆满成功,既有利于学者们相互借鉴理论成果,也增进了大家之间的友谊。

这里应该说明的是,限于篇幅等原因,我们未能把每次参与会议交流的论文都收到本书中来,只选取了部分代表性的论文,汇集成册,基本上以原貌发表,以飨读者。由于编辑的时间紧迫,书中不可避免地存在一些错漏和不足,只能祈求得到读者的谅解。当然,我们还是真诚地希望,本书的出版能为读者提供一些有益的启示,也欢迎有兴趣的读者参与道南学的讨论,以推动道南学派的深入研究。

姚进生

2015 年 9 月 30 日

目　录

上篇　杨时游酢研究

游酢理学三论 ··· 张源人 2

关于游酢杨时道南研究的几个问题 ······················· 薛鹏志 7

杨时"中庸"思想及其主要特征 ·························· 张品端 23

杨时诗歌初探 ··· 肖胜龙 36

杨时思想对朝鲜大儒的影响 ······························ 杜钢建 45

作为文化符号的杨时的意义解读

　　——兼论杨时出生地争论的符号学分析 ············· 余达忠 57

中篇　罗从彦研究

罗从彦"静观""躬行""知止"说及其当代价值 ··········· 刘云超 68

罗从彦思想三论 ··· 李永杰 80

罗从彦教化思想探析 ······································ 冯会明 87

罗从彦"君子寡欲"的当代意义 ·························· 罗小平 94

从罗从彦、李侗到朱熹之圣人治国政治思想

　　——兼与西方柏拉图"哲学王"治国思想比较 ········· 徐　涓 105

论罗从彦对朱熹学术思想的影响

　　——以《遵尧录》与《八朝名臣言行录》之异同为中心 ········ 王志阳 116

朱熹三提先父问学豫章先生之解读 ······················ 延陵丁 134

罗从彦文化旅游资源调查 ································· 蓝宗荣 142

罗从彦的地籍归属问题 …………………………………… 陈利华 153

罗从彦生平事迹略考 ……………………………………… 蓝天昊 167

罗从彦与延平 ……………………………………………… 陈晓华 176

罗从彦研究述评 …………………………………………… 胡泉雨 187

下篇　李侗研究

李侗研究的几个问题 ……………………………………… 高令印 202

李侗的理学思想探微 ……………………………………… 何乃川 216

李侗：从"外王"到"内圣"的思潮引领 …………………… 吴吉民 237

李侗之"仁"思及践履 ……………………………………… 刘　刚 244

李侗"理一分殊"思想 ……………………………………… 王晓君 252

李侗"静中气象"与为学功夫 ……………………………… 罗小平 258

李侗的为学工夫论 ………………………………………… 陆翠玲 267

李侗著述版本考述 ………………………………………… 方　征 273

道隐：李侗归隐情结的价值蠡测 ………… 梁悦凤　庄丽静 284

李侗画像考述 ……………………………………………… 方彦寿 292

朱熹与李侗之一二 ………………………………………… 向世陵 302

延平与朱子授受之主要特征 ……………………………… 刘承相 307

《延平答问》与李侗对朱熹的理学思想影响 …………… 陈遵沂 315

李侗对朱熹四书学的影响 ………………………………… 周元侠 321

从李侗投书罗从彦看其为学思想的转变 ………………… 陈利华 339

李侗在朱熹弃佛崇儒思想转变过程中的作用研究 ……… 李永杰 348

逃禅归儒　弃文崇道
　　——李侗对朱熹早年思想的影响 …………………… 冯会明 355

李侗的"洒落气象"及其对朱熹的影响 …………………… 蓝宗荣 363

《延平答问》与朱熹思想嬗变之考察 …………………… 陈国代 374

由"复卦见天地之心"一番答问谈李侗对朱熹的影响 …… 丘山石 384

晚年李侗期许面会朱子的迫切、缘由及境遇 …………… 刘　刚 395

师承与"心法"：以《延平答问》序跋为中心的考察
　　——兼论明清之际朱子学的地位 ………………… 胡泉雨 404

杨时游酢研究

游酢理学三论

◎ 张源人

游酢是北宋理学南传的先驱者。他与杨时、胡安国等著名学者形成了以传承洛学为标榜的文化共同体。他们不仅把源于北方的理学传播到南方，而且对北宋理学进行了阐发，形成了自己独特的学术观点。这些理论思想推动了中国主流文化重心的南移。本文就游酢理学思想中的天理论、道器论、道体说三个方面作些论述，以期引起对此深入探讨。

一、天理论

在二程看来，天理是普遍权威性的价值体系，格物致知则是人们把握天理的基本方法。而如何把握格物致知便是洛学中学者要探究的问题。二程的闽中弟子游酢就继承了洛学关于天理思想的宗旨。他以"天理"为其最高哲学范畴，认为"天理"存在于人心之中，体现在天地万物之上，即理先于万物而存在。理存在于人，人一生下来就本能地认识万物之理。游酢说："斯理也，则著于天文，俯则形于地理，中则隐于人心。"① 又说："理也者，人心之所固然也，学问之道无他，求其心所同然者而已。"② 这就是说，"理"在物上，又在人心中，做学问就在于求得到"理"。游酢还强调，把握洛学的天理说，关键在于要在人心中确认，以性与天道为内容的天理学说的价值是不可以沦失的。他

---

① 《游酢文集》卷四。
② 《游酢文集》卷四。

说:"是性与天道,仲尼固尝言之。"①他认为,孔子曾说到性与天道,但儒家最强调的是,"夫理之所不载,安在其为仁耶?"即是说,儒家的仁,其根本还是理。他又说:"其不可隐者,其理也。"②游氏认为,理不可以沦失。理之所以不可以沦失,是因为理不仅代表最高价值,而且对人的认识方向、得失、正误、深浅、偏全等会产生不同的影响。在游酢之前,北宋著名理学家张载就意识到,认识过程必有情感、意志、利欲心等价值意识的参与,主张用端正的、积极的价值意识以促进认识。显然,游酢不仅继承了二程的天理观,而且继承了张载的价值思维定势,并加以发挥,从而产生"理"不可以沦失的重要看法。

游酢还强调道德的世界("天下")价值。从他的《论语杂解》、《孟子杂解》、《中庸义》、《二程语录》等著作可以看出,游酢将道德伦理作为评判一切的准则,意在提高人的教养,甚至将世界的价值归于道德伦理价值之中。修身、齐家、治国、平天下的泛道德主义,在游酢著作中处处得以体现,这是一种追寻世界的道德价值的努力。对天理价值的这种道德倾向把握,其实是一种内向的意义追求。其意义是主体对于人与世界关系的体认和领悟。从另一个角度看,人对世界、事物、事实的评价,也是对这个世界、客观事物、已发生的事实,对于人意味着什么、对人有什么价值的揭示。

游酢对天理价值的追寻风格有着自己的独特之处。具体而言,有三个方面内容:一是游酢强调圣贤境界,包括圣德、中庸之境界等,所追求的是"人类和个体两方面的价值的最高实现",是"发自自己的内在生命力,是自己生命力的要求","由此提高和升华人格的自觉性","这是人之所以为人之所在";二是游酢强调"践履功夫"。即加强道德修养,包括"主敬"、"慎独"、"改过"、"达孝"、"诚身"等。从中可以看出,游酢对儒家的践履功夫有很深的理解,并有独到之处;三是游酢强调修齐治平。游酢将"正心以修身"提到"自强而不息"的高度,同时由修身推至"事亲"、"上孝"、"中悌"、"下慈";跨出家庭范围而走入社会,就要治国平天下,而这正是《中庸》所谓"合内外之道"。从而我们不难看出,游酢对"内圣外王"的儒家思想的价值追寻是值得称道的。

---

① 游酢:《论语杂解》,"二三子以我为隐乎"章。
② 游酢:《论语杂解》,"二三子以我为隐乎"章。

二、道器论

游酢的著述,表面上看,似乎和读经、解经相类,仔细阅读,完全不同于此前训诂章句,其特色在于发明义理。其中有很多学术上的创造,被后人所发扬和继承。朱熹的学术中就有很多发扬游酢的学术成就。道器论是其中之一。

游酢著述的《论语解》,有"君子不器"章。他解读《论语》的"君子不器",采用《易经》之说。游酢曰:"形而上者谓之道,形而下者谓之器,君子体夫道者也,故不器。不器则能圆能方能柔能刚,非执方者所与也。"游酢在这里用《易》关于"道器"的概念,赋予孔子关于圣贤、君子学说新的含义,阐明了"道"、"器"之间的关系。在游酢看来,"道"与"器"之间,犹如"圆、方、柔、刚"与"方"之间的关系。"方"是其中之一,只是其一方面的内容,相当于"全局"与"局部"的关系。这就是"道"与"器"之间的关系。君子应该从全局出发,侧重于"道",而不能够偏执于某一具体的方面,所以孔子说"君子不器"。

游酢用《易经》解读《论语》关于"君子不器"的思想,被朱熹所继承。朱熹后来用通俗的语言加以表述,曰:"可见底是器,不可见底是道。理是道,物是器。"朱熹与门人交流时,用火炉比喻说:"此是器,然而可以向火。所以为人用,便是道。"①并且作出了"道器论"的精辟阐述,曰:"'形而上者谓之道,形而下者谓之器',明道以为须着如此说。然器亦道,道亦器也。道未尝离乎器,道亦只是器之理。如这交椅是器,可坐便是交椅之理;人身是器,语言动作便是人之理。理只在器上,理与器未尝相离。"②从游酢到朱熹,道器论的理论得到进一步深化,并被广泛传播,直至今天我们通常理解的理论与方法的关系,即是对道器论原理的发挥。

游酢对《易经》和《中庸》的研究尤具独到见解。其著作《易说》和《中庸义》即是这方面的研究成果,也是游酢的代表作。朱熹在《中庸辑略》中,也继承和发挥了其中很多的学说。其中游酢用《中庸》解说张载著作的《西铭》,清晰破解了张载《西铭》中很多理论。二程生前对于游酢解释这方面学说,予以充分肯定,朱熹在自己学术论著中也收录了游酢对于《西铭》的阐释。

---

① 《朱子语类》卷二四。
② 《朱子语类》卷七七。

三、道体说

张载是宋儒中最早提出"性与天道合一"命题的学者。他提出了这一命题,是有感于秦汉以来学者多是"知人而不知天"①,因而便把目光转向作为人性深层根据的天道论。张载从人的价值本体的角度看待作为宇宙本体的"太虚"(即"气"),认为太虚既是宇宙本体(万物生化的本原),又是价值本体(道德性命的本原)。它便是"诚"、"仁"、"善"等实理,是道德价值的总根源。他提出,气在遍润万物的过程中显现出"诚";而这个"诚"便是"仁","仁"的存在就是"理"。于是,张载便有"合虚与气,有性之名",以及"仁在理以成之"②的命题。照这种理解,仁就不只是社会中的一种道德了,而具有超道德、超社会的宇宙本体"理"的意义了。这是一种本体和主体合一的哲学思想,它由张载开启,而到游酢、杨时,便发展为道体说。

游酢论性,是从"天命之谓性"的角度出发,从人性即天理的角度去研究的。人之性,是由天命所赋予的,就是"天命之谓性"。游酢与"道"结合来讲这个"性"的道理。他说:"天之所以命万物者,道也;而性者,具道以生也。因其性之固然,而无容私焉,则道在我矣。夫道不可擅而有也,故将与天下共之。"③这说的是,天把自己的法则即道下降于人,而人性就是由这个纯善的道所赋予的。可以说,人人心中本来就具有这种纯善的道。游酢上述话语的关键在于,他处理心与性,是强调道体的,即认为道是性之本体,而这个道,在游酢的许多论述中都指的是道德本体,即道体。因而,可以说,游酢从道德本体角度看"性"的问题,性便不仅是哲学本体,而且也是道德本体;性既是本体论范畴,也是人性论范畴;性既然是善,那它对人生便有重大意义和作用(即"故将与天下共之")。这便是游酢的道体说。

在《易说》中,游酢说:"财成天地之道(是指裁制补成天地的道体)。"好比说,协调处理阴阳,这是"体天地交泰之道也",即体察天地之气交融而生万物的原理。这些表明,游酢的道体说有很明确的价值导向,便是对道的内心体验。他一生始终保持着自己对道体的珍贵体验。他在自己的著作中提醒人

---

① 《宋史·张载传》。
② 张载:《张子语录》中。
③ 游酢:《中庸义》,"天命之谓性"节。

们,要以坚强的意志努力克制嗜欲,加强道德修养,"以主敬穷理为吾子勉"①。

与道结合的心性论(道体说)既然把道体的善看作是道德的本体的善,那它自然也是天理的善的规定。洛学的开创者二程,就是要以天理的善作为当时人的生存依据。这一观点同样反映在游酢的思想中。游酢自己就说过"顺性命之理而已"②的话。这一思想更符合孟子的尽心、知性、知天的原意,同时也贯穿了与天理的善结合的心性论的基本思想。但无疑,这也使本来较多的外倾性的洛学内倾化了。这种内倾化,对于宋代儒学在心性方面的精深细微的阐发与实践,即挖掘价值本体的成立依据,以及道德认知与实践当然有重要意义;但也使价值建构的相对性因素增长,不利于普遍价值观的确立。

道体说对胡安国开创的湖湘学派产生过很大影响。胡安国与游酢、杨时以及谢良佐辈义兼师友,在两宋之际以私淑洛学自任。胡安国的季子胡宏(1105—1161),"开湖湘学源之学统"③。他的"大哉性乎,万里具焉,天地由此而立矣"、"万物皆性所有"④等一系列论述,都把与道结合的"性"作为最高范畴,体现出继承游酢的道体说的思想传统。

此外,游酢的治经方法,在于强调"本其躬行心得之言以说经"⑤,其为学重在"治气养心行己接物"⑥上用功夫,等等。这些都是游酢的重要思想,值得我们深入研究。

---

① 《游酢文集·静可书室记》。
② 游酢:《易说》。
③ 《宋元学案》卷四二,《五峰学案》。
④ 胡宏:《知言》。
⑤ 《游酢文集·序》。
⑥ 《宋元学案》卷二六,《豸山学案》。

关于游酢杨时道南研究的几个问题

◎ 薛鹏志

一、道南学与闽学

两宋以来，闽、浙、赣武夷山一带的理学（新儒学）发展起来，成为继北方中原之后新的国家文化重心。这一文化重心的源头活水是闽籍学者游酢、杨时到河南拜程颢、程颐为师，他们回闽时，程颢有"吾道南矣"之叹[①]；此后闽中又出现以朱熹为代表的集濂、洛、关之学以至整个传统文化之大成的闽学。因此，闽中是这一以理学为代表的新的国家文化重心的核心地区。

闽中理学有两个大阶段。承续游酢、杨时之学的先后有闽中沙县罗从彦、延平李侗，可以称为道南学系。北宋闽中其他学者的理学，如海滨四先生、胡（安国等）氏之学、邵清王蘋之学等，尽管他们的学说非游、杨道南之学系，却也是濂、洛、关之学的南传，因此可以归并为道南系。朱熹及其学派，可以称为闽学系。

对于朱熹及其学派称为闽学，学者们没有异疑。有的学者认为，游酢、杨时道南学系之学也可以称为闽学。还有的认为，闽中理学没有两个阶段，游、杨、罗、李、朱等之学都是闽学，两宋闽籍理学家之学说皆可称为闽学。此观点在福建地方学者中较为普遍。这在学术上是不确切的，也是不大符合历史事实的。

---

① 《宋史》卷四二八，《杨时传》；《二程集》，北京：中华书局，1986 年，第 428～429 页。

闽学是朱熹之学,正如濂学是濂溪之学、关学是横渠之学、洛学是二程之学一样,以其产生地标示其学派名称。闽学已是与廉、洛、关之学并称的宋代四大学派之一,是朱熹及其学派学说的专称。这一历史事实早有定论,是历代知名学者所肯定的,是不能改动的。

对于闽学即朱熹学派的说法,始于明大儒宋濂(1310—1381)。他说:

> 自孟子之殁,大道晦冥,世人撎埴而索涂者,千有余载。天生濂、洛、关、闽四夫子,始揭日于中天,万象罗列,无不毕见,其功固伟矣。而集其大成者,唯考亭朱子而矣。[①]

其后,明理学家薛瑄说:

> 濂、洛、关、闽之学,一日不可不读。周、程、张、朱之道,一日不可不尊。舍此而他学则非矣。[②]

明理学家陈鼎说:

> 我太祖高皇帝继位之初,尊立太学,命许存仁为祭酒,一宗朱子之学,令学者非五经孔孟之书不读,非濂、洛、关、闽之学不讲。[③]

清儒蒋垣说:

> 濂、洛、关、闽皆以周、程、张、朱四大儒所居而称。然朱子徽州人,属吴郡,乃独以闽称何也?盖朱子生于闽之尤溪,受学于李延平及崇安胡籍溪、刘屏山、刘白水数先生。学以成功,故特称闽。盖不忘道统所自。[④]

当代知名学者张岱年说:

> 闽学与北宋的濂、洛、关之学并称为"濂、洛、关、闽",这是宋明时代占统治地位的思想。在朱熹生存期间,经常与江西陆九渊的"心学"、浙江陈亮的"功利"之学进行辩论。学派的划分与地域有一定的关系,而福建地区是朱学的主要根据地。[⑤]

所有这些,不仅强调学派的地域性,更为主要的是推崇朱熹,把朱熹与周敦颐、张载、程颢、程颐并列,闽学是濂、洛、关之学的集大成者。

此外,还有个更为重要的原因,就是道南学系和闽学系的理学内含和师

---

① 宋濂:《宋学士全集》卷五。
② 薛瑄:《读书续录》。
③ 《东林列传·高攀龙传》。
④ 蒋垣:《八闽现学源流》卷一。
⑤ 高令印、陈其芳:《福建朱子学》序言,福州:福建人民出版社,1986 年,第 1 页。

承是不同的。

　　游酢、杨时拜二程为师,学成归闽时,程颢谓"吾道南矣",是符合事实的。游、杨把程颢之道传给罗从彦,从彦传至李侗,至此而止。程颢、游酢、杨时、罗从彦、李侗、朱熹虽是先后相继的师承关系,而朱熹实际上未承其学。游、杨、罗、李一脉相传的"指诀",是体会所谓"未发之中"。这是游、杨从程颢那里学来的。《礼记·中庸》曰:"喜怒哀乐之未发之谓中,发而皆中节之谓和。中也者,天下之大本也;和也者,天下之达道也。致中和,天地位焉,万物育焉。"这就是说,人在喜怒哀乐未发之前有一种纯是理的精神本体,它是天下的根本,体察了它,人就达到了圣人的境界,天下也就可以得到治理了。杨时说:

　　　　学者当于喜怒哀乐未发之际以心体之,则中之义自见。执而勿失,无人欲之私焉,发而中节矣!发而中节,中固未尝亡也。孔子之恸,孟子之喜,因其可恸、可喜而已,于孔、孟何有哉? 其恸也,其喜也,中固自若也。①

　　在杨时看来,能做到这一点,就是遵循了天理。这是"静复以见体"的工夫,是逆觉体证之路。杨时还就恻隐说仁,以"万物与我为一"说仁之体,也明显地是本于程颢。②

　　游酢20岁时见程颐,程颐即谓其资可以适道。当时,程颢正为扶沟县令,特召游酢来职学事。他欣然而往,得闻微言,遂受业为弟子。可见他聪明早发,资质超轶。29岁,又偕同杨时见程颢于颖昌。二人归闽时,即上引程颢有"吾道南矣"之叹。程颢卒后,游、杨二人再赴洛阳师事程颐,历史上有尊师重道的"程门立雪"的著名佳话。游酢和杨时一样,始终遵循程颢的"静复以见体"的体认工夫。他说:

　　　　孟子说:"仁,人心也。"则仁之为言,得其本心而已。心之本体,则喜、怒、哀、乐之未发者是也。惟其徇己之私,则汩于忿欲而人道息矣!诚能脱人心之私,以还道心之公,则将视人如己、视物如人,而人心之本体见矣。③

　　游酢在《书明道先生行状后》中说:

---

① 《杨时集》卷二一,《书六·答学者其一》。
② 《杨时集》卷二一,《书六·答练质夫》。
③ 《游酢文集》,延吉:延边大学出版社,1998年,第110页。

天地之心,其太一之体钦?天地之化,其太和之运钦?确然高明,万物复焉;溃然博厚,万物载焉,非以其一钦?阳至此舒,阴至此凝,消息满虚,莫见其形,非以其和钦?夫子之德,其融心涤虑,默契于此钦?不然,何穆穆不不已,浑浑无涯,而能言之士,莫足以颂其美钦?嗟乎!孰谓此道未施,此民未觉,而先觉者逝钦?百世之下,有想见夫子而不可得者,亦能观诸天地之际钦?[①]

这显然是讲程颢"未发之中"的精神本体之气象。

罗从彦从学于杨时20多年,其真得力处,亦是"静复以见体"的体证工夫。李侗也是如此。朱熹在《答何叔京》中说:

李先生教人,大抵令于静中体认大本未发时气象分明,即处事应物,自然中节。此乃龟山门下相传指诀。[②]

朱熹早年依据李侗的教导,体会所谓"未发之中",苦参"中和",始终未能契入逆觉体证之路。朱熹后来回忆说:

当亲炙之时,贪听讲论,又方窃好章句训诂之习,不得尽心于此,至今若存若亡,无一的实见处,辜负教育之意。……及其时也,渐次昏暗淡泊;又久则遂泯灭,而顽然如初无所睹。此无他,所见者,非卓然真见道体之全,特因闻见揣度而知故耳。[③]

这说明朱熹对他所谓"未发之中"不予重视,未曾学进去,并且还提出批评,如说"罗仲素(按从彦)《春秋说》不及文定(按胡安国),盖文定才大"、"罗先生说(按指教人静坐)终恐做病。如明道亦说静坐可以为学,谢上蔡亦言多著静不妨。此说终是小偏。才偏便是病。道理自有动时,自有静时。学者只是'敬以直内,义以方外'。……不可专要去静处求。所以,伊川谓'只用敬,不用静',便说得平。"[④]李侗"说敬字不分明,所以许多时无捉摸处。……若一向如此(按指静坐),又似坐禅入定"[⑤],等等。

这样,朱熹对程颢、游酢、杨时、罗从彦、李侗等道南学系所悟解的性道之体未有真实契会。当代知名学者刘述先说:

---

① 《游酢文集》,延吉:延边大学出版社,1998年,第180页。
② 《朱文公文集》卷四,《答何叔京二》。
③ 《朱文公文集》卷四,《答何叔京二》。
④ 《朱子语类》卷一二,《杨氏门人·罗仲素》。
⑤ 《朱子语类》卷一三,《杨氏门人·李愿中》。

程门另一高弟杨龟山(时)倡道东南,再传弟子李侗(延平)即为朱子之业师。但朱子并未契于龟山一系的"默坐澄心"之教,且不幸延平早逝,不得不自己努力,强探力索,苦参中和,一直到三十九岁才真正找到自己成熟的思路。朱子自述早年误以"性为未发,心为已发",乃在未发上面用不上工夫,不免急迫浮露。后来仔细咀嚼伊川(程颐)遗教,特别是"涵养须用敬,进学则在致知"二语,才涣然冰释,为问题找到了满意的答案,从此认定性即是理,心则周流贯彻、通贯乎未发已发,在未发时只是涵养,已发之后则用省察。如此静养动察,分有所属,而敬贯动静,自此不复有疑。朱子所发展的是一心性情之三分架局。性即是理,而心是情,心统性情。这套思想的背景则是一理气二元不离不杂之形上学。理是超越而永恒的。气则是内在而具体的。性可以进一步解释为义理之性与气质之性。爱、情是气。心是气之精爽者,具众理而应万事。[①]

这就是朱熹别走蹊径直承程颐的思路。朱熹曾谓:"道理不可专要去静处求,所以伊川(程颐)谓只用敬,不用静,便说中了。"[②]朱熹是由"中和"问题的参究把握住制心的枢要的,其天理论之形上学由此逼出。对于《中庸》之"喜怒哀乐之未发之谓中,发而皆中节之谓和。中也者天下之大本也,和也者天下之达也。致中和,天地位焉,万物育焉",朱熹认为,喜怒哀乐是情,其未发是性,发而无所偏倚是中,发而皆中节是情之正。"无所乖戾,故谓之和","未发之前,万理备具",而应事接物"能省察得皆合于理处"。[③] 这就肯定人有"自发自律自定方面而非在感官觉感中受制约的超越的道德本心"。[④] 故其格物穷理、应对万事无不廓然贯通,合乎道德天理。这就是遵行孔子的下学(日用践履)上达(心性理天)的"为己之学"之教的。朱熹说:

> 道学不明,元来不是上面欠却工夫,乃是下面元无根脚。若信得及,脚踏实地,如此做去,良心自然不放,践履自然纯熟。[⑤]

这种由具体体会抽象的思维架式,朱子学学者是代代相传的。直到清代,李光地奉旨纂辑《朱子全书》,其架势仍是从小学、大学起,然后及于天道

---

① 刘述先:《文化与哲学的探索》,台北:学生书局,1986年,第267页。
② 引自《宋元学案》卷四九,《晦翁学案》。
③ 《中庸章句》;《朱子语类》卷六二,《中庸一·第一章》。
④ 牟宗三:《心体与性体》,台北:正中书局,1969年,第327页。
⑤ 《朱子语类》卷一四,《大学一·纲领》。

性命之说。清人张伯行在论到明代朱子学学者陈真晟时说：

> 吾儒之学则不然，以穷理为端，以力行为务，体之于身，而实推之于家国天下而无不当，至语其本源之地，不过曰此心之敬而已。[①]

这就是说，朱子学是门唯理的和实践的学问。就是以格物穷理和居敬存养并进互发为主旨的新儒学。它将居敬存养即实践的工夫作为学说予以提倡。这是朱子学所独具的特色。朱子学的居敬存养包含两个要素：一是内在的心性存养，二是对天理的体认。这两者是紧密的联系着的，是不可分割的整体。

对于朱熹思想之上承脉络，当代学者蔡仁厚有综合的说明。他说：

> 朱子之学，直承程伊川（颐），而并不承续杨龟山（时）、罗豫章（从彦）、李延平（侗）之慧命。……三人之学，皆从《中庸》"观未发之中"入，乃明道（程颢）先生所授，有独立意义，非朱子所可概括。[②]

从师承上说，朱子当然是延平弟子；但若专就理之脉传而言，朱子实不传龟山、延平之学。黄梨洲所谓"龟山三传而得朱子，而其道益光"，其实只是单从师承上说的仿佛之见。朱子所光大的，乃是伊川之道，并非龟山之道。龟山一脉，实到延平而止。[③]

总之，程颢、游酢、杨时、罗从彦、李侗是一系，在闽中至李侗而止。朱熹思想不是附此系而发展壮大起来的，而是直承程颐等人的理学思想。就闽学渊源于洛学来说，闽学属程颐、朱熹一系。

宋代理学，号称"濂、洛、关、闽"。前三者形成于北宋，而闽学则起于和大成于南宋的朱熹。

二、儒学正宗与"别子为宗"

孔子创立的儒学，到西汉董仲舒提出"独尊儒术"，便成为中华民族的主体文化思想。中华主体文化思想是中华民族的精神支柱和生活方式，像衣食住行一样是不可须臾离。中华主体文化思想的核心价值可以概括为内圣成德与外王事功，即"内圣外王"。就是《大学》所讲的"修身、齐家、治国、平天

---

① 《陈剩夫集》卷首，《序》。
② 蔡仁厚：《哲学史与儒学论评》，台北：学生书局，2001年，第184页。
③ 蔡仁厚：《新儒学的精神方向》，台北：学生书局，1982年，第211页。

下"。所谓"外王",就是用王道、文化治理天下,此是与"霸道"、武力相对称的。"外王"的前提是"内圣",无"内圣"就无"外王"。

以孔子为代表的这种中华民族的主体文化思想,到了东汉以后,儒学由逐渐动摇,以至出现存亡的问题。魏晋玄学用老庄释《易》,以无为本,无与空相通,招致两汉之际传入中国的主空佛教盛行;产生于汉代的道教在佛、道"夷夏之论"中壮大起来。三教经过论争融合,到了隋唐,佛教中国化,道教又因老子(李耳)与皇帝(李唐)同姓,佛、道倾国奉,几成正宗,而主体儒学却奄奄一息,中国有成为佛教国家的可能。朱熹曾忧患地说:

> 释氏之教,其盛如此,守得一世再世,不崇尚他者,已自难得;三世之后,亦必被他转了![①]

在朱熹看来,中国有成为佛教国家的可能。亡国先亡文化,是多么严重的问题啊!这是从当时的中国文化面临的外部形势来说的。

再从中国文化的内在义理来看。佛、道与儒是中华文化的三大组成部分,中国佛学(教)和道家、道教也是中华文化。但是,儒、道、佛在中华文化中的地位,是主、从、宾的关系,地位是不相同的。知名学者蔡仁厚说:

> 道家(教)是中国土生土长的,但它不能担纲,相对于作为中国文化主流的儒家而言,它是居于副从旁枝的地位,所以儒与道是主、从的关系。佛教从印度来,它在中国是客位。而佛教亦自知这一点,所以能自觉地守这个分,这就使它与儒家之间形成宾、主的关系。至于儒、佛之间,则似乎若即若离,关系微妙,彼此虽曾发生过几次冲突摩擦,但终于亦能相安无事。[②]

知名佛学家印顺指出,儒学"是纯中国文化纵面的产品,是不可旁解的,是入世的,是天道的,是万世不朽的经纬线","而佛家是介入的,是出世的,是偏于究竟空寂的。精深是精深矣,博大是博大矣,岂奈不及儒家何"。[③]

儒、道、佛三教之间的主从、主宾关系,不是任何人所能强调出来的,是因为儒学是中华民族的文化传统,即所谓"道统",是民族文化生命的常道——生活的原理和生命的途径。其内在本质是由孔子的"仁"而开发出的内圣成德和外王事功之教。只有内在的内圣成德,才能有外在的外王事功。道、佛

---

① 《朱子语类》卷一二六。

② 蔡仁厚:《新儒家的精神方向》,台北:学生书局,1982年,第21~22页。

③ 台北《天华月刊》,1979年7月1日。

之教充其量只是"外王"之事,仅仅是外在的。

上面所说的,由汉至北宋,就是宋儒所说的儒家的"道统"中断了,没有了儒家的内圣成德,因而中华民族也就没有了精神力量,社会人心坠落。当代著名新儒家牟宗三说:

> 唐末五代社会上的无廉耻。这个时代可说是中国历史上最不成话的时代,人道扫地无余。其中最显明的例子就是冯道。这位"五朝元老"真可谓厚颜无耻了。其实,这还是后人的说法,最可怜的是身处那个时代竟无耻不耻这个概念,而当时人亦不以无耻责之。……儒家的精粹正在人的道德性之竖立,即在人性、人道的尊严之挺拔坚贞的竖立。回顾先秦至宋之间,曾有汉、唐两代为盛世,国势强大,典章制度亦甚多可取之处,但是于道德性方面正视人道、人性的学问,偏无所用心。宋儒深感唐末五代社会的堕落与人道的扫地,因而以其强烈的道德意识,复苏了先秦的儒学。历史运会演变至此,正该是正视道德意识的时候,因而道德意识中的内容以及其所涵蕴的诸般义理亦容易被契悟。宋儒是真能清澈而透澈地立于道德意识上而用其诚的,因而亦真正能把握儒圣立教之本质。新儒学的兴起,五代的坠落是直接唤醒其道德意识的机缘;但其兴起的机缘还不止于此,还有另一方面,就是对佛教的抵御,间接地因佛教之刺激而益显其"道德性的理性"之骨干之不同于佛、老。[①]

这里牟先生把我们上面讲的中国文化的内外两个方面的问题都讲到了。唐、宋两个时代,一般认为,唐比宋文化高,外国人也以唐代表中国,把中国人称为唐人。但是,唐的文化是表面的、形象化的,没有树立起和传承下来中国文化的内在本质。因此,接着唐的五代十国,人们无道德意识,人心不古,社会混乱,政权割据和反复更替,人民生活陷于水深火热之中。相反地,宋朝的文化最成熟,人们的道德意识最高。南宋末年朝廷(国家)已大势所去,还出现文天祥等伟大的民族英雄!当代最权威的史学家陈寅恪、邓广铭等,谓"华夏民族文化,历数千载之演进,造极于赵宋之世"[②],宋代文化"在中国整个封建社会历史时期内,可以说是空前绝后的"[③]。牟宗三又说:

---

① 牟宗三:《宋明理学的问题与发展》,上海:华东师范大学出版社,2004 年,第 17~18 页。

② 陈寅恪:《金明馆丛稿二编》,上海:上海古籍出版社,1980 年,第 245 页。

③ 邓广铭:《谈宋史研究的几个问题》,《社会科学战线》1986 年第 2 期。

残唐、五代衰乱,世道人心败坏。人无廉耻,这是最大的惨局。在这个背景下,才要求儒家的复兴。宋明儒家完全是道德的觉醒。宋儒的兴起就是对着残唐、五代的人无廉耻而来的一个道德意识的觉醒。道德意识的觉醒就是一种存在的呼唤,存在的呼唤就是从内部发出来的要求。①

以上就是中国儒学发展之第二期宋代新儒学的内在本质和文化价值之所在,它的产生和形成就是要恢复和发扬儒家的"内圣"之学。这是研究闽中理学首先要知道的,是研究闽中理学的前提。

游酢、杨时生活在两宋之间,其学术活动和思想形成主要是在北宋末年和南宋初年。北宋新儒学的代表者主要是周敦颐、程颢、程颐、张载、邵雍,被称为北宋五子。邵雍另成系统,一般是就前四子研究北宋新儒学。据研究,此四子分成两个系统:一是周敦颐、张载、程颢系,主要以程颢为主,下开以胡宏、张栻为代表的湖湘学统和以游酢、杨时为代表的道南学统,道南学统主要还有罗从彦、李侗,即所谓游、杨、罗、李。二是程颐、朱熹系。据牟宗三研究,周敦颐、张载、程颢系"这条路线是宋学的正宗",是新儒学的正宗;而程颐、朱熹系,至朱熹集大,是其后的宗主,称为"别子为宗",即其源头程颐非正宗,此是借用中国古代宗法制嫡长子孙为大宗、正宗的说法。牟宗三说:

> 程明道(颢)讲仁有两个意思。仁就是主观地讲的道体,可以跟客观讲的道体同一,这就是以"一体"说仁,是明道讲仁的第一个意思;第二个意思是以"觉"训仁,反过来说,仁就是不麻木。这两个意思是一个意思。有感觉、不麻木,有感通,就涵着"一体","一体"从感通来,所以这两个意思是相连的。……程明道提出来的以"一体"说仁、以"觉"训仁这两个观念后,他的后学中,杨龟山喜欢讲"以一体说仁",谢上蔡喜欢讲"以觉训仁"。杨龟山、谢上蔡是二程门下的两个大弟子。朱夫子批评杨龟山"以一体说仁"、批评谢上蔡讲"以觉训仁",其实是批评程明道。②

游酢就是"一体"说仁的,把仁之主观的道体跟客观的道体同一,谓"仁者人也。仁为众善之首,故足以长人;犹之万物发育乎春而震为长子也"③。

宋明新儒学一般分陆(九渊)、王(阳明)心学和程朱理学。上述程颢系与

---

① 牟宗三:《宋明理学的问题与发展》,上海:华东师范大学出版社,2004年,第74页。

② 牟宗三:《宋明理学的问题与发展》,上海:华东师范大学出版社,2004年,第117、112~113页。

③ 《游酢文集》,延吉:延边大学出版社,1998年,第19页。

程颐系,是和陆王心学与程(颐)朱理学相对应的,可以说后者是前者的发展。陆、王之上承很少有人深入研究,其实也就是程(颢)陆(王)心学。程颢、程颐兄弟思想的差异衍变为后来的两系。程(颐)朱理学主张"性即理",即程颐谓"性即理也;所谓理,性是也"①;程(颢)陆(王)心学,程颢有"心即理"的意思,曾谓"心是理,理是心"②,后来衍变为陆王的"心即理"。陆九渊认为,二程思想,"伊川(颐)蔽固深,明道(颢)却通疏"③,肯定程颢,因而将程颢思想推阐扩充,形成自己的"心即理"的思想体系。所以,陆王心学应是程(颢)陆(王)心学。④ 列表如下:

	周敦颐	胡宏	张栻	湖湘学派
北宋理学	张 载			陆王心学(儒学正宗)
	程 颢	游酢	杨时	道南学派
	程 颐	朱熹		程朱理学(闽学)(别子为宗)

游酢、杨时是程门四大弟子之前两人,历来称其学为"道南正脉"、"程氏正宗",是符合实际的。据《龟山先生年谱》记载:

> 时明道(程颢)之门,皆西北士,最后先生(按指龟山)与建安游定夫酢往从学焉,于言无所不说,明道甚喜。每言杨君最会得容易,独以大宾敬先生。后辞归,明道送之出门,谓坐客曰:"吾道南矣!"时谢显道亦在,为人诚实,但聪悟不及先生(按指龟山)。故明道尝言杨君聪明。元符间,伊川(颐)先生归自毗陵,见学人多从佛学,独先生与谢(良佐)不变,因叹曰:"学者多流于夷狄,唯有杨、谢长进。"⑤

总之,游酢、杨时"道南"之"道"是正宗新儒学,即上面所说的"内圣外王"之学,呈现出了中华民族文化的核心价值。

后来,因朱熹集大成,名气大,把"源头活水",把游酢、杨时"道南"之学掩盖了。这是把中华文化发展史上继往开来、承前启后的伟大思想家埋没了。单就其妇孺皆知、家喻户晓的"立雪程门"、"载道南归"来说,是中华文化重心南移再兴的源头活水,其功绩就足以永垂不朽!

---

① 《二程遗书》卷二二上。
② 《二程遗书》卷一三。
③ 《陆九渊集》卷三四。
④ 徐远和:《洛学源流》,济南:齐鲁书社,1987年,第183~190、274~275页。
⑤ 《杨时集》,福州:福建人民出版社,1993年,第1115~1116页。

但是,后世一直是对游酢不"公道"的。明清时代学者所撰之闽学史,皆褒杨贬游,如晋江刘廷昆的《闽学传宗》、建安杨应诏的《闽学源流》、安溪李清馥的《闽中理学渊源考》、惠安黄廷玉的《闽中文献录》等。此后人云亦云,旧说相因,无有人进行具体分析。直至近现代,仍然是如此。国学大师钱穆认为,游酢"逃禅"[①],予以批判。(其实是误解,游酢是以儒学融合释、道之学的宋学思维方式的开创者,由此形成一种学以致用、传统为现实服务的学风。在此基础上才有朱熹等理学家们总结出外来文化中国化的一般模式。[②])匡亚明主持的声势浩大的南京大学中国思想家研究中心,邀请最知名的中国思想史专家诸如冯友兰、张岱年等反复论证,确定200人为传主,请国内外专家撰写"中国思想家评传丛书",历时10年,于2009年完成,被评为国家图书最高奖,却无游酢、杨时。侯外庐主编的多卷本《宋明理学史》,200多万字,1984年由人民出版社出版,仅以游酢"无多大建树"[③]五字了之,置而不论。近50年来,正式发表有关研究游酢的学术论文不过十余篇。这说明至今对游酢及其思想的研究十分冷落。

如此这般,显然是不"公道"的,对阐明中华文化的发展规律是十分有害的,所以知名学者蔡仁厚呼吁要"还先贤以公道"[④]。要加强对游酢、杨时的研究,填补思想史这段空白,是非常有价值、有意义的。

三、"内圣外王"之学

程颢谓"吾学虽有所受,'天理'二字是自家体贴出来"[⑤]。因此"天理"论是其学的特点。程颢是如何"体贴""天理"的呢?他有段话可以帮助我们去理解:

> 万物皆只是一个天理,己何与焉? 至如言"天讨有罪,五刑五用焉;天命有德,五服五章哉。"此都只是天理,自然当如此。人几时与? 与则便是私意。有善有恶,善则理当喜。如五服自有一个次第以章显之。恶

---

① 钱穆:《朱子新学案》,成都:巴蜀书社,1987年,第864页。
② 陈寅恪:《审查报告》,冯友兰《中国哲学史》附录,上海:商务印书馆,1934年。
③ 侯外庐:《宋明理学史》,北京:人民出版社,1984年,第180页。
④ 高令印:《游酢评传》,香港:中国翰林出版公司,2002年,第1页。
⑤ 《程氏外传》卷一二。

则理当恶(一作怒)。彼自绝于理,故五刑五用。何尝容心喜怒于其间哉?舜举十六相,尧岂不知?只以他善未著,故不自举。舜诛四凶,尧岂不察?只为他恶未著,那(应作哪)诛得他?举与诛,何尝有毫发厕于其间哉?只有一个义理,义之与比。[①]

在程颢看来,天秩、天序、天命、天讨、天伦、天德,可以概括为天理,是天理之当然。程颐说:"天有是理,圣人循而行之,所谓道也。"[②]天理是实实在在的,天理是实理,是道德意识、德性生命的呈现。"圣人循天理"即道,就是社会以至自然界都遵天理这个实理,或说以天理为则。

程颢所反复强调的仁与万物浑然为一体,即是天理,被称为"一本论"。他主张默坐澄心,于喜怒哀乐未发之际体会天下之大本,即天理,从而达到道德人格的贤圣境界。程氏说:"圣人,人伦至也。"[③]圣人是崇高人格的化身,是人们所企及的最高目标、"终极关怀"。

游酢、杨时就是沿着程颢的这种思维模式建立自己的思想体系的,沿着儒学正宗的方向发展。他们反复学习《论语》、《孟子》、《大学》、《中庸》"四书"。在现存《游酢文集》、《杨时文集》中,有关"四书"的是其主要部分。《游酢文集》共七卷,四卷是书函、诗文、二程语录,主体三卷是《论语杂解》、《孟子杂解》、《中庸义》、《易说》。其中讲得最多的是内圣成德和外王事功,即内圣外王。游酢30岁中进士后,历任知县、知府、监察御使,于民情骚乱之际,处之裕如,民不劳而事集,所以史称他有治剧才。处剧骚乱之际,其才足以应事变而安民。这是一般理学家比不上的。在政治思想上,游酢还提出《陈太平策》——在太平时想到不太平的预防之策,是非常了不起的。

游酢反复强调,由内圣而外王。他在《论语杂解》中说:

> 修身之学可以自强矣!正心以修身,自强而不息,此孔子所谓好学,而颜子所以三月不违仁也。若夫绝学者,则心无所于正,身无所于修,暖然似春,凄然似秋,天德而已。此圣贤之辨也。[④]

此讲儒家的"为己之学"。在儒家看来,格物致知的内涵主要是学。"正心"即正心诚意。通过学习而正心自强不息,就可以达到修身的目的。他又

---

① 《二程遗书》卷二上。
② 《二程遗书》卷二一。
③ 《二程遗书》卷二一。
④ 《游酢文集》,延吉:延边大学出版社,1998年,第100页。

在《中庸义》中说：

> 欲修其身，先正其心，知微之显也。夫道视之不见，听之不闻，而常不离心术日用之间，可不谓显矣乎？所谓德者，非甚高而难知也，甚远而难至也，举之则。①

游酢强调的是，《大学》之"修身、齐家、治国、平天下"，是合内外之道的，即由内圣而外王。"《大学》自诚意、正心至治国、天下平，只一斑，此《中庸》所谓'合内外之道'也。"②游酢当时提出两项重大治国之策，一是"倡清议于天下"③，即由民众对官僚士大夫的优劣好坏进行公开评议。用今天的话讲，就是实行民众监督，由民众、舆论使他们改邪归正。这在当时是极其难能可贵的。二是在太平时想到不太平。他在《陈太平策》中说：

> 毋谓四海已合，民生已泰，可以安意肆志而不思。否泰相因，离合相仍，大有可忧可虑者存也。若贾谊当汉文帝晏安之时，犹为之痛哭，为之流涕，为之长太息。方今之世，恐更甚焉，安得如谊者复生，为朝廷画久安长治之策。……高见远视之士，虽以斧钺在前、刀锯在后，岂自己于言乎？④

杨时进一步指出说：

> 《论语》之书，皆圣人微言，而其徒传守之，以明斯道者也。故于终篇，具载尧、舜咨命之言，汤、武誓师之意，与夫施诸政事者，一于是而已，所以著名二十篇之大旨也。《孟子》于终篇，亦历叙尧、舜、汤、武、孔子相承之次，皆此意也。⑤

《孟子》一书，只是要正人心，教人存心养性，收其放心。至于仁、义、礼、智，则以恻隐、羞恶、辞让、是非之心为之端。论邪说之害，则曰"生于其心，害于其政"；论事君，则曰"格君心之非，一正君则国定"。千变万化，只说从心上来。人能正心，则事无足为者矣！《大学》之修身、齐家、治国、平天下，其本只是正心、诚意而已。心得其正，然后知性之善。故孟子遇人便道性善。欧阳永叔却言圣人之教人，性非所先，可谓误矣。人性上不可添一物。尧、舜所以

---

① 《游酢文集》，延吉：延边大学出版社，1998年，第147页。
② 《游酢文集》，延吉：延边大学出版社，1998年，第167页。
③ 《游酢文集》，延吉：延边大学出版社，1998年，第100页。
④ 《游酢文集》，延吉：延边大学出版社，1998年，第163～164页。
⑤ 《杨时集》，福州：福建人民出版社，1993年，第1102页。

为万世法,亦是率性而已。所谓率性,循天理是也。外边用计用数,假饶立得功业,只是人欲之私,与圣贤作处,天地悬隔。①

在宋代以前,是把周公与孔子并称为"周孔";从宋开始,把孔子与孟子并称为"孔孟"。这是中华文化主体思想转变的一个重要分水岭。汉唐时代,佛、道倾国奉,几成正宗,而主体儒学却奄奄一息,中国有成为佛教国家的可能。亡国先亡文化,在中华主体文化儒学存亡的关键时刻,新儒学家们奋起排佛抑道,深研各种典籍,辨伪存真,认为《诗》多讲男女情爱,《书》为伪书,《礼》是秦汉后作品,《易》是卜辞,《春秋》三传皆历史,推倒两汉以来树立起的"五经"在国家上层建筑中的主导地位,用《大学》《中庸》《论语》《孟子》"四书"代替"五经"的权威,准确地指出"四书"才真正能体现出以孔子为代表的中华文化的内在本质。后来朱熹把它们联成一体,并精加注释,形成集大成的新儒学(理学)思想体系。朱熹的《四书集注》成为元、明、清时代儒学教育和科举取士的标准教科书。由此,新儒家们重新建立起儒家道统和树立起孔子的崇高地位,把中华文化的主导权从佛、道那里夺回来,使中华文化的生命返本归位。这就是历代知名学者所说的"继绝学"。龟山深谙此意蕴,早在两宋更替之时,就急呼发扬"四书",才能拯救中华文化,才能拯救国家。

此外,杨时还用"理一分殊"说分析道德伦理和人生。他认为,最高的道德观念是仁,由其派出的道德观念是义,依"理一分殊"说遵循道德伦理,就是遵循"天理"。这也是通过"起心诚意"使言行符合于天理。这就是他常说的,"率性,循天理也"。他遵循程颢的教导,用"天理"贯串一切方面。他说:

> 夫精义入神,乃所以致用;利用安身,乃所以崇德。此合内外之道也。天下之物,理一而分殊;知其理一,所以为仁;知其分殊,所以为义;权其分之,轻重无铢分之差,则精矣。②

据程颢的反复教导,杨时强调"万物皆是一理",万物只是理的体现。他说:

> 致知必先于格物,格物而后知至,知至斯知止矣。此其序也。盖格物所以致知,格物而至于物格,则知之者至矣。所谓止者,乃其至处也。自修身推而至于平天下,莫不有道焉,而皆以诚意为主。苟无诚意,虽有其道,不能行。《中庸》论天下国家有九经,而卒曰所以行之者一。一者

---

① 《杨时集》,福州:福建人民出版社,1993 年,第 115 页。
② 《杨时集》,福州:福建人民出版社,1993 年,第 1104 页。

何？诚而已。盖天下国家之大，未有不诚而能动者也，然而非格物致知，乌足以知其道哉？①

这里，杨时用"诚"来统一格物致知，即其所谓"反身而诚，则举天下之物为我矣"②。

游酢、杨时之学是"内圣"学，即"为己之学"，就是孔子所说的"古之学者为己"③。习研中华文化，不仅能增长学术文化知识，更能使学者随着习研的深入和年岁的增长，对人生价值和生命追求的境界逐渐提高，越来越感觉到在精神上是充实的和富有的。它要求自身圆满成就内在德性和外在事业，即"内圣外王"。这是人们终身奋斗的最高目标，称之为"终极关怀"。"终极关怀"是安顿自己生命的，要用全部的生命力去追求它。比如说，实现了外在的平等自由和物质生活富裕后，人生的意义价值在哪里？只是尽情地享用吗？在当今太平盛世，自由平等、物质生活富裕的人，为什么还有的去自杀?! 在实际生活中，生绝症、贫穷等生理、物资困惑的人求生的欲望至为强烈，而自杀者绝大部分是精神心理的困惑。这就是没有安顿好自己的生命。有人不懂得活着的意义价值，或失去活着的意义价值。一个人即使财产很多，但是他的内心还会空虚；唯一可以克服内心空虚的，是在自己内心树立起生命的意义价值。在游酢、杨时看来，人的道德伦理的责任，不是基于外在的要求，是发自自己的生命力，是自己的生命力有这种要求。这种"终极关怀"，你往政治、经济或科学、宗教里去找是找不到的，只能求诸自己。这就是孔子所说的"为仁由己"④。朱熹所说的"仁者人之所以为人之理也"⑤，"譬如为山，未成一篑，止，吾止也；譬如平地，虽覆一篑，进，吾进也"⑥。这是孔子用堆山或平地成功与否全靠自己的努力程度来比喻"为仁由己"。游酢、杨时之学是成熟心智、健全人格、安身立命之学，是中华民族的精神支柱和生活方式。

---

① 《杨时集》，福州：福建人民出版社，1993年，第1103页。
② 《杨时集》，福州：福建人民出版社，1993年，第110页。
③ 朱熹：《论语集注·宪问》。
④ 朱熹：《论语集注·颜渊》。
⑤ 朱熹：《孟子集注·尽心下》。
⑥ 朱熹：《论语集注·学而》。

四、创建道南学

两宋以来,闽中理学(新儒学)前后有两个大阶段,或者说有两个大的学术文化系统,即道南学系和闽学系。以朱熹为代表的闽学系已定名为闽学。而以游酢、杨时为代表的道南学系,因为他们亦在闽中,有的也称之为闽学,和以朱熹为代表的闽学混为一谈,道南学的学术特点和文化价值突出不出来。为了把道南学系与闽学系区分开来,建议创建道南学。道南学与闽学作为既有联系又突出自己的特点地进行研究。上面已经讲到,道南学主要是游、杨及其后学罗从彦、李侗等的学说,以及濂、洛、关之学的其他南传诸如海滨四先生、胡(安国等)氏之学、邵清王蘋之学等。道南学是宋明理学的正宗,闽学是宋明理学的"别子为宗"。这样,闽中理学(新儒学)具有极其丰富的内容,是福建文化取之不尽的资源,在省内外、国内外文化发展史上占有极其重要的地位,对当今福建建设文化强省具有特别重大的价值。

以游酢、杨时为代表的道南学具有特别突出的特点。单就其"程门立雪"、"载道南归"、中国文化重心南移再学的源头活水来说,就足以永生不朽!他们主要承继程颢的理学(新儒学),是宋明理学(新儒学)的正宗,是"内圣成德"之学。上面讲到,南宋以来,直至今天,对游酢、杨时的思想极其冷落,一些知名学者不仅不予以深入研究,有的还加以贬抑,或弃之不理。这对探讨中国文化的发展规律和当今文化建设是极其有害的。如果以道南学把他们的学说突出出来,从宋明理学(新儒学)正宗的角度进行研究,把其"内圣成德"之学——成熟心智、健全人格、安身立命之学的内在本质阐发出来,成为当今构建和谐社会的资源,为提升现时代人们的道德伦理风尚服务,是十分有意义的。游酢、杨时是宋代卓越的哲学家、政治家、教育家、文学家、书法家,在中国文化发展过程中起了继往开来的重大作用,享有崇高的历史地位。

以上所述游酢、杨时研究和评价的问题,旨在引起文化学术界对道南学的重视。要对前人所提出的有关问题进行具体分析,纠其所偏,并进一步综合,包括其哲学、政治、教育、文学等各个方面,撰写出游酢、杨时的研究专著。第一步是搜集整理出版他们著述。在宋人的一些论著中载有他们的一些言论,民间遗存有他们的一些遗事、遗言、墨迹,还有他们的一些遗迹等,都搜集、整理出来,给学者提供较全面的文献,经过深入研究和全面评价,就会得出比较实事求是的客观的结论。

杨时"中庸"思想及其主要特征

◎ 张品端

　　杨时(1053—1135),字中立,号龟山先生,是北宋末南宋初著名的理学家。在宋代理学发展史上,他以二程洛学为宗,会通北宋理学诸派之说,开创"道南"系理学,为两宋之际理学重心的南移奠定了基础。杨时作为北宋与南宋之间理学的承上启下者之一,承担起过渡时期弘扬理学的重担。他修订《伊川易传》,编辑《二程语录》,并继二程而推崇《中庸》、《论语》、《孟子》、《大学》,不遗余力地阐发儒家经典,著有《周易解义》、《论语义》、《孟子义》、《中庸义》和《三经义辨》等书,形成了独特的理学思想。本文只就杨时理学中颇有特色的中庸思想,从其思想渊源和集中体现这一思想中的《中庸义》进行考查分析,从而探讨其中庸思想的主要特征。

一、杨时"中庸"思想的渊源

　　杨时生活于两宋之际,那一特定的时代及其理学家们的思想成为他中庸思想的渊源。东汉末,佛教传入中国,经魏晋南北朝至唐,对中国人的思想产生了很大的影响,给中国文化以极大的冲击。到宋代,佛教对中国人的影响更大。宋王朝认为"三教之设,其旨一也",并号召百姓"以佛修心,以道养生"。这样使得上至帝王下至百姓,修佛习道蔚然成风,严重地威胁着中国人的生命信仰,儒家文化受到前所未有的挑战。就儒学本身而言,它受六朝以来崇"文"轻"道"之风和汉唐"章句训诂"之学的影响,先秦儒家经典的训诂注疏越来越远离人们的生活层面,已凌夷衰微。① 因而,儒学发展陷入了"六经凌夷"的文化危机。面对这种境况,宋初以来,范仲淹、欧阳修、周敦颐、王安石、张载、二程等儒家有识之士,竭力倡导儒家道统,重视对先秦儒家经典义理的阐发,开启了"训义解经"的文化自觉的新时代。

到杨时生活的时代,北宋早期理学家们以儒家文化为基础,吸取佛道两家学说中的某些合理成分,用以充实自己的学说,建立起儒学新的思想理论体系(即理学的本体论、心性论、认识论和修养论等)。正是在这样的文化背景下,杨时开始北上求学,探究理学。他自称:"其自抵京师,与定夫(游酢)从河南二程先生游,朝夕粗闻其绪言,虽未能窥圣学门墙,然亦不为异端迁惑矣。"②

杨时的"中庸"思想主要来源于二程。二程"表彰《大学》、《中庸》二篇,与《语》、《孟》并行,于是上自帝王传心之奥,下至初学入德之门,融合贯通,无复余蕴"③。《大学》、《中庸》被从《礼记》中抽出,单独成篇,与《论语》、《孟子》并行,成为儒家学者研读、注释的独立经典。二程对《中庸》特别重视,认为此书"其味无穷,极当玩味",学者"得此一卷书,终生用不尽"。杨时受此影响,于《中庸》也最为着力。他认为:《中庸》为书,微极乎性命之际,幽尽之鬼神之情,广大精微,罔不必举,而独以中庸名书,何也? 予闻之师曰:'不偏之谓中,不易之谓庸,中者,天下之正道,庸者,天下之定理。'推是言也,则其所以名书者,义可知也。"④杨时接受伊川所谓"不编之谓中,不易之谓庸"的解说,推阐其义,以为《中庸》一书广大精微。广大指天下之正道、定理,无物不在;精微指探究到性命之际,鬼神之情状。杨时先后师从二程,就其"中庸"思想本身而言,则于二程包容兼采,各有所取。故张栻说:"惟公师事河南二程先生,得《中庸》'鸢飞鱼跃'之传于言意之表。"⑤

杨时的中庸思想在一定程度上受到张载关学和王安石新学的影响。就张载关学而言,杨时中庸思想吸收了张载把"性"分为"天地之性"和"气质之

---

① 皮锡瑞:《经学历史》,北京:中华书局,2004 年,第 156 页。
② 《龟山集》卷十八,《与陆思仲》。
③ 《宋史·列传·道学一》。
④ 朱熹:《中庸辑略》卷上。
⑤ 张栻:《将乐龟山先生画像记》,《杨时集》附录七,福州:福建人民出版社,1993 年,第 1159 页。

性"的思想。"天命之谓性"是《中庸》关于天人关系的重要理论,对此杨时有较深的理解。他说:"天命之谓性,人欲非性也。率性之谓道,离性非道也。性,天命也。命,天理也。道则性命之理而已。孟子道性善,盖源于此。谓性有不善者,诬天也。性无不善,则不可加损也,无俟乎修焉,率之而已。"①杨时的这一思想除来源二程"在天为命,在物为性"②之外,更多的是吸取了张载的"天地之性"的思想。对于"气质之性",杨时亦有自己的解读。他在回答门人之问时说:"仲素问:'横渠云气质之性,如何?'曰:'人所资禀,固有不同者。若论其本,则无不善……然而善者其常也,亦有时而恶矣。犹人之生也,气得其和,则为安乐人。及其有疾也,以气不和,则反常矣。其常者性也。此孟子所以言性善也。横渠说气质之性,亦云人之性有刚柔缓急强弱昏明而已,非谓天地之性然也。'"③杨时在这里阐述了"天命之性"和"气质之性"的区别。就本源来说,人性都是相同的,无不善。而所以有恶,是后天"资禀"所造成的,也就是其气不和,导致反常,而出现恶。杨时的这一认识,与张载的"气质之性"说,其意基本相同。

王安石新学对杨时"中庸"思想亦产生过影响,主要是以批判的方式实现的。程颐说:"杨时于新学极精,今日一有所问,能尽知其短而持之。介父之学,大抵之离。伯淳尝与杨时读了数篇,其后尽能推类以通之。"④杨时的门人陈渊(字知默,沙县人)也说:"杨时始宗安石,后得程颢师之,乃悟其非。"⑤可见,杨时在师事程颢之前,对王安石新学就有所研究。后来,王安石中庸思想中"命之在我之谓性"的观点,受到杨时的批判。他认为"荆公云:'天使我有,是之谓命;命之在我之谓性。'是未知性命之理。"⑥杨时指责王安石"未知性命之理"的理由是,"其曰'使我',正所谓使然也,然使者可以为命乎?以命在我为性,则命自一物,若《中庸》言:'天命之谓性',性即天命也,又岂二物哉?如云:'在天为命,在人为性。'此语似无病,然亦不须如此说。性命初无二理,第所由之者异耳。"⑦王氏"命之在我之谓性"中的"在我",将命与性分而为二,而

① 朱熹:《中庸辑略》卷下。
② 即天所赋为命,物所受为性。
③ 《龟山集》卷十二,《余杭所闻》。
④ 《河南程氏遗书》卷二上。
⑤ 《宋史·陈渊传》。
⑥ 《龟山集》卷十二,《余杭所闻》。
⑦ 《龟山集》卷十二,《余杭所闻》。

杨时则主张"性与命为一物"。杨时认为,如果命与性二分,那么在我之性的至善就无法保证,以此为基础的"正心诚意"就无法保证其动机的至善。可以说,杨时对王安石新学的深入研究以及批判的路向,也使其思想受到新学的影响。

此外,杨时"中庸"思想还吸取了孟子性善说。他认为"《中庸》深处多见于《孟子》之书,其所传也欤"①。所以,胡安国说他"惟本孟子性善之说,发明《大学》、《中庸》之道"②。后来,张栻亦说杨时"践履纯固,卓然为一世儒宗"③。可见,杨时的"中庸"思想理路与其学术经历是密不可分的。

二、杨时作《中庸义》及现存情况

宋代以后,中国正宗的儒家思想,主要体现在"四书"之中。杨时对"四书"予以高度的重视,认为"四书"是圣学之书。他说:"余窃谓《大学》者,其学者其门户,不由其门而欲望其堂奥,非余所知也"④;"《论语》之书,孔子所以告其门人,群弟子所以学于孔子者也,圣学之传其不在兹乎"⑤;"《孟子》以睿知刚明之才,出于道学陵夷之后……《孟子》之功不在禹下,亦足为知言也。今其书存其要,皆言行之迹而已。世之学者因言以求其理,由行以观其言,则圣人之庭户可渐而进矣"⑥;"《中庸》之书,盖圣学之渊源,入德之大方也"。⑦ 在"四书"当中,杨时又特别推崇《中庸》,他对其门人说:"余以为圣学所传具在此书,学者宜尽心焉。"⑧因而,杨时对于"熙宁以来,士于经盖无所不究,独于《中庸》阙而不讲"⑨的状况而感到担忧,立志为其训传。这里所说"熙宁以来,士独于《中庸》阙而不讲",应是针对熙宁以来更为注重《诗》、《书》、《周礼》三经的王安石新学而说的。熙宁年间(1068—1077 年),王安石主持编定的《三

---

① 《龟山集》卷十二,《余杭所闻》。
② 胡安国:《龟山墓志铭》,引自《杨时集》(林海权点校)附录二,第1023页。
③ 张栻:《将乐龟山先生画像记》,引自《杨时集》(林海权点校)附录七,第1159页。
④ 《龟山集》卷二六,《题萧欲仁大学篇后》。
⑤ 《龟山集》卷二五,《论语义序》。
⑥ 《龟山集》卷二五,《孟子义序》。
⑦ 《龟山集》卷二五,《中庸义序》
⑧ 《龟山集》卷二六,《题中庸后示陈知默》。
⑨ 《龟山集》卷二六,《题中庸后示陈知默》。

经新义》,由朝廷在全国颁行,"一时学者,无敢不传习,主司纯用以取士,士莫得自各一说,先儒传注,一切废而不用"①。对此,杨时说:"今之治经者,为无用之文,徼幸科第而已,果何益哉?"②可见,杨时并不是泛泛而言"熙宁以来,人们不讲《中庸》"③,而更为重要的是,在他看来"圣学"之传有赖于此书。北宋政和四年(1114 年),杨时为《中庸》训传,作《中庸义》,并为之序,集中阐述了他的"中庸"思想。

杨时对于《论语》、《孟子》、《中庸》等都作有解义,其中尤为有价值的当属《中庸义》。胡安国说:"龟山所见在《中庸》,自明道先生所授。吾所闻在《春秋》,自伊川先生所发。"④大家知道,胡安国对其所著《春秋集传》是颇为自负的,后来也确实受到包括朱熹在内的理学家的高度赞赏。胡氏既然以龟山的《中庸义》与其《春秋集传》相提并论,可见龟山《中庸义》在其著述中是非常优异的。儒者对"中庸"思想的探究,在杨时之前已有触及,但着力著书阐说,而且影响较大,则是杨时开其先,而后朱熹集其大成。

杨时《中庸义》无完本流传,《宋志》上只著录杨时《中庸义》一卷,《四库全书》中的《龟山集》也仅收录《中庸义》序一篇。现在要了解该书的主要内容,可见于石子重(号克斋,会稽新昌人)编辑的《中庸集解》,及后来经朱熹删定的《中庸辑略》。杨时死于南宋绍兴五年(1135 年),石子重于乾道九年(1173年)"采二程先生语与其高弟子游、杨、谢、侯诸家之说中庸者,为集解"⑤,编成《中庸集解》,朱熹为之作《中庸集解序》。淳熙十六年(1189 年),朱熹对石氏《中庸集解》重新删定后更名为《中庸辑略》。朱熹在序中说:"二夫子于此既皆无书,故今所传特出于门人所记,平居问答之辞,而门人之说行于世者,唯吕氏、游氏、杨氏、侯氏为有成书。"⑥这一段文字向我们透露了,石子重和朱熹两人无疑是阅读过杨时的《中庸义》原书的。然而,我们现今已看不到龟山先生原书,只能依赖《宋志》收录的《中庸义》一卷,石氏《中庸集解》、朱氏《中庸辑略》、卫湜《礼记集说》等书中收录的有关《中庸义》的一些内容,以及《龟山

① 《宋史·王安石传》。

② 《龟山集》卷十,《荆州所闻》。

③ 侯外庐:《宋明理学史》上册,北京:人民出版社,1984 年,第 174 页。

④ 《宋元学案》卷二五,《龟山学案》。

⑤ 唐顺之:《中庸辑略·原序》,《四库全书》第 198 册,上海:上海古籍出版社,1989 年,第558 页。

⑥ 朱熹:《中庸集解序》,《四库全书》第 198 册,第 557 页。

集》来了解杨时的中庸思想。据《朱子全书》主编之一者，严佐之教授统计，石子重《中庸集解》录杨时语 74 条，朱熹《中庸辑略》删定为 59 条。① 这些保存下来的杨时言论，是今天我们研究杨时中庸思想不可多得的珍贵资料。

三、杨时"中庸"思想的主要特征

《中庸》是杨时一生最为推崇且用力最多的著作之一。他通过著《中庸义》，"以其所闻，推其所未闻"②，提出了一些新问题、新认识，形成了自己独特的思想特色。这一思想特色不仅体现在其直承北宋理学家思想上，也体现在他善用其他经典中的理念来阐述自己的思想命题。杨时中庸思想的主要特征大致可概括为四个方面。

（一）重视对"诚"的阐发

在《中庸》里，"诚"是作为天道观的一个基本范畴。《中庸》说："诚者，天之道也；诚之者，人之道也。"（第二十章）又说："唯天下至诚，为能尽其性；能尽其性，则能尽人之性；能尽人之性，则能尽物之性；能尽物之性，则可以赞天地之化育；可以赞天地之化育，则可以与天地参矣。"（第二十二章）将天命与人性合而为一，并且作为普遍命题，这是《中庸》对儒家学说的最大贡献。③ 但在宋代之前，《中庸》并未引起儒家学者足够的关注。随着儒学在宋代的复兴，《中庸》开始受到理学家们的重视。周敦颐在《通书》中就提出："寂然不动者，诚也。"④这是以"诚"为人的本性。程颢说："惟立诚才有可居之处，有可居之处则可以修业也。"⑤程颐亦说："诚者，理之实然，致一而不可易也。"⑥杨时在他们的思想基础之上，对"诚"的内涵又做了进一步的阐发。杨时不仅赋予

---

① 引自严佐之：《版本再造的"得而复失"与"失而复得"：以〈中庸集解〉、〈中庸辑略〉为例》，北京大学《儒藏》编纂中心《儒家典籍与思想研究》第一辑，北京：北京大学出版社，2009年，第 324～343 页。

② 《龟山集》卷二五，《中庸义序》。

③ 蒙培元：《〈中庸〉的"参赞化育"说》，《泉州师范学院学报》2002 年第 5 期。

④ 《通书·圣第四》。

⑤ 《河南程氏遗说》卷一。

⑥ 《河南程氏经说》卷八。

"诚"本体论意义,"诚者,天之道。诚即天也"①,而且将"诚"视为"性之德"。他说:"诚者,天之道,性之德也。故《中庸》言天下之至诚。"②。杨时把"天之道"与"性之德"贯通起来,认为一方面"性之德"来源于"天之道";另一方面,"天之道"不离"性之德"。也就是说,人性来源于天道,天道只有在人性中才能实现。就这个意义上来说,宇宙本体与心性本体是合二为一的。"诚"对"心性与天道"的贯通具有十分重要的意义,做到了"诚",也就能达到"心性与天道"的融合,也就能实现"天人合一"的目标。

《中庸》的"天人合一"说,主要表现在诚与明的学说中,并且突出了道与教的作用。人如何才能实现诚性,进入至诚的境界呢?杨时说:"自诚而明,天之道也,故谓之性。自明而诚,人之道也,故谓之教。天人一道,而心之所至有差焉,其归则无二致也。"③他认为,圣人是"自诚而明"的,而其他人则需要"自明而诚"的功夫。"明"是生命体验和认识活动。从认识上说是"明善",从实践上说是"择善",二者是统一的,不能分离。杨时又说:"君子唯诚之为贵。"④这也就是说,君子以诚为贵,要从"诚之"方面下工夫,那样就可以由"明"而"诚",并最终上达天德,这样天人之间,就无二致。

在"诚之"的修持实践上,杨时主张"养诚",而"养诚"要靠"致曲"。《中庸》说:"其次致曲,曲能有诚。诚则形,形则著,著则明,明则动,动则变,变则化。唯天下至诚为能化。"(第二十三章)杨时对此阐述说"能尽其性者,诚也。其次致曲者,诚之也。学问思辨而笃行之,致曲也。"⑤"诚于中,形于外,参前倚衡,不可掩也,故形。形则有物,故著。著则辉光发于外,故明。明则诚矣,未有诚而不动,动而不变也……曲能有诚,诚在一曲也。明则诚矣,无物不诚也。"⑥他认为,通过"致曲"的功夫,曲成而尽性,在"成己"的同时,"无物不诚",即可"成物"。这既是人生自我提升的过程,又是对待万物、处理人与万物关系的过程。

---

① 朱熹:《中庸辑略》卷下。
② 《龟山集》卷二十一,《答吕秀才》。
③ 卫湜:《礼记集说》卷一百三十二。
④ 卫湜:《礼记集说》卷一百三十三。
⑤ 朱熹:《中庸辑略》卷下。
⑥ 卫湜:《礼记集说》卷一三三。

（二）注重静中体验未发

杨时十分重视对《中庸》中的"喜怒哀乐未发谓之中"思想的阐发，并寻找所谓未发之旨。他说："道心之微，非精一，其孰能执之？惟道心之微而验之于喜怒哀乐未发之际，则其义自见，非言论所及也。尧咨舜，舜命禹，三圣相授，惟'中'而已。"①在杨时看来，《中庸》说的"喜怒哀乐未发谓之中"的"中"，也就是《尚书·大禹谟》说的"道心惟微，惟精惟一，允执厥中"的"中"。《尚书》中要执的中就是道心，因此未发之中就是道心。杨时认为，尧舜禹相传的就是执守道心。道心惟微是指道心精微隐蔽，很难由认识去把握，所以人需要在喜怒哀乐未发之际体验"中"，即体验道心。②

杨时对"静中体验未发"的重视是受程颐"中字最难识，须是默识心通"③思想的影响。程颐认为，心有体用之分，未发之中是心之体，寂然不动；已发之和是心之用，感而遂通。他主张对未发之中存养，即涵养未发。杨时继承程颐的这一思维理路，注重对未发之中的体验。他作《中庸义》说："《中庸》曰：'喜怒哀乐之未发之中，发而皆中节谓之和。'学者当于喜怒哀乐未发之际，以心体之，则中之义自见。执而勿失，无人欲之私焉，发必中节矣。"④杨时这种"于喜怒哀乐未发之际以心体之"之法，在于他认为通过默而识之的内心体验功夫，能体验到什么是中、什么是道心。保持它不丧失，人就可以实现一个道德境界。

杨时注重未发之中的体验，以还原与理为一的心之本然状态。同时，他还把体验未发的还原向具体的修养工夫转变，而重视"静"。周敦颐在其修养论中提出"主静"说，强调"一"与"无欲"的修养。程颐为避免主静有流于佛道之弊而提倡"主敬"说，主张敬贯动静，主一无适。杨时受其师影响，也讲"敬"。他说："学者若不以敬为事，便无用心处。致一之谓敬，无适之谓一。"⑤但杨时更注重未发时的静修，与程颐有所不同。杨时说："夫之道之归，固非笔舌能尽也。要以身体之，心验之，雍容自尽，燕闲静一之中，默而识之，兼志

---

①　《宋元学案》卷二五，《龟山学案》。

②　陈来：《宋明理学》，上海：华东师范大学出版社，2004年，第110页。

③　《河南程氏遗书》卷十八。

④　《宋元学案》卷二五，《龟山学案》。

⑤　《龟山集》卷一三，《南都所闻》。

于书言意象之表,则庶乎其至矣。反是,皆口耳诵数之学也。"①杨时认为,任何语言文字都不可能把"道"完全表达出来,因而对道的把握必须超越语言和物象,即超言绝象。把握道的方法应是在静中从容体验,诉诸内心直观。由此可知,杨时由《中庸》而来的这种涵养心性,体验"喜怒哀乐未发"的工夫,不是如禅门的"悟无所得",而是有确定的内容,即"至道"的。"道"出于书言意象之外,所以忘言忘象才能体道,而非口耳诵数所得识。

杨时提出"体验未发"、"默识中道"的存养工夫,后来成为道南学派的重要课题。罗从彦对其师杨时的存养工夫认真予以践覆,曾入罗浮山筑室静坐三年,以体验天地万物之理。他提出于"静处观心"②,关注未发时气象,并将静中体验未发的思想发展为切实的操作方法。李侗对"静中体验未发"做了进一步的阐发。他强调未发已发一以贯之,"进学"和"养心"两者一体互发。后来,朱熹吸收道南学派重视未发、湖湘学派重视已发的思想,认为要实现与心性本体合一,修养工夫应是未发已发同时并进,不可偏废。

(三)强调反身而诚

《中庸》曰:"诚则明矣。"(第二十一章)又曰:"诚身有道,不明夫善,不诚乎身矣。"(第二十章)据此,杨时提出"明善诚身之说"。他说:"欲诚乎身,必先于明善,不诚乎身,则身不行道矣。"③他还对明善做了进一步的阐述:"'德惟一,动罔不吉。德二三,动罔不凶。'所谓吉人者,以其德惟一也;所谓凶人者,以其德二三也,盖诚则一,不诚则娇谀妄作,故二三。……古之欲明明德于天下者,必先致知。致知,所以明善也。欲致其知,非学不能。"④在杨时看来,要明善就必须做到"德惟一",而不是"德二三",也就是要做到"诚"。而要做到诚,实现"德惟一",则必须先"致知",致知的着手处就是学。

杨时基于其明善说,援引《孟子》"万物皆备于我,反身而诚,乐莫大焉"⑤之说,以"反身而诚"为格物明善的根本方法。他说:"为是道者,必先乎明善,然后知所以为道也。明善在致知,致知在格物。号物之数至于万,则物将有

---

① 《宋元学案》卷二五,《龟山学案》。
② 《罗豫章集》卷一三,《观书有感》。
③ 朱熹:《中庸辑略》卷下。
④ 《龟山集》卷五,《经筵讲义》。
⑤ 《尽心章句》上。

不可胜穷者。反身而诚,则举天下之物在我矣。"①在这段文字中,我们可以看出,杨时认为,要"明善"就必须致知,致知在格物。"盖致知乃能明善,不致其知而能明善未之有也。"②而"号物之数至于万",如何穷尽?要格尽天下万物,就必须"反身而诚"。而之所以可以用"反身而诚"的方法来格物,其原因就在于龟山认为"天下只是一理"③,知己身之理便得天下之理。可见,杨时是把格物主要规定为"明善"的途径,即强调格物作为道德修养和实践的意义,从而主张把"反身而诚"作为格物的主要方式。在这里应该指出的是,杨时讲"格物"的"物"并不仅认为只是"身",只是说身属于物。他虽然主张以诚意为主,但也指出:"若谓意诚便足以平天下,则先王之典章文物皆虚度器也。"④又说:"承问格物,……六经之微言,天下之赜存焉。古人多识鸟兽草木之名,岂徒识其名哉?深探而力求之,皆格物之道也,夫学者必以孔孟为师,学而不求诸孔孟之言则末矣。"⑤这表明在他对格物的理解中,也主张对典章文物等知识的学习,即对物的研究。

对于杨时讲格物在于"反身而诚",朱熹给予充分的肯定。他指出:"龟山说'反身而诚',却是大段好。须是反身,乃见得道理分明。如孝如弟,须见得孝弟,我元有在这里。若能反身,争多少事。"⑥杨时讲"反身而诚"是作为"格物"过程中,为了格尽天下万物而提出来的,但他并没有进一步讨论"格物"与"反身而诚"的先后次序关系。后来,朱熹为了强调《大学》从格物致知到诚意正心的次序,明确提出先要"即事即物而各求其理",然后才能"反身而诚"。他说:"'反身而诚',乃为物格知至以后之事,言其穷理之至,无所不尽,故凡天下之理,反求诸身,皆有以见,其如目视、耳听、手持、足行之毕具于此,而无毫发之不实耳。固非以是方为格物之事,亦不谓但务反求诸身,而天下之理,自然无不诚也。"⑦所以,朱熹说:《中庸》之言明善,即物格知至之事。其言诚身,即意诚心正之功。"⑧

---

① 《龟山集》卷一八,《答李杭》。
② 《龟山集》卷二一,《答吕秀才》。
③ 《龟山集》卷一三,《余杭所闻》。
④ 朱熹:《中庸辑略》卷下。
⑤ 《龟山集》卷二二,《答吕居仁书》。
⑥ 《朱子语类》卷一八。
⑦ 《大学或问》下。
⑧ 《大学或问》下。

综观杨时所论可以看出,杨时既注重向外求索,又强调"反身而诚",并且认为,只有在向外求索中,又"反身而诚",才能"举天下之物在我矣"。这应当是杨时所谓"反身而诚"的本意所在。

(四)重视"合内外之道"

《中庸》言:"诚者非自诚己而已,所以成物也。成己,仁也;成物,知也。性之德也,合内外之道也,故时措之宜也。"(第二十五章)《中庸》以"成己"为仁,以"成物"为知。就"成己"之仁而言,是"性之德也";就"成物"之知而言,是"合内外之道也"。二程极重视中庸"合内外之道"的思想。程颢说:"诚者合内外之道,不诚无物。"①又说:"亦须实有诸己,便可言诚,诚便合内外之道。"②程颐则认为:"物我一理,才明彼即晓此,合内外之道也。语其大,至大地之高厚;语其小;至一物之所以然,学者皆当理会。"③在其师的基础之上,杨时进一步推明之说:"某以为诚者,合内外之道,成己乃所以成物也。"④杨时认为,"诚"为合内外之道的路径,在成己的同时,是为成物。

杨时以《大学》"诚意正心"之说来阐释"合内外之道"。他说:《大学》一篇,圣学之门户,其取道至径,故二程多令初学者读之。盖《大学》自正心诚意至国家天下,只一理。此《中庸》所谓'合内外之道也'。若内外之道不合,则所守与所行自判而为二矣。"⑤杨时认为,在内外之道的层面上,诚意正心与治国平天下是一致的。对于二者的内在关系,杨时也做了进一步的阐释。他说:"盖自诚意正心,推之至于可以平天下,此内外之道所以合也。故观其意诚心正则知天下由是而平,观天下则知非意诚心正不能也。"⑥又说:"自修身推而至于平天下,莫不有道焉,而皆以诚意为主。苟无诚意,虽有其道,不能行也。故《中庸》论天下国家有九经,而卒曰'所以行之者一'。一者何?诚而已。"⑦杨时认为,"合内外之道",其"内"当在诚意正心;其"外"则可推至"天平下"。故其言:"知合乎内外之道,则禹稷颜子之所同可见。盖自诚意正心推

---

① 《河南程氏遗书》卷一。
② 《河南程氏遗书》卷二上。
③ 《河南程氏遗书》卷一八。
④ 《龟山集》卷一九,《与刘器之》。
⑤ 《龟山集》卷一一,《余杭所闻》。
⑥ 卫湜:《礼记集说》卷一三三。
⑦ 《龟山集》卷二一,《答学者》。

之,至于可以平天下,此内外之道所以合也。"①在杨时看来,像禹、稷这样成就大事功的圣人与身居陋巷的颜回,在诚意正心,帅身以正,貌言笃恭等方面是完全一致的,没有什么不同。

杨时又认为,仅凭诚意还不足以平天下,诚正修治之道,其原又在于《大学》所说的"格物致知"。他说:"盖天下国家之大,未有不诚而能动者也。然而非格物致知,乌足以知其道哉!《大学》所谓诚意、正心、修身,治天下国家之道,其原乃在乎物格,推之而已。若谓意诚便足以平天下,则先王之典章文物皆虚器也。"②由此,杨时又结合《大学》的格物致知说,对"合内外之道"进行阐释。他说:"学始于致知,终于知至而止焉。致知在格物,物固不可胜穷也,反身而诚,则举天下之物在我矣。《诗》曰:'天生烝民,有物有则。'凡形色之具于吾身,无非物也,而各有则焉。目之于色,耳之于声,口鼻之于臭味,接于外而不得遁焉者,其必有以也。知其体物而不可遗,则天下之理得矣。天下之理得,则物与吾一也,无有能乱吾之知思,而意其有不诚乎?由是而通天下之志,类万物之情,赞天地之化,其则不远矣,则其知可不谓之至乎?……古之圣人,自诚意正心至于平天下,其理一而已,所以合内外之道也。"③在杨时看来,学的过程也是一个致知的过程,致知的方法就是格物。大凡天下之物,只要与人的耳目口鼻等官能发生联系,便都属于格物的对象。只要体会到"有物有则",万物都有一个共同的"理"贯穿其中,便可以通过"反身而诚"的方式把握天下之物,从而物我为一,进而通达天下之志,规约万物之情状,参赞天地之化育。这就是知之至。自古圣人之所以能由诚意正心而至于平天下,就在于圣人把握了贯穿其中的"理一"这样一个根本原则,故而能"合内外之道"。

可见,杨时是以"诚意正心"和"格物致知"作为"合内外之道"的根本方法。所以其言,"《大学》自正心诚意至治国家天下,只一理。此《中庸》所谓合内外之道也"④。

综上所述,杨时中庸思想的形成是两宋之际那一特定时代的产物。其中庸思想的理路受到北宋理学家,特别是二程的影响。他著《中庸义》,反映出

---

① 朱熹:《中庸辑略》卷下。
② 《龟山集》卷二一,《答学者》。
③ 《龟山集》卷二六,《题萧欲仁大学篇后》。
④ 朱熹:《中庸辑略》卷下。

其对《中庸》思想的思维取向,如重视对"诚"的阐发、注重静中体验未发、强调反身而诚、重视"合内外之道"等。这些都显示出杨时中庸思想的主要特征。杨时对《中庸》思想的阐释,为后来朱熹《中庸章句集注》的成书,提供了丰富的思想资料,以及有益的理论思维成果。应该说,杨时的理学思想是跨越近百年的程朱理学形成必不可少的学脉渊源,同时也为朱熹闽学思想体系的建构开启了思路,奠定了基础。

杨时诗歌初探

◎ 肖胜龙

杨时是宋代著名的思想家、教育家,被誉为"程氏正宗"。杨时文化在中华传统文化史上占有一席之地。以往对杨时的哲学思想、教育思想和伦理道德研究较多,而对杨时的诗歌却少有论及。杨时的诗歌收录在《杨时文集》和《四库全书》中,共 246 首(按诗体分,五言古风 39 首,七言古风 23 首,五言律 36 首,七言律 48 首,七言绝句 100 首)。本文就其诗歌作初步探讨,以期抛砖引玉,求教于大方之家。

一、丰富的思想内容

杨时生活在北宋末、南宋初年,那是个特殊的历史时代,多事之秋,政治腐败、外族入侵、社会动荡。我们联系杨时社会地位、人生经历、修养性格去分析,可以看出杨时诗歌的思想内涵。而解读杨时诗歌,可以看到他多彩的内心世界。

(一)力主抗金,爱国斥恶

北宋末年,朝廷对外屈辱妥协,对内加紧镇压、掠夺,杨时对此始终持反对的态度。他在金军大兵压境的情况下,力主抗金,反对议和,这是杨时政治态度最为鲜明之处,最为闪光之点。杨时晚年入朝为官,虽然只有短短四年时间,但他多次上疏朝廷,仅靖康元年,杨时向宋钦宗连上七疏,力排靖康和议,反对割三镇求和,提出收人心、立统帅、肃军政、谨斥堠、明法令等一系列克敌制胜之策,建议罢黜投降派张邦昌,诛杀童贯,表现出非凡的见识和勇气。杨时强烈的爱国主义精神,受到李纲的称赞:"儒林仪表,国家栋梁,风云翰墨,锦绣文章。"

杨时撰诗《感事》二首,直接描绘当时的战争烽火。其一:"边缴无虞日,王师讨弗庭。收功夸庙算,行险毒生灵。川合旌麾暗,风尘战血腥。寂寥归马日,目断华阳垌。"其二:"虎上冰河侧,日闻刁斗惊。气吞沙漠尽,风荡贼巢倾。关塞长年戍,边尘几日清。太平陈朽富,一旅百夫耕。"当杨时闻说安西告捷,无限喜悦,即赋《安西闻捷》三首:其一,"鹰扬塞外得非熊,万里金城一箭通。玉帐投壶随燕豆,坐看飞将缚骁戎"。其二,"将军新拥节旄闲,紫塞云浮豹尾班。血首边城休怅望,马蹄未出玉门关"。其三,"雅歌不待来天马,谢质今应闭玉门。早勒勋名上彝鼎,放回春色满乾坤"。安西之战,是朝廷少有的一次胜仗,令杨时欢欣鼓舞。其忧国忧民之情,溢于言表。杨时主张抗金,反对割地求和,支持李纲复出领导抗金,指斥蔡京误国害民,是其"仁"和"义"思想的具体表现。

(二)珍惜光阴,勉学上进

杨时勤奋好学,时人无出其右。少年求学,爱惜光阴,力求上进,自强不息。杨时以此自勉,亦与同学、后学互勉。如他撰写的五言古风《此日不再得·示同学》:"此日不再得,颓波注扶桑。跹跹黄小群,毛发忽已苍。愿言媚学子,共惜此日光。术业贵及时,勉之在青阳。……"据《杨龟山先生年谱》载:"元符三年(1100年)庚辰,杨时48岁,居乡,讲学含云寺。作《勉学歌示诸生》。"诗中还谆谆告诫后学,要甘于清贫,爱惜光阴,勤奋学习,注重道德修养,不追名逐利,具有很强的思想性和艺术性。又如七言绝句《勉谢自明》:"少年力学志须强,得失由来一梦长。试问邯郸欹枕客,人间几度熟黄粱。"

(三)旅游赏景,讴歌自然

此类诗歌较多,约占杨时诗歌的20%~30%,最能代表杨时诗歌的艺术水平。如《游武夷》:"武夷山深水清泚,避世犹有高人踪。龙泓东注海波涌,玉女翠拥秋云松。赤霄真骨与虚壁,通泉凡笔渐非工。藏舟浮梁跨绝壑,隐见似与天潢通。"借神话传说,描绘了武夷山大王峰、玉女峰、九曲溪的美景。还有七律《和李侔游武夷》:"浓淡烟鬟半雨晴,溪光初借晚霞明。鳌头涌出三峰秀,天汉融成一鑑清。枌社有谁藏旧牒,宾云无处问遗声。慢序寂寞仙何在?勾漏丹砂早晚成。"遍检宋诗和武夷山方志,杨时的《游武夷》诗是今见最早咏唱玉女峰并将其拟人化的作品,它为后面的诗人开启了一片无限广阔的想象与创作的空间。将乐的玉华洞是中国四大名洞之一,杨时对此家乡的美景更是情有独钟,《游玉华洞》:"苍滕秀木远空庭,叠石层峦拥画屏。混沌凿开幽窍远,巨灵分破两峰青。云藏野色春长在,风入衣襟酒易醒。采玉遗踪无处问,拟投簪绂学仙经。"全诗描写了天阶山和玉华洞的优美景致,还流露出弃官归隐的心情。据《玉华洞志》载,杨时的这首七律是见今最早歌咏玉华洞的诗作。此诗摩崖石刻至今尚在玉华洞口。如《过庐山遇雨》、《东林道上闲步》、《过兰溪》、《含云寺书事六绝句》、《江上夜行》、《重经乌石铺》等均写得清新自然,美不胜收,彰显了作者对大自然的感恩、热爱和敬畏之情。

(四)思亲怀乡,交友深厚

杨时常年流宦他乡,对自己的家乡亲友日夜怀念,饱含乡梓之情。五言古风《久不得家书》和五律《除夜感怀二首·临川驿》最能表达他的思亲之情。《久不得家书》:"鴥彼晨风飞,日慕归郁林。游子尚何得,但寄千里心。庭闱斑白亲,凡念我亦深,云何彼无耗,徙役梦寐寻。有如在容谷,岁久想足音。竹篇一行书,费可抵万金。踟蹰步前庭,复坐日欲瘴。泪堕不自知,但觉盈衣襟。人生本无待,岂受外物侵。归当卧牛衣,竹箨横荆簪。"《除夜感怀二首·临川驿》,其一:"岁律已云尽,思家日日深。二年为客恨,千里倚门心。节物罗樽俎,儿童学语音。眩然如在目,恍惚梦难寻。"其二:"爱日乘予愿,亲颜长在心。远游仍换岁,华发想盈簪。永夜谁同席,残杯忆共斟。想思空有泪,挥洒满衣襟。"又如《端午日》:"悠悠南北各天涯,欲望乡关眼已花。忆得高庭谁与语,应怜游子未还家。"《过关山》:"亲远江天外,魂劳梦想间。"《送几叟南归》第三首:"几年梦想到亲闱,身逐行云万里飞。"五言古风《离家作》二首等,均为思亲怀乡之佳作。

杨时结交朋友,情谊深厚。杨时原字行可,后因避友人父讳,改字中立,可见杨时重情重义。游酢(1053—1123),字定夫,号广平,闽北建阳人,杨时同学,同为宋代程朱理学发展进程中承前启后的人物。北宋元丰四年(1081年)辛酉,29岁的杨时经游酢引荐,到颍昌师事程颢。北宋元祐八年(1093年)癸酉,41岁的杨时又与游酢一起,以师礼见伊川先生(程颐)于洛。留下"程门立雪"的千古佳话。如《寄游定夫二首·在颍昌从明道先生》其二:"萧条清颍一茅庐,魂梦长怀与子俱。五里桥西杨柳路,可能鞭马复来无?"诗中缅怀一齐师从明道先生的美好时光。怀念这位志同道合的同学之诗作还有五律《别游定夫》。蔡安礼,南剑州将乐人,与杨时既是同乡,又同出一师门,熙宁九年(1076年)与杨时同时考中进士。杨时在《蔡奉议墓志铭》中写道:"吾于安礼有平生之旧,朋友之思,非一朝燕好也。自幼学以至成人,十余年间,出处语默,无一不同者……"《席上别蔡安礼》:"故里相看眼暂明,一樽聊此话平生。杜陵早被微官缚,元亮今为世网撄。长路关山吾北去,春风梅岭子南征。结邻莫负当时约,早晚沧浪共濯缨。"诗前有小序:"予方赴调,安礼赴博罗任。"这首七律诗作于将乐故里,当时杨时即将赴调,安礼由福州怀安主簿调任惠州博罗县令。诗中表达了两人即将一南一北,为官场世网所撄的苦恼,期望有一天能够实现过去的约定,共同回归故乡过着悠闲平淡的田园生活。又如五言古风《送蔡安礼诗》:"誓言与君违,寤寐念往昔。结欢自童稚,分比胶投膝。……"叙述了作者与蔡"结欢自童稚"的友谊,表达了分别五年中的相互思念,欢聚后又要离别的痛苦心情。还有七律《安礼以宏词见勉奉寄》、《次韵安礼见寄》、七绝《安礼以宏词见勉,因成绝句奉寄》等诗,足见他们从小到大,十几年结下的深厚友情。七律《含云晚归寄真师》写于庆真逝世10年后,杨时回乡休假时。杨时幼时在含云寺读书,得到萧庆真大师的指教,诗中寄托了对萧庆真禅师的无限哀思。从《别西斋诸友》一诗可见杨时对幼时曾一起在"西斋"(杨希旦先生在将乐县西门家中所设私塾)中学习的诸友留念不舍。反映思亲怀乡的诗作在杨时诗歌中占一定比重。

(五)淡泊名利,安贫乐道

杨时一生曾四辞朝命,以"著书讲学为事",不求闻达,淡名泊利,安贫乐道。宋吕聪在《问书册》中说:"视公(杨时)一饭,虽蔬食脆甘皆可于口,未尝有所择也;平生居处,虽敝庐优屋皆可托宿,未尝有所羡而求安也。"《此日不再得·示同学》中的诗句"富贵如浮云,苟得所非藏。贫贱岂吾羞,逐物乃自戕。胼胝奏艰食,一瓢甘糟糠。所逢义适然,未殊行与藏……"是他安贫乐道的真实写照。杨时诗中最多的情思,就是在宦海浮沉中,时时浮现出退居林下、过渔樵耕读生活的思想。"元亮"(陶潜字)、"巢由"、"耕桑"、"投簪"、"沧浪濯缨"、"严陵垂钓"等寓意深刻的字眼在他的诗中俯拾皆是。如《县斋书事》三首,其一:"簿书投老岂身谋,朱墨纷纷晚即休。半世功名为稷禹,一瓢吾欲慕巢由";其二:"一去人间二十年,宦余飞雪上华巅。清时最有求田乐,未愧陈登榻上眠";其三:"身名于我两悠悠,形影相忘懒赠酬。拟把一竿沧海去,飘然清世一虚舟。"又如五律《偶成》:"天远何须问,劳生听苦何?犁锄三亩足,栖身一枝多。白雪宁堪冒,清时只浪过。好寻明月影,醉舞自婆娑。"五律《感事》末两句:"投闲如有约,早晚向耕桑。"七律《南归书事》末四句:"万里功名心独冷,一廛耕凿力能勤。旧游欲问南归趣,寂寞吾今过子云。"七律《寄长沙簿孙昭远》末两句:"归云好寻溪上侣,为投缨绂换鱼蓑。"等等。这些诗把杨时不愿做官、甘愿归隐的思想表现得非常明白。杨时为什么会有这种与儒家济世思想相左的消极情绪呢?从主观上讲,杨时一生以"著书讲学为事",不求闻达,安贫乐道,重义弃利,清操直节,不阿世求容。在他身上,儒、释、道思想相互融合,又相互影响,形成特殊的人生价值观。杨时这种思想和独特的人格魅力深深地影响着罗从彦、李侗、朱熹等理学名家。罗、李、朱分别是杨时的一传、二传、三传弟子,与杨时并称为"延平四贤"。他们以及杨时的弟子如李郁、萧顗、胡宏、刘勉之等等大多无意仕途,尊师重道,敬畏学术,孜孜以求,心无旁骛。从客观上分析,是杨时所处时代的大环境造成的。北宋末年,朝廷内忧外患频仍,朝政腐败,机构臃肿,人才闲置,贪官污吏横行。在这种世风下,很多有抱负的文人学士,思想开始变得消极起来。北宋绍圣四年(1097 年),杨时在浏阳县令任上,上书乞米赈灾,解救灾民危津,却受到漕使胡师文的弹劾被罢,杨时作《县斋书事》三首,表露他哀怨消极的情绪。《浏阳五韵》同样是杨时渴求解除精神枷锁、逃避现实的自宽自解之词。杨特英在《评龟山大儒知浏阳之遗韵》中说:"他愈是痛感现实的无奈,就愈是追求理想的净土,愈是希望隐逸起来过垂钓安闲的生活。"

(六)理趣之诗,阐发事理

用诗歌的形式来阐发道学,寓理学于描写的景物之中,是杨时诗歌的一大特点,如《和陈莹中了斋自警六绝》,其一:"画前有易方知易,历上求玄恐未玄。白首纷如成底事,蠹鱼徒自老青编。"其三:"行藏须信执中难,时措应容道屡迁。一目全牛无肯綮,奏然投刃用方安。"其六:"盈科日进几时休,到海方能止众流。只恐达多狂未歇,坐驰还爱镜中头。"道学之诗重理,这是它与其他诗的不同之处。

二、可圈可点的艺术特色

在群星灿烂的宋代文学发展史上,杨时及其文学成就不曾显山露水。杨时的诗歌承传了"二程"道学之诗的艺术,又体现了宋诗独有的老硬苍健的风格。

(一)气势磅礴,有太白遗风

杨时的古风,特别是十几首七言歌行,豪迈奔放,想象奇异,颇有几分浪漫主义的色彩。如《过钱塘江迎潮》:"银潢翻空际天白,鲲怒鹏搴海波击。涌云噎气声怒号,万马驰车随霹雳。低昂上下如桔槔,顷刻性命如鸿毛。赍囊负笈有夷路,一日何事常千艘。因思羊肠盘九坂,攀援蜀道愁狖猱。人生触处有万险,岂必此地多风涛。愿言夷险不须问,莫负对酒持霜螯。"此诗以丰富的想象和联想,化用庄子《逍遥游》、枚乘《七发》、李白《蜀道难》等作品中的意象或语汇,来描绘钱塘大潮到来时的白浪滔天、涛声如雷,如鲲鹏击水,如万马奔腾的壮观景象和使人魄动心惊的感受。

《岳阳书事》:"洞庭水落洲渚出,叠翠疏峰远烟没。重楼百尺压高城,画栋沉沉倚天阙,湖光上下天水融,中以日月分西东。气凌云梦吞八九,欲与溟渤争雌雄。澄澜无风雨新霁,一日万顷磨青铜。琉璃夜影贮星汉,骑鲸已在银河中。湖妃帝子昔何许?但有林壑青浮空。苍梧云深不可见,遗恨千古嗟何穷。……"诗中运用对比手法,再现了杜甫《登岳阳楼》中"气蒸云梦泽,波撼岳阳城"的气势和范仲淹《岳阳楼记》中"上下天光,一碧万顷"的景象。

七言古风《与将乐令会饮揖仙亭》,"揖仙亭"在将乐玉华洞外。"玉洞秋云"是古代将乐"三华八景之一"。这首诗是杨时在故乡与将乐县令同游玉华洞会饮揖仙亭时所作,描写形象生动,想象丰富,气势磅礴,其声势如风樯阵马。正如《诗话》所云,诗思在"灞桥风雪中驴子背上"是也。

杨时的七言歌行很明显地受李白《蜀道难》、《梦游天姥吟留别》等代表作的影响。正如韩愈说的"李杜文章在,光焰万丈长"。从杨时诗歌中的豪放一面来看,显然是儒家济世的热情贯注着他的一生。

(二)清新俊逸,有莲风禅味

"程门立雪",月印成川,杨时的一生淡淡如清雪。他不仅为我们留下一则尊师重教的千古佳话,还为我们留下了许多淡淡如清雪的诗歌意象。杨时诗歌中占较大比重的是描写山水、讴歌自然的诗作,其中的意象和禅味最能体现杨时诗歌的艺术特色。诗是意象的艺术,意,就是人想要表达的思想感情、理想信念、意义感悟等心象,象,就是宇宙成千气象,人间万千物象,象主要指大自然的象。象源于大自然,大自然是人类及万物之源。杨时从大自然的怀抱中发现美、感悟道,同时在"美"和"道"的熏陶中升华了自我的心灵。如七绝《东林道上闲步》三首,其一:"寂寞莲塘七百秋,溪云庭月两悠悠。我来欲问林间道,万叠松声自唱酬。"其二:"百年陈迹水溶溶,尚忆高人寄此中。晋代衣冠谁复在?虎溪长有白莲风。"其三:"碧眼庞眉老比丘,云根高卧语难酬。萧然丈室无人问,一柱炉峰顶上浮。"杨时于北宋崇宁元年(1102年)十一月赴任荆州教授途中,经过南康时,登庐山,宿东林寺,闲步东林道上,作这三首诗。著名的东林书院也因杨时的《东林道上闲步》而得名。杨时在东林书院讲学十余载。"晋代衣冠今复在?虎溪长有白莲风。"讲的是东林寺乃佛教净土莲宗发源地。东晋太元六年(381年),名僧慧远在此建寺讲学,创立白莲社,倡导弥陀净土法门,后世佛教信徒便尊他为净土宗始祖。走在东林上,只见皓月初升,清辉朗照,清凉如水,小溪雾霭氤氲,轻云笼烟。唯有松涛阵阵,似与诗人在进行心灵的交流。忽又想起理学宗主周敦颐,晚年筑室于匡庐山下、小溪之畔,皓首穷经,著书布道,以莲喻人,以莲谈理。诗绪似潺潺的小溪,在杨时的心中流淌。《东林道上闲步》诗便带着莲风禅味凝聚于笔端,似朦胧的月夜,给人以境界高简、意象幽邃的趣味。

《含云寺书事六绝句》,其一:"兽骇禽鸣翳蔚中,难将此意问鸿蒙。萦回小径苍苔滑,杖屦从今恐不通。"其二:"北山山下一渔翁,形解心凝骨已融。支枕睡余人寂寂,一轩明月蒲窗风。"其三:"山前咫尺市朝赊,垣尾萧条似隐家。过客不须携吹鼓,野塘终日有鸣蛙。"其四:"夹屋青松长数围,午风摇影舞傲傲。幽禽叶底鸣相应,时引残声过别枝。"其五:"竹间幽径草成围,藜杖穿云翠蒲衣。石上坐忘惊觉晚,山前明月伴人归。"其六:"蝶梦轻扬一室空,梦回谁识此身同,窗前月冷松阴碎,一枕溪声半夜风。"含云寺在将乐县衙的西侧,因为四山环峙,云气氤氲而得名。杨时幼时就在含云寺读书。含云寺的住持俗名萧庆真,是位颇有名气的得道高僧,萧大师经常勉励杨时要好好学习,以浅显的事例向杨时传授深奥的佛学禅理,他们结下了深厚友谊。大师的言传身教,对杨时的一生都产生着深远的影响。在杨时的诗中,含云寺周遭的景物:小径、苍苔、竹林、幽禽、明月、溪声、松涛都带着灵性,诗人仿佛与大自然融为一体,在潺潺的溪声中、蛙鼓声中酣然入梦,仿佛进入陶渊明笔下的桃花源中,与净土宗始祖慧远参禅悟道。这组诗以动写静,诗中有画,为我们展现出的景致,如水墨山川间的屏风,拒绝浮华和纷扰,"行至水穷处,坐看云起时"的淡然和洒脱,让所有的绚丽都成了明月的清澈和溪水的温柔。

在淡淡的夜幕下感受着这位理学大师内心的静止和激情。

《东林道上闲步》、《含云寺书事六绝句》是体现杨时诗歌艺术水平的代表作品。前面已提到的《过兰溪》、《游武夷》、《游玉华洞》、《夜雨》、《重经乌石铺》以及《蓝田溪上》、《闲居书事》等都是自然清新之作,可人如玉,空碧悠悠,令人回味无穷。

(三)语言深奥,有典雅之气

杨时是位饱学之士,他从渊博的知识中取得博赡的材料形成工整典雅的风格。杨时的许多诗句,脱胎于李白、陶渊明,从中可见学习李、陶的痕迹。杨时诗中使用典故恰到好处,丰富了诗的形象,深化诗的主题。如《县斋书事》其一,"簿书投老岂身谋,朱墨纷纷晚即休。平世功名归稷禹,一瓢吾欲慕巢由。"诗中用了上古高士许由、巢父的典故。上古高士许由怕尧要召他做官的话污染了耳朵,便去颍水边洗耳,不料却遭到另一高士巢父的耻笑。他敬慕真正为人民做了巨大贡献的稷、禹君臣,希图作一番事业,不甘把时光消磨在大堆的公文中,但迫于环境恶劣,壮志难酬,不得已去追慕古代隐君子巢父和许由的为人,去追求田园生活。诗人借用巢父许由的典故,来表现自己渴求解除精神枷锁、逃避现实的思想感情。有时用典故来浓缩作品内容,扩大诗的容量,如《藏春峡》:"山衔幽径碧如环,一壑风烟自往还。不似武陵流出水,残红那得到人间?"借用陶潜《桃花源》的典故来写景抒情,诗尽而意不尽,给读者留下想象的空间和余地。有时用大家熟悉的典故,来说明深刻的哲理。如《和陈莹中了斋自警六绝》之三:"行藏须信执中难,时措应容道屡迁。一目全牛无肯綮,莫然投刃用方安。"《庄子·养生主》:"恢恢乎游刃必有余地。"说庖丁解牛,技术高超,刀刀游走于筋骨间而不受损伤。用大家都熟悉的"庖丁解牛"来比喻,阐发事理,从而增加了诗歌的形象性。杨时诗歌大部分写得清新自然,明白易懂,但也有小部分诗歌用词偏涩,深奥难懂,为后人的阅读和欣赏设置了许多的语言障碍。

从诗歌的体裁方面来看,杨时众体兼长,五言、七言、古体、律诗、绝句,他都能够运用自如,可见其语言功力之深。古体和律体,尤其是七绝写得较好。他的律诗、绝句都是押韵严格,平仄讲究,对仗工整。如"轻风拂拂撼孤樨,庭户萧然一室清。隔叶蝉声微欲断,又闻余韵续残声"(《闲居书事》)。平平仄仄仄平平△。仄仄平平仄仄平△,仄仄平平平仄仄,平平仄仄仄平平△(△表示押韵)。是标准的平起式七言绝句。

杨时诗歌的语言多姿多彩,手法变化自如,时而用典故,熔铸经史子集,显出典雅古奥的特色和含蓄婉转的风格,时而采用白描手法,表现出浅显流畅的特色和清新自然的风格。真可谓:白云初晴,幽鸟相逐,眠琴绿荫上有飞瀑落花无言,人淡如菊。娟娟群松,下有漪流。晴雪满江,隔溪渔舟,碧空悠悠,如日之曙,如气之秋。

杨时是理学家又是诗人。他是闽学鼻祖,也是武夷文学中理学诗派的开山之祖。杨时的老师程伊川在《明道行状》中写道:"纯粹如精金,温润如良玉。"借用这句话来形容杨时的涵养纯粹,评价杨时的诗歌温润如玉,也是很形象的。

参考文献:

①《杨时集》,林海权点校,福州:福建人民出版社,1993 年 10 月。

②《杨时学术研讨(续集)》,《将乐文史资料》第十六辑,政协将乐县文史委、杨时研究会合编,2003 年 1 月。

③《董杨思想文化研究》,福建省董仲舒杨震学术研究会编,2010 年 5 月。

④《杨时学术文化研究论文汇编》,福建省杨时学术文化研究会编,2009 年 10 月。

⑤(唐)司空图:《诗品》。

⑥李修生:《中国文学史纲要》,北京:北京大学出版社,1987 年 6 月。

杨时思想对朝鲜大儒的影响

◎ 杜钢建

程门道脉南传的闽学开创人杨时不仅对湖湘学派的形成产生了直接影响，而且对后来朝鲜的儒学大师们有着重要影响。杨时对古代朝鲜儒教文化的影响很大，这里重点讨论杨时对朝鲜大儒李滉（号退溪）和李珥（号栗谷）理学思想的影响。其中涉及他们之间具有共同特征的历史文化背景以及一些理学范畴和概念的重要意义和发展过程。宋嘉定十六年（1223 年），宋使到达高丽后，高丽国王急切地问道："龟山先生安在？"由此可见，杨时在古代韩国的影响之大。

一、朝鲜大儒李滉李珥思想的历史背景

杨时是宋代理学的中间骨干。李滉和李珥都是明代李氏朝鲜的儒学大师，李滉是李珥的老师。从生活年代看，李滉和李珥的生活年代要比杨时的生活年代晚将近 500 年。杨时在身后将近 500 年能对李滉和李珥思想产生影响，有着特定的历史联系和时代背景。

李滉和李珥的生活年代具有朝鲜党禁政治的特定历史环境。李氏朝鲜历史上的四大党争直接影响到他们思想的许多方面。16 世纪的朝鲜经历了建国初期的繁荣安定、政权空前巩固、文化高度发展期之后，国情急转直下，政治、经济、社会问题百病滋生。自从第十一代君王暴君燕山君当权的 1495 年至 1505 年十年间，统治阶层内部的政治斗争伴随社会矛盾一起爆发出来。

"戊午士祸"(1498年)、"甲子士祸"(1504年)中,大儒占毕斋和金宗直及其门徒和大批学者成为政治斗争的牺牲品。"士祸"过后,燕山君被罢黜,中宗即位。新一代学者赵光祖等登上政治舞台,他们倡导道学,经世救国,主张进行改革。后来,官僚反对派进行反扑,制造了"己卯士祸"(1519年)。赵光祖及一大批学者遇难,知识分子主导的改革宣告失败。中宗以后的仁宗和明宗两家的亲戚,结成两派政治势力,互相争权夺利,导致了"乙巳士祸"(1545年)的发生。明宗的亲戚大尹获胜,反对派及大批士大夫受株连遭难。这四次大规模的"士祸"相继发生,对知识分子群体形成沉重的打击。在朝学者之间又由于学术观点的不同而分裂为东人党、西人党、老人派、少壮派等诸多党派,所谓"四色党争"兴起。在这一历史大背景下,李滉、李珥思想的鲜明特点在于提倡公论公党构成其思想的主线。

杨时在理论与实践方面主张知行合一,并且都具有敢于直谏和抨击弊政的儒家风范。南宋宣和六年(1124年)经张舜民推举,徽宗召杨时为秘书郎。翌年三月,杨时上书《与执政论时事札子》,建言十件大事。他写道:"如今士大夫不敢对天下大事畅所欲言,不过是为了明哲保身而已。但他们不曾想过,天下动荡不安,岂能保全自身?"他从慎令、茶法、盐法、转般、籴买、坑冶、边事、盗贼、择将、军制十个方面分析朝廷一些政策的弊端以及由此产生的负面影响,并且提出许多趋利避害的建议和措施。此种修身齐家治国平天下的坚韧精神正是经历党禁和暴政的朝鲜知识分子所迫切需要坚持的。游酢和杨时这些内圣外王的政治理想和实践,直接影响到李栗谷的政治人生。栗谷任兵曹判书时,向宣祖上疏,提出:"请豫(预)养十万兵,以备不虞";"国势之不振极矣,不出十年,当有土崩之祸……豫养十万兵……以为缓急之备,否则一朝变起,不免驱市民而战,大事去矣。"①栗谷的上疏遭到了宣祖的辅佐大臣柳成龙等人的极力反对。栗谷因此而遭到两司弹劾,无法实施自己的政治抱负,终抑郁成疾。他临终之前,在病榻上写下六条治国方案,至死上疏救国。六条是:一曰任贤能,二曰养军民,三曰足财用,四曰固藩屏,五曰备兵马,六曰明教化。② 李栗谷的这六条上疏与杨时的十项建议在思想主张上是一致的。

从赵光祖到李退溪再到李栗谷,实际上继承了由杨时传承的宋代二程理

---

① 《栗谷全书》卷三四,《年谱》(下),第322页。
② 《栗谷全书》卷八,《六条启·启议》,第169页。

学的真儒精神。栗谷的老师李退溪先生曾经将金宏弼、郑汝昌、赵光祖、李彦迪并称为"东方四贤"。1610年,这四位贤者受到了文庙配享待遇。栗谷强调学者应在学问和人格两方面立言垂后。李彦迪曾经有过一段不光彩的政治经历。在"乙巳士祸"时,李彦迪曾被迫担任审问受难学者的官吏,并因此而被封为"靖难功臣"。宣祖六年(1573年),成均馆儒生讨论文庙配享,提名有金宏弼、郑汝昌、赵光祖、李彦迪。李栗谷以李彦迪"无经济之才"、"出处不明"为由投了李彦迪的反对票。栗谷认为虽然李彦迪学问甚高,著述颇丰,但他的经历有污点,不能为后人做榜样。栗谷崇拜的"真儒"是静庵赵光祖。栗谷以为"道学精神体现在无自欺的内在的诚实性上,一心之本清澈见底,不得掺有一点邪恶,给旁人和后人树立榜样,赵静庵具有道学精神的特征"[①]。栗谷崇拜的"真儒"是"己卯士祸"(1519年)中遇难的以赵光祖为代表的知识分子。

对于将近500年前的杨时的著作,李滉和李珥都有条件拥有和阅读。据《高丽史》记载,高丽朝曾派学者到中国江南购入书籍10800余卷。宋朝人曾带书籍597册来到高丽国。朱子学在南宋时传入高丽的途径很多,其中一个途径是中国的移民带到高丽的。例如韩国刘氏始祖刘荃为汉高祖刘邦之四十世孙,宋朝时官至翰林学士和兵部尚书,高丽文宗三十六年归化朝鲜。刘荃精通九经、百家书,穷天文地理。朱熹的后代在宋朝时已经移民到朝鲜了。宋宁宗嘉定十七年(1224年),朱熹之曾孙朱潜率子余庆、婿具存裕移民朝鲜,此为韩国朱氏之始祖。其婿具存裕为韩国具氏之始祖。朱潜之孙悦,忠烈王时官至一品职之知都兼议事府,受封为绫城君。宋程颐(伊川)之十四世孙思祖,元顺帝时为御尉校丞,陪侍恭悠王妃鲁国公主访韩,后归化朝鲜,官至殿中侍御史,为韩国程氏之始祖。同时陪侍恭王妃鲁国公主归化朝鲜的还有孔子的五十四世孙孔昭。孔昭为元朝之翰林学士,其孙孔俯与郑梦周、李墙等相交,诗文、书法均著名。

在元代,朱子学就开始受到朝鲜政府的重视。高丽忠烈王时期,在元朝学成归国的高丽学者白颐正第一次将朱子学著作带到了高丽。元朝曾将宋的秘阁藏书4371册赐给高丽。朝鲜的广州君安邦杰的十三世孙安珦(裕),于高丽忠烈王十二年以儒学提举随忠烈王入元,笔抄朱子全书回国,为韩国

---

① 柳承国:《栗谷哲学的根本精神》,《栗谷哲学和现代社会》,韩国思想文化学会,1999年,第117页。

最初研究朱子学之学者。程子之学最初自中国传到朝鲜时,无人能晓,汉人移民的后裔禹倬仅费时一月即通晓之,并以之教导后进,此为韩国理学之嚆矢。禹倬对经史、易学亦深通晓,世人皆称之为易东先生。从元代高丽史资料中可以看到,朝鲜学者对于宋代的儒学著作在元朝时就都能接触到了。

明朝初期移民朝鲜的中国政府官员和士人就更多了。所以在李滉和李珥生活的时期,完全有条件拥有和掌握杨时的大量既成著作。在他们的著作中大量引用和比较研究这些典籍,是十分自然的事情。正是由于具备这些条件,他们的学问才可以达到时代的巅峰。儒学在他们的推动下,在朝鲜获得了迅速发展,广泛影响到朝鲜社会生活的方方面面。

二、创建书院培育士群的影响

宋代儒家知行合一的重要表现是大力创建书院培育士群。通过书院培育士群是中国和朝鲜儒家宪政发展的一个重要方面。杨时有办书院培养人才的经验。杨时创办的著名书院有无锡的东林书院和浏阳的文靖书院等。杨时在无锡东林书院讲学前后达 18 年之久。此外,常州的龟山书院、福建将乐的含云寺、延平书院等地也都是杨时聚徒谈经之所。由于杨时乃为二程高足,所以从学者甚众。如在萧山讲学时,"四方之士闻时名,不远千里来从游"。在东林书院讲学,弟子千余人。在其办学、讲学过程中,他培养了王蘋、吕本中、关治、罗从彦、张九成、萧头、胡寅、刘勉之等一大批儒学名士。

杨时在浏阳做浏阳县令时修建了书院,后取名文靖书院。20 世纪 90 年代浏阳出土的元代青铜爵上刻着铭文"大德元年"与"文靖书院"。"大德"是中国历史上元成宗的年号,文靖书院是浏阳历史上第一所书院。文靖书院取名于杨时,杨时卒谥"文靖"。浏阳县志记载,文靖书院后来迁到了浏阳河的南边。宋朝灭亡后,元朝政府想请宋代大儒欧阳玄之父欧阳龙生出来做官,他不肯,回乡隐居浏阳天马山。据欧阳族谱上记载,后来礼部特派使者到浏阳修复文靖书院,请欧阳龙生出任书院山长。这是当时长沙地区文化教育界的一件大事,许多退隐山林的老儒们听说后止不住涕泪纵横。欧阳龙生任山长后,生徒云集,欧阳玄当时也在书院就读。

杨时及其弟子朱熹等创建书院培育士群的活动对朝鲜的儒家产生了极大的影响。对于人才的培育,朝鲜李退溪更引为己任。陶山书堂就是退溪亲手建成的教育场所,曾培养出三百余名的朝鲜的国家栋梁,对于推展教化,蔚养学风,卓有贡献。晚年定居故乡,在退溪建立书院,从事教育和著书事业,被公认为是朝鲜王朝最权威的老师。李栗谷通过书院讲学活动培养的弟子众多,其中著名的有金长生(1548—1631)、赵宪(1544—1592)、郑晔(1563—1625)、李贵(1557—1633)、安敏学(1542—1601)、朴汝龙(1541—1611)、安邦俊(1573—1654)等。其中较为有名的是金长生。金长生的门人有其子金集(1574—1656)和他的弟子宋时烈(1607—1689)、宋浚吉(1606—1672)、张维(1587—1638)、李惟泰(1607—1684)、赵翼(1576—1655)、金庆馀(1596—1653)、李时白(1592—1600)、申钦(1566—1628)等。正是书院培养士群的努力,推动了朝鲜党禁的逐步放开,在社会上形成尊重知识和尊师重道的风气。

孔子所代表的传统儒家不主张建党,理由是党必为私。按此逻辑,要么不要党派,要么就应当实行诸多党派的制度。而李栗谷则认为党可以分为公党和私党,他反对私党,赞成公党。他指出:"正君治国之士,以同道为朋者,一心爱君,一心殉国,党益盛而君益盛国益安矣。人君犹恐其少党。岂患其汇征乎。"①正君治国之党,党盛国安,犹恐少党。而营私灭公的私党是同利为党,唯利是求。他主张不要害怕党派,更要鼓励敢于直言谏政的士党。他引用真德秀的论证,指出"为人君者尤当因臣下之过而察其心。如爱君而极谏,不无狂怃之过,要其用心非仁乎,取其仁而略其过,可也。爱君而违命,不无矫拂之过,要其用心非仁乎。取其仁而略其过,可也"②。取仁略过是栗谷关于党争主张的真实用意。他对于政府迫害知识分子群体的几次"士祸"持有不同认识,而赞成敢于直言谏政的士党风气。李氏朝鲜的士党风气在党禁解除以后逐步恢复,这与栗谷的畿湖学派的倡导有一定的关系。

三、诚意致知、中和中庸思想的影响

诚意致知是儒学倡导的穷理的重要路径。杨时主张的诚意致知的读书方法受到朝鲜儒家的重视。李珥非常推崇杨时的读书方法,他指出"龟山杨氏曰,读书之法,以身体之,以心验之,从容墨会于幽间静一之中,超然自得于书言象意之表。盖某所自为者如此"③。杨时的读书之法是身心具用,从容墨

---

① 《栗谷全书》卷二六,《圣学辑要》。
② 《栗谷全书》卷二六,《圣学辑要》。
③ 《栗谷全书》卷二〇,《圣学辑要》,第429页。

会,超然自得。在李珥看来,这种读书方法有利于实现诚意致知。

杨时关于中和中庸内外兼修的主张直接影响了朝鲜儒家在这些问题上的认识和看法。杨时理学思想的特色是"中庸",中庸的核心是爱人,即施"仁政",主要包括民贵、宽政、法治和愿治相结合等。民贵就是把人民重为社稷之根本,他指出:"夫民者邦之本也,一失其心则本摇也"、"人君所当法者尧舜而已"、"盖天下之是非庙堂之心可以独运,合天下之智事则事无不济矣"①;民为邦者,者必须爱民,宽政是爱民的主要内容,"宽者得众"。杨时主张爱人节用、取用适时、安抚农民、使民有家产,目的是为了休养生息,使民安居乐业;杨时还是中国历史上提出法治与愿治相结合较早的人。他提出一套立法、执法、变法的主张。"愿治"就是要辨忠邪,举贤才,"当以礼义廉耻之俗为急"。"中庸待人"是愿治的核心。

朝鲜李滉在讨论中庸原理时指出:"中和中庸,以理言之,固非二事。然,以所就而言之,地头论之,安得不异。今以游氏(即游酢)说观之,以性情言之,曰中和。既曰性情,非内乎。以德行言之,曰中庸。既曰德行以对性情,则宁不可谓之外乎。(德以行道得言,已是兼内外而名之。行则专以日可见之迹言,岂非外耶。)故饶氏(即饶鲁,1193—1264)本游氏而推衍为说,未见其有不是处。"②在政治方面,李滉强调注重德治,而以孝、悌、慈为本。德治的实现,则端在乎君臣。君明臣贤,天下致治;君暗臣佞,天下混乱。而君臣二者间,国君与德治的关系更为密切。为抚养圣德,退溪以笔代口,上疏帝王之学,此即史家称道的《戊辰六条疏》。同时李滉献《圣学十图》,并亲自进讲。

中庸之道源于上古时期的道统。朝鲜李栗谷论道统说:"道统始于伏羲,终于朱子。道统至于孔子而集大成,为万世之师,孔子以下,道成于己,不能行于一时。道统之传止于孟子而中绝。道统传自伏羲止于孟子遂无传焉.荀卿毛苌董仲舒杨雄诸葛亮王通韩愈之徒,立言立事,有补于世教。而荀杨皆偏驳,毛苌无显功,王通见小而欲速,皆少可观。惟仲舒有正谊明道之论。诸葛亮有儒者气象。韩愈排斥佛老,视诸子为优。但仲舒流于灾异之说.亮近于申韩之习,愈疏于践履之学。此所以不能接孟子之统也。"③

李栗谷论道统认为,孟子以后,能接道统的,首先是湖南道县的周茂叔,

---

① 《杨时集》卷四。
② 《李退溪集》,《中庸》第二章。
③ 《栗谷全书》卷二六,《圣学辑要》。

然后是二程,再次是张载。至于邵康节,栗谷认为:"康节邵氏内圣外王之学安且成矣,而先贤未尝以道统正脉许之。故不敢载于此"①;"程门弟子羽翼斯道者亦多而能荷传道之任者亦不可见。故程张之后,继之以朱子焉。但龟山受学于程子,豫章受学于龟山,延平受学于豫章。斯三先生业虽不广,是朱子源流之所自,故略著行迹如左";"右道统之传自周子,继绝至朱子而大著。"②

所以,在《圣学辑要》中,除了孔、孟以外,周、程、张、邵、朱五先生必称子。其中被引文最多的是朱子和程子。"朱子之后,得道统正脉者无可的指之人。张南轩与朱子为道义之交,有讲论之功。蔡西山以下诸公,皆有德于朱子之学。故略著行迹如左。"然后栗谷援引《宋史》关于张栻、蔡元定、黄榦、李燔的介绍。他最后得出结论说:"朱子之后,有真德秀、许衡以儒名世,而考其出处,大节似有可议。故不敢收载。至于皇朝名臣,亦多潜心理学者。第未见可接道统正脉者,故亦不敢录。"③

四、为政以德节俭廉洁的廉政主张的影响

杨时关于为政以德节俭廉洁的廉政主张在历史上成为为官者的佳话,对于朝鲜的儒士也产生了重要影响。

杨时一向生活十分俭朴。吕聪在《问书册》中说:"(杨时)自京城辞官还乡后,视公(杨时)一饭,虽蔬食脆甘皆可于口,未尝有所择也;平生居处,虽敝庐优屋皆可以托宿,未尝有所羡而求安也。"杨时为了教育儿孙"俭以养德",特立下这样的家规:"三餐饭蔬,不论脆甘酸苦,只要是可以吃的,就不可有所嗜好;衣服鞋帽,不论布料精细,只要合身,就不许挑挑拣拣;所处房屋,尽管简陋,只要还能居住,就应安居乐业,不要羡慕别人雕梁画栋;故山田园,先祖遗留,应该守其世业,不可增营地产,侵犯他人利益。"他还赋诗勉励儿孙:"敝裘千里北风寒,还忆箪瓢陋巷安。位重金多非所慕,直缘三釜慰亲欢。"他还谆谆告诫后学者:"富贵如浮云,苟得非所藏。贫贱岂吾羞,逐物乃自戕。胼胝奏艰食,一瓢甘糟糠。所逢义适然,未殊行与藏。"④南宋绍兴五年(1135

---

① 《栗谷全书》卷二六,《圣学辑要》。
② 《栗谷全书》卷二六,《圣学辑要》。
③ 《栗谷全书》卷二六,《圣学辑要》。
④ 《杨时集》卷三八,《此日不再得示同学》。

年)四月,杨时逝世后,"身后肖然,家徒壁立"。秘书少监朱震上疏朝廷说:"时学有本原,行无玷缺,进必以进,晚始见知。其撰述皆有益学者。"①高宗下诏取阅杨时的《三经义辨》,赠文:"言正而行端,德闳而学粹。网罗百家,驰骋千古。辨邪说以正人心,推圣学以明大义。而陈疏义,足以扶国本于当时;注释经义,足以开来学于后世。"

杨时在《余杭见闻》中愤然写道:"今天下,上至朝廷大臣,下至州县官吏,莫不以欺诞为能事,而未有以救之";"今天下非徒不从上令,而有司亦不自守成法。……其如法何?"他批评朝廷:"免夫之役,毒被海内,西城聚敛,东南花石,其害尤甚。前此盖尝罢之,诏墨未干,而花石供奉之舟已衔尾矣。今虽复早前令,而祸根不除,人谁信之?"他主张"为政以德","爱人节用","节以制度,不伤财,不害民"。他还一再上疏恳请朝廷减轻农民赋税。据《萧山县志》载:"政和二年,(杨时)为邑令,经理庶务,裁决如流。以民岁苦旱,开筑湘湖,以灌九乡,至今民赖其利。祀宦祠。"

李珥对杨时的为政以德的廉洁主张深表赞赏。李珥说:"臣按,正家之法,已备于前,而节俭最为人君之美德,故表而出之。杨氏曰,薄于自奉,而所勤者民之事,所致饰者,宗庙朝廷之礼。所谓有天下而不与也。夫何间然之有。"②

游酢和杨时的为政以德思想是以"理一分殊"、"求仁体义"的理学创新相联系的。"理一分殊"是宋明理学的一个重要范畴,它始见于杨时和程颐关于《西铭》主旨的讨论。在杨时看来,"理一分殊"的关系就是仁和义的关系,理一为仁,分殊为义,仁是本体,义则是本体之用。这就是说,无论是自然界还是人与人之间的关系,都存在着"理一而分殊"。据此,人人都应当有共同的仁爱之心,又应当爱有差等。

朝鲜李滉和李珥对于"理一分殊"的理论范畴给予了高度重视。李滉说:"龟山杨氏,西铭理一分殊,知其理一,所以为仁,知其分殊,所以为义。犹孟子言,亲亲而仁民,仁民而爱物。其分不同,故所施不能无差等耳。"③李滉将《西铭图》的发展过程进行了总结。李滉说:"右铭,横渠张子所作,初名订顽,程子改之为西铭,林隐程氏作此图(西铭图)。盖圣学在于求仁,须深体此意,

---

① 《续资治通鉴》"高宗绍兴五年"。
② 《栗谷全书》卷一九,《圣学辑要》,节俭章第七。
③ 《李退溪集》,《进圣学十图札并图》,《西铭》。

方见得与天地万物为一体。真如此处,为仁之功,始亲切有味。免于完荡,无交涉之患,又无认物为己之病而心德全矣。"

李滉还在《经筵讲义》中对杨时和程子之间关于"理一分殊"的通信进行了深入分析。在《西铭考证讲义》中,李滉指出:"杨龟山上伊川第一书,疑西铭言体而不及用,恐流弊遂至于兼爱。伊川答书,深言其理一分殊,仁义兼尽,非墨氏之比。龟山稍悟前非。于第二书,引此语,以明《西铭》推理存义之意。意虽不失,语有未莹。故朱子特举其说而解说之如此,以发明龟山未尽之意,则伊川指示龟山之微旨,始无余蕴矣。"李滉认为杨时与程子之间的对话进一步论证清楚了"理一分殊"仁义兼尽的道理。

五、《圣学辑要》与湖湘学派

李栗谷的《圣学辑要》是仿照中国宋朝曾经担任长沙行政长官(知潭州)的西山真德秀(1178—1235)的《大学衍义》,浓缩道学精华编辑而成。栗谷说:"西山真氏推广是书,以为衍义,博引经传,兼援史籍,为学之本,为治之序。"①

栗谷以"四书六经"为本,参考先儒的学说和历代史料,纂述《圣学辑要》,实为修齐治平的纲要。全书历经两年完成,献给 25 岁的宣祖(1568—1608)。栗谷曰:"臣之诵此言久矣,尝欲辑此一书,以为要领之具,上以达于吾君,下以训于后生……"②栗谷期待君主能够以三代为期,哲人治国,以道治世,创造一个理想的大同世界。《圣学辑要》分为五个部分:统说、修己、正家、为政、道统。其框架接近大学八条目,援引诸经典,止于至善为终极目标,致中和为其践行方法原则。

"统说"第一部分主要讲道由于性,性出于天。天德致王道,其要在慎独。德性达道,须分性德情德之辩。致中和,未发当别动静,去外诱,修己治人,圣神功化。大人之学,在新民德,明德即心,自性即佛,格物致知,诚意自慊。说明目的是要建立治纲,分正百职,明德新民,止于至善。在这一部分,主要引用了朱子、程子、道乡邹氏、胡季随、西山真氏等人的语录。

"修己"第二部分上包括总论、立志、收敛、穷理四章.主要讲修己功夫,有

---

① 《栗谷全书》卷一九,《圣学辑要》,第 420 页。
② 《栗谷全书》卷一九,《圣学辑要》,第 418 页。

知有行,知以明善,行以诚身。主要引用的语录来自朱子、真氏、北溪陈氏、叶氏、明道、张子、陈氏、节斋蔡氏、应氏、南塘陈柏、苏氏、游氏、程子、延平李氏、叶氏、张子、龟山杨氏、果斋李氏、东莱吕氏、永嘉周氏、刘氏、武夷蔡氏、尹氏、许氏、建安丘氏、勉斋黄氏、张南轩、吴氏、刘康公、龙泉叶氏、五峰胡氏、范氏浚、邹氏、勿轩熊氏、汪氏等等。

"修己"第二中部分包括诚实、矫气质、养气、正心、检身五章。其中除了四书六经外,主要引用朱子、南轩张氏、程子、刘忠定公、司马温公、蔡氏、黄氏、谢氏、董氏、吕氏、吴氏翌、范氏、西山真氏、苏昞、赵致道、延平先生、胡季随、陈氏、双峰饶氏、觉轩蔡氏、上蔡谢氏、和靖尹氏、廖子晦、勉斋黄氏、薛氏、五峰胡氏、临川吴氏、邵子、李先生、方氏、长乐刘氏、冠义、吕荣公、郑氏、北宫文子等等。

"修己"第二下部分包括恢德量、辅德、敦笃、修己功效四章。其中主要引用的语录来自蔡氏东莱吕氏、程子、张子、朱子、薛氏、孙氏、西山真氏、赵氏、范氏、杨氏、新安陈氏、勉斋黄氏、南轩张氏、广平游氏、永嘉郑氏、周子、叶氏、胡氏、延平先生、陈氏、真氏等。

"正家"第三部分包括八章。主要引用的语录来自朱子、程子、叶氏、吴氏、陈氏、真氏、胡氏、方氏、李氏、金华应氏、蔡氏、辅氏、毗陵慕容、严陵方氏、范氏、宋范祖禹、叠山谢氏、东莱吕氏、王氏、长乐陈氏、北溪陈氏、张子韶、杨氏等。

"为政"第四上下部分共十章。主要引用的语录来自蔡氏、张子、程子、朱子、谢氏、董氏、胡氏、杨氏、吕氏、游氏、庆源辅氏、新安陈氏、范氏、象山陆氏、南轩张氏、尹氏、谢氏、蔡氏、诚斋杨氏、真氏、张氏、陈氏、苏氏、丰城朱氏、薛氏、范氏、韩氏、三山陈氏、郑氏、辅氏、勉斋黄氏、陆贽、贾谊、朱氏、上蔡谢氏等。

"道统"第五部分单一章。主要引用的语录涉及的人物有节斋蔡氏、汉上朱氏、建安丘氏、蔡氏、新安陈氏、朱子、程子、尹氏、西山真氏、胡氏、黄氏、侯氏、吴氏、杨氏、云峰胡氏、谢氏、尹氏、赵氏、林氏、韩氏、濂溪先生、明道先生、汝南周茂叔、文彦博、刘绚、李稣、谢良佐、游酢、张绎、苏昞、吕大临、吕大钧、尹享、杨时、罗仲素、草庐吴氏、李燔、黄榦、蔡元定等。

上述这些被引用的人物大多都是宋代理学中各个学派的重要人物。

六、儒释道互补的思想影响

杨时以及李滉和李珥都有佛家渊源，在他们的著作中都论述到儒释道的比较和互补问题。

有关道学始传朝鲜的说法，在《栗谷全书》中有如下记载："问：'道学之名始于何代耶'？先生曰：'始于宋朝。'道学本在人伦之内，故于人伦尽其理则乃道学也。……问我，朝学问亦始于何代？曰：'前朝末始矣。然权近入学图似显龃龉，郑圃隐号为理学之祖，而以余观之，乃安社稷之臣，非儒者也。然则道学自赵静庵始起。'"①栗谷说明了道学为人伦之学，宋朝道统之学问研究的是人伦之理。

杨时到庐山佛教东林寺游览过后，曾赋诗《东林道上闲步三首》以纪之，诗云："寂寞莲塘七百秋，溪云庭月两悠悠。我来欲问林间道，万叠松声自唱酬"，"百年陈迹水溶溶，尚忆高人寄此中。晋代衣冠谁复在，虎溪长有白莲风"，"碧眼庞眉老比丘，云根高卧语难酬。萧然丈室无人问，一炷庐峰顶上浮。"可见，那里的林间松声、"虎溪三笑"的典故、高僧的超然物外，一切都深深吸引着他。他看到无锡保安寺的环境与庐山东林寺相似，便勾起了对庐山东林寺的向往之情，遂决定以"东林"命名书院。

根据《朝鲜王朝实录》的记载，李栗谷母亲过世后，栗谷入金刚山学习佛法。对于栗谷入山求佛的动机，说法不一。朴世采的《记栗谷先生入山事》说："栗谷先生入山事时，其于谱状详矣。……适得郑畸庵日录，已入别集旧本，操觚周记闻，郑则以为，先生庶母悖甚，少不如意，每欲缢死，家人奔救而止。又与伯兄某失和，先生周旋两间，尽力规谏，而终不得，遂泣告其事于赞成公。一日，留封锁册匣而去。中有父兄及庶母前三书，末言终不底和，则宁有死而不知也。……适值行僧之向枫岳者，因与偕往，以为少纾宿愿之地。……或曰学禅之本，虽因其高明，而此事亦出于仁爱切至之致，二者皆非有可讳，但据实迹，谨以传之，亦何不可哉。……兹记此说，以世之达理君子正焉，观者幸恕之。"②宣祖元年，栗谷上书中曾谈到自己出家求佛的动机。他说："臣本汉阳一布衣也，发年求道，学未知方，泛滥诸家，罔有底定，生丁不辰，早

---

① 《栗谷全书》卷三一，《语录上》，第 755 页。
② 朴世采：《记栗谷先生入山事》，《南溪·朴世采文集》，《续集》卷二十。

丧慈母,以妄塞悲,遂耽释教,膏浸水润,反覆沉迷,因昧本心,走入深山,从事禅门,迨周一年。赖天之灵,一朝觉悟,诬辞伪说,破绽昭著,抽脏擢腑,未足洗污,累然归家。"①栗谷对于佛法和儒道的关系有着独到的见解。"僧曰:'儒家亦有即心即佛之语乎?'余曰:'孟子道性善,言必称尧舜,何异于即心即佛,但吾儒见得实。'"②

栗谷20岁从金刚山回到江陵,明确了自己的人生目标是要成圣,于是作《自警文》立志自勉:"先须大其志,以圣人为准则,一毫不及圣人,则吾事未了。"③栗谷以达圣为目标,对自己提出了严格要求:"晓起思朝之所为之事,食后思昼之所为之事,就寝时思明日所为之事。无事则放下,有事则必思得处置合宜之道,然后读书。读书求辨是非,施之行事也。若不省事,兀然读书,则为无用之学。"④

杨时、李侗、李珥等均就儒释道比较研究的问题发表了大量论述,并且都在不同程度上与佛教、道家等有缘分。

---

① 《栗谷全书》卷三,《疏一》,第56页。
② 《栗谷全书》卷一,《诗上》,第12页。
③ 《栗谷全书》卷一四,《杂著·自警文》,第300页。
④ 朴永圭:《明宗实录》,明宗二十年乙丑,《朝鲜王朝实录》。

作为文化符号的杨时的意义解读

——兼论杨时出生地争论的符号学分析

◎ 余达忠

法国哲学家恩斯特·卡西尔在其著名著作《人论》中,曾给"人"下一个著名定义:人是符号的动物。强调人类的所有文化形式都是符号形式。符号是人类意义世界之一部分。[①] 另一符号学的创立者皮尔士也说,任何事物,只要它独立存在,并和另一种事物有联系,而且可以被解释,那么,它的功能就是符号。[②] 运用和创造符号,是人区别于动物的重要形式。人通过创造符号来创造世界,通过创造符号来建构意义体系。从符号学视角来解读宋代理学先贤杨时,是我们进入杨时的意义世界的一条途径。

一、杨时文化符号的建构

什么是符号?皮尔士曾经对符号下定义:符号或者表现体(representament)是某种对某人来说在某一方面或以某种能力代表某一事物的东西,是确定另一事物(它的解释者)去特指一个它所特指的对象(它的对象)的任何事物。[③] 根据这一定义,任何事物、任何人都可以作为符号而存在,而且任何事物、任何人都可以具有和获得多方面的符号意义,进一步而言,在

---

① [法]恩斯特·卡西尔:《人论》,甘阳译,北京:西苑出版社,2003年,第46、55页。

② [英]特伦斯·霍克斯:《结构主义和符号学》,瞿铁鹏译,上海:上海译文出版社,1987年,第132页。

③ [英]特伦斯·霍克斯:《结构主义和符号学》,瞿铁鹏译,上海:上海译文出版社,1987年,第130页。

不同的场所,任何事物、任何人的符号意义都会有所不同。

生活于宋代的杨时,在其生活时代,其符号意义就已经彰显出来了。从符号学意义上说,杨时作为符号,在其生命体——杨时作为个体生命而存在——获得存在的时候就已经获得了,如杨时是杨埴的儿子,是南剑州将乐人。正如杨时在《父埴行述》中所言:"先君讳埴,南剑州将乐县人也,祖讳胜达,父讳明。"这是每一个个体都必然获得和具有的符号意义,但我们需要从更广大的社会学和文化学意义上来论述作为符号的杨时和其符号的建构进程。

杨时是以理学名世的。理学是杨时最重要的符号,杨时在中国思想史、文化史上的意义,都是由于理学而获得和赋予的。可以说,杨时作为文化符号,是由于理学而建构起来的。

由孔子开创的儒学,从汉代开始,一直是中华民族的主体文化思想,但到了隋唐时期,由于道教的兴盛、佛教的中国化而出现了道统中断的危机。因而,恢复道统就成了唐宋时代儒学知识分子的责任与使命,尤其是宋代,以周敦颐、程颢、程颐、张载等为代表的儒学大家,融儒学合佛、道之学,确立理学,创立了濂、洛、关等理学派别,但这些理学家都生活于北方,而此时的北方又正处于行将为金所灭的危机处境中,作为中华主体思想文化的儒学再一次面临兴亡存废的关键时刻,道统将再一次中断。兴儒学、倡理学,唯一的出路在于将正在创立的理学思想移植到南方。当时的大哲学家邵雍对此有深刻洞见:"天下将治,地气自北而南;将乱,自南而北。南方地气至矣!"[①]此乃言地气,实则国家的文化重心。而承担将国家文化重心南移的使命,则历史地落到了以杨时为代表的程氏弟子身上。与杨时同时,同为理学家的闽地崇安人胡安国,在为杨时撰墓志铭时,于此亦有沉痛的论述:"自孟子没,遗经仅在,而圣学不传。所谓见而知之与闻而知之者,世无其人,则西方之杰,窥见间隙入中国,举世倾动,靡然从之。于是人皆失其本心,莫知所止,而天理灭矣。宋嘉祐中,有河南二程先生,得孟子不传之学于遗经,以倡天下。而升堂睹奥,号称高第,在南方则广平游定夫、上蔡谢显道与公三人也。"[②]生活于杨时时代,身为杨时学生的理学家吕本中,在杨时辞世之年所撰的《杨龟山先生行状》中有明确记载:"熙宁中,举进士,得官,闻河南两程先生之道,即往从之

---

① 邵伯温:《邵氏见闻录》卷一九。
② 胡安国:《龟山先生墓志铭》。

学。初见明道先生于颍昌。比归,明道曰:'吾道南矣。'是时,两先生从学者甚众。而先生独归,闲居累年,沉浸经书,推广师说,窃探力颐,务极旨趣,涵蓄广大,而不敢自恣也。其中粹然纯一,明性以知天,了然无疑,故发于外者,简易直大而无所不容。同时学者皆出其后,独谢公良佐、游公酢同时并驾,而推先生为有余也。"①南归后,杨时谨记业师"传道东南"的使命,一方面以儒为业,抱道处晦,致力于研习二程的洛学,著书立说,做自觉的二程学说的继承者,他的著述《三经义辩》《春秋义辩》《礼记解》《大学解》《中庸义序》《论语义序》《孟子义辩》《易解》等及编辑的《二程粹言》,是宋代理学发展期的重要成果;另一方面,拜师程门、得道东南之后,他四处聚徒讲学,以传道授业为己任,在荆南、济阳、余杭、萧山、常州、慈溪、将乐等地讲学传道,学子以千计。清代张伯行在《龟山集序》中说:"自先生官萧山,道日盛,学日彰,时从游千余人,讲述不辍,四方之士,尊重先生至矣。"②明刘元珍在《东林志序》中说:"东林之有书院也,以明道也。龟山先生(杨时)创起于前,泾阳顾先生(顾宪成)继起于后。"③长期讲学,杨时的学生很多,著名的有陈渊、吕本中、罗从彦、张九成、胡寅、胡宏、刘勉之等人,均是南宋理学名流。洛学之后,闽学兴盛,朱子集濂、洛、关诸学之大成,创立闽学,终于奠定了理学作为东方文化主体思想的至尊地位。在濂、洛、关学与闽学之间,尤其是洛学与闽学之间,发挥承先启后桥梁作用的,就是杨时,他既是"道南"的第一人,也是闽学的最早的创立人,被尊称为闽学鼻祖。一般所言的闽学四贤(杨时、罗从彦、李侗、朱熹)中,罗从彦是杨时的嫡传弟子,李侗是罗从彦的嫡传弟子,即杨时的再传弟子,朱熹是李侗的嫡传弟子,即杨时的三传弟子。由此可知杨时在"道南"中的作用,在理学整个发展历程中的历史地位。清人全祖望和黄百家在《宋元学案》中对杨时在南传伊洛道统中的贡献作了充分肯定:"二程得孟子不传之秘于遗经,以倡天下。而升堂睹奥,号称高第者,游、杨、尹、谢、吕最也。顾诸子各有所传,而独龟山之后,三传而有朱子,使此道大光,衣被天下,则'道南'目送之语,不可谓非前签也。"④一句"吾道南矣",充分道出杨时在"倡道东南"中所发挥的承先启后的作用。

---

① 吕本中:《龟山先生行状》。
② 张伯行:《杨龟山先生全集序》。
③ (康熙)《吴锡县志》卷三九。
④ 《宋元学案》卷二五。

习道、研道、传道,使杨时成为理学发展进程中不能绕过的重要人物,也正是由于理学,也正是由于杨时孜孜矻矻于"倡道东南",杨时作为思想符号和文化符号的意义建构起来了。

二、作为文化符号的杨时的意义解读

杨时无疑历史上重要的理学大师,是两宋之际理学兴盛中的一个重要环节。从符号学意义上来理解,杨时是理学中不可或缺的重要符号。杨时对于理学,或者理学之于杨时,都是重要的。

杨时生活的时代,正是洛学存亡绝续和宋学日渐向理学衍变的一个关键时期。在由洛学向闽学的播迁中,杨时发挥了至关重要的作用。其实,单单从学术思想上来说,杨时在理学发展进程中的成就,既无法望其老师二程及张载之项背,也不能与其后学朱熹、张总、吕祖谦等相并提论,但他终究成为理学发展进程中一个重要的环节,在中国思想史和文化史上占有重要位置。是时代造就了杨时,是命运让其成为理学发展进程中的一个重要符号。"宋河南程氏两夫子出,得千载不传之秘拾遗经,惟龟山杨先生获得指归,故别而归也,忻然有道南之目。一传为罗豫章,再传为李延平,三传为朱考亭,而大集厥成,天下称'闽中四贤',皆杨先生之倡也。……时则横渠、明道、伊川诸先生相继殂谢,国无老成,朱、张、吕、陆继起未显,先生岿然一老,当绝续之交,阐周程之道,道传入闽,倡道东南,为一代之风气之始也。"[①]"盖自宋室中衰,运会一变,黄钟毁弃,瓦缶雷鸣,王氏《新经》、《字说》之学出,天下从风而靡,惟先生得心传于二程夫子,讲明正学,距詖放淫,如鲁灵光,岿然独存,作砥柱于中流,挽狂澜于既倒,黜王氏之配……微先生其熟能任之?"[②]这两段话道出:一是杨时在国无老成,理学处于存亡绝续之交的情况下,力行二程之道,传道入闽,倡道东南,维持了理学传统,并开启了南宋理学;二是杨时提出"黜王氏之配",为理学的传承立功甚巨,杨时对王安石新学的否定,为理学的倡明铺平了道路。作为思想符号和文化符号,杨时的意义首先体现在理学上,是通过理学而体现出来的。这是我们理解杨时的符号意义的先决前提。

解读杨时,必须与妇孺均耳熟能详的成语"程门立雪"联系在一起。或者

---

① 《杨龟山先生全集》卷首,《补修宋杨文靖公全集序》。
② 《杨龟山先生全集》卷末,《重刊宋儒杨文靖公全集书后》。

说，"程门立雪"体现了作为文化符号的杨时的另一重要意义。

"程门立雪"故事始见于《宋史》："时调官不赴，以师礼见颢于颖昌，相得甚欢。其归也，颢目送之曰：'吾道南矣。'四年而颢死，时闻之，设位哭于寝门，而以书赴告同学者。至是，又见程颐于洛，时盖年四十矣。一日见颐，颐偶瞑坐，时与游酢侍立不去，颐既觉，则门外雪深一尺矣。"①这个故事表达了杨时求学的真诚与对师长的尊重，成为尊师重教的千古美谈。杨时既是两宋之际理学传承的重要思想家，同时也是两宋之际重要的教育家，他一生的一半时间，都在传道授业、聚徒讲学，其直接传道的弟子数以千计，而再传、三传弟子，则不可胜数。杨时一生"讲述不辍，四方之士，尊重先生至矣"。杨时在教坛上获此盛名，具有隆盛的符号意义，既与他培养的弟子人数众多，成才者众相关，也与他一生为人师表，始终尊师重教相关。杨时之后，由于"程门立雪"故事的广泛传布，杨时也俨然衍化为一个尊师、重教、重道的重要符号。始终执师礼于二程，并尽一生来传师道，这是杨时的执着处。正是这种执着成就了理学家的杨时，也同时成就了教育家的杨时，让杨时的符号意义又多了一层深刻的内涵。

中国古代社会一直是宗法制社会，社会组织是通过血缘家族制度而建立起来的，家族、宗族在社会制度中占据着核心位置，家国同构，家族制度政治化是宗法制社会的重要特征。衡量、判定一个家族、宗族的社会地位，很大程度上在于这个家族、宗族的世代谱系，在于这个家族、宗族是否是历史上的望族，是否产生过有重要影响的人物。祖先、祖籍、宗祠，这是家族、宗族的三个最重要的符号。"在中国传统社会中，每一个人必须属于一个家庭，而一个家庭又必须属于一个家族，而每个家族又必然要认同一个共同的宗祖。"②宗祖是家族、宗族的重要符号和徽章，这个宗祖，既可以是渺远的、甚至不可考证的历史人物，也可以是实有其人的、可考证的真实人物，但有一个共同的前提，即宗祖作为家族、宗族的符号和徽章，必须是让整个家族、宗族以资骄傲、引以为荣的，是具有历史书写价值的。翻捡任何一个族的族谱，我们都可以从中找到符合这个条件的宗祖。生活于两宋之际，在中国思想史、文化史和教育史上有着重要影响的杨时，自然而然就成了杨氏宗族的徽章和符号。杨

---

① 《宋史》卷四二八，《列传》第一八七《道学二》。

② 余达忠：《祖先·祖籍·宗祠——古代宗族制度下的文化认同》，《南通大学学报》2010年第 3 期。

时是杨时家族、宗族的符号、徽章,于杨氏家族、宗族具有重要的意义和价值。据将乐县杨时研究会统计,目前,自称杨时后裔,依杨时世系而编撰修订的族谱计收集到 38 部,遍及福建、江苏、江西、广东等省二十余县及香港、台湾、菲律宾、新加坡等海外地区和国家。① 自称杨时后裔的杨姓人口计有几十万人,且天下杨姓中,有专门以杨时为宗祖的道南世家派,是杨氏总姓中很有名望的一个派别分支,而这种名望,就主要来源于作为宗族符号与徽章的杨时。

20 世纪,随着现代化的不断展开和全球化的推进,现代客家运动由海外而波及大陆内地,至 20 世纪 80 年代中后期,一场轰轰烈烈的现代客家运动在闽西开展起来,龙岩、三明所辖县市,大部分地区自觉认同于客家。在成立了杨时研究会后,将乐于 90 年代后期,又成立的客家研究会,自称为客家重要地域,而作为将乐最重要文化符号的杨时,自然也成为客家的重要符号,是历史上最有影响力的客家先贤之一。杨时的符号意义在此又一次体现出来。

三、杨时出生地争论的符号学分析

强调人是符号的动物,其实是将人置身于一个更广大的充满联系的世界之中。任何事物,只要存在某种关联,事物之间就会存在某种符号关系。我们生活的世界就是一个由符号构建起来的世界,重要的不在于符号,而在于创造和运用符号,在于通过创造符号来构建生活与世界的意义。卡西尔说:"我们可以说动物具有实践的想象力和智慧,而只有人才发展了一种新的形式:符号化的想象力和智慧。"② 通过符号,人不但建立起一个属于人的生活的世界,而且,发现和创造了生活与世界的意义。

从杨时作为著名的理学家,成为道南第一人,成为闽学鼻祖之后,几百年来,其符号意义不断被放大、运用,早已有由单纯的思想符号,文化符号,扩展为资源符号,甚至是资本符号。最典型的案例表现在对于杨时出生地的争论。

杨时是南剑州将乐人。这是杨时自己和他同时代人明确表述的,不存在任何争议。杨时在《父埴行述》中言:"先君讳埴,南剑州将乐人也。祖讳胜达,父讳明。"杨时的学生吕本中,在应杨时儿子请求而作的《杨龟山先生行

---

① 范立生:《杨时故里考证》,成都:成都时代出版社,2009 年。
② [法]恩斯特·卡西尔著:《人论》,甘阳译,北京:西苑出版社,2003 年,第 58 页。

状》中说:"先生讳时,字中立,姓杨氏,世居南剑将乐县北之龟山。"杨时去世后,作为将乐著名乡贤,将乐地方从政府到民间,一直引以为骄傲,筑有许多与杨时相关的古迹和纪念文物,极尽发挥杨时之符号功能。宋嘉定年间,由知州事余嵘出资,将废为民业的杨时故居赎回,立祠纪念,并拨田以赡其后,后太守陈宓、董洪相继修葺。宝祐五年林式之重修。在将乐县,还建有德星坊、遵道坊、龟山书院等纪念杨时的纪念文物。明嘉靖四年《延平府志》:"德星坊,在县水南部。按旧志(指宋代将乐县志,已佚)在北门外,为龟山杨时立。后因时墓在溪南,乃徙焉。""遵道坊,在北门外,为杨时载道而南。宋时建,元季毁。""龟山书院,在将乐县治北封山之麓。中有祠堂,后有存心堂,门垣、厢舍悉备。宋咸淳二年,尚书冯初心奏立,度宗赐以院额。其后屡毁。郡倅母辰、县伊郭野仙普华及国朝知县王克刚、都御史李熙相继修建。给废寺田以供祀事。嘉靖三年,御史简霄按邑,改祠后立雪堂为传心堂,增祀二程先生,仍给祭田,而为之主记云。"将乐关于杨时的纪念物还有许多,不一而足。

从南宋绍兴五年(1135年)杨时去世至明代洪武十八年(1385年)的二百五十年间,关于杨时出生地一直没有引来争议,对于杨时世居于县北之龟山都予以认可。这一年——明洪武十八年——杨时第十一世孙杨均政在始修兴善里龙湖村《龟山公家谱》所撰的序中,讲述了杨时直系上代祖"南迁三湖"的故事,即因神灵托梦,上祖从将乐县城北郊龙池龟山下南迁蛟湖、池湖、龙湖。自此以后,关于杨时出生地就有了两种说法:一为将乐县北之龟山下,一为兴善里之龙湖村。明成化六年(1470年),明朝廷新置归化县,隶属兴善里之龙湖村划归新置之归化县,由此就有了杨时是归化人的说法。归化置县一百年后,即明万历四十二年(1614年),知县周宪章修纂的《归化县志》卷一三《人物》中,有"杨时,字中立,为龙湖人"的表述,这是杨时为龙湖人正式见诸文献史籍之始。之后,在归化县陆续出现杨时纪念物,崇祯七年(1634年),汀州知府笪继良、归化知县杨鼎甲在龙湖杨时旧宅建龟山祠;康熙十一年(1672年),知县黄易迁文庙于龙湖龟山祠。龙湖为杨时故里渐渐为外界所知。但在学术界,大多并未在意杨时出生于龙湖,系归化人之说,主流学术界基本上认为杨时系将乐人,出生于县北之龟山。

在20世纪90年代以前,关于杨时出生地,基本上未引起学术界关注,仅仅是两县之间在争议。20世纪90年代以后,尤其是进入新世纪之后,出于扩大地方影响力,争夺地方文化资源,促进地方经济发展的目的,将乐和明溪(即明之归化县)两县关于杨时出生地的争论逐渐明朗化,各自强调杨时出生于本县,是本县历史人物。20 世纪 90 年代中后期,由地方精英倡导主张,两县先后在政协文史委中成立杨时研究会,收集整理和刊印杨时相关史料,加大杨时系地方先贤的宣传力度。进入 21 世纪后,随着全球化的推进,对外交流的不断扩大,两县从地方政府到社会团体、民间精英,均认识到杨时作为地方最重要的文化符号的价值与意义,由此,两县关于杨时出生地的争论进一步强化。先是将乐县资助点校出版了《杨时文集》,由杨时文化研究会牵头,召开纪念杨时诞辰等相关学术活动,邀请各界人士参与介入,出版宣传杨时小册子。从 1993 年以来,将乐举办了纪念杨时诞辰 940、945、950 周年三次较大型的纪念活动。随即,明溪县也不甘于后,调动各种力量和资源参与到对杨时文化符号的建构中。2008 年,明溪县举办了纪念杨时诞辰 955 周年大型纪念活动,参与活动的各界人士有近 200 人,出版了《杨时研究文集》(福建人民出版社,2008 年)、《杨时故里行实考》(福建人民出版社,2008 年)等书籍,专门邀请各高校和相关研究机构杨时研究专家与会,撰写论文,强调杨时出生地系明溪龙湖村,杨时系明溪文化先贤。针对明溪的策略,将乐也采取相应对策,随即在 2009 年出版《杨时故里考证》(成都时代出版社,2009 年)一书,于 2010 年又约请学术界及地方精英撰写论文,出版著作,论述杨时系将乐人,出生于将乐县北之龟山下。

本文不想对杨时的出生地作出判断,也无意介入关于杨时是将乐人还是明溪人的争论中。但从符号学分析,将乐与明溪两县关于杨时出生地的争论,其实质是关于文化资源的争论。

杨时作为中国思想史、文化史、教育史上的重要符号,在现代社会已经成为一种具有重要开发价值的资源,一种可以直接参与经济活动的文化资本。法国社会学者布迪厄将资本扩大到社会文化领域,分为社会资本、文化资本、经济资本三种基本形态,指出:“除非人们引进资本的所有形式,而不只是思考被经济理论所承认的那一种形式,不然,是不能解释社会世界的结构和作用的。经济理论已被塞进了有关实践的经济的定义中,实践的经济是资本主义的历史性发明,它把交换世界简化为商业性的交换,而商业性的交换无论从客观上,还是从主观上都力图追求利润的最高值,即(经济性的)自身利益;通过这种简化,经济理论将交换的其他形式隐喻性地界定为非经济的交换,因而也就是超功利性的交换。这种经济理论之所以要改变某种资本的性质,并把它们定义为超功利性的,是因为通过改变性质,绝大多数物质类型的资本(从严格意义上说是经济的资本类型),都可以表现出文化资本或社会资本的非物质形式。"①文化资本以三种形式存在：具体的状态，以精神和身体的持久"性情"的形式；客观的状态，以文化商品的形式；体制的状态，以一种客观化的形式，这一形式必须被区别对待，因为这种形式赋予文化资本一种完全是原始性的财产，而文化资本正是受到了这笔财产的庇佑。前两种形式可以分别称作文化能力和文化产品。文化能力是个人通过一定时间的学习而获得的一种内在的文化资本，体现为个人素质等方面。文化产品是客观化的文化资本和经济资本的统一，在物质性方面，文化产品则预先假定了文化资本。文化尽管不被认为是一种利益，但事实上它却是一种特定的资本。将潜隐的文化转变为显在的资本，首先在于文化的符号化，即通过符号化的方式，使文化获得一种可能的产品形式，从而具有可开发性，进入资本领域。对于文化的资源化和资本化，重要的不在于其文化形态是否能直接转化为符号产品，而在于这种文化形态能否作为个体或者群体进行竞争的手段。当杨时作为文化符号在现代社会中可以成为地方经济社会建设的一种竞争手段，即一种竞争性文化资源时，杨时的符号意义当然也就更加突显出来，对于将乐与明溪两县为什么都致力于加大杨时符号的建构也就可以理解了。

---

① ［法］布迪厄著：《文化资本与社会炼金术——布迪厄访谈录》，包亚明译，上海：上海人民出版社，1997年，第189页。

罗从彦研究

罗从彦"静观""躬行""知止"说及其当代价值

◎ 刘云超

罗从彦（1072—1135），字仲素，学者称豫章先生，北宋神宗熙宁五年（1072年）八月出生于剑浦（今福建南平）罗源里。罗氏之学是程朱理学传承脉络中极为重要一环。在罗从彦传世文献中，有这样一段非常重要的话，可以视为理解罗从彦理学思想之枢机："夫《中庸》之书，世之学者，尽心以知性，躬行以尽性者也。而其始则曰：'喜怒哀乐之未发，谓之中'，其终则曰'夫焉有所倚，肫肫其仁，渊源其渊，浩浩其天。'此言何谓也，差之毫厘，谬以千里，故大学之道，在知其所止而已，苟知所止，则知学之先后，苟不知所止，则于学无自而进。"①由这一段议论至少可以看到罗氏三个核心命题，一个是尽心知性，一个是躬行尽性，再一个是知其所止。这三个命题相互衔接，彰显了罗氏内圣外王之学基本面貌。

一、静处观心

罗从彦"尽心知性"之说离不开一个"静"字。罗从彦有诗云："静处观心尘不染，闲中稽古意尤深。周诚程敬应粗会，奥理休从此外寻。"②此诗可为罗氏内圣之学纲本。

罗氏在修养论上强调"以主静为宗"。这种"以主静为宗"的修养论师承

---

① 《议论要语》，《罗豫章集》，上海：商务印书馆，1944年，第109页。
② 《罗豫章先生文集》。

自其师杨时。杨时教学者"从容默会于幽闲静一之中,超然自得于书言意象之表"①。罗从彦又将这种修养论传授给李侗。李侗"教人大抵令于静中体认大本未发时气象分明,即处事应物自然中节。此乃龟山门下相传指诀"②。"以主静为宗"的修养论经过罗从彦的发挥和传授,构成了道南一派追求"静养"境界的特征。

静中体道之法,由来已久,并非佛道之专利。《周易》曾明言:"易无思也,无为也;寂然不动,感而遂通天下之故。非天下之至神,其孰能与于此。"极言易道之神妙莫测,而易道之本体就有寂然不动之特质。《周易》《坤》卦《文言传》也说:"坤至柔而动也刚,至静而德方。"表示坤厚载物,坤道基本样态亦有安静方正的特征。孟子有养浩然之气,存夜气之说,也不能离开静中涵养之工夫。荀子也说过,虚一而静谓之大清明,以虚、静、一作为解蔽的重要法门。到了宋代诸儒,因为汲取了佛道修炼之法,更加大倡"静坐"之论。周敦颐提出"主静立人极"自不必赘言。邵雍诗云:"冬至子之半,天心无改移。一阳初动处,万物未生时。""子之半"也即亥时已尽,子时未到,也即《坤》《复》之间,此时静坐体悟,殊可契会造化之真几,是做安顿心灵、为善去恶工夫的好时机。二程将又将《中庸》"未发之中"观念引入静坐之法,由程门诸公第相传授下去。朱子初学延平疑而未入,后来他继承以敬代静、敬摄动静之说,又回过头来将静坐定为涵养的始学工夫。至于陆九渊心学一脉在静坐方面的实践与程朱并不矛盾,陆门弟子杨简还提出"不起意"之说,以本心的状态为"至静而虚明"③,所以要杜绝"私意"之发动,也是"静"的工夫。明儒陈献章之学,开阳明心学先河,也主张"从静坐中养出端倪"④。王阳明认为"良知之体本自宁静"⑤,所以也主张并实践静坐的工夫,据说他的龙场悟道,就是在中夜静坐中"大悟格物致知之旨"。阳明后学聂豹提出"致虚守寂"、罗洪先提出"收摄保聚",皆大倡"主静"。

为什么体道需静观?罗从彦诗中已经做了解答:"周诚程敬应粗会,奥理休从此外寻。"因为只有静心才能诚敬,只有诚敬才能通神,只有通神才能与天地参。这里涉及静、敬与诚三个概念在理学中的关系。"主静"与"主敬"二

---

① 《杨龟山集·余杭所闻》。
② 《李延平集》卷三。
③ 《慈湖遗书》卷二,《申义堂记》,影印文渊阁四库全书本。
④ 《陈献章集》卷二,北京:中华书局,1987年,第145页。
⑤ 《与陆原静书》。

者,在宋明理学那里实难相分。关于"敬"字,历史上《论语》已有"修己以敬"、"居处恭、执事顺"等说,《坤·文言》有"君子敬以直内,义以方外"之说,但都没有将之作为一种心性修养的主要工夫。到北宋程颐认为"涵养须用敬,进学则在致知","居敬"于是成为宋明理学的一大修养方法。程朱理解的"敬"字,有两个含义,一是"主一无适",一是"整齐庄肃"。按朱熹的理解,"主一无适"就是专心致志,使心"不走作",换言之,就是要做到"心有主宰",不受外界事物之引诱;而"整齐庄肃"是就外表仪容而言,要求做到仪态端庄,与内心的"主一不适"相为表里。朱子认为如果要做到心不昏昧,就必须使居敬工夫不能有一刻间断。所谓"居敬",实际上就是要人们随时随处保持一颗戒慎恐惧之心,目的是使人在自己的内心深处建立起一道遏制人欲的堤防,并且时刻反省自己的行为(包括意识、念头)是否合乎"天理",由此而做到随时而处中。然而主敬作为存心的修养方法,必然涉及如何才能做到内心专一等具体的方法问题,答案之一就是"静坐"。程伊川"每见人静坐便叹其善学"①,朱熹虽在中年以后渐对其师李侗只说"静"而不说"敬"意有不满,但是他也不能排斥"静",朱熹说:"敬字工夫,通贯动静,而以静为本。"②这表明了敬与静之间的必然联系。所以当时在二程门下就有"'敬'莫是'静'否"之怀疑,对此程颐的回答是:"才说静,便入释氏之说也,不用静字,只用敬字。"③。主要意思是因为佛家讲"静",所以我们应该回避"静"字。其潜藏意思分明是"静""敬"二字在本质上难分,只因为要示人以"儒释"之别,所以用了不同字眼。清代李塨曾深刻地指出:"宋儒讲主敬,皆主静也。'主一无适'乃'静'之训,非'敬'之训也。"④《大学》讲:"意诚而后心正,心正而后身修。"以诚意为修身必经之路。又言:"所谓诚其意者:毋自欺也。"而《中庸》则把"诚"提高到本体论的高度,曰:"唯天下至诚,为能经纶天下之大经,立天下之大本,知天地之化育。"周敦颐在其《通书》中继承并发展了先秦"诚"的思想,用"诚"的概念把宇宙论和儒家道德价值论合为一体,并以宇宙论作为道德价值论的依据。

所以在理学家眼中,诚体即是道体,至诚可以通神,可以与道合一,可以参天地之化育。如何做到反身而诚,就要做静和敬的工夫。

---

① 《程氏外书》卷一,《二程集》,北京:中华书局,2004 年,第 351 页。
② 《朱文公文集》卷三二,《答张敬夫》。
③ 《遗书》卷一八,《二程集》,北京:中华书局,2004 年,第 189 页。
④ 李塨:《论语传注问》卷一,上海:上海古籍出版社,1995 年,第 33 页。

　　静中所悟之道是何种光景？虽然静处观心之法具有摆脱理性思维，纯任直觉的倾向，但是通过宋儒的描述，我们可以得出以下观点：

　　（一）静中所悟之道是时中之道。《周易》曰："随时变易以从道"，又曰："与时偕行。"《中庸》曰："君子而时中。"无论在何种境遇之下，都可以恪守中道，不偏不倚，做出最为适切的回应，这才称得上君子。所谓"夫大人者，与天地合其德，与日月合其明，与四时合其序，与鬼神合其吉凶，先天而天弗违，后天而奉天时。"二程、杨时、罗从彦都明确主张在静中体验喜怒哀乐未发之中。李侗拜师罗从彦后，弃科举，绝意仕进，不为利禄之学，并学其静坐，"静中看喜怒哀乐未发前气象，而求所谓'中'者，久之，而天下之理该摄洞贯，以次融释，各有条序，从彦亟称许焉"①。李侗也正是师事罗从彦后，经四五十年之"猛省提掇"，"用心静处寻求"，才于"道"上得"融释"②。

　　以心体验四者未发之际，就是体验现实情感和思维还原为内心本来状态的前思维、前情感。笔者以为，这种状态具有无善无恶、无适无莫、无思无为、不偏不倚、中正安舒的特质。亦可理解为万物将生而未生时萌动的一点生机，由此生机或生意，亦可体悟天地间无不是一片生意。由此又可体悟"仁体"未发之前虽然一片混沌，但端正适切，善根萌动，恰与天地之生意相契合，所以必然"发而皆中节"。

　　（二）静中所悟之道是生生之道。理学诸子皆乐观万物之生意。《程氏遗书》载："观天地生物气象。（自注：周茂叔看。）"③周茂叔窗前草不除去，问之，云："与自家意思一般。"子厚观驴鸣，亦谓如此。（谢良佐录明道语。）④周敦颐所谓的"观天地生物气象"，是要通过观（静观）生物气象以体验天人合一，万物一体。此一意境亦为二程所有。明道说："天地之大德曰生……万物之生意最可观。……人与天地一物也，而人特自小之，何耶？"⑤《程氏遗书》卷六："静后，见万物自然皆有春意。"⑥《程氏粹言》卷二："观物于静中，皆有春意。"⑦

---

①　《宋史·李侗本传》。

②　《李延平集·答问》。

③　《二程集》，北京：中华书局，2004 年，第 83 页。

④　《二程集》，第 67 页。

⑤　《二程集》，第 120 页。

⑥　《二程遗书》，上海：上海古籍出版社，2000 年，第 84 页。

⑦　《二程集》，第 1264 页。

明道又说："观鸡雏。（自注：此可观仁。）"（谢良佐录。①）二程所谓"万物之生意最可观""见万物自然皆有春意"，与周敦颐所谓"观生物气象"，在观的方式（静观）及体会人与天地万物一体等意义上是一致的。二程进一步明确的是，观万物之生意，即可"观仁"。观仁也就是观"生"意。在二程，理会到此，也就可有"浑然与物同体"，"以天地万物为一体"的境界。二程由观万物之生意到观仁，已不仅是"观生物气象"，而是借此达致"知道"的境地。《程氏粹言》卷一："观生理可以知道。"②卷二："天地生物气象，可见而不可言，善观此道者，必知道也。"③意谓通过观生理可以"知道"，而惟"知道"之人能善观生物气象。

由此可见，静处观心，乃是一种工夫下手方式，其至少执行两种功能：一是上达，即在静坐中惺觉心体、反躬性体、对越道体；二是涵养，即上达后对心性之涵泳养护。④ 静中体验未发状态，就要专一思虑、专一意识，排除一切物欲的牵累和杂语的干扰，使身心处于一种平静无波、虚灵不昧的状态。收敛心性，才能探索本源，洞见道体。静坐就可以排除心下热闹，使心处于无事状态，即无物欲杂念的心境，专心体道。

二、躬行尽性

《中庸》有言："率性之谓道，修道之谓教。"又言："尊德性而道问学"。如果说静处观心是为了在一种神秘直觉中契会和追溯作为道德本体和本源之"天理"，那么躬行尽性就是为了解决在日用行常之中如何遵循与效仿"天理"的问题。前者属于率性之谓道，后者属于修道之谓教，两者相互贯通，尊德性而道问学，是"下学而上达"的两种面向。

具体而言，罗从彦躬行尽性之说有如下三个方面：

一是在修己层面，重视外在道德实践对成就内圣的作用。理学家认为上根器之人虽然可以通过默坐澄心直达天道，但是也须在日用行常之间常提念头，涵养和呵护内心所契会之天理，不可使一时违道。而一般人更需借助道德践履之阶梯，克尽物欲，做严格的修养工夫。罗从彦认为中人之性，可善可

---

① 《二程集》，第 59 页。
② 《二程集》，第 1171 页。
③ 杨柱才：《道学宗主——周敦颐思想研究》，北京：人民出版社，2004 年，第 372～373 页。
④ 《朱子静坐工夫略论》，《深圳大学学报》2012 年第 5 期。

恶，关键在于后天环境影响。他说："中性之人，由于所习。见其善则习于为善；见其恶，则习于为恶。"①所以中性之人，向善向恶，全在于后天习染，要成就一个理想人格，必须重视格物穷理的道德实践。这就是程颐所谓"格犹穷也，物犹理也，犹曰穷其理而已也"，需要"今日格一件，明日格一件，积习既多，然后脱然自有该贯处"。

二是在社会交往层面，罗从彦主张大而能容，明而不察。如何对待自我与他人之间的同异关系？罗从彦提出："世俗之人莫不喜人同乎己，而恶人异于己也。同与己而欲之、异于己而不欲者，以出乎众为心也。以出乎众为心也，则以其不大故也。唯大者为能有容。"②世俗之人往往将人与我的一致视为理想的人际关系，而拒斥人与人之间的差异。在现实的世界中，这种观念往往将导致党同伐异。罗从彦则主张以宽容的态度，对待异于己的各种意见、看法。在此，罗从彦实际上将宽容的原则引入了人与人之间的关系，以"大而能容"为人与人之间合理关系建立的前提。对"异"的容忍体现于人与人之间的交往过程，即具体化为"明"而不"察"。在谈到君臣关系时，罗从彦对此作了具体论述："人主欲明而不察，仁而不懦。盖察常累明，懦反害仁故也。"③就人与人之间的关系而言，"察"是指过于苟细地关注、查辨他人的行为或言论，"明"则是总体上的了解。与"察"相对的，是"包荒"，罗从彦对"察"而未能"包荒"可能导致的后果作了分析："善恶太察，不知有包荒之义，则小人全者将无所容而交结党羽，何惮而不为也。"④"善恶太察"，即对行为的性质作过分严格的分辨，"包荒"则是以较为宽容的态度对待他人的行为，对非原则性的问题，包括某些过失，不过于计较。在日常的交往中，"太察"则每每夸大无关宏旨的问题，使人们陷于无穷无尽的善恶之争，从而导致人与人之间关系的趋于紧张。罗从彦反对"太察"而主张"有包荒之义"，既指向君臣关系，也涉及广义的交往过程：就前一方面而言，"有包荒之义"表明君主对群臣应以宽容之心待之；从后一方面看，这则意味着在人与人的共处中，形成宽松的社会氛围，使个体之间相互尊重他人的生活空间，彼此和谐相处。⑤"明而不

---

① 罗从彦：《议论要语》，《罗豫章集》，上海：商务印书馆，1944年，第104页。
② 《豫章文集》卷七。
③ 《豫章文集》卷十一。
④ 《豫章文集》卷七。
⑤ 杨国荣：《罗从彦伦理思想发微》，《伦理学研究》2005年第4期。

察"和"包荒"之说,无疑上承孔子"和而不同"的伟大思想,其中不仅体现了宽容的原则,还隐含了对个体性、差异性和多元共存的认同,即使在今天也无疑具有积极的意义。

三是治国思想层面。在此层面,罗氏有两个命题值得关注,一个是"仁义兼隆",一个是"行其所无事"。关于"仁义兼隆",罗从彦说:"仁义者,人主之术也,一于仁,天下爱之而不知畏;一于义,天下畏之而不知爱。三代之主,仁义兼隆,所以享国之于长久。"①爱之,可以视为社会的认同和接受,畏之,则意味着社会权威的确立。注重仁道的原则,固然可以获得人们的尊敬和认同,但如果由此忽视"义"等外在的规范,则可能使社会成员缺乏必要的约束,从而导致权威的失落(不知畏之);同样,单纯地强调外在规范,固然有助于社会权威的建立,从而避免社会的无序化,但如果由此忽视仁道的原则,则往往难以获得社会的认同(不知爱之),唯有仁与义的并重(兼隆),才可能达到社会认同与社会的权威的统一,从而使整个社会既和谐,又有序。②

关于"行其所无事",是基于"理"之易简自然特质。罗从彦说:"易简之理,天理也,而世之知者鲜矣。行其所无事,不亦易乎?君子笃恭而天下平,不亦简乎?《易》曰易则易知;简则易从,易简而天下之理得矣。"③以易简为理的存在方式,表明作为普遍规范的理并非以超验的形式凌驾于人之上,而是内在于人的实践过程而实现其作用。所以,与理的以上品格相应,遵循规范的过程,也具有"行其所无事"的特点。罗从彦认为遵循易简之理,也即遵循中道之理,"中"是根本原则,他说:"夫治己治人,其究一也。尧曰,咨而舜,天之历数在而躬,允执其中,四海困穷,天禄永终。舜亦以命禹,所谓中者,果何物也耶?故尧舜之世,垂拱无为而天下大治。"④此处之无为并非道家之无为,而是指天理自然简易,人君只要效法天理,自会天下大治。

三、知其所止

《大学》言:"知止而后有定,定而后能静,静而后能安,安而后能虑,虑而

---

① 《豫章文集》卷十一。
② 杨国荣:《罗从彦伦理思想发微》,《伦理学研究》2005 年第 4 期。
③ 罗从彦:《罗豫章集》,上海:商务印书馆,1944 年,第 124~125 页。
④ 罗从彦:《罗豫章集》,上海:商务印书馆,1944 年,第 26 页。

后能得。物有本末,事有终始;知所先后,则近道矣。""知止"是对"三纲领"的承接和深化,它既蕴含最高理想即"止于至善",又蕴含通向至善的途径和方法。前者是"止于何处"的问题,后者是"以何而止"的问题。

止于何处的答案自然是"至善",何谓至善,在理学家那里就是合乎天理。当然,至善并非是封闭和停滞的,而是开放和变动不居的。换言之,至善是一个具有丰富意蕴的价值理想,是人在德性修养过程中不断提升自身的动态过程;其所指对象是外在客观事物与作为道德主体的人的自我的合一,是天道与人道共同具有的价值尺度。"以何而止"则是这一价值理想得以实现的途径。这一途径就是要对事物的本质和规律有深刻的认识,能够区分事物的本末始终,不能本末倒置,更不能混乱始终。因此,"知止"就是要明白道德践履的本末始终,即根本的道理,也就是要明白自己应该做什么,不应该做什么,即所谓的"进退有据"。

从罗从彦理学视域之中来理解《大学》的"知止"说,可以看到,罗从彦"主静"说以神秘直觉直认本体(天理,至善),回答了止于何处的问题,也基于个人静坐体验,为超验至善本体提供了经验证明。罗从彦"躬行"说则立足日用行常和道德实践回答了以何而止的问题,即通过格物穷理、和而不同、各安其分等道德践履来持守君子"时中"之道,从而上达"至善"的最高价值理想。

进一步说,"知其所止"作为达至至善的途径与方法,还有两点值得注意。

第一,知止就是识时,就是止于当止之时,也就是随时而处中。《中庸》曰:"性之德也,合外内之道也,故时措之宜也。""时措",即适时运用,也即《周易》所谓"君子而时中","与时偕行"之谓。止于当"止"之时,是就"止"的"达到"、"立于"之义而言的,它是从中观上对单个行为当何时实施或发生的恰当把握。它要求道德主体能够在适宜的时间实施其道德行为,使之将产生的效果或发生的作用达于最佳状态。万物皆有所"止",有各自的实存之位,君子之所以为君子,就在于明朗自身之实然与应然之份位,既能安守其位,又能随时间与空间的流变做出当前最为适切应对之举措。如此,就个人而言可以做到任时空变化沧海桑田,我自进退不失其宜;就社会乃至宇宙而言,可以实现各正其位、各安其分的和谐大同世界。所以《大学》对不同地位、不同角色的人的当"止"之处,作了不同的规定:"为人君,止于仁;为人臣,止于敬;为人子,止于孝;为人父,止于慈;与国人交,止于信。"作为国君,其言行要做到仁政;作为属臣,其言行要做到恭敬;作为儿女,其言行要符合孝道;作为父亲,其言行要体现慈爱;与国人交往,要做到坚守信义,不乏安其本位、各司其职之意。

第二，知止，就是要止于当止之处，也即要有所敬畏。敬，主一无适，整齐庄肃；畏，戒慎恐惧，慎独自省。这是就"止"的"停止"之义而言的。"知止"本身不仅包含着从正面认知与"至善"目标相符的道德意识，并积极将其付诸践行之义，还含有能够从反面辨识与"至善"目标相背离的道德意识和行为，并禁止其发生、发展之义。①《大学》曰："所谓诚其意者，毋自欺也。如恶恶臭，如好好色；此之谓自谦。故君子必慎其独也。"朱熹注："毋者，禁止之辞。"可见，即使人们已被告知应当如何做才能"止于至善"，也并非就一定能够做到，所以先从自觉禁止错误的"慎独"开始，是非常必要的。

敬畏和慎独，来自中国儒者一种深沉的忧患意识。自然界、社会人生乃至整个大宇宙处于生生化化无穷无尽的动变之中。这一切动变之根源在于，作为宇宙本体和本源的"理"的特质就是"生生不息"，"理"的运行方式就是阴阳二气的进退消息变化。于是出现了这样的普遍情状："社稷无常奉，君臣无常位，自古已然。故诗曰：'高岸为谷，深谷为陵。'三后之姓，于今为庶。"②所以《系辞》曰："君子安而不忘危，存而不忘亡，治而不忘乱，是以身安而国家可保也。"基于这样的认识，中国古代儒者对未知力量常怀畏惧之心。孔子虽然主张"未知生，焉知死"，并未直接承认鬼神之事，但是他采取的是"敬鬼神而远之"的态度。而且他在祭祀的时候，提出"祭如在，祭神如神在"，无疑认为对神明必须怀有诚敬端肃的敬畏之心。《易传》甚至基于此提出："积善之家必有余庆，积不善之家必有余殃。"这一近似因果报应说的论述，其前提是存在一种冥冥中不可知不可违的力量，对此力量必须敬顺无违，否则会祸及自身。

四、罗从彦思想的当代价值

结合以上论述，我从三点论述罗从彦思想的当代价值。

（一）从静坐中体悟天理，可以引导当前浮躁、焦躁、急躁的我们过一种慢的生活。

一个慢的生活应当是善的生活。当前的中国是一个焦虑的社会，官方公

---

① 秦碧霞：《大学知止思想及其当代意义》，《中北大学学报》2013年第4期。
② 《左传·昭公三十二年》。

布的中国基尼系数达到 0.473,高于 0.4 警戒线,实际上基尼系数不得而知,据说家庭财富基尼系数高达 0.717。中国人当前的状态是忙碌不安、暴躁易怒,惶惶不可终日。大家都在忙,甚至忙到老人摔倒不能扶,幼儿被车碾压无人施以援手,这说明我们的本心失去了。所谓天下熙熙皆为利来,天下攘攘皆利往。人心之本然状态是幽闲静一、中正安舒的,这正是喜怒哀乐未发之中的气象,亦是最为契合天理之气象。人们当前所呈现出的蝇营狗苟急功近利的状态,是因为本心被物欲所遮蔽,犹如明月被乌云遮蔽一样。所以我们不妨静坐,找一找本心在哪里。即使不能静坐,也可以试着安静下来,理一理纷乱的头绪,必将获益良多。一个慢的生活应当是趋近于美的生活。

(二)罗从彦躬行以尽性之说,给我们当前的启发是,要做到知行合一,学问生命一体。当前各地在宣传当代知识分子的价值与担当,正是如此。知识分子是一个特殊的社会阶层,他们是思想者、智慧者,是启蒙者、播火者。知识分子不仅仅是掌握知识的人,还应该成为社会的良心,承载起时代使命。过去的士大夫和现在的知识分子的地位是大不一样的。过去的士大夫真的就是社会的统治阶层,是政治精英、经济精英、文化精英三位一体的。所以,过去的士大夫伦理是一个高标的伦理,他要求自己要向圣贤看齐,要有救世的使命。孟子说:"天之生此民也,使先知觉后知,使先觉觉后觉也。"屈原说:"长太息以掩涕兮,哀民生之多艰。"《大学》提出修齐治平。张载提出:"为天地立心,为生民立命,为往圣继绝学,为万世开太平。"范仲淹:"先天下之忧而忧,后天下之乐而乐。"这种担当既是一种良知和责任,又是道德和榜样。即使到了士大夫时代的晚期,梁漱溟等人,他们的自我期许是很高的。"吾曹不出,如苍生何?"他有一种拯救的使命,他们认为我们这些人哪怕是少数,但是是关键的少数,这少数要道德好了,心术正了,社会就不难变好,因为社会是看着和仿效这关键的少数的。

然而现在不同了,现在的知识分子已经丧失了那样一种地位。从打倒孔家店到打倒臭老九,现在的知识分子只是一种职业,人如其名,有知识的一分子而已。尤其是人文知识分子,更多的沦为政治的附庸。对于家事国事天下事,知识分子集体失语成为常态。写着不痛不痒的字,发着不温不火的言,开着不明不白的会,对于金钱和权力的追逐却就是停不下来,把自己搞的不三不四,不伦不类,不人不鬼。

当然,最近几年形势好了很多,知识分子发言的空间宽松了很多。涌现了很多有抱持知识分子良知的、富于独立精神的学人,也出现了不少激烈的批判性言论。然而,又面临一个问题。就是主义谈的太多了,新左派,自由主义,理性主义,宪政派,原教旨主义。你骂我民粹,我骂你崇洋。你说我保守,我说你激进。大家争论得很激烈,但仅仅停留在口头上。与此同时,中国现实社会中各种违背伦常的现象越来越多,也越来越恶劣,甚至到了禽兽不如,惊世骇俗的程度。如,小悦悦事件、盗车杀婴,湖南湖北的老人自杀村。整个社会充斥一种暴戾之气。近代以来,由于儒家教化体系破坏殆尽,导致乡村文化的荒漠化,并进一步导致了乡村的价值真空和底线失守,数千年来自治的、礼让的、温情的乡土不见了。面对这样的局面,知识分子应该如何应对,这是个很严肃的问题。山东最近出现的乡村儒学现象值得探讨。我想乡村儒学的这些发起人和参与者起码给我们一个重要的启发,那就是秉承"知行合一"之教,先做起来。

习总书记一直在提"知行合一"。在有关社会主义核心价值观讲话中,强调价值观贵在坚持知行合一、坚持行胜于言,在落细、落小、落实上下功夫。在党的群众路线教育实践活动中也强调知行合一,他说过贯彻党的群众路线,"知"是基础、是前提,"行"是重点、是关键,必须以"知"促"行",以"行"促"知",做到知行合一。知行合一四个字从哪里来? 儒学乃为己之学,强调个人道德的完满、自足、自律。儒学之学不是科学知识,而是道德实践,主张学问和生命一体。无论是洒扫应对,伦常日用,还是济世救民,家国天下,皆能从容中道,这是儒学价值所在。所以儒学特别强调内圣外王的统一,强调认识和实践的统一。即使如程颐、朱熹等主张知先行后的学者,也提出一个真知的概念,认为真知一定能行,如果不能行,只是知的浅。实践是检验真理的唯一标准。学问与生命合一。对当前中国的人文知识分子来说,不仅要说,更要做,要在做中说,在说中做。当前的中国需要更多的具有担当和责任的知识分子,勇于挺身而出,作民族的脊梁。

(三)罗从彦的知止说给我们的启示就是两个字:敬畏。中国人现在最缺少的是什么? 是敬畏感。为什么没有,有人说中国人没有宗教精神,缺乏对上帝的信仰。这句话对了一半。拥有信仰的确是西方人的一种宝贵的精神财富。信仰是什么? 就是我只相信,不问为什么相信。虽然西方两种思潮都对信仰造成冲击,但信仰还在那里。这两种思潮一个是科学。具体而言是科技理性主义。在科学的镜片之后,世界不再神秘。一切尽在掌握或必将在掌握之中。另一个是哲学。具体而言有启蒙以来的现代主义和20世纪以来的后现代主义等。启蒙的现代主义把上帝拉下宝座,提出"上帝死了",把人构造成为至高无上的主体。后现代主义批判这种"人"的主体性,福柯更进一步宣称人也死了。无论是现代主义还是后现代主义,都有一个祛魅化的倾向,即消解价值,消解崇高的倾向。但是事实证明在西方,上帝仍然掌控全局。

中国人没有宗教精神,却并不乏敬畏感。因为无论孔孟,还是老庄,还是后来的佛教,都一直宣扬对不可知力量的敬畏。天也好,道也好,命运也好,轮回也好,都是如此。西方人靠信仰留住敬畏之心,中国人靠哲学和化民成俗保持敬畏。什么是文化?《周易》里面说的人文化成,通过文化,成为百姓日用而不知的生活习惯。然而到了近代,因为众所周知的原因,五四运动是一个,"文革"是一个,另外还有一个改革开放,中国的优秀传统文化被破坏殆尽。儒家文化花果飘零、魂不附体。与此同时,西方的现代主义,后现代主义也一并进入中国,祛魅化把中国传统文化中残存的一点崇高和敬畏也破坏掉了。一个可怕的现象是,一个在经济上尚未进入真正工业文明的国家,一个在政治上并未建立起现代民主制度的国家,一个在文化上失去几千年赖以存身之精神家园的国家,正在承受着西方后工业文化的风雨摧残。在这时候,重提"敬畏"二字,是非常必要和必须的。

当然,仅仅教化无法解决当前中国的问题,制度建设和体制改革更加紧要。但是这不在本文论述范围之中,在此不赘言。

罗从彦思想三论

◎ 李永杰

罗从彦(1072—1135),字仲素,号豫章先生,南宋著名理学家,洛学闽化的关键人物之一。罗从彦"严毅清苦,笃志求道",受学于杨时门下。绍兴二年壬子61岁,罗豫章以特科授惠州博罗县主簿,后回沙县入罗浮山筑室静坐,绝意仕途。豫章先生虽宁静淡泊,但却独得杨时的要旨。本文探讨罗氏的三个问题。

一、推崇道统

道统实际上就是儒家传道的脉络系统。唐代韩愈作《原道》,正式提出所谓的关于道的传授系统的论说,他说:"尧以是传之舜,舜以是传之禹,禹以是传之汤,汤以是传之文、武、周公,文、武、周公传之孔子,孔子传之孟轲,孟轲之死不得其传焉。"[①]道统最早可以追溯到尧、舜、禹、汤、周文王等先代圣王,孔子继承了儒家道统的正统,而孟子则继承了孔子的儒家之道统,之后道统就断绝了。韩愈称自己继承了真正的孔孟之道,是儒学的正宗。宋儒也纷纷以道统的接继者自任,阐扬发明儒家思想,宋儒也确实发展和完善了儒家思想,尤其是为儒家思想构建了以理范畴核心的形而上学基础,使儒家思想更加系统化。周敦颐《太极图·易说》把道家的太极理论引入儒家,为儒家提供了形而上学依据,"自无极而为太极。太极动而生阳,动极而静;静而生阴,静

---

① 《韩昌黎集》卷一一,《原道》。

极复动。一动一静,互为其根。分阴分阳,两仪立焉。阳变阴合,而生水、火、木、金、土。五气顺布,四时行焉。五行,一阴阳也;阴阳,一太极也;太极,本无极也。五行之生也,各一其性。无极之真,二五之精,妙合而凝,乾道成男,坤道成女。二气交感,化生万物,万物生生而变化无穷焉。"道家的太极后来被宋儒解释为理,"太极即理",遂奠定了宋明理学的理本论基础。宋儒不仅为儒家思想奠定了坚实的形而上学基础,还凸显并发展了儒家以心性修养为主要内容的工夫论,使得儒家仁道修炼更具可操作性,使儒家更容易普及和大众化。周敦颐把太极理论和宋儒工夫论结合起来的著作是《通书》,这部著作是周敦颐把思孟学派和道家理论结合起来的一个典范,在《通书》中,周子的核心范畴是诚,不同的宋儒对修养工夫中的强调侧重点不同,有的侧重于静,有的侧重于敬,而有的侧重于默坐澄心,周子特别强调诚,把太极理论和道德修养功夫结合起来。周敦颐之后的宋儒尤其发展了这种功夫论。

罗从彦以静坐罗浮山而出名,但又何以汲汲政治,用力最勤于《尊尧录》,实乃受当时士人风气的影响。早在北宋,范仲淹就有"先天下之忧而忧,后天下之乐而乐"的超迈精神,这种精神是当时的社会风气使然。有宋一代,虽然总体上还算稳定,但毕竟面临来自北方的威胁,所以以天下的兴亡为匹夫之责的士人充分彰显了家国情怀,这种情怀实际上也是儒家精神的体现。这种风气也受到道统论的影响,罗从彦的道统观念很强烈,他试图以身作则,"为往圣继绝学"。程颐为程颢做墓表是也说:"周公没,圣人之道不行;孟轲死,圣人之学不传。道不行,百世无善治,学不传,千载无真儒。"罗从彦也说,"周衰,孔子没,道学不明,杨朱、墨翟乃以其所学扇天下,天下之言不归杨则归墨,杨墨之道盛行。当是时也,辟之者孟子一人而已。自汉以来至唐,而释老之徒又以其所学扇天下。当是时也,辟之者韩愈一人而已。释、老之害过于杨、墨。韩愈之贤不及孟子,然愈犹能辟之,异代同功,至今赖以为功也。"①"自孟轲氏殁,更历汉唐,寥寥千载,迄无其人有能自立者,不过注心于外,崇尚世俗之语而已,与之游孔氏之门、采于尧舜之道,其必不能久矣。"②罗从彦与其他宋儒一样,推崇道统是为了接续道统,为了实践道统。他静坐罗浮山中,体验儒家诚敬工夫,实际上就是道统,就是宋儒所发明体道的方式。儒家所讲的静坐不同于坐禅,禅宗的静坐主要是通向无,要人寂灭。儒家静坐强

---

① 《罗豫章先生文集·遵尧录·别录》。
② 《罗豫章先生文集·韦宅记》。

调的是体验喜怒哀乐之未发,实际上就是体验周敦颐所说的"道",也就是后来宋儒所体贴出的天理,所以,宋儒的静坐是积极的,是为了达到天理,达到儒家的道,而不是为了消极的无。从这个方面来理解,罗从彦一方面静坐罗浮山中,另一方面又汲汲于政治,这是不矛盾的,静坐不是为了隐居,而是为了体道,撰写《尊尧录》也是为了弘扬儒家之道。

与道统论相联系,罗从彦在其著作中很集中地关注了王霸之辩。

二、关注王霸之辩

关注王霸之辩,力倡王道,是儒家的重要特点之一。罗从彦在《尊尧录》中所探讨的一个核心问题就是王霸之辩。《尊尧录》是豫章先生仿效唐代吴兢做《贞观政要录》和宋代石介《圣政录》而做,就是要以先贤善言佳行为例,而力倡王道,实际就是要遵循尧舜禹汤之治,而反对霸道。"孟子曰:'以力假仁者霸,霸必有大国;以德行仁者王,王不待大。'又曰:'霸者之民,驩虞如也;王者之氏,皞皞如也。'善乎孟子之言,惜孔子没,孟子继之,唯孟子为知霸王者也。"①霸道以实力为后盾,以强制力为手段,这样的政治用强制控制人民。人民在强制面前只能被动接受统治,但是人民在被迫接受统治的时候,心里并不服,一旦有机会,人们就会反抗。这样的政治不会长久,也不是儒家所推崇的政治。儒家推崇的是王道,所谓王道实际上就是德政,用文德来教化人、感化人,让人民心悦诚服,主动接受君王的治理,这样的政治会得到人民的拥护,所以能够长久。"仁义者,人主之术也。一于仁,天下爱之而不知畏;一于义,天下畏之而不知爱,三代之主,仁义兼隆,所以享国至于长久。"②

在儒家心目中,古代是道统占主导地位的时代,也是王道的时代,但之后王道渐弱,霸道盛行。"尧舜三代之君,不作也久矣。自或麟以来,迄五代千五百余年,惟汉唐颇有足称道。汉大纲正,唐万目举,然皆杂以霸道而已。有宋方兴,一祖开基,三宗绍述,其精神之运;心术之动,见于纪纲法度者,沛乎大醇,皆足以追配前王之盛,故其规模亦无所愧焉。"③三代以后的历史,真正值得称颂的帝王没有几个,历代君王多采用霸道,而抛弃了王道。在罗从彦

---

① 《尊尧录》,《罗豫章先生文集》卷四,上海:商务印书馆,1936 年,第 42 页。
② 《议论要语》,《豫章文集》卷一一,第 1135～744 页。
③ 《尊尧录》,《罗豫章先生文集》卷一,上海:商务印书馆,1936 年,第 1 页。

的心目中,朝廷要想长久地享有国家,就必须实行王道。他对宋朝也多溢美之词,认为宋朝的君王更多地接近王道。王道的关键是什么呢?王道之治,关键在为君的品德,其首要任务就是正君心,"人君者,天下之表。若自正心,则天下正矣。自心邪曲,何以正天下。太祖于寝殿中,令洞辟诸门,使皆端直开豁,无有壅蔽,以见本心,可谓知君道矣。夫辟四门,明四目,达四聪,尧舜之道也"①。正君心是实行王道的根本,而宋太祖就是力倡王道的典型,他所谓的"令洞辟诸门,使皆端直开豁,无有壅蔽,以见本心,可谓知君道矣。夫辟四门,明四目,达四聪,尧舜之道也",实际上就是修养身心,实行王道之举。在罗从彦看来,正君心有很多方面,其中抑制私欲是其重中之重,"人君当淡而无欲,不使嗜好形见于外,则奸邪无自入焉,可谓善矣。夫嗜好者,人情之所不能免也"②。霸道的实行在一定程度上就是放纵欲望的结果,只有收摄身心,节制私欲,自己的内心灵府才会更加虚灵,也才会更见接近道。人心乃行为之主宰,有什么样的心就有什么样的行为,正君心是力倡王道的根本。力倡王道不仅要正君心,也要教化黎民,改善社会风气,而教化黎民乃是朝廷的一项重要任务。"教化者朝廷之先务,廉耻者世人之美节,风速者天下之大事。朝廷有教化,则世人有廉耻,世人有廉耻,则天下有风俗。或朝廷不务教化,而责世人之廉耻,士人不尚廉耻,而望风俗之美,其可得乎?"③教化让人们知廉耻,懂礼仪,进而主动服从王道统治。太平盛世既需要君王行王道,也有需要黎民百姓心悦诚服,只有二者同时存在才会有太平盛世。

相对于子学时代的儒家,宋儒更加注重自我内在心性的修养,通过内圣成德的修养,进而达到修己治人,移风易俗,这一点在罗从彦身上表现得尤为突出。后人欧阳佑评罗从彦:"今读豫章之集,尊尧有录,议论有要语,杂著有题咏,诲子侄有书文。夫皆起自身心,出于至诚,以为心则善身,以化民则善俗,以达天下则善治,其有功于世教,岂小补云。"④罗从彦的文字,不论是《尊尧录》《议论要语》,还是诗歌、教诲子侄的文字,都突出了内圣成德的方面。每个人都有一定的内圣修养了,整个社会风气自然就好了。教化的目的就好要让每个人都追求内圣成德。在罗从彦看来,内圣其实也并非高深莫测,它

---

① 《尊尧录》,《罗豫章先生文集》卷一,上海:商务印书馆,1936 年,第 11 页。
② 《尊尧录》,《罗豫章先生文集》卷二,上海:商务印书馆,1936 年,第 20 页。
③ 《议论要语》,《罗豫章先生文集》卷九,上海:商务印书馆,1936 年,第 99 页。
④ 欧阳佑:《重刊罗先生文集序》,《罗豫章先生文集》卷首,第 1135~773 页。

就体现在日用百行之中,"孟子曰:'仁之实,事亲是也;义之实,从兄是也;智之实,知斯二者而已,及其行之也,若禹治水然,行其所无事而已矣。'尧舜之治天下,不出乎此。自周道衰,洙泗之教未作,而世所谓智者不然,机变之巧,杂然四出,故鸟乱于上,鱼乱于下,人乱于中,此老氏所以戒也,非攻天下者之言也"①。在日常生活中都可以修炼内圣,三代治世就是遵从了这一道统,之后的社会变迁衰败就在于道统衰落,教化不行。其实人心本善,只要我们给予适当的点拨,人心的善端就会发挥出来,"仁义礼智,所以为立身之本,而阙一不可,故孟子以恻隐之心,为仁之端,而无恻隐之心,则非人;以羞恶之心,为义之端,而无羞恶之心,则非人;以辞让之心,为礼之端,而无辞让之心,则非人;以是非之心,为智之端,而无是非之心,则非人"②。在儒家看来,四端之善是做人的基本准则,做不到这一点人就不称其为人。社会中的人应该时时刻刻涵养、培育自己的善端,以令其扩张与光大。

王道与霸道之辩,更多地关涉君主,而对于普通人来说,则对应着德与威,"人之立身,可常行者在德,不可常行者在威。盖德则感人也深,而百世不忘,威则格人也浅,而一时所畏。然德与威,不可偏废也。常使德胜威,则不失其为忠厚之士;苟威胜德,则未免为锻炼之流"③。德近似于君主的王道,威则近似于君主的霸道,一个人能否被他人所认同,关键的是看他的德行,而不看他的权威,权威有可能管住人的身体,但他管不了人的心,只有德行才会让人们"百世不忘"。

三、体现喜怒哀乐之未发

王霸之辩古已有之,是儒学发展史上的一个议题。而崇仰王道,贬斥霸道,关键在我,此即孟子所说的"求之在我"者,罗从彦和其他儒者一样,认为王道不假外求,也不在功业,而关键在明道正谊,"三代之治在道而不在法,三代之法贵实而不贵名,后世反之,此享国与治安所以不同。"④真正的王道在于自我德行的修养,而修养自我德行则是宋儒道南一脉的重头戏。其中之一就

---

① 《尊尧录》,《罗豫章先生文集》卷二,上海:商务印书馆,1936 年,第 25 页。
② 《议论要语》,《豫章文集》卷一一,第 1135~745 页。
③ 《议论要语》,《豫章文集》卷一一,第 1135~748 页。
④ 《议论要语》,《豫章文集》卷一一。

是对未发的体现。

道南一脉以体验未发为宗旨,湖湘则以已发察识为要妙。道南学派重视对未发的体验来源于二程,二程强调抑制人欲,彰显天理,而要达到这一目的就要做修养工夫。二程特别强调自我内在的修养,程颢要学生去修养自己的心,"圣人千言万语,只是欲人将已放之心约之使反复入身来,自能寻向上去,下学而上达也"。修养自己的心就是二程的存养功夫,存养此心,便可以体贴出天理来,要做到这一点,程门最重要的一个字就是"敬"。二程强调"敬以直内"①,敬原本有外貌端庄,举止合规矩之意,偏于外在方面,但到了理学那里,敬则由外转向了内,成为内在修养的主要规范。二程非常重视敬,"学者不必远求,近取诸身,只明天理,敬而已矣"②,"敬而无失,便是喜怒哀乐未发之谓中。敬不可谓之中,但敬而无失,即所以中也"③。敬的目标是"直内",是对自我内在品格的敬畏。实际上,二程对敬的侧重是有区别的,程颢强调诚在敬中的作用,而程颐则更加强调敬之外在形式的庄整严肃,"动容貌、整思虑,则自然生敬"④。二程对敬之侧重的不同是相互补充的,一个侧重于内容,一个侧重于形式,二者都是在讲如何做到敬,只有内容而没有形式不行,只有形式而没有内容更不行。但二程反对"主静",因为静容易滑入禅宗,且仅仅处于静之中,容易忘却敬畏之心,主敬要以虔敬的心情去敬畏天理,只有体悟到了天理的奥妙,人们才会"内直","内直"进而"外方",儒家内圣外王的宗旨在这里得以深化。

龟山先生叹服二程的"工夫论",故继承和发扬了二程的"体验与自得"的修养工夫,体验未发(观中)的工夫,即通过默坐澄心,以静摄心等途径,达到对自我内在心性的直觉,可以说这是道南一脉的重要特点之一。龟山先生的这一对未发的体验工夫被罗从彦所继承,杨时曾教导罗从彦,"某尝有数句教学者读书之法云:以身体之,以心验之,从容默会于幽闲静一之中,超然自得于书言象意之表"⑤。罗从彦深谙乃师言论的精要,为了静中观理,他专注学问,绝意仕途,几十年如一日地做体验的工夫。他更为明确地强调要从喜怒

---

① 《遗书》卷二上。
② 《遗书》卷二上。
③ 《遗书》卷二上。
④ 《遗书》卷一五。
⑤ 《龟山集·语录》。

哀乐之未发,诸种思虑之未萌状态下功夫,认为未发之中体现了天理,只有在未发状态,我们才能体悟天道,"静处观心尘不染,闲中稽古意尤深,周诚程敬应粗会,奥理休从此外寻"①。罗从彦主张,静中观心,静中体悟天理。后来罗从彦的弟子李侗继承了罗从彦的思想,对未发之中作了更为深入地探讨,他说:"某向时从罗先生,学问终日,相对静坐,只说文字,未尝及杂语。先生极好静,某时未有知,退入室中亦静坐而已,罗先生令静中看喜怒哀乐未发之谓中,未发时作何气象。此意不唯于进学有方,亦是养心之要。"②朱子还说:"李先生教人,大抵令于静中体认大本未发时气象分明,即处事应物自然中节,此乃龟山门下相传指诀。"③朱熹也说:"先生(李侗)既从之(从彦)学,讲诵之余,终日危坐,以验夫喜怒哀乐未发之前气象如何,而求所谓中者。"④罗从彦、李侗主张静坐,在静坐中体悟未发气象,而这种体悟正是进德的根本。延平先生的思想直接影响了朱熹。

罗从彦主张从静中体验未发之中。他强调静坐,"所谓静坐,只是打叠得心下无事,则道理始出,道理既出,心下愈明净矣"⑤。静坐不只是消极地静静地度过时光,而是积极主动地体验,这种体验的目的是获致未发之中,但在这体验的过程中,人心会更加"明净",这是一种心灵深处"虚灵的真实"(黄克剑先生语),也是一种深沉而愉悦的体验,这是一种令人向往的精神境界。在这样的境界中体验"未发之中",让人在愉悦中体会到了未发之中。罗从彦"既而筑室罗浮山中,绝意仕进,终日端坐,以体验天地万物之理"⑥。在一定程度上就是追求这种精神境界,这种静坐体悟,虽然与坐禅相近,但也有明显的区别,罗从彦明确拒绝佛教的静坐,他勉励李侗,"圣道由来自坦夷,休学佛学或他歧。死灰槁木浑无用,缘置心官不肯思"。虽然罗从彦也强调静坐,但他的静坐目的是"静处观心尘不染,闲中稽古意尤深。周诚程敬应相会,奥理休从此外寻";"彩笔画空空不染,利刀割水水无痕。人心但得如空水,与物自然无恩怨"。这是一种用直觉的方式领悟的精神境界。

---

① 《罗豫章先生集》卷一二。
② 《延平答问》。
③ 《朱文公文集》卷四〇。
④ 《朱文公文集》卷九七。
⑤ 《延平答问后录》。
⑥ 《宋史·罗从彦传》。

罗从彦教化思想探析[①]

◎ 冯会明

罗从彦(1072—1135),字仲素,因先祖为江西豫章郡人氏,故学者称豫章先生,南宋南剑州(今福建南平)人。与杨时、李侗并称为"南剑三先生",是宋代闽学四贤之一,在闽学发展历程中是一位承前启后的著名学者。南宋淳祐六年(1246 年),宋理宗以其"道德博厚"、"言行相应",谥文质。

罗从彦从吴仪、杨时和程颐三位老师那里继承了儒家学说,"深造圣经之奥旨"。尤其数次受教于杨时,"伛侍二十余年,尽得不传之秘"[②]。不仅学习了"龟山心法",也"深得伊洛之传",创立了豫章学派,著名门人有李侗、朱松等。他的学说更注重经世致用,"偏重于伦理道德学说"[③]。对理气、太极等形而上的论题很少讨论,但"在社会政治、伦理等领域,却提出了一些值得注意的看法"[④]。罗从彦特别重视道德教化的作用,他从"中人之性,由于所习"的人性论出发,认为"教化者,朝廷之先务",道德教化是实现王道德治的重要手段,对"天子"、"朝廷"、"士人"等提出了自己的道德创见。认为教化的关键是正君心,士是教化的主体,要讲名节忠义、正直忠厚;教化的核心是仁义与忠孝,其目的就是为得民心而实现长治久安。由于他地处僻乡,以讲学授徒为生,他的道德教化思想,大都停留在理论上,没有机会付诸实施,但一些观点,

① 本文系国家社科基金项目"鄱阳湖地区理学传衍的时空研究"(项目批准号:12BZX040)和江西省社科基金项目"环鄱阳湖理学传衍的时空研究"(项目批准号:11ZX07)的阶段性成果。

② 罗从彦:《罗豫章集》,北京:中华书局,1985 年,第 1 页。

③ 徐远和:《洛学源流》,济南:齐鲁书社,1987 年 9 月,第 288 页。

④ 杨国荣:《罗从彦伦理思想发微》,《伦理学研究》2005 年第 4 期,第 71~76 页。

历久弥新，"传于后而久弥光"①，对当今社会仍有一定的借鉴意义。

一、"教化者，朝廷之先务"——教化的重要意义

罗从彦认为王道教化是国家长治久安的根本，是建立淳美社会风气的前提和保证。他说："教化者，朝廷之先务。廉耻者，士人之美节；风俗者，天下之大事。朝廷有教化，则士人有廉耻；士人有廉耻，则天下有风俗。或朝廷不务教化而责士人之廉耻，士人不尚廉耻而望风俗之美，其可得乎？"②教化即政教风化，教育感化之意，《诗·周南·关雎序》有"美教化，移风俗"。罗从彦认为兴教化是朝廷的当务之急，是国家责无旁贷之任务。只有朝廷君主重视道德教化，士人才有知廉知耻的美好节操，才能形成淳美的民风民俗。否则，朝廷不重教化而期望士人有廉耻，期望风俗淳美，是不现实的。

教化是朝廷之先务，而教化的关键是正君心。罗从彦认为欲治天下者先正人心，欲正人心则先正君心。君主是天下的表章，君心正，则天下人心才能正。他说："人君者，天下之表。若自正心，则天下正矣。自心邪曲，何以正天下？"③正所谓上梁不正下梁歪，上行而下效，君心邪，天下人心必邪。所以道德教化应由朝廷自上而下进行，要从正君心开始。

如何才能"正君心"呢？罗从彦认为，君主必须节制自己的欲望。他继承了二程的"存天理，去人欲"之说，认为圣人无欲，君子寡欲，众人多欲。君主要心正就要淡然寡欲。他说："太宗语李至曰：'人君当淡然无欲，不使嗜好形见于外，则奸邪无自入焉。'可谓善矣。"④借太宗之语，强调君主要寡欲，要节制自己的欲望，不使自己的嗜好表露于外，奸邪之徒也就无隙可入，无法投其所好了。

除了朝廷要承担教化的首责外，士人也是兴教化的重要主体。《汉书·食货志上》："士农工商，四民有业。学以居位曰士。"士为四民之首，是社会的一个重要阶层，也是兴教化的主体。"得士者昌，失士者亡。"士人是否有廉耻之心，会影响全社会的良俗公信。士人无廉耻，会导致天下风俗浇薄。罗从

---

① 罗从彦：《罗豫章集》，柯潜《罗先生文集重刊序》，北京：中华书局，1985 年，第 3 页。
② 罗从彦：《罗豫章集》，《议论要语》，第 101 页。
③ 罗从彦：《罗豫章集》，《遵尧录》，第 1 页。
④ 罗从彦：《罗豫章集》，《遵尧录》，第 20 页。

彦认为士不仅要知廉耻，还要有名节忠义。"名节忠义"是士的"立身之本"。他说："士之立身，要以名节忠义为本。有名节，则不枉道以求进；有忠义，则不固宠以欺君矣。"①有名节的人就不会为了升官而百般钻营，违背自己做人的准则；忠义之士，也不会为巩固自己的地位而欺君妄上。

同时，正直忠厚是士人立朝之本。他说："士之立朝，要以正直忠厚为本。正直则朝廷无过失，忠厚则天下无嗟怨。二者不可偏也。一于正直而不忠厚，则渐入于刻；一于忠厚而不正直，则流入于懦。"为臣正直的表现，就是心存至公，而无一己之私。忠君爱君，则是为臣忠厚的表现。"立朝之士，当爱君如爱父，爱国如爱家，爱民如爱子。然三者，未尝不相赖也，凡人爱君，则必爱国；爱国，则必爱民。未有以君为心，而不以民为心者。"②认为爱君，爱国、爱民三者一体，且相互依赖。凡爱君者必爱国，爱国者则必爱民。

罗从彦主张自上而下实行教化，似乎抓住了问题的核心。"但是，在专制体制之下，没有有效监督的权力必然滋生腐败，当道德教化的任务由腐败的官员来实行的时候，其道德必然是虚伪的。"③

二、"中人之性，由于所习"——教化的理论基础

"中人之性，由于所习"的人性论，是罗从彦教化思想的理论基础。在人性论方面，他继承了二程性本善思想，二程认为"性即理也。……天下之理，原其所自，未有不善"④。罗从彦也承袭龟山先生的人性论，"人所资禀，故有不同者，若论其本，则无不善"。认为人之本性是善的，但由于受气禀的影响，而有了好坏善恶之分，有了圣人愚人之别。"然而善者其常也，亦有时而恶也。犹人之生也，气得其和，则为安乐人；及其有疾也，以气不和，则反常矣。其常者，性也。"⑤由于圣人所禀之气，"纯粹而不偏"，因此至善至美。普通人由于所禀之气刚柔相杂，因而有善有恶。普通人的人性是可善可恶的，没有天生的善性，也没有绝对的恶性，人性是善是恶，更多的是受后天环境之影

---

① 罗从彦：《罗豫章集》，《议论要语》，第 103 页。
② 罗从彦：《罗豫章集》，《议论要语》，第 103 页。
③ 万绪珍：《罗从彦理学思想研究》，厦门大学 2009 年硕士学位论文，第 25 页。
④ 程颢、程颐：《二程集》，北京：中华书局，1981 年，第 292 页。
⑤ 罗从彦：《罗豫章集》，《遵尧录》，第 35 页。

响。他说："中人之性，由于所习。见其善则习于为善，见其恶则习于为恶。习于为善，则举世相率而为善。而不知善之为是，东汉党锢之士，与夫太学生时也。习于为恶，则举世相率而为恶。而不知恶之为非，五代君臣是也。"①中人之性有见善为善、见恶为恶的习性，必须抑恶扬善。罗从彦人性善恶关键在于后天习染的观点，给人的道德教化提供了更大的空间，成为他力主兴教化的理论依据。

罗从彦认为，教化的目的，在于得民心而实现长治久安。他说："但做顺人心事，谁不从也？"②认为天下大治的前提是获得民心。因为"人君之所以有天下者，以有其民也；民之所恃以为养者，以有食也；所恃以为安者，以有兵也。"③认为人君只有获取民心才能获得天下，获得民心是天下大治的前提，也是教化的根本目的。

三、"仁义兼隆"、"修己任贤"——教化之核心内容

罗从彦认为教化的核心内容是"仁"与"义"。"仁"表现为"亲亲"，是社会凝聚力的源泉；"义"即"尊尊"，是社会秩序化的基础。仁与义二者是体用关系，他说："夫立人之道，曰仁与义。仁，体也；义，用也。"④要以仁为体，以义为用。仁义也是君主的治国之术，提出了"仁义兼隆"的治国原则。他说："仁义者，人主之术也。一于仁，天下爱之而不知畏；一于义，天下畏之而不知爱。三代之主，仁义兼隆，所以享国之于长久。"⑤如果君主只是一味用仁，滥施爱心，而忽视义的外在规范，老百姓就不会有畏惧之心，社会缺乏必要的约束，会导致权威的失落；否则，也难以获得百姓的认同。统治者只有做到仁义并重，才能使社会和谐有序。

罗从彦还认为仁义礼智，也是一个人不可或缺的立身之本，是人之所以为"人"的基本条件。他说："仁义礼智，所以为立身之本，而缺一不可。故孟子以恻隐之心，为仁之端。而无恻隐之心，则非人。以羞恶之心为义之端，而

---

① 罗从彦：《罗豫章集》，《议论要语》，第104页。
② 罗从彦：《罗豫章集》，《遵尧录》，第84页。
③ 罗从彦：《罗豫章集》，《遵尧录》，第4页。
④ 罗从彦：《罗豫章集》，《遵尧录》，第25页。
⑤ 罗从彦：《罗豫章集》，《议论要语》，第99页。

无羞恶之心,则非人。以辞让之心,为礼之端,而无辞让之心则非人;以是非之心为智之端,而无是非之心则非人。"①人只有具备四端,才能称为"人",否则,就不能算"人"了。

仁义教化的外在表现则为忠孝。他说:"君明,是君之福;臣忠,是臣之福;君明臣忠,则朝廷安天下治。父慈,是父之福;子孝,是子之福;父慈子孝,则家庭兴旺。"将君、臣、父、子等不同的角色规范在忠孝等方面,只有每个人安分守己,恪守伦理规范,整个社会才能顺应天理,达到和谐状态。以孝治天下是两宋时期重要的道德准则,他认为天子之孝,在于保天下。他写的《诲子侄文》,就是期望达到"入孝出弟,文行忠信,口不绝吟于六艺之文,手不停披于百家之篇,柜门之内,肃肃如也,闺门之外,雍雍如也"②。这种孝悌和谐的家庭状态,正是他教化思想的具体体现,是他教化思想要达到的理想境界。

他还从仁体义用出发,提出了"德威不可偏"且"德深威浅"的观点。他说:"人之立身,可常行者在德,不可常行者在威。盖德则感人也深,而百世不忘;威则格人也浅,而一时所畏。然德与威不可偏废也,常使德胜威,则不失其为忠厚之士。"③"德"为"仁体",人先要有仁爱之心,培养自己良好的德性,这样才能感人至深,长久存在,施行德治才能天下归心。而"威"是"义用",是建立在其地位和权势的基础上,会随他地位权势的丧失而丧失,难以持久,因此,德深而威浅。

同样,要建立良好的社会秩序,赏罚是不要缺少的重要手段。他说:"赏罚者,人主之大柄也。赏所以劝功,罚所以惩罪。"④要做到有功必赏,有罪必罚,以此惩恶扬善。在惩罚时,主张立法不可不严,行法不可不恕。他说:"朝廷立法,不可不严;有司行法,不可不恕。不严,则不足以禁天下之恶;不恕;则不足以通天下之情。"⑤强调立法要严,使法律具有威慑力;但在具体实施刑罚时,要体现仁道原则,要有仁恕之心,有一定的灵活性。

罗从彦认为君主除了以仁义治国之外,还要修己任贤。君主要择人而任,治国要近君子、远小人。他在《议论要语》中说:"君子在朝,则天下必治。

① 罗从彦:《罗豫章集》,《议论要语》,第100页。
② 罗从彦:《罗豫章集》,《议论要语》,第110页。
③ 罗从彦:《罗豫章集》,《议论要语》,第104页。
④ 罗从彦:《罗豫章集》,《遵尧录》,第12页。
⑤ 罗从彦:《罗豫章集》,《议论要语》,第99页。

盖君子进则常有乱世之言,使人主多忧而善心生,故天下所以必治。小人在朝,则天下必乱。盖小人进,则常有治世之言,使人主多乐,而怠心生,故天下所以必乱。"①常言道,生于忧患死于安乐,君子经常会警戒君主,时常进谏乱世之语,使国君因忧患而生警惕之心,才能使天下太平。而小人则相反,总在人主面前谎报形势一片大好,蒙蔽国君,使国君心生怠慢之心,最终导致乱国祸民。所以"王者之道在于修己任贤",要知人善任,去佞除恶,"夫人主知贤而不能用,未若不知之为善;知佞而不能去,未若不知之为愈。苟知贤而不能用,则善无所劝,知佞而不能去,则恶无所惩"。②

由于个人品德的高低与朝廷政治清明与否休戚相关。因此,君主要任用品行端正的人。他说:"名器之贵贱以其人。何则?授于君子则贵,授于小人则贱。名器之所贵,则君子勇于行道,而小人甘于下僚。名器之所贱,则小人勇于浮竞,而君子耻于求进。以此观之,人主之名器,可轻授人哉!"③国家公共权力、各种官职的贵与贱,取决于使用者的道德品质,取决于使用权力的人。权力由君子所掌握,则能发挥权为的用处,彰显职位的尊敬,否则,只能适得其反。同时,认识一个人,要经长期的考验,不能为一时的表象所迷惑。"不可以求近功,图近利,非如世间小有才者,一旦得君暴露其器能,以钓一时之誉者,彼其设施,当亦有可观者,要之非能致远者也。"④因为君子"能致远",君子有高远的人生目标和理想追求,不会急功近利,鼠目寸光。

四、结　语

罗从彦"是道南学派的杠鼎人物"⑤,在道南学派的形成与衍化过程中具有承前启后的作用。张泰在《豫章文集序》中高度评价罗从彦:"先生上承伊洛龟山之统,下启延平晦庵之传,斯文一脉,万世是宗","其思想构成了从二程、杨时到李侗、朱熹的重要中介。"⑥

---

① 罗从彦:《罗豫章集》,《议论要语》,第 101 页。
② 罗从彦:《罗豫章集》,《议论要语》,第 102 页。
③ 罗从彦:《罗豫章集》,《议论要语》,第 100 页。
④ 罗从彦:《罗豫章集》,《遵尧录》,第 30 页。
⑤ 张立文:《论罗从彦的内圣外王之道》,《孔子研究》2006 年第 5 期。
⑥ 杨国荣:《罗从彦伦理思想发微》,《伦理学研究》2005 年第 4 期,第 71～76 页。

朱熹也认为罗从彦以"潜思力行,任重诣极"而著称。《宋史》本传评价他:"龟山(杨时)倡道东南,士之游其门者甚众。然潜思力行,任重诣极如仲素,一人而已";"谓龟山门下千余,独豫章能任道",杨时的女婿陈渊以"奥学清节"评价罗从彦人品与学问,他说:"自吾交仲素,日闻所不闻,奥学清节,真南州之冠也。"[①]成为闽学发展中承前启后的一位大家。

罗从颜更是一位有"经济之志"的学者,虽然一生安贫乐道,严毅清苦,不求人知。但他位卑不忘忧国,为解决两宋之交严峻的社会问题,提出了他作为一位理学家的政治设想,提出了他的伦理道德学说。他的教化理论,虽然不乏闪光之处,但政治上的不得志,困处乡间的现实,使他的教化思想和报国理想难以实现,只能是一种充满理想色彩的良好愿望。

---

① 　脱脱:《宋史》卷四二八,北京:中华书局,1974 年,第 1445 页。

论罗从彦"君子寡欲"的当代意义

◎ 罗小平

　　罗从彦是道南学派中"南剑三先生"、"延平四贤"之一。其一生虽然为官的时间前后只有四年，而且只是一个县的主簿。但他的著作颇多，其中有一句名言叫着"君子寡欲"道出了理学精义，富有哲理，对当今社会的廉政建设具有重要的借鉴意义。

　　罗从彦把天下的人分为三大类，即圣人、君子、众人，并对他们的"欲"作了十分精辟的分析，指出"圣人无欲，君子寡欲，众人多欲"①的观点。罗从彦虽然没有深入提出这一观点的理论依据，但三类人的身份已经道明"欲"的缘由，仔细分析可以看出其中深层的理学思想根源。

一、"欲"是人类的本然之性

　　"欲"是动物的天性，无论是万物之灵的人，还是低级动物，无不具有这种天性。"天生万物以养人，食之不为过"。②虽然这里说的是人，但确切地说包括所有动物在内，也就是说天生万物也养万物。

　　"欲"指是人或动物想得到某种东西或想达到某种目的的要求，具有普遍性。人的欲念、欲望，包括物质与精神两个方面：物质生活方面，除了食欲之外，还有居住条件的改善，衣着的华丽等等；精神方面除了情欲、性欲之外，还

---

① 　《宋元学案》卷三九，《豫章学案》。
② 　凌蒙初：《拍案惊奇》第三十七回，北京：人民文学出版社，1991年，第654页。

有文化生活的享受、名誉等等。古人就概括人有"六欲"①。所谓"六欲",就是生死耳目口鼻之欲,求生避死是动物之欲;耳目口鼻则是五官之欲。也有古人把欲当成是情欲。《荀子·正名》:"欲者,情之应也。"这里的欲作好色解。还有的把欲当成人贪欲。《说文》:"欲,贪欲也。"

上述所列之欲,解释了欲的范围。但笔者认为,古人释欲,各执一偏,倒是"生死耳目口鼻"之欲还算全面,也就是欲是指人的基本愿望。欲的根本所在是利,司马迁对"欲"作了十分精辟的概括:"天下熙熙,皆为利来;天下攘攘,皆为利往。"②作为天性的欲,不仅具有普遍性,同时也具有时代性。它随着时代的变化而变化,是一个动态的过程。人自呱呱落地之后,就有一种"欲"。随着人的成长、知识的增加,欲也随之不断扩大、不断加深,从要求温饱,到追求高质量的物质生活;从一般精神生活到高质量的精神享受,都是"欲"的结果。"欲"与生俱来,天性赋予,不可剥夺。即使是圣人,也需要一定的衣食住用"四事"作为基础,才能安心修道。所以"欲"是人类的本然之性,它没有高低之分,也没有贵贱之别。只要是动物,只要是血肉之躯,就存在欲望、欲念,区别只是程度的高低、范围的大小。

当然,需要强调的是,从某种意义上说,贪欲也是与生俱来。因为本然之欲与贪欲并没有明显的界线,一个人对欲念、欲望渴望到了极点,并是贪欲。如乡间劳作,极渴时见一眼泉水,未考虑后患,扑下身子牛饮至饱。乡村人家,大人常常说爱玩的小孩是"贪玩",爱吃东西叫"贪吃"。由此可见,"贪欲"也是人的本能之欲,贪欲之"贪"是表示喜欢或希望达到目的的程度。可以说,欲与贪欲只有一步之遥。

司马迁的人欲观,道出了人类社会物质与精神生产的目的。换句话说,人类离不开"欲",离开了"欲"就会无欲无求,而无求无求的结果不仅失去个体生命生存的意义,社会发展也会失去动力。可以说,欲是人类生存不可或缺的内在的要求,也是人类生存的目的所在,更是社会发展的动力和源泉。

二、"欲"是哲学之欲

"欲"是动物生存的基本要求,或者是人的基本追求,这个命题是科学的,

---

① 《吕氏春秋·贵生》。
② 司马迁:《史记》卷一二九,《货殖列传》。

也符合人类社会进步的文明。但"欲"又是有节制的,它是一种哲学之欲,不是任意之欲。

欲的产生来源于个体生命生理与心理的需求,而这种需求通过五官对外界事物的影像,产生生理与心理的作用,促进人们对美好事物的向往。《礼记·礼运》谓:"饮食男女,人之大欲存焉。"《孟子·告子》也说:"食色,性也。"也就是说,饮食男女是人类的基本欲望。朱熹也说:"若是饥而欲食,渴而欲饮,则此欲亦岂能无。"①即便是圣人,也有"如饥食渴饮之类"②。但人与动物又有本质的区别,人不仅能制造工具,以便扩大对自然界的认识,还有一个是社会性,即社会的人,亚里士多德说,人是"政治动物"。③ 人与动物的本质区别是能从感性认识上升到理性认识,这个理性表现在欲方面就是能够掌握尺度。从个体而言以人身体所能承受的能力为标准,从社会而言则以道德作为标准。道德的境界有高有低,价值观是基本尺度。守得住道德尺度,是人欲;违反这个尺度,是贪欲。所以,朱熹要人们"存天理,灭人欲"。

朱熹所说的"存天理,灭人欲",只是一种行文上便于让人们记诵,其真正的意义并非字面上这么简单。因为欲、人欲与理、利与义的矛盾不可调和,而且在人们看来,欲、人欲、贪欲三者的界线难以把握。但有一点可以肯定,当欲或人欲与理、义相遇时,必须做出合理的选择。在天理面前,朱熹把人欲等同于贪欲,二者的关系既相互依存,又相互对立、相互排斥。他说:"饮食者,天理也;要求美味,人欲也。"④可见,天理人欲统一于一体,二者之间会随着心性发生倾斜,非此即彼,非彼即此,需要认真辨析、把控。朱熹说,天理人欲,不容并立,它们互为存在,又互为消长:"此长,彼必短;此短,彼必长。"⑤又说:"人只有个天理人欲,此胜由彼退;彼胜则此退,无中立不进退之理,凡人不进便退也。"⑥天理人欲存在于万事万物之中,大至治国,小至生活日用,即便是"吃一盏茶时,亦要知其孰为天理,孰为人欲"⑦。正确的方法是,当理欲并存

---

① 黎靖德编,王星贤点校:《朱子语类》卷九四,《周子之书》,北京:中华书局,1986 年,第 2011 页。以下只注书名。

② 罗从彦:《罗豫章集》,北京:中华书局,1985 年,第 2011 页。

③ 宋锦添:《自觉能动性研究》,北京:中国人民大学出版社,1986 年,第 4 页。

④ 《朱子语类》卷一三,《学七》,第 224 页。

⑤ 《朱子语类》卷一三,《学七》,第 225 页。

⑥ 《朱子语类》卷一三,《学七》,第 224 页。

⑦ 《朱子语类》卷三六,《论语十八》,第 963 页。

时,必须用哲学的态度把握二者的尺度,先理后欲、重理轻欲、从理抑欲是道德的基本尺度,至少说不能以欲害理、以利害义。否则,就会改变欲的性质,与生俱来的本然之欲就会变成贪欲。所以,朱熹解释说:"天理存,则人欲亡;人欲胜,则天理灭,未有天理人欲夹杂者。学者须要于此体认省察之"①,"须是革尽人欲,复尽天理。"②

人有一个理欲,天下有一个是非,天理人欲相互依存,不分不离,判断是人欲(贪欲)还是天理也可以用是与非作为标准。朱熹说:"天地之间,无非是天理人欲。"③"天下之理,不过是与非两端而已。"④他还用简单的事例告诉人们何谓天理?何谓人欲?他说:"天理人欲只是一个大纲,其下有条目。"⑤就是说应该对天理人欲进行仔细分析,不要一看到"人欲"二字就说是贪欲,也不要一看到"灭人欲"就惊恐不安,认为是要灭人的一切之欲,而是要剔除人欲中非理、非义的部分。他举例说:"如做器具,固是教人要做得好,不成要做得不好! 好底是天理,不好底是人欲。"⑥现实中,这种事例比比皆是,一套数十万的红木家具,工艺精湛,物有所值,就是天理;反之,就是人欲。所以朱熹说家具"好"与"不好"就是与非。朱熹说:"事物之来,随其是非,便自见得分晓:是底,便是天理;非底,便是逆天理。"⑦善恶也是分辨理欲的标准。朱熹说:"天下只是'善恶'两言而已,于二者始分之中,须着意看数分明。"⑧贪欲往往夹杂着私意,所以理欲还可以用公私来判断。凡事出于公心、正义就是天理,出于私心、邪念就是人欲。因为"天下,非一人之天下",而是"天下之天下"。⑨"昔先圣王之治天下也,必先公。公而天下平矣。"⑩朱熹也说:"人只有一个公私,天下只有一个邪正"⑪;"将天下正大底道理去处置事,便公;以自家

---

① 《朱子语类》卷一三,《学七》,第 224 页。
② 《朱子语类》卷一三,《学七》,第 225 页。
③ 《朱子语类》卷一一七,《朱子十四》,第 2824 页。
④ 《朱子语类》卷一三,《学七》,第 229 页。
⑤ 《朱子语类》卷一一七,《朱子十四》,第 2824 页。
⑥ 《朱子语类》卷一三,《学七》,第 224 页。
⑦ 《朱子语类》卷一二,《学六》,第 202 页。
⑧ 《朱子语类》卷一三,《学七》,第 226 页。
⑨ 《吕氏春秋·贵公》。
⑩ 《吕氏春秋·贵公》。
⑪ 《朱子语类》卷一三,《学七》,第 228 页。

私意去处之,便私"①;"凡一事便有两端,是底即是天理之公,非底乃是人欲之私。"②有学生问:"此善恶分处,只是天理之公,人欲之私耳。"朱熹回答说:"要须验之此心,真知得如何是天理,如何是人欲。几微间极索理会。"③公与私不仅是判断理欲的标准,也是区别君子与小人的标准。朱熹说:"君子小人,即是公私之间"④、"君子公,小人私"。⑤

是非、好坏、正邪、善恶、公私是天理人欲的表征,而天理也是与生俱来,不受阶段社会的影响,也不受制度的影响,因为"未有天地之先,毕竟是先有此理"。⑥ 朱熹先天地之理看似唯心,但仔细分析仍有唯物的因素,因为天地形成之前,客观存在有造化天地的物质,这些物质按照先天地之理(规律)才得以形成,进而化生万物。可见,朱熹所说的理在天地之先并非只是孰先孰后之辨,重要的是他把理上升到不可更易的绝对高度,是人们基本的行为准则。在某些时候,理也就是道,朱熹说:"道者,古今共由之理。"⑦这个"古今"说明"理"与天地共存,它不以人的意志为转移,自有人类以来就必须遵守一定的成规和道理。

综上所述,人之欲的哲学意义在于事物的质与量的性质变化。事物的变化是由量到质的变化过程,自然界与人类社会的诸多现象可以说明。山体之所以滑坡,是因为无法承受最后"一滴雨",所以最后"一滴雨"是哲学之雨(即山体滑坡时刻所落之雨);人之所以被撑死,是因为肠胃无法承受最后"一口饭",所以最后"一口饭"是哲学之饭。由此可见,欲中富含哲理,适当的欲,才是生生不已之欲;超量的欲(私欲),是可能发生病变之欲。作为个体生命,欲的标准是恰到好处,而不是超过体能,否则就走向事物的反面;作为社会成员,欲的标准则是社会道德,不能恣意妄为,否则就会造成社会的混乱,滋生腐败。

---

① 《朱子语类》卷一三,《学七》,第228页。

② 《朱子语类》卷一三,《学七》,第228页。

③ 《朱子语类》卷一三,《学七》,第225页。

④ 《朱子语类》卷二四,《论语六》,第581页。

⑤ 《朱子语类》卷二四,《论语六》,第583页。

⑥ 《朱子语类》卷一,《理气上》,第1页。

⑦ 《朱子语类》卷一三,《学七》,第231页。

三、"君子寡欲"的合理性

欲,是个体生命的一种本能特征。自古以来,人生不已,欲无止境,无论社会发展到什么程度,人的欲望都不会终止,也不会消亡。但随着阶级社会的到来,除了因劳而食外,权力介入到了欲望当中,以权谋私之欲、损公肥私之欲成了社会的一大毒瘤。罗从彦的"君子寡欲"体现出合理的理欲观,是理欲观的哲学表现。

罗从彦把"君子"与"圣人"、"众人"三类人放在一起进行合理的阐发,在指出"君子寡欲"的同时,还强调"圣人无欲"、"众人多欲"。所以,分析罗从彦的"君子寡欲",必须与后二者紧密联系,才能理解"君子寡欲"这一命题的哲学意义。

首先,我们分析"圣人无欲"。这是罗从彦说的第一种人。在罗从彦看来,圣人是无欲的。所谓圣人,是指人格最高尚、智慧最高超的人。《说文》:"圣,通也。"《传》曰:"于事无不通谓之圣。"也就是知行完备、至善,能够与宇宙法则融为一体、参化天地之人。

圣人是一个泛称。在中国历史上,儒、释、道都有自己崇拜的圣人。如儒家的孔圣人孔子,被尊为至圣先师。还有伏羲、黄帝、炎帝、颛顼、帝喾、尧、皋陶、舜、禹、商汤、伯夷、周文王、周武王、柳下惠、颜子、孟子、子思、曾子,以及一些世泽大儒都是圣人。此外,那些云游四海、来去无踪,能呼风唤雨、预卜未来的高僧、道人,在人们眼里也是圣人。

圣人之所以"圣",在于他们无事不通、无理不明。他们品德高尚,圣大光明,是儒家"止于至善"的代表。而那些所谓的高僧、道人则自诩道法自然、德行高妙,他们行为诡秘、形影无迹;他们食不求精,淡然寡欲;他们衣不蔽体、无暖无寒;他们无滋无味、无欲无求;他们无家无室、无亲无欲;他们感格天地、灵通三界……总之,这些"圣人"对物质生活和精神生活都可有可无,有则有之,无则无之,与世无争。

当然,所谓"圣人无欲",只是说少欲或寡欲,并不是说全然无欲,因为圣人也是人,只是其"圣"的境界与常人有所不同。

圣人之所以能够无欲,在于自身所好与"自觉"。古代,一些学者或隐士,蛰居山林,以闭门读书自娱,两耳不闻窗外事,没有人情事故。也有一些学者自命清高,不与世俗同流,而那些道、释更以不食人间烟火自况。但罗从彦只是客观地说明世间有圣人这么一种人,他们有超然世外的"自律"或"自觉"精神,而不是强调人人不食烟火,也不是强调人人都必须效法无欲的圣人。从社会学的角度看,欲是人们的本然属性,并非人人都要成为圣人,更不是要求像圣人那样无欲无求、断绝一切欲望。我们所说的禁欲,并不是说禁止人的本性之欲,而是指要掌握欲望的度。如果一味强调无欲无求,岂不是满街皆圣人。人人皆圣,也不符合社会发展的要求。

"圣人"更多的是一种自我持修的境界,但一个美好的社会并不强调人人成为无求无欲的"圣人",合理的态度是任其自然,既不强求,也不提倡、不鼓励。

其次,要分析"众人多欲"。这是罗从彦说的第三种人。罗从彦说的"众人"泛指天下百姓或没有掌握权力的群体。为什么百姓可以多欲?从历史观的角度看,百姓在人类社会的进程中扮演着重的角色,他们是物质财富的创造者,也是精神财富的实践者。

百姓就是平民,依靠劳动获得生产资料和生活资料,用自己的双手创造劳动成果,不仅满足自己的生存需要,而且为社会提供产品,满足社会需求。刀耕水耨、春发秋实,是农业时代的耕作方式;百业竞技,是城乡市井的写照。士农工商,百业兴旺,促进社会经济的发展。远的不说,有宋一代,被誉为"南闽阙里"的建宁府建阳县教育发达,居民以竹造纸,以纸印书,成为与四川成都、浙江杭州并列的全国三大雕版印刷中心。北宋建州(今建瓯)种茶,"龙团凤饼,名冠天下"[1],有"金可有而茶不可得"[2]之说,进而衍生出斗茶、茶百戏,使得斗茶之黑釉盏贵而难求。宋代的福建泉州府海外贸易领先全国,被誉为世界著名港口。中华民族上下五千年,我们的祖先创造了数不尽光辉灿烂的古往文明。

百姓是物质文明的实践者,是生产力的主力军,他们的欲望越高、越强烈,越能开发思维、启发智力、激发创造的热情。他们不断改进生产工具,改进生产方式,发展生产,源源不断为社会提供物质财富,丰富人们的物质生活。他们不断总结经验,探索人际交往的处世之道,从原始的物物交换到货币交易,经纪人的出现,不仅贸易更加便捷快速,也更加公平合理。民国时期,广东一带华侨,在与内地联系时,创造了一种通信寄钱方式,叫"侨批"。

---

① (宋)赵佶:《大观茶论》。
② (宋)欧阳修:《归田录》卷二。

就是旅居东南亚的华侨把信和钱托中介人带回家乡,中介人收取一定的佣金后,把信和钱带回家乡如数交给华侨家人;收到钱的家人在信上签字,中介人带着签字的信回交给"寄钱者",通过互信建立起通邮通汇的功能。

人为万物之灵,灵就灵在人有自觉能动性,特别是人民大众,是物质和精神生活实践的主体。他们的思维创造性、实践创造性不仅创造物质文明,也创造精神食粮。如仲尼的《春秋》,屈原的《离骚》,左丘明的《国语》,太史公的《史记》,杜甫的《三吏》、《三别》,李时珍的《本草纲目》,吴敬梓的《儒林外史》,曹雪芹的《红楼梦》。还有诗词、谚语、歌谣、音律、舞蹈等,大多数是人民群众在生产、生活的实践中创造出来的精神食粮,极大地丰富了社会生活。

当然,应该指出"众人"多欲,只是从他们是物质和精神财富创造者、实践者的主体角度而言,他们的多欲有利于调动积极性、创造性,通过自身的努力创造出更多物质和精神财富,满足人们日益增的物质和精神需要。但众人多欲不等于恣意妄为,同样必须遵循法律、法规,必须符合社会道德,符合诚信、公平、合理、正义的要求。否则,就会造成社会经济秩序的混乱。

总之,罗从彦对"圣人"、"众人"之欲提出了独到的见解,前者是世人的榜样,但圣人的无欲无求并不符合社会的要求,我们可以效法圣人的精神境界,未必要效法圣人的实践。后者是创造物质、精神财富的主体,更主要的是他们没有掌握权力,可以多欲,但众人之欲也必须以法律、道德作为基础,以公信良俗为准则,而不是随心所欲。

最后,回过头来分析"君子寡欲"。这是罗从彦说的第二种人,也是本文的核心。"君"是一个会意字,从尹从口。"尹",表示治事;"口"表示发布命令,合起来的意思是发号施令,治理国家。其义项有之:一是本义,如君主、君王、君上、君国,即国家的最高统治者;二是古代大夫以上据有土地的各级统治者的通称;三是指品行好的人。这里的"君子"主要指前两类人,具体说就是掌握公权力的人。

罗从彦认为,君子要寡欲。为什么呢?道理很简单,可以从两个方面进行分析。

第一,与圣人、众人相比。圣人在人们的眼里品格高尚,但世间大多是有情有欲的凡人而非无情无欲的圣人,君子是凡人中的高尚者,并非圣人。虽然人们也希望有一个圣君治理国家,给人民带来好处,但只是期待而不是要求。因为,君子是治国之君,肩负着治理国家、维维社会安定的重任,因此不能将圣人等同于君子,也不能要求君子要成为无求无欲的圣人,只能说君子必须有圣人之心,并将"至善"之心推广到社会。与"众人"相比,则具有诸多可比性,原因是"众人"是物质与精神财富的创造者,君子及其管理国家的机器则是物质的消费者,也是精神食粮的分享者。所以孟子说:"民为贵,社稷次之,君为轻。"毛泽东用"人民是创造世界历史的动力"①说明"众人"的社会国家中所起的作用。所以,罗从彦所谓"众人多欲",君子及其国家管理机构寡欲符合唯物史观的社会发展规律,合情合理。

第二,"君子寡欲"是对权力的限制,这是"君子寡欲"的核心。纵观历史,欲与权力紧密联系在一起。从人类社会的发展史看,在阶级社会产生之前,人们最初过着原始的采集渔猎生活,依靠的是自身的力量获得劳动成果,"日出而作,日落而息"是基本的生存方式。私有制产生后,出现了阶级,出现了国家,也出现了管理国家的君主、帝王,以及为统治阶级服务的国家机器。封建社会时代君权神授,天子、皇帝代表国家,国家就是天子、帝王之家,"普天之下,莫非王土;率土之滨,莫非王臣"②就是最好的诠释。要使国家正常运行,必须赋予帝王相应的权力。权力的本质是一种手段,其特征是强制性。为了维持社会的良好状态,必须发挥权力的力量,用强制的手段实现目标。但是,权力在运行的过程中,并不一定尽善尽美,有时会背离客观实际,甚至夹杂着个人私意。于是,权力成了某些心术不正者谋私的手段。

君子的地位在万人之上,手中掌握着国家的权力,为了实现统治的欲望,必然利用权力强取民力。秦始皇大兴土木、劳民伤财造长城,多少人妻离子散,留下"孟姜女哭长城"之说。更有为了满足个人之欲,扩大手中的权力。《左传》就有"诸侯贪冒,侵欲不忌"、"大夫多贪,求欲无厌"、"政以贿成"的记载。《国语》也有"骄泰奢侈,贪欲无艺"、"以贿成事"的记载。唐朝"后宫佳丽三千人,三千宠爱在一身"③。少数人不择手段聚集社会财富,庶民百姓则过着贫穷的生活,"朱门酒肉臭,路有冻死骨"④就是真实的写照。南宋建炎间(1127—1130 年),高宗把全国财赋收入的一半缴充宫廷使用。贪欲的膨胀,导致权力的扩张;权力的扩张,导致不择手段,原本应该利为民所谋的权力成为利为己所谋的资源,权力成了滋生腐败的土壤,导致政治生态的恶化。"三

---

① 毛泽东:《论联合政府》。
② 《诗经·小雅》。
③ (唐)白居易:《长恨歌》。
④ (唐)杜甫:《自京赴奉先县咏怀五百字》。

年清知府,十万雪花银"①就是权力扩大化的最好说明。而春秋首霸齐桓公之欲更是令人发指。据说他吃厌了美味珍馐,想要吃人肉,一个叫易牙的厨子竟把自己的儿子杀了,做成婴儿汤让齐桓公喝。可以说,对天子、帝王乃至其他掌握公权力的人来说,要想扩大权力满足私欲只是想不到,没有办不到。

权与欲、权与利从来就是一对社会的因子。就生命个体而言,如果欲与利没有权的介入,可以理解为因劳而获之欲、因劳而得之利。一旦权力为个人私欲所谋、为个人私利所用,就会造成权力的不平等性。欲与权力成正比,欲望越大,权力越膨胀。"穷凶极欲"比喻不法之徒为了达到目的所采取的极端手段,而手握权力者为了实现个人的极欲,则是无限制地扩大权力。罗从彦认为君子要寡欲,强调的是作为天子的一国之君,至高无上,想扩张权力易如反掌。虽然封建社会的帝王也不时提出要察纳雅言,鼓励大臣进谏,但实际上天子是否纳谏随其所好,好则纳之,恶则拒之,权力无法得到有效的监督。社会是一个大场域,士农工商,百业竞技,人之欲牵连万端,"一人贪戾,一国作乱"。天子更是治国的榜样,他的行止对世人有重要的示范作用。早在春秋时代,吕不韦就是君子治人先治己:"先圣王成其身而天下成,治其身而天下治"②;"其身正,不令而行;其身不正,虽令不从。"③表明天子的"榜样"会给社会带来正负两方面的结果。

从权力象征着权威,但权力并非集于天子一人,王侯将相、诸侯百官都掌握着权力,只是权力的大小不同、范围不同。所以罗从彦说的"君子寡欲"并不是专指天子,而是指所有掌握权力的人,他们也像天子一样,不是物质与精神的创造者,而且手中掌握着管理国家一方职能的权力,他们也必须有寡欲的精神,有清贫乐道的品格。亚里士多德说的"政治动物"更多的指向是包括君子在内的所有公务人员。与圣人、众人相比,他们不仅要树立政治权威,更需要政治情怀、政治形象。贪欲如同蚁穴,所以古人警告说:"千丈之堤,以蝼蚁之穴溃;百尺之室,以突隙之烟焚。"④罗从彦不仅强调君子节欲、寡欲的重要性,而且提出要从改变人的心性出发,通过教化培养人的廉耻心。他说:"朝廷重教化,士人知廉耻,天下有风俗。"⑤朝廷是风俗的倡导者,士人是的风

---

① 吴敬梓:《儒林外史》第八回。

② 《吕氏春秋·先己》。

③ 《论语·子路》。

④ 《韩非子·喻老》。

⑤ 《宋元学案》卷三十九,《豫章学案》。

俗的榜样,如此才能实现天下风俗之大务。

综上所述,罗从彦的"君子寡欲"理欲观,是对原始儒学、二程理学实践的总结,也是"众人"精神创造的智慧结晶。这一理欲观从唯物史观的角度出发,肯定创造历史的主体是人民大众,强调君子及其所有服务朝廷的公务人员寡欲、节欲重要意义:一方面是节流,为社会积累财富;另一方是限制权力,防止权力的扩大化。这一理论虽然提出在千年之前的宋代,但对当今社会的廉政建设仍然具有重要的现实意义。

从罗从彦、李侗到朱熹之圣人治国政治思想

——兼与西方柏拉图"哲学王"治国思想比较

◎ 徐 涓

儒者对三代尧舜之君的思慕由来已久,至南北宋之间,洛学南传,内忧外患之际,杨时弟子罗从彦更加突出恢复尧舜之治的必要,认为圣人之治在于正君心、寡欲念、任贤能;罗从彦弟子李侗身居草莽、但心系政治;他的弟子朱熹致力于格君心之非,比以三代圣贤君王为法,他对贤君之企慕,比以往之士更加迫切。他多次上书君王,希望帝王能效法尧舜,以至国家大治,天下太平。在强调君王德性与任用人才方面,儒者圣人治国论与西方柏拉图"哲学王"治国思想的有共通之处,当然不同处也很明显。

一、儒家之三代圣人治国理想

三代贤德之君,一直以来都是儒者思慕之对象,早在孔子时候,就以伟辞多次称颂过,据《论语·泰伯》篇记载:

子曰:"巍巍乎,舜、禹之有天下也,而不与焉!"

子曰:"大哉尧之为君也!巍巍乎!唯天为大,唯尧则之。荡荡乎!民无能名焉。巍巍乎其有成功也!焕乎其有文章!"

舜有臣五人而天下治。武王曰:"予有乱臣十人。"孔子曰:"才难,不其然乎?唐、虞之际,于斯为盛。有妇人焉,九人而已。三分天下有其二,以服事殷。周之德,其可谓至德也已矣。"

子曰:"禹,吾无间然矣。菲饮食而致孝乎鬼神,恶衣服而致美乎黻

冕，卑宫室而尽力乎沟洫。禹，吾无间然矣。"①

孔子认为尧、舜之大德与天齐同，可用"巍巍"来形容，而禹之至孝却能通乎鬼神，他对尧、舜、禹等三代贤君推崇备至，对唐、虞之盛追思不已。其弟子子夏也有对大舜、商汤之治国理念表示赞赏，"子夏曰：'富哉言乎！舜有天下，选之于众，举皋陶，不仁者远矣。汤有天下，选于众，举伊尹，不仁者远矣'"②。子夏认为大舜、商汤因能举贤任能，而不仁者便远离而去。孟子也以三代贤君为君之治国表率，曰："规矩，方员之至也；圣人，人伦之至也。欲为君尽君道，欲为臣尽臣道，二者皆法尧舜而已矣。不以舜之所以事尧事君，不敬其君者也；不以尧之所以治民治民，贼其民者也。"③孟子进而申述道："三代之得天下也以仁，其失天下也以不仁。国之所以废兴存亡者亦然。天子不仁，不保四海；诸侯不仁，不保社稷；卿大夫不仁，不保宗庙；士庶人不仁，不保四体。恶死亡而乐不仁，是犹恶醉而强酒。"④孟子认为，三代圣贤之君，得到天下，归功于仁政，而失去万民，乃为不行仁政。汉代董仲舒对孔子尊尧之语加以进一步阐释，"孔子曰：'唯天为大，唯尧则之。'则之者，大也。'巍巍乎其有成功也'，言其尊大以成功也。齐桓、晋文不尊周室，不能霸；三代圣人不则天地，不能至王。自此而观之，可以知天地之贵矣"⑤。董氏指出三代圣人因效法天地，才能成就圣王。至宋代，儒者动则以恢复三代之治为己任，宋神宗召见张载，询问治道之要，张载以"渐复三代之治"⑥为对。

程颢、程颐作为洛学的重要代表，他们也对尧舜等圣人推崇不已，"臣所学者，天下大中之道也。圣人性之为圣人，贤者由之为贤者，尧、舜之为尧、舜，仲尼述之为仲尼，其为道也至大，其行之也至易，三代以上，莫不由之"⑦。故而以尧舜之治作为帝王治国的典范，"欲主上德如尧、舜，异日天下享尧、舜

---

① 《论语集注》，朱杰人、严佐之、刘永翔主编：《朱子全书》第 6 册，上海：上海古籍出版社、合肥：安徽教育出版社，2002 年，第 135～136 页。以下所引本书皆为此版本，不赘述。

② 《论语集注》，《朱子全书》第 6 册，第 176 页。

③ 《孟子集注》，《朱子全书》第 6 册，第 338 页。

④ 《孟子集注》，《朱子全书》第 6 册，第 339 页。

⑤ 董仲舒撰，凌曙注：《春秋繁露·奉本第三十四》，北京：中华书局，1975 年，第 346～347 页。

⑥ 《伊洛渊源录·张载行状》，《朱子全书》第 12 册，第 994 页。

⑦ 程颐：《上仁宗皇帝书》，《二程集》，北京：中华书局，1981 年，第 510 页。

之治,庙社固无穷之基,乃臣之心也"①。同时,程颐还指出尧舜圣人之治在于得到贤能辅助,"天下之治,由得贤也。天下不治,在失贤也。世之乏贤,顾求之之道如何尔。今夫求贤,本为治也。治天下之道,莫非五帝、三王、周公、孔子治天下之道也。求乎明于五帝、三王、周公、孔子治天下之道者,各以其所得大小而用之"②。程颐认为圣人之治道,在于求得大小贤才,因材而用之。他的这一思想对弟子影响深远。

二、罗从彦之"遵尧"政治思想

(一)罗从彦与《遵尧录》

"由孔孟而下,斯道之传,开于周子,盛于二程而大于朱子,朱子继周程之统者也,顾其渊源一脉,实自龟山而豫章而延平,的然相承,如河源之发于昆仑,由积石,历龙门而东注而放于海也。"③儒学思想,自北宋周敦颐、程颢、程颐之下,经杨时到罗从彦,再到李侗,而后汇合至朱熹处,譬如黄河之水,发源于昆仑山脉,经历积石,穿过龙门,东流而至于大海。"自龟山载道而归也,程师即喜之曰:'吾道南矣。'然或继承匪人,抑何以演其源而扬其波耶?幸有豫章罗先生,受业龟山之门,独得不传之秘,故自有先生之学,一传而为李延平,再传而为朱晦庵,由是海滨邹鲁,于斯盛哉!"④杨时学道程门,程子高兴地说:"吾道南矣。"而后罗从彦得杨时不传之学,并传之李侗,再传之朱熹,在这些一系列环节中,罗从彦之作用不可小觑。罗从彦(1072—1135),字仲素,号豫章先生,出生在南沙剑州。长大后,志于道,曾徒步往杨时处求学,据《宋史·罗从彦传》载:"及长,严毅清苦,笃志求道,徒步往从杨时受业,见三日,即惊汗浃背,曰:'不至是,几虚度一生矣。'时弟子千余人,无及从彦者。"后无意仕宦,在罗浮山中筑室,整日静心端坐,以体验天地万物之理,其间吟咏二归,怡然自乐。"罗从彦的政治思想直接源于二程与杨时。"⑤他著述《遵尧录》,"述祖宗以来宏规懿范及名臣硕辅,论建谟画,下至元丰功利之人,纷更宪度,贻

---

① 程颐:《上太皇太后书》,《二程集》,北京:中华书局,1981 年,第 546 页。

② 程颐:《上仁宗皇帝书》,《二程集》,北京:中华书局,1981 年,第 513 页。

③ 《原序》,罗从彦:《罗豫章集》,北京:中华书局,1985 年,第 1 页。

④ 《重刊罗先生文集序》,罗从彦:《罗豫章集》,北京:中华书局,1985 年,第 1 页。

⑤ 杨星:《罗从彦之政治思想观》,《安徽教育学院学报》2007 年第 1 期。

患国家,撮要提纲,无非理乱安危之大"①。罗从彦此书之目的乃阐述宋太祖宋太宗以来国家的懿德良范以及名臣大辅,为当下朝廷治国安邦提供借鉴意义。

罗从彦之著《遵尧录》历三年而书成,名为《圣宋遵尧录》,其中采摘选取祖宗故事,宋代开国之初的四位圣贤君主所行,认为可以成为今后之楷模。其书虽历经元代兵乱,多有散佚,但从现存文字中依然可以看出其中"遵尧"政治思想,就是希望君王以尧舜贤君为治国之典范,通过议论宋代开国以来君臣治乱之事,明确当今国家治国理政之道。他在序言的开篇就说道:"尧舜三代之君,不作也久矣。自获麟以来,讫五代,千百余年,惟汉唐颇有足称道,汉大纲正,唐万目举,然皆杂以伯道而已。有宋龙兴,一祖开基,三宗绍述,其精神之运,心术之勤,见于纪纲法度者,沛乎大醇,皆足以追配前王之盛,故其规模,亦无所愧焉。"②他慨叹一句"尧舜三代之君,不作也久矣",深刻表明自己对三代贤君政治的向往之情,认为汉唐治国虽然仪态万方成就卓著,但依然有不尽如人意处,而宋代自宋太祖开国,接而太宗、真宗、仁宗,都心术醇正,勤于治国,可与前代之圣王相媲美。而后熙宁、元丰之时,功利之说充斥,以致宣和末年金兵南犯,生灵涂炭百姓穷苦,而皇帝也饱受禅让之困厄。他说:"今皇帝受禅遭时之难,悯生民之重困也。发德音,下明诏,悉划熙、丰弊法,一以遵祖宗故事为言,四方企踵以望太平矣。"③两宋之交,罗从彦著作此书,希望当时帝王能够像宋初君王一样效法尧舜,铲除弊端,而达于天下大治。

(二)圣贤之道在正君心

君王若效法尧舜,首要便是正君心,这才是圣人治国之道的根本。"臣从彦释曰:人君者,天下之表,若自心正,则天下正矣。自心邪曲,何以正天下,太祖于寝殿中,令洞辟诸门,使皆端正开豁,无有壅蔽,以见本心,可谓知君道矣。夫辟四门,明四目,达四聪,尧舜之道也。若太祖可谓近之者也。"④他认为,人君作为天下臣民之表率,其心正,则天下正,若其心邪曲,如何能正天

---

① 《宋史本传》,罗从彦:《罗豫章集》,北京:中华书局,1985年,第1页。
② 《遵尧录序》,罗从彦:《罗豫章集》,北京:中华书局,1985年,第1页。
③ 《遵尧录序》,罗从彦:《罗豫章集》,北京:中华书局,1985年,第1页。
④ 罗从彦:《罗豫章集》,北京:中华书局,1985年,第11页。

下? 如太祖皇帝,居于寝殿之中,便命令左右将诸门打开,使人之心性端正、豁然开朗,这便是明白君王之道。打开四道大门,让四目清明,四耳聪睿,这就是尧舜圣人之道,太祖做法可谓与之相近。人君若以圣人之正心诚意治国,便可感化万民于无声无色之中,这就是尧舜孔子之道,"赵普曰:'陛下以尧舜之道治世,以浮屠之教修心,圣智高远,洞悟真理,非臣下所及'"①。他更以宋初宰相赵普之言,阐明以尧舜之道治国的必要,唯有这样才能洞彻真理。同时他也指出赵普之言的缺失所在,认为佛家之学尽管有些道理,但并非尧舜之道,"臣从彦辨微曰:佛氏之学,端有悟人处,其言近理,其道宏博,世儒不能窥,太宗之言是已。然绝乎人伦,外乎世务,非尧舜孔子之道也。夫治己治人,其究一也。尧曰:'咨尔舜,天之历数在尔躬。允执其中,四海困穷,天禄永终。'舜亦以命禹,所谓中者,果何物也耶? 故尧舜之世,垂拱无为,而天下大治,若赵普者,乃析而二之,盖不知言者也"②。罗从彦认为尧舜之道出于一,亦即"允执其中",而赵普分析为两端,乃为不智之言。他对进而对《中庸》之书阐释为圣贤修心之本、治道之要,"《中庸》之书,孔子传之曾子,曾子传之子思,子思述所授之言,以著于篇,中者天下之大本,庸者天下之定理,故以名篇,此圣学之渊源,《六经》之奥旨也。汉唐之间,读之者非无其人,然而知其味者鲜矣。自仁祖发之,以书赐及第进士王尧臣等。厥今遂有知之者。昔者尧舜相授,不越乎此,而天下大治,天其或者,无乃有意斯文,将以启悟天下后世故耶"③。

(三)正君心在于寡欲念

罗从彦在《遵尧录》中对圣人之治反复致意,他说:"太宗尝谓近臣曰:'……孰谓今来万事粗理,尝自愧惕,近者荡平寇孽,于朕何功,盖上天开悟朕心,使之克胜。'侍臣曰:'古者天子有道,推德于天,今之圣论,正合古道。'"④他以宋太宗之言,认为人君之心正非常重要,古代有道天子,心正而德方能推广于天下。正君心当寡欲而不违道,"太宗语李至曰:'人君当淡然无欲,不使嗜好形见于外,则奸邪无自入焉,可谓善矣。夫嗜好者,人情不能免也,方其

---

① 罗从彦:《罗豫章集》,北京:中华书局,1985年,第25页。
② 罗从彦:《罗豫章集》,北京:中华书局,1985年,第25~26页。
③ 罗从彦:《罗豫章集》,北京:中华书局,1985年,第45页。
④ 罗从彦:《罗豫章集》,北京:中华书局,1985年,第19页。

淡然不使形见于外,则其违道不远矣。于是时也,苟有皋夔稷契之徒,以道诏之,当视《六经》为荃蹄,上与尧舜相得于忘言之地也'"①。人君淡然无欲,邪恶奸佞不入,不离于大道,若以《六经》为途径,便可与尧舜之道相契合。

而尧舜之道,则在于圣人之诚也,"圣人之诚,感无不通,故所过者化,所存者神,其感人也,不见声色,而其应之也,捷于影响,此尧舜孔子之道也"②。他继而认为人主应当克制自己欲念喜好,举例如太祖初好田猎,刺杀所乘坐马匹,既而反悔,认为天下之主,当以天下生灵为念,而不应怪罪马匹,从此不复狩猎。"只以一人治天下,而不以天下奉一人,苟以自奉养为意,使天下之人何仰哉!"③君主应以治理天下为职责,而不是去索求天下之财物以奉养自己,如果这样,如何能得天下万民之敬仰?

(四)君心正才可任贤能

罗氏的政治理想,就是希望帝王能以古之圣王为模范,而致君于尧舜之列,他引用大臣田锡之言说:"臣愿陛下广稽古之道,为治民之要……不若取四部中治乱兴亡之事,可以铭于座右,为帝王鉴戒者,录之以资圣览,是以皇王之道,致陛下于尧舜也。"④圣人治国之道,在修己任贤而已,修己在于正心,任贤在于则才人而任之,他说:"孔子称舜曰无为而治,其舜也与,恭己正南面而已。夫舜之所以无为者,以百臣揆得其人,九官任其职故也……王者之道,在修己任贤而已。"⑤君心正,纲纪明,赏罚有道,他引用宰相赵普之言,"赏者圣人所以劝善,罚者圣人所以惩恶,夫爵赏刑罚,乃天下之爵赏刑罚也,非陛下之爵赏刑罚也,陛下岂得自专之耶"? 他认为赏罚分明,乃圣人治国之道,而非出于帝王一人之私意,应出于为天下之公心。"朝廷政事得失在于任人,得贤则治,否则乱,若尧舜之世,虽有灾异不为害,桀纣之世,虽有祥瑞不为福。"⑥尧舜之君心正,故而纲纪明,朝堂之上才人聚,虽然偶有灾异但并不能构成祸害,而桀纣之君,纲纪乱,奸佞充斥朝廷,虽有祥瑞但也不能给万民带

---

① 罗从彦:《罗豫章集》,北京:中华书局,1985年,第20页。
② 罗从彦:《罗豫章集》,北京:中华书局,1985年,第24页。
③ 罗从彦:《罗豫章集》,北京:中华书局,1985年,第12页。
④ 罗从彦:《罗豫章集》,北京:中华书局,1985年,第34页。
⑤ 罗从彦:《罗豫章集》,北京:中华书局,1985年,第35~36页。
⑥ 罗从彦:《罗豫章集》,北京:中华书局,1985年,第47页。

来福音,由此可见君心正,任贤能之重要。

总之,罗从彦著作此书,对三代尧舜之君以致意,表达对贤君政治之渴望,通过宋初四位君王与大臣之间故事,希望统治者能以此为借鉴,实行王道,从而天下大治,"夫尧舜三代之君,所以称太平颂成功者,皆载在《诗》《书》,《诗》《书》无有,则亦无所考证,故不以尧舜三代之君为法者,皆妄作也"①。尧舜之道,载之《诗》、《书》史册,有迹可循,若不以为法,皆为妄作。

三、朱熹之效法三代贤君政治论

罗从彦四十五岁时候,李侗始来求教,授之以《春秋》、《中庸》、《论语》、《孟子》之学。李侗(1093—1163),字愿中,世号延平先生,两宋之际南剑州剑浦(今福建南平)人。二十四岁时师从罗从彦,罗从彦好静坐,令李侗于静坐中体悟喜怒哀乐未发之前气象,亦即所谓中者,久而久之便可明白天下之理。李侗也学其师静坐室内,认为"学问之道不在多言,但默坐澄心,体认天理。若是,虽一毫情欲之私,亦退听矣"②。追溯道南一脉源流,李侗不可缺失,"故紫阳渊源有自,得以大广其传,圣学光昌,而道南一脉,衍洛闽之绪于无穷,皆先生贻之也"③。李侗不著书,又不喜作文,故而所留文字甚少。但据《宋史》载,李侗关心政治,忧国忧民,"侗既闲居,若无意当世,而伤时忧国,论事感激动人,尝曰:'今日三纲不振,义利不分,三纲不振,故人心邪僻,不任所用,是致上下之气间隔,而国事日衰。义利不分,故自王安石用事,陷溺人心,至今不自知觉。人趋利而不知义,则主势日孤,人主当于此留意'"④。这段文字,与罗从彦之政治思想一脉相承,认为正君心、任贤人乃治国之要,希望君王留意。朱熹从学李侗,师生之间经常讨论国家大事,朱熹上书帝王《封事》,李侗就有阅读并发表看法,"《封事》熟读过,立意甚佳,今日所以不振,立志不定,事功不成者,正坐此以讲和为名尔。书中论之甚善"⑤。

至李侗、朱熹所逢之时,南宋政府内忧外困,外受辱于金虏、战争不断;内

① 罗从彦:《罗豫章集》,北京:中华书局,1985年,第38～39页。
② 《宋史本传》,《李延平集》,北京:中华书局,1985年,第1页。
③ 《原序》,《李延平集》,北京:中华书局,1985年,第1页。
④ 《宋史本传》,《李延平集》,北京:中华书局,1985年,第2页。
⑤ 李侗:《李延平集》,北京:中华书局,1985年,第29页。

则灾荒连年、百姓困苦,所以朱熹致力于格君心之非,比以三代圣贤君王为法,他对贤君之企慕,比以往之士更加迫切,他为《孟子》作注,重申为君当效法尧舜之道,否则便会步入歧途。他说:"法尧、舜以尽君臣之道,犹用规矩以尽方员之极,此孟子所以道性善而称尧、舜也。法尧、舜,则尽君臣之道而仁矣;不法尧、舜,则慢君贼民而不仁矣。二端之外,更无他道。出乎此,则入乎彼矣,可不谨哉?"①他对三代注释为:"三代,谓夏、商、周也。禹、汤、文、武以仁得之;桀、纣、幽、厉以不仁失之。"②指出三代圣贤之君以仁得天下。朱熹指出尧舜之所传圣贤之学为"人心惟危,道心惟微,惟精惟一,允执厥中",此儒学之十六字心法,经禹、汤、文、武之贤君相传,又皋陶、伊、傅、周、召之贤臣相继,而至孔子、曾子,到子思,方才记录下来于《中庸》一书之中,他在《中庸章句·序》中极尽推崇尧、舜、禹、汤、文、武之贤君:"盖自上古圣神继天立极,而道统之传有自来矣。其见于经,则'允执厥中'者,尧之所以授舜也;'人心惟危,道心惟微,惟精惟一,允执厥中'者,舜之所以授禹也。尧之一言,至矣,尽矣!而舜复益之以三言者,则所以明夫尧之一言,必如是而后可庶几也……夫尧、舜、禹,天下之大圣也。以天下相传,天下之大事也。以天下之大圣,行天下之大事,而其授受之际,丁宁告戒,不过如此。则天下之理,岂有以加于此哉?自是以来,圣圣相承:若成汤、文、武之为君,皋陶、伊、傅、周、召之为臣,既皆以此而接夫道统之传,若吾夫子,则虽不得其位,而所以继往圣、开来学,其功反有贤于尧舜者。然当是时,见而知之者,惟颜氏、曾氏之传得其宗。及曾氏之再传,而复得夫子之孙子思,则去圣远而异端起矣。子思惧夫愈久而愈失其真也,于是推本尧舜以来相传之意,质以平日所闻父师之言,更互演绎,作为此书,以诏后之学者。"③

朱熹便以所学上告帝王,陈述自己治国主张,他多次给皇帝上书言事,都劝导君王应该效法三代圣贤之君,可见其对三代贤君政治的拳拳思慕之心,其言辞不能不称为恳切,其语意不可谓不深长。据《文集》载,他在《壬午应诏封事》中说:"臣闻之,尧、舜、禹之相授也,其言曰:'人心惟危,道心惟微,惟精惟一,允执厥中。'夫尧、舜、禹皆大圣人也,生而知之,宜无事于学矣。而犹曰精,犹曰一,犹曰执者,明虽生而知之,亦资学以成之也。陛下圣德纯茂,同符

① 《孟子集注》,《朱子全书》第 6 册,第 338~339 页。
② 《孟子集注》,《朱子全书》第 6 册,第 339 页。
③ 《中庸章句·序》,《朱子全书》第 6 册,第 29~30 页。

古圣,生而知之,臣所不得而窥也。然窃闻之道路,陛下毓德之初,亲御简策,衡石之程,不过讽诵文辞,吟咏情性而已。比年以来,圣心独诣,欲求大道之要,又颇留意于老子释氏之书。疏远传闻,未知信否?然私独以为若果如此,则非所以奉承天赐神圣之资而跻尧舜之盛者也。盖记诵华藻,非所以探渊源而出治道;虚无寂灭,非所以贯本末而立大中。是以古者圣帝明王之学,必将格物致知以极夫事物之变,使事物之过乎前者,义理所存,纤微毕照,瞭然乎心目之间,不容毫发之隐,则自然意诚心正,而所以应天下之务者,若数一二、辨黑白矣。"①朱熹此年三十三岁,孝宗初即位,朱熹应诏上封事,就告诫孝宗不能以记诵华章藻句、探求虚无佛学为务,当格物致知以究事物之变,以三代圣贤明智之君为法,才能跻身尧舜之列。三十四岁时,他在奏札中陈述道:"尧舜相授,所谓'惟精惟一,允执厥中'者,此也。自是以来,累圣相传,以有天下。至于孔子,不得其位而笔之于书,以示后世之为天下国家者。其门人弟子又相与传述而推明之,其亦可谓详矣。而自秦汉以来,此学绝讲,儒者以辞章记诵为功,而事业日沦于卑近。亦有意其不止于此,则又不过辗转求之老子释氏之门。内外异观,本末殊归,道术隐晦。悠悠千载,明君良臣间或一值,而卒无以复于三代之盛,由不知此故也。"②历史上明君良臣或有相遇,但却无法恢复三代之盛,由于不知圣贤之学之故,朱熹借此表达对三代贤君政治的向往。孝宗淳熙十五年,朱熹五十九岁时上《戊申封事》,再次开导孝宗"欲知三代人主正心诚意之学,于此考之,可见其实,伏乞圣照"③,依然以三代贤君为榜样。六十岁时,又拟上封事,再次言明"是以三代之盛,圣贤之君能修其政者,莫不本于齐家"④。

朱熹认为敬慕君王、欲求贤君乃君臣大义之重要内容。从三十三岁至六十岁,他劝告君王,念念不忘以三代圣贤之君为榜样,他认为父子之仁乃三纲之要,君臣之义乃五常之本,"盖臣闻之,天高地下,人位乎中。天之道不出乎阴阳,人之道不出乎柔刚。是则舍仁与义,亦无以立人之道矣。然而仁莫大

---

① 《晦庵先生朱文公文集》卷第十一,《壬午应诏封事》,《朱子全书》第 20 册,第 571~572 页。

② 《晦庵先生朱文公文集》卷第十三,《癸未垂拱奏札一》,《朱子全书》第 20 册,第 632 页。

③ 《晦庵先生朱文公文集》卷第十一,《戊申封事》,《朱子全书》第 20 册,第 593 页。

④ 《晦庵先生朱文公文集》卷第十二,《己酉拟上封事》,《朱子全书》第 20 册,第 619 页。

于父子,义莫大于君臣,是谓三纲之要、五常之本、人伦天理之至,无所逃于天地之间"①。朱熹认为人位于天地之间,仁与义乃立人之道。

四、与柏拉图之"哲学王"治国思想比较

中国儒家之圣人治国理念,与西方柏拉图(Plato,Πλάτων,约公元前 427 年—公元前 347 年)《理想国》中就有关于"哲学王"治国之思想,有以下两点相通之处。

(一)他们都强调君王德性。柏拉图认为只有"哲学王"才适合做君王,哲学家也应该是政治家,政治家也应为哲学家。柏拉图所在的现实社会,往往都是暴君政治,英伦沉下聊,柏拉图自己的人生经历中的屡屡失败就说明了这一点,前期周游地中海,后又重游叙拉古城,仍然痴心不改自己的治国计划纲要。他认为"德治优于法治"、"王政是最正义的政体"、"哲学王治国,才是改变城邦现状的核心途径"。② 他说:"除非哲学王成为我们这些国家的国王,或者我们目前称之为国王和统治者的人物,能严肃认真的追求智慧,使政治权力与聪明才智合二为一;那些得此失彼,不能兼有的庸庸碌碌之徒,必须排除出去,否则的话,我亲爱的格劳孔,对国家我想甚至对全人类都将祸害无穷,永无宁日。"③"哲学王"因为追求智慧,便不是一些庸碌之辈。因为有智慧,所以能够很好掌握"善的理念",故而他就能对公民德性加以指导,也能够合理安排人才。

(二)他们都强调任用人才。柏拉图所谓正义,是治理国家的一条总的原则,"我们在建立这个国家的时候,曾经规定下一条总的原则。我想这条原则或者这一类的某条原则就是正义。你还记得吧,我们规定下来并且时常说到的这条原则就是:每个人必须在国家里执行一种最适合他天性的职务"④。"正义就是只做自己的事而不做别人的事。"⑤这也就是程颐所谓"求乎明于五帝、三王、周公、孔子治天下之道者,各以其所得大小而用之"的思想。

---

① 《晦庵先生朱文公文集》卷第十三,《癸未垂拱奏札二》,《朱子全书》第 20 册,第 633～634 页。

② 赵越:《理想国里的哲学王》,《科教导刊》2009 年第 8 期。

③ 柏拉图著,郭斌和、张竹明译:《理想国》,北京:商务印书馆,1986 年,第 214～215 页。

④ 柏拉图著,郭斌和、张竹明译:《理想国》,北京:商务印书馆,1986 年,第 154 页。

⑤ 柏拉图著,郭斌和、张竹明译:《理想国》,北京:商务印书馆,1986 年,第 154 页。

当然,他们之间不同之处也相当明显,中国儒家之圣人治国的终极目的是天下大治,而柏拉图理想国的目标是将城邦治理安排好,儒家更多关注的君王的心正意诚,而柏拉图关注的是现实中的人才该如何安排,譬如手艺人、生意人、军人、立法者、护国者,他们如果不守本分,比如生意人有了财富,就控制选举,爬上了不适合自己的位子,该怎么办呢?柏拉图提出了降级升级的办法,也就是让不称职的人下来,让天赋优秀的人上去?关键的问题是,谁来降?如何降?考核标准又是什么呢?如若不然,那就肯定意味着国家的毁灭的,这就是不正义。不正义的问题如何解决,靠制度,靠教育,还要靠贤德的君主。

综上,儒家学者之向往三代圣贤君王治国,由来久矣。自孔子以下,至北宋二程,再到南北宋之交的学者罗从彦,因为时代所需,局势动荡,致君尧舜之想法更加突出,罗从彦之《遵尧录》就集中反映他对三代圣贤君王之治的向往,而后经过李侗到朱熹,效法尧舜贤君的要求尤其迫切,贤君政治乃君臣大义之重要内容,也是天下大治的基础。这与西方柏拉图的"哲学王"治国思想有共通之点,也有不同之处。

论罗从彦对朱熹学术思想的影响

——以《遵尧录》与《八朝名臣言行录》之异同为中心

◎ 王志阳

一、引论：罗从彦与朱子的学术关系

罗从彦，字仲素，号豫章，是二程学术南传的重要环节，而其对李侗的影响更是朱子学术思想的重要来源。但是现有学术界注重研究朱子学术思想，而对杨时、罗从彦、李侗、朱子的学术思想的衍变过程缺少内在考察，尤其是李侗未有作品传世，罗从彦的《豫章罗先生文集》的幸存部分亦仅有《遵尧录》和少量诗文而已，因此，从罗从彦、李侗到朱子的思想演变过程付之阙如了。但是罗从彦在从杨时到朱子的学术思想演变过程中具有十分重要的地位，正如元人卓说《豫章先生文集序》所言：

> 为朱子之学，万殊一贯，体用一原，行之以仁恕，充之以广大，苟不究其师传之统，恶克底夫精实之极于斯集也，可不致力以求之乎？[①]

卓说以学术源流发展史的观点来看待罗仲素的学术地位，并以此观点来评价《豫章先生文集》，虽不足以成为罗从彦学术史地位的定论，但仍可由此确定，宋末元代的学者基本持以朱子的学术地位来评定与朱子具有学术师承关系学者的学术地位。因此，我们要更全面地获得朱子学术思想的发展变化过程，必须深入研究朱子与罗从彦的思想异同。

[①] （元）卓说：《豫章先生文集序》，罗从彦：《豫章罗先生文集》，《宋集珍本丛刊》，北京：线装书局，2004 年，第 371 页。

但是卓说观点："龟山既南其传,则豫章罗先生一人而已。豫章罗先生传延平李先生,李传齐国朱文公。"①则是确认了杨时、罗从彦、李侗而朱子的学术关系,这就把朱子接触到罗从彦学术的时间延后了至少二十四年的时间了,因为朱子第一次见李侗是在绍兴二十三年夏,"始见李先生于延平。"②但是朱子与罗从彦的学术思想发生关系远比此一脉络早得多。据《朱子年谱》明载"(绍兴)十年庚申(1140年),十一岁。受学于家庭。"③则朱子最先师从其父朱松,而朱松的逝世时间是绍兴十三年癸亥,朱子时年十四岁。我们虽然无法确认朱松在教授朱子启蒙之学时所教内容是否涉及罗从彦的学术思想,但是朱子至少应该从朱松处接受过罗从彦的相关作品,这绝非我们主观臆断,而是有据可查。兹证如下:

《朱子年谱》在记载朱子从学于朱松之前,特地标明了朱子的从学过程,"四年甲寅(1134年),五岁。始入小学"④。在绍兴七年(1137年)丁巳条还特地引用了《朱子行状》:"就傅,授以《孝经》,一阅通之,题其上曰:'不若是,非人也。'"⑤由此可知朱子十一岁受学于其父,实已经接受了启蒙教育达到六年之久了。又据一依朱子读书法而编撰完成的程端礼《程氏家塾读书分年日程》有言:

> 前自八岁约用六七年之功,则十五岁前小学书、四书诸经正文,可以尽毕。既每细段看读百遍,倍读百遍,又通倍大段。早倍温册首书,夜以序通倍温已读书,守此,决无不熟之理。⑥

> 右分年日程,一用朱子之意修之,如此读书学文皆办,才二十二三岁或二十四五岁。若紧着课程,又未必至此时也。⑦

此处已经说明了其修撰过程的指导思想是依据朱子之意,但是程端礼生于朱子逝世七十年之后,其时代遵从朱子之教,以朱子的大量典籍作为教材,如《四书章句集注》及《仪礼经传通解》等书,故扣除上述典籍的学习时间,学

---

① (元)卓说:《豫章先生文集序》,《豫章罗先生文集》,第371页。
② (清)王懋竑:《朱熹年谱》,北京:中华书局,1998年,第9页。
③ 《朱熹年谱》,第3页。
④ 《朱熹年谱》,第2页。
⑤ 《朱熹年谱》第2页。
⑥ (元)程端礼:《程氏家塾读书分年日程 附纲领》,丛书集成初编本,上海:商务印书馆,1936年,第8~9页。
⑦ 《程氏家塾读书分年日程附纲领》,第24页。

生学成的时间当会更短。事实上,我们细考程端礼的日程安排,学生从 8 岁正式入学,到 22 岁至 25 岁学成,则其所用时间是十四至十七年。朱子于绍兴十八年实已中进士了,时年 19 岁,而朱子在 5 岁时便已入小学,前后所用时间正好十四年,正合《朱子年谱》所载五岁入小学之数。因此,朱子接受其父教育的时间将近于其考中进士之前所受教育的一半时间了。

由上述可知,朱子受学于其父朱松,当亦接受了罗从彦的部分学术思想,故朱松在朱子接受罗从彦学术思想方面具有十分重要的一环。上述观点实非我们主观臆断,而是朱门弟子实有言之。赵师夏在《宋嘉定姑孰刻本延平问答跋》中有言:

> 始我文公朱先生之大人吏部公,与延平先生俱事罗先生,为道义之交,故文公先生于延平为通家子。文公幼孤,从屏山刘公学问。及壮,以父执事延平而已,至于论学,盖未之契,而文公每诵其所闻,延平亦莫之许也。文公领簿同安,反复延平之言,若有所得者,于是尽弃所学而师事焉。则此编所录,盖同安既归之后也。①

赵师夏是朱子的及门弟子,亲授予学,且其论证过程亦引用自身所闻朱子论学之观点。由此可见朱门弟子并不是简单地把朱子的学术渊源落实于杨时、罗从彦、李侗,而是细究朱子与李侗从学始末的具体关系,并重点突出了朱松与李侗之间的学术渊源"俱事罗先生"。清王懋竑在记载朱子与李侗之间关系时亦引用上文,只是省略了朱子的父亲朱松与李侗之间的关系的部分,实启后代学者疑窦。由此文献,我们可以确认朱子与罗从彦之间的学术关系当是双线进行,一方面是理学传统观点,即杨时、罗从彦、李侗、朱子,另一方面则当是杨时、罗从彦、朱松、朱子。

综上所述,朱子与罗从彦的学术关系当是从学于其父朱松之时,至少通过其父朱松接触到了罗从彦的部分学术思想了。只是因朱松过早去世,导致朱子改学刘、胡二师,受到更深的佛道影响,所学内容亦多有佛道成分而已。但是由前所述,朱子与罗从彦之间的关系是从其父朱松和李侗二者而来,当可定谳。

虽然朱子与罗从彦之间具有上述因缘关系,但要具体考察朱子与罗从彦学术思想方面的关系,又存有十分巨大的困难,因为罗从彦现存的学术作品

---

① (宋)赵师夏:《宋嘉定姑孰刻本延平问答》,朱熹:《延平问答》,上海:上海古籍出版社、合肥:安徽教育出版社,2002 年,第 354 页。

主要保存于《豫章罗先生文集》,却又散佚十分严重。考之现存最早版本明成化七年本,可知《豫章罗先生文集》实有《豫章罗先生年谱》、第一卷的经解篇《诗解》、《春秋解》、《春秋指归》、《春秋释例》、《语孟师说》、《中庸说》全部阙文,仅有出版者少量解说文字而已,并无原文献,而从第二卷到第九卷为《遵尧录》,第十卷至第十二卷为罗从彦记载二程、杨时语录、杂著与书信,第十三卷为罗从彦本人诗歌,第十四卷为事实、问答,第十五卷和第十六、十七卷为罗从彦时人、门弟子与后人的书信与其他纪念性的文章。

因此,我们实际上已经无法确认罗从彦的学术思想的整体情况了,但是正如我们前文所引卓说所序之内容,仍旧可以从朱子庞大的作品群中寻找到朱子与罗从彦之间的学术关系的痕迹,其最明显的作品是《八朝名臣言行录》与《遵尧录》之间的编撰目的、编撰体例及演变关系。

因此,我们将以《遵尧录》和《八朝名臣言行录》为主要考察对象,研究朱子与罗从彦之间学术思想的异同点,并考察他们成型的原因,力求更为全面考察朱子学术思想的源流。

二、致君尧舜的目标:朱子接受了罗从彦《遵尧录》的编撰思想

《遵尧录》为《豫章罗先生文集》的主体内容,其原因正如元至正三年(1343年)曹道振跋所言:

> 先生著述最多,兵火之余仅存什一于千百。世所共见者,郡人许源所刊遗稿五卷而已。道振不揣浅陋,尝欲搜访为文集,其年月可考,则系以为年谱。久之弗就。邑人吴绍宗,盖尝有志于是,近得其稿,乃加叙次,厘为一十三卷,附录三卷,外集一卷,年谱一卷,凡一十八卷。先生五世孙天泽遂锓梓以寿其传。因识其梗概于此。若夫订其误而补其遗,不无忘于君子也。至正三年岁在癸未二月甲子延平沙邑曹道振谨识。①

这不仅是曹道振对罗从彦所存文章之少的一个重要解释,亦是对《豫章罗先生文集》现有版本的情况说明,但是我们不得不注意到的是在战火的摧残之下,唯有《遵尧录》被完整保存下来,其他作品散佚不存。这种现象仅以兵火为原因来解释,显然无法自圆其说,当是因为《遵尧录》实为宋代学者所

---

① (元)曹道振:《跋》,《豫章罗先生文集》,第376页。

共同关心的问题,更是宋末元初程朱后学着重于致君尧舜的思想的影响。罗从彦致君尧舜的思想从《遵尧录》的命名便可窥见一斑,典型地体现了宋代士大夫本身的政治理想,亦因此原因而被学者保存下来。这并非我们的主观臆断而已,更是元代士大夫的共识。卓说《豫章先生文集序》明确说道:

> 先生之志哉《遵尧录》一书。一祖三宗之谟烈,名臣十贤之公忠,衍释之所发,辨微之所明,诚一代之大法,君天下之轨范也。①

元代学者距宋代不远,且推尊程朱学派,当与宋代学者对《遵尧录》一书评价大体相同。更为重要的,罗从彦本人亦是以此为目标。他说:

> 有宋龙兴,一祖开基,三宗绍述,其精神之运,心术之动,见于纪纲法度者,沛乎大醇,皆足以追配前王之盛,故其规模亦无所愧焉。②

此语中所言之"前王之盛"正是其序言开篇所言"尧舜三代之君",至于罗从彦赞同汉唐的功业,而藐视汉唐的德业,则属有宋一代的主流思想,正如余英时的考论所言:"向往三代,轻视汉、唐,这本是宋儒的共同意见。"③罗从彦的思想正是这一历史思潮的体现而已。与之相同的是宋代学者都是执着于尧舜二帝与三代的业绩。正如朱子所言:

> 国初人便已崇礼义,尊经术,欲复二帝三代,已自胜如唐人,但说未透在。直至二程出,此理始说得透。④

依据朱子所言可知,从宋代开始已经举起尧舜与夏商周的大旗,甚至可以说二帝三代已经成为宋代士大夫的政治理想的符号了。由此可见,罗从彦举宋初一祖三宗的治国业绩的最为重要的依据是"足以追配前王之盛",这正是对二帝三代理想目标的细化,并落实到当代的策略。

追随尧舜与三代功绩仅是士大夫群体的共识,尚不足以确认罗从彦选择宋朝开国之初的一祖三宗作为致君尧舜的细化目标的重要原因,而是有其更为重要的文化背景,即罗从彦选择了宋代赵氏皇族的祖宗家法的传统来强化自身致君尧舜的政治理念。顾炎武《日知录》卷一五,《宋朝家法》说:

---

① (元)卓说:《豫章先生文集序》,《豫章罗先生文集》,第371页。

② (宋)罗从彦:《遵尧录序》,《豫章罗先生文集》,第381页。

③ 余英时:《朱熹的历史世界:宋代士大夫政治文化的研究》,上海:三联书店,2004年,第187页。

④ (宋)黎靖德:《朱子语类》,上海:上海古籍出版社、合肥:安徽教育出版社,2002年,第4020页。

宋世典常不立,政事丛脞,一代之制殊不足言。然其过于前人者数事,如人君宫中,自行三年之丧,一也;外言不入于梱,二也;未及末命,即立族子为皇嗣,三也;不杀大臣及言事官,四也。此皆汉、唐之所不及,故得继世享国至三百余年。若其职官、军旅、食货之制,冗杂无纪,后之为国者,并当取以为戒。①

余英时《朱熹的历史世界》亦引用上文,并对宋代家法之事有了详细的考证,其引文献甚多,但是其中一条最为具有说服力,即哲宗不许章惇穷治元祐诸臣的话:

朕遵祖宗遗制,未尝杀戮大臣,其释勿治。②

这是《宋史》卷四七一《章惇传》和邵博《邵氏闻见后录》卷二所载之内容,其资料之可信度当无可疑。我们无法确证顾炎武所言之内容是否都是历史事实,但是至少可以确认宋代各朝皇帝之间确乎存有代代相承的家法。

正是家法的存在于事实的政治生活中,罗从彦便以宋代最具有说服力的太祖、太宗、真宗、仁宗四朝作为《遵尧录》的主体内容,而其所载的十贤的言行及附录更多的是为了便于钦宗能够吸收自己的观点,按照祖宗家法来落实政策。

与罗从彦《遵尧录》一样,《八朝名臣言行录》有一篇《自叙》冠于卷首,其言曰:

予读近代文集及记事之书,观其所载国朝名臣言行之迹,多有补于世教者。然以其散出而无统也,既莫究其始终表里之全,而又汩于虚浮怪诞之说,予常病之。于是掇取其要,聚为此录,以便记览。尚恨书籍不备,多所遗缺,嗣有所得,当续书之。③

此条信息对于理解《八朝名臣言行录》甚为重要,至少提供了两方面的重要信息。一方面,朱子编撰《八朝名臣言行录》的最为重要目的是弥补世教,使得八朝名臣的言行能够成为后世学者学习的榜样或者反面的教材,从而影响后世人臣的具体行为。另一方面,朱子编撰《八朝名臣言行录》的体例是采

---

① (清)顾炎武著,黄汝成集释:《日知录集释》,上海:上海古籍出版社,2006 年,第 919～920 页。

② (元)脱脱等撰:《宋史》,北京:中华书局,1977 年,第 13711～13712 页。

③ (宋)朱熹:《八朝名臣言行录》,上海:上海古籍出版社、合肥:安徽教育出版社,2002 年,第 8 页。

用集腋成裘的方式搜集散落于各种典籍的材料,选择重要内容加以整理成书,便于后世学者学习阅览。

虽然朱子是以"有补世教"作为编撰《八朝名臣言行录》的目的,与罗从彦《遵尧录》致君尧舜的目的似乎有着一涧之隔,但是我们细考《八朝名臣言行录》的内容可以获证朱子"有补世教"之背后语义的根本目的在于致君尧舜的目的,兹证如下。

一方面,《八朝名臣言行录》的编撰目的在于培养良好的士大夫阶层,其最终目的仍旧是直指致君尧舜的政治目的。《八朝名臣言行录》分为两部分,一部分《五朝名臣言行录》,一部分是《三朝名臣言行录》,其时间跨度已然包括了除北宋亡国的钦宗朝之外的各朝了,与之相关的是其编选的对象是选取北宋各代在治国理政方面具有成就的大臣,而这些被选择的大臣的共同特征是在治理国政过程中,虽有自身的各种问题,但是在国家大政方面具有十分卓著的成绩。比如赵普被司马光《涑水记闻》明确记载为"普为人阴刻,当其用事时,以睚眦中伤人甚多"①,但是这无碍于赵普在宋太祖时代各种"谋虑深长"的卓越表现。又如吕夷简在废郭后事件中的表现,但是小的缺憾不足以掩盖吕夷简作为太平宰相的卓越功绩。上述这些名臣都可以成为各代辅佐皇帝的贤臣良辅的角色。与政治功业无关的二程、张载等理学家便不在上述文献当中,这典型的呈现了朱子有补世教的内在限定话语是名臣的言行当为士大夫阶层的外在事功的典范。

另一方面,《八朝名臣言行录》缺少了钦宗亡国之时的事件,本身便已表明了朱子在遴选材料的过程中始终以致君尧舜为终极目标。靖康之难内在原因的追究一直影响南宋士大夫阶层,朱子自己对靖康之难亦从两方面加以拷问。其一,朱子痛惜钦宗之才力无法挽狂澜于既倒之际。朱子曰:"钦宗勤俭慈仁,出于天资。当时亲出诏答,所论事理皆是。但于臣下贤否邪正辨别不分明,又无刚健勇决之操,才说着用兵便恐惧,遂致播迁之祸,言之使人痛心"②;"靖康所用,依旧皆熙丰绍圣之党,钦宗欲褒赠温公、吕纯仁,以畏徽庙,遂抹'纯仁'字,改作'仲淹',遂赠文正太师。"③可见靖康之难虽有外祸,实则生于内在朝政问题。其二,靖康之难的发生亦有士大夫的责任。《朱子语类》

---

① 《八朝名臣言行录》,第 17 页。
② 《朱子语类》,第 3976 页。
③ 《朱子语类》,第 3977 页。

有载：

> 因论靖康执政，曰："徐处仁曾忤蔡京来，旧做方面亦有声，后却如此错谬。孙傅略得，却又好六甲神兵。时节不好，人材往往如此。"又曰："张孝纯守太原，被围甚急，朝廷遣其子灏总师往救，却徘徊不进，坐视其父之危急而不恤，以至城陷。时节不好时，首先是无了那三纲。"或曰："京师再被围时，张叔夜首领勤王之师以入。叔夜为人亦好。"曰："他当时亦不合领兵入城，只当驻再旁近以为牵制，且伸缩自如。一入城后，便有许多掣肘处，所以迄无成功，至于扈从北狩。"①

这个问答当中至少包含了朱子的三个方面的思想：一是臣子之忠心并无法简单扭转政局的发展，还需要有真才实学方可有大用；二是靖康之难中出现各种悖逆三纲之事，其根源在于士大夫失去了传统的纲常思想；三是士大夫具备了真才实学，如张叔夜，但是要发挥自身的才华，还需要有足够丰富的政治军事的经验，并具备权变能力。虽然上述内容是李儒用己未所闻，离朱子去世至多仅有一年多的时间而已，距离宋孝宗乾道八年（1172 年）《八朝名臣言行录》成书时已有 28 年之久，但是朱子于《八朝名臣言行录》成书的同年稍早的四月份已经完成了《通鉴纲目》，可知朱子此后对历史事件的评价和思考当已大体成型，故上述《朱子语类》的观点当可视为朱子编撰《八朝名臣言行录》时的观点。又以中国传统文化"四十而不惑"的传统心理成熟度而言，四十三岁的朱子对历史事件的评价当亦成型无疑了。由此可知，朱子在编撰《八朝名臣言行录》之时省略了钦宗一朝的原因当是朝政腐化，实难以承担"有补世教"的目标。

因此，致君尧舜实为《遵尧录》和《八朝名臣言行录》编撰的根本目标，具有前后相呼应的作用。

三、继承与变革的体例：《八朝名臣言行录》与《遵尧录》的吸收与变革

据《朱子年谱》记载可知，《八朝名臣言行录》的编撰完成时间是乾道八年，朱子时年 43 岁，此时距离朱子正式从学李侗的绍兴二十八年（1158 年）已

---

① 《朱子语类》，第 4075～4076 页。

经过了十四年时间了,而距离朱子从学其父朱松的时间则已达到了三十二年的时间了,由此可知,朱子对罗从彦的学术思想之清晰程度当无可疑。可惜的是罗从彦的作品散佚过于严重,我们已无从考证朱子对罗从彦学术思想吸收的具体部分了。但是我们仍旧可以从《八朝名臣言行录》与《遵尧录》的体例中搜索到一鳞半爪,以便考察朱子对罗从彦的学术思想的吸收和发展过程了。

一方面,《遵尧录》影响了朱子编撰《八朝名臣言行录》的编撰体例。《遵尧录》的编撰体例在其《遵尧录序》有言:

因采祖宗故事,四圣所行,可以楷今传后者,以事相比,类纂录之,历三季而书成,名曰:《圣宋遵尧录》。其间事之至当,而理之可久者,则衍而新之。善在可久,而意或未明者,则释以发之。以今准古,有少不合者,作辩微以著其事。又自章圣以来,得宰相李沆等,及先儒程颢共十人,择其言行之可考者,附于其后。若乃创始开基之事,庙谟雄断,仁心仁闻,则于其君见之。袭太平之基业,守格法行故事,竭尽公忠,则于其臣见之。爰及熙丰之弊,卒归于道。①

罗从彦此言大体蕴含了五方面的内容:一是《遵尧录》是以北宋一祖三宗的言行作为选材的范围;二是《遵尧录》选材的标准是以能够成为当世与后世楷模的历史事件作为取材的标准;三是罗从彦会对各则历史材料分为三类,即"理之可久"、"善之可久"、"少不合者",并依据其材料内容的性质,进行解说或者辩说,以便能够达到通俗易懂的效果;四是选择宋真宗时期及之后的十位具有功业或者良言的十位先贤。五是处理前半部分君主与后半部分臣子材料关系之时遵循的原则是开创基业之时与守成之时之间的差异。我们细考《遵尧录》一书,大体如罗氏所言之体例。

上述编撰体例的原因在于罗从彦自序中所言编撰之背景,即"今皇帝受禅,遭时之难,闵生民之重困也,发德音、下明诏,悉划熙丰弊法,一以遵祖宗故事为言,四方乞踵以望太平矣"②。则其编撰内容是为了上书皇帝御览的资料汇编,目的在于劝说皇帝能够改革弊端,促使朝政归于政治清明之目标。上述编撰背景及其编撰目的必然决定了罗从彦在搜集材料之时主要着眼于从宋太祖、太宗、真宗、仁宗四朝皇帝正确决策来为当今皇帝提供示范作用之

---

① (宋)罗从彦:《遵尧录序》,《豫章罗先生文集》,第381页。
② (宋)罗从彦:《遵尧录序》,《豫章罗先生文集》,第381页。

功能,而臣子的行为则更多的是从李沆、寇准、王旦、王鲁、杜衍、韩琦、范仲淹、富弼、司马光、程颢十人的言行来展示为人臣者该如何公忠体国,其更为重要的目的当是要让皇帝能够以此为标准来判断臣子之忠奸及用人之准则。至于熙宁元丰年间的政治实践被罗从彦所否定了,故罗从彦采用了《别录》一卷两篇文章,即《司马光论王安石》、《陈瓘论蔡京》来表明自己对乱由熙丰所生的态度。因此,《遵尧录》对于各朝代出现的不良政治事件并未进行采纳,即使被罗从彦认为属于北宋国家动乱之根源的熙丰年间政治事件一概不取,反而是以司马光和陈瓘之文来"归于道"。换言之,罗从彦的《遵尧录》就是一篇劝谏皇帝的奏章,并未客观陈述上述历史人物和完整的历史事件。

至于朱子《八朝名臣言行录》的编撰体例,实已于前文引朱子在《八朝名臣言行录》的卷首《自叙》之所言编撰目的"有补世教",而其编撰的原因是史料"散出而无统",因此其编撰过程是"掇取其要,聚为此录,以便记览"。我们细考朱子《八朝名臣言行录》的记载体例可知有两个方面的特征:一是朱子对北宋八朝的各时代名臣的生平事迹进行简短概述,再排列各种官私著作,据李伟国统计,"计有国史实录、别史杂史、文集笔记等百余种。碑志行状等又近百种"[①]。由此呈现各位名臣的一生主要行迹;二是朱子对各位名臣的历史资料进行了简单的排列,力求达到完整呈现历史人物的全貌。

乍看之下,《八朝名臣言行录》与《遵尧录》之间并没有明显的体例相同之处,但事实上,《八朝名臣言行录》在选择北宋名臣之时,已经采取了"有补世教"的标准,正如前文所言,"有补世教"的最为重要目标实际上亦是"致君尧舜",并以各朝名臣的良言美行作为《八朝名臣言行录》的主体内容。与之相同的是,《八朝名臣言行录》采纳了《遵尧录》中的以臣子"守格法行故事,竭尽公忠"作为各传主的主体内容,即使出现了颇有争议的人物亦作出了为贤人讳的史书笔法,此可以吕夷简一人的历史功过为典型。在《五朝名臣言行录》六之一"丞相许国吕文靖公"一文中,朱子只字未载对吕夷简生平的阴暗之处,但是在《五朝名臣言行录》"九之五御史中丞孔公"中引用了司马光《涑水记闻》记载了郭后之废与吕夷简之间的关系,由此可见,朱子虽然不直吕夷简所为,但是不把上述材料放置于吕夷简的言行录当中,而是放置于孔道辅言行录之中,显然是怕有损于吕夷简之整体形象。这与《遵尧录》仅录各种罗氏

---

① 李伟国:《校点说明》,《八朝名臣言行录》,第3页。

所认为的良言美行的原则实属相似手法。

虽然朱子不以君主的言行作为采录材料的对象，但是朱子在选取材料的过程中，必然处处涉及君主本身的作为的情况，这可于前文所述《八朝名臣言行录》不选钦宗朝的名臣来作为传主的材料获得明证了。另外，《八朝名臣言行录》的选择对象虽以名臣为对象，但是以中国的传统政治体制来看，臣子之明暗实以君主之明暗为基础，反之，君主之明暗实可从臣子的所作所为来获得的明证。如《五朝名臣言行录》卷一之一"中书令韩国赵忠献王"引司马光《涑水记闻》之语曰："向非韩王谋深虑长，太祖聪明果断，天下何以治平？"[①]则此篇虽名为记载赵普之言行，实处处显示宋太祖之过人之处，其他文献亦可作如是观。

因此，朱子虽不以君主所作所为来作为主体材料，实际上，已处处显示君主的行为之优劣了。换言之，朱子直接采纳了《遵尧录》的后半部分体例，而改造《遵尧录》前后部分不同的体例，其原因则留待后文再详述。

另一方面，朱子变革了《遵尧录》的体例，并且改进了《遵尧录》的取材标准。

前文已涉及《八朝名臣言行录》与《遵尧录》体例之间的异同之处了，但是尚未详述。我们有必要再次对其进行比较，以便能够清楚看到朱子的变革之处。

第一，《遵尧录》分成君主与臣子两部分来编撰材料以达到呈现明君贤臣良言美行的目的，而《八朝名臣言行录》则是以各代臣子的言行来呈现各个朝代君主与臣子的言行举止，实现更为完整的编撰体例。

《遵尧录》体例分为两部分，前部分是一祖三宗的良言美行，后面部分则是纂辑十贤的良言美行，两部分的材料分工标准："若乃创始开基之事，庙谟雄断，仁心仁闻，则于其君见之。袭太平之基业，守格法行故事，竭尽公忠，则于其臣见之。爰及熙丰之弊，卒归于道。"使得君臣之间的互动被人为拆开，分成两个相对独立的部分，虽然有助于达到劝谏君主当以一祖三宗为标准，又以贤臣之言行判断臣子之忠奸，达到致君尧舜的目标。但是其不足之处又是十分明显的，因为明君贤臣从来都是相伴相生的，分开叙述必然使得完整的历史事实被人为割裂，失去了其历史真实性。事实上，罗从彦亦认识到此

---

① 《八朝名臣言行录》，第 17 页。

问题,故罗从彦对《遵尧录》中的材料进行了分类,并于《遵尧录叙》有言其处理方法分别是"衍而新之"、"释以发之"、"作辩微以著其事",力求避免因为割裂历史事件而失去其内在的深刻内涵。

与罗从彦《遵尧录》不同的是,《八朝名臣言行录》以统一标准来呈现君臣的言行,即以臣子的言行为线索来呈现北宋八朝的政治情态,并呈现君主的施政情况,全书构成统一的有机整体,避免了割裂历史事件而造成的弱化历史事件内在含义的弊端。这是对《遵尧录》编排材料的改进措施之一。《五朝名臣言行录》一之一"中书令韩国赵忠献王"载:

> 太祖豁达,既得天下,赵普屡以微时所不足者言之,欲潜加害。太祖曰:"不可。若尘埃中总教识天子、宰相,则人皆去寻也。"自后普不复敢言。[1]

此条引自《晋公谈录》[2],此条虽是记载于赵普名下,但是我们看到其内容至少包括了两个部分内容,一部分是太祖的豁达的言论,一部分是赵普的阴刻的性格,君臣二人的性格在此文献中已然形成鲜明对比,无需朱子的按语,便已呈现了朱子在传统君臣政治中力求格君心之非的政治思想了,而其文献的表现力和证据力显然远大于剪辑之后的效果。

第二,《遵尧录》注重编撰者的主观编辑材料,而未注意到文献材料的真实性与严密性,朱子《八朝名臣言行录》则在主观遴选材料基础之上,注重文献的真实性和可靠性,力求避免主观臆断,强化作品的学术影响力。

细考《遵尧录》各条文献,我们发现罗从彦以自己的评判标准来选择有关材料,并对各种材料进行剪辑或者概述,如宋太祖用贺惟忠事条有载:

> 太祖以贺惟忠知易州及捍边有功,迁正使。开宝二年,又加本州刺史,兼易、定、祈等州巡检使,惟忠在易州十余年,缮治亭障,抚士卒,得其死力,每乘塞用兵,所向必克,威名震于北虏。[3]

罗从彦并未对此条材料进行解说并阐述其内在含义,但是我们细考此条文献与《宋史》贺惟忠本传内容大体相同,但是与《宋史》本传有差异之处在于罗从彦已经剪辑了贺惟忠的生平事迹,而仅取其与太祖交集之处,不涉及贺

---

① 《八朝名臣言行录》,第20页。
② 此条原文为《谈录》,但是据李伟国校勘记可知,此处当为《晋公谈录》。参见《八朝名臣言行录》,第23页。
③ 《豫章罗先生文集》,第382页。

惟忠的其他事迹,虽然能够突出宋太祖用人之眼力,但是失去了太祖中用贺惟忠的原因,反而难以达到突出宋太祖用人之高明处的目标,也难以达到以一祖三宗为后世君主榜样的致君尧舜之目标,弱化了罗氏所举太祖高明之证据的说服力,反而有编撰目标与体例和具体编撰工作脱节之嫌。

与罗从彦不同,朱子在编撰有关名臣的言行材料之时,显然从各位历史人物的选择到各则史料都进行了精挑细选,亦是呈现朱子的主观价值评判,但是朱子在编选各种文献材料之后,明确标注各种原始文献,由此形成了更为扎实的文献基础,提高了《八朝名臣言行录》的文献价值,使得编撰者的思想更具科学性。正如李伟国在点校《八朝名臣言行录》之时说:"《八朝名臣言行录》摘录了大量的北宋官私著作,计有国史实录、别史杂史、文集笔记等百余种,碑志行状等又近百种。"①李伟国此条统计数据虽然可贵,但是更值得我们高度重视的是李伟国之所以能够获得上述统计数据的原因,即朱子对每条文献内容标明了具体出处,这于当今学术规范来说,并无惊人之处,但是在宋代注重理论的时代,便已经大体标明其文献来源,②实具有超越同代学者的文献自觉意识,由此进一步实现了《八朝名臣言行录》所编选内容的说服力和证据力,从而强化其服务于朱子编选目的的功能。

第三,《遵尧录》注重编撰者对文献材料内在政治思想含义的主观阐发和解读,而《八朝名臣言行录》则更加注重多种材料真实性的考辨和存异特征,从而呈现编撰者自身的政治思想。

《遵尧录》所存各种历史事件进行解说与阐释的原则有明确的说明,这可见于罗从彦《遵尧录序》,其言曰:"其间事之至当,而理之可久者,则衍而新之。善在可久,而意或未明者,则释以发之。以今准古,有少不合者,作辩微以著其事。"而其可获证于罗从彦对宋太祖建隆元年处置吴越饥荒之事的评论,其言曰:

> 臣从彦释曰:人君之所以有天下者,以其有民也。民之所恃以为养

---

① 李伟国:《校点说明》,《八朝名臣言行录》,第 3 页。
② 《八朝名臣言行录》因其传播流转过程中,出现了部分条目缺少文献出处,如《五朝名臣言行录》二之四"太尉魏国王文正公"中转引王旦任郑州通判之时的材料,便缺少了其文献的来源之处的文字,此种情形亦存在于其他篇章当中,如《五朝名臣言行录》"枢密包孝肃公"亦有四条未标明文献出处。但是总体而言,朱子对《八朝名臣言行录》的文献来源的标注力求完整。至于出现上述缺载文献出处当有多方面原因,如出版时刻工之疏失、后世传播过程中散佚等,我们将于别文详细研究。参见《八朝名臣言行录》,第 63、259～261 页。

者以有食也。所恃以为安者以有兵也。《书》曰:"民为邦本,本固邦宁。"……太祖建隆初,杨泗饥民多死者,沈伦请发军储以贷之,此最知本者也。况军储又出于民乎! 夫以廪粟振民固有召和气致丰稔之道,然水旱无常,万一岁荐饥所收取,论之言未为不信也。呜呼! 太祖可谓善听言者也。①

罗从彦从《尚书》、《孟子》、《论语》的经典中获取理论依据,并结合世道人情来评判太祖听取沈伦的政策建议,以此说明宋太祖善于听取下属建议的良好品质。虽然罗从彦所说之理甚为明确,且无任何争议,但是其论述过程实以罗从彦之固有观点为基础来引述经典,实难免陷于各种争论当中。

朱子《八朝名臣言行录》在传播过程当中实已引起各种了各种争议,如前文所言吕夷简与废郭后之事已经移出"六之一丞相许国吕文靖公"的材料而放置于九之五御史中丞孔公"当中了,但是吕氏子孙对此仍旧颇多异议,故朱子便采取了编者按语的形式来处理。其言曰:

公孙中书舍人本中尝言:"《温公日录》、《涑水记闻》多出洛中人家子弟增加之伪,如郭后之废,当时论者止以为文靖不合不力争及罢诸谏官为不美尔,然后来范蜀公、刘原文、吕缙叔皆不以文靖为非,盖知郭后之废,不为无罪,文靖知不可力争而遂已也。若如此《记》所言,则是大奸大恶,罪不容诛。当时公议分明,岂容但已乎!"②

此条编者按语的原因正如李伟国所言:"这条自注应非初版本所有,而系吕氏后人提出质疑以后所加。"③笔者认为李伟国的说法虽属猜测,但是细考李伟国引用《朱子语类》卷一百三十所载:"《涑水记闻》,律家子弟力辨以为非温公书,盖其中有记吕文靖公数事,如杀郭后等。某尝见范太史之孙某说亲收温公手写稿本,安得非温公书? 某编《八朝名臣言行录》,吕伯恭兄弟亦来辨。为子孙者,祇得分雪,然必欲天下之人从己,则不能也。"则可作为李伟国的观点成立的铁证。实现了朱子既照顾到了吕氏后人的切身感受,也不违背自己对史实的严肃态度。

朱子标明文献出处,且尚未对吕夷简本人的事迹直接表述自己意见,已然引起了吕氏后人的各种不满与争议,这便使得朱子不得不对各种文献材料

---

① 《豫章罗先生文集》,第383页。

② 《八朝名臣言行录》,第282～283页。

③ 李伟国:《校点说明》,《八朝名臣言行录》,第2页。

的处理异常谨慎。因此,朱子在各条文献材料引用之后,存有多种材料记载同一事件的情形,一般是把主要材料放置于正文,而把其他相似或者相异的文献资料放置于末尾,从而呈现不同角度的观点。当然朱子亦部分采纳了《遵尧录》的评论方法,但是朱子对此方法的使用显得十分慎重,并且仅限于使用编者按语简单说明历史事件的背景,如《五朝名臣言行录》"十之三泰山孙先生"引用墓志之后加按语曰:"论罢孙公者,杨安国也。"①或者补充所省略的文献材料,如《五朝名臣言行录》"八之四参政王文忠公"引《墓志》中王尧臣的政绩时有按语曰:"公有建储事,见文潞公、富韩公、范蜀公事中。"②或者简明指出不同文献所载同一史料之间出现矛盾情况,如《五朝名臣言行录》"八之二枢密使狄武襄公"对狄青征侬智高之事所引《梦溪笔谈》和《东轩笔录》材料不同时有按语:"此事二书不同,未知孰是。"③但是不管哪种情形,朱子都尽量不掺杂自己对历史事件的直接评判,避免引起不必要的笔墨之争。

四、异同之原因:个人秉性与时代环境

《八朝名臣言行录》与《遵尧录》之间的异同点的形成原因有多种,其最为重要的原因是由朱子与罗从彦之间的个人气质、时代环境及学术渊源三方面所决定的。

首先,朱子与罗从彦都具有非常强烈的怀疑精神,而不是盲从于社会评判标准,由此形成了《八朝名臣言行录》与《遵尧录》均具有十分突出的创新点。

《宋史》本传有载:"罗从彦,字仲素,南剑人。以累举恩为惠州博罗县主簿。闻同郡杨时得河南程氏学,慨然慕之,及时为萧山令,遂徒步往学焉";"从彦即鬻田走洛,见颐问之,颐反覆以告,从彦谢曰:'闻之龟山具是矣。'乃归卒业。"④又载:"既而筑室山中,绝意仕进,终日端坐,间谒时将溪上,吟咏而归。恒充然自得焉。"《宋史》所载内容仅涉及两方面,即前两处为罗从彦求学之动,而后一处则是罗从彦淡泊于官场,注重治学之静。但是更值得我们注

---

① 《八朝名臣言行录》,第 322 页。
② 《八朝名臣言行录》,第 258 页。
③ 《八朝名臣言行录》,第 247 页。
④ 《宋史》,第 12743 页。

意的是罗从彦与杨时之间的学术关系,并非一见面就信服杨时的观点,而是远赴河南洛阳求证于程颐,而更值得我们注意的是罗从彦到洛阳求学过程是通过贩卖田地而完成的,可以想见其怀疑精神之强烈了。而一旦确认杨时所传授的学术观点出自程颐一门之时,则又对杨时百般佩服,终身不改,实属罗从彦怀疑精神发展的必然结果。

与罗从彦相同,朱子与李侗之间的师承关系,亦有其中的曲折之处。《朱子年谱》载有明文:

> 绍兴二十三年癸酉,二十四岁。夏,始见李先生于延平。①
>
> 二十八年戊寅,二十九岁。春正月,见李先生于延平。②

这两次见面相隔有五年左右的时间,虽有朱子南来同安主簿之任的原因,但更为重要的原因则是朱子在此期间的学术思想发生了巨大变化,其最为重要的原因当有两方面:一是朱子早年感染于刘屏山、胡籍溪二人的学问而出入佛老之学,固与李侗存有学术观点的差异;二是朱子在同安期间,深入民间普及教化,专心学术,与之相关的便是阅读了大量的儒家学说,并与李侗第一次问学之间观点的切磋琢磨而获得了思想变化。此可证于前文所引赵师夏《宋嘉定姑孰刻本延平问答跋》。

其次,不同的时代环境造就了《遵尧录》与《八朝名臣言行录》之间不同的风格,并呈现《遵尧录》重视主观阐述的方法与《八朝名臣言行录》重在文献的考证与严谨性。

《遵尧录》的撰写时间可由前文所引罗从彦《遵尧录序》可知,其撰写时间是金人南侵,徽宗仓皇之间禅让给钦宗之时,而其完成之时,则已经是靖康之难之后了,正如《宋史》本传所载:"尝采祖宗故事为《遵尧录》,靖康中,拟献阙下,会国难不果。"③又据《宋史》钦宗本纪可知,钦宗是在金人进犯之时登基,而其在位之时,外有金人之步步紧逼,内有动荡不安之朝局,实已处于末世之环境,而身处于此环境下的有血性的士大夫要么以招募义兵进京勤王,如张叔夜等,要么如太学生以请愿之方式力求改变朝局,而罗从彦《遵尧录》正是处于此种动乱之中的环境中编撰完成,实追求快速解决朝政问题,故采用编撰者直接论述形式便于皇帝能够简单明了的掌握思想内涵,而无法顾及文献

---

① 《朱熹年谱》,第 9 页。
② 《朱熹年谱》,第 15 页。
③ 《宋史》,第 12744 页。

之出处及其真实性了。

与罗从彦所处时代不同，朱子所处的时代正是南宋政治最为安定的时期，与之相应运而生的便是士大夫之间的学术活动的繁荣，而相伴生的便是学者之间的论争的激烈了，此可见于史料的朱子与陆九渊的鹅湖之会、朱子与浙东学派陈亮等的论争。而最为惊心动魄的事件莫大于朱子因学术思想之争而涉入政治党争，甚至因此而被禁锢。正如余英时所言：

> 这一党争（引者按：朱熹时代党争）跨越孝宗、光宗、宁宗三朝，而且自始至终，朱熹及其"道学"都是风暴的中心，因此构成了朱熹的历史世界中一个主要部分。①

由此可见，朱熹时代士大夫之间的分化形成了极为剧烈的党争之事，而在党争过程中，往往是以朝堂针对具体事件而呈现的情形，如《朱子语类》载：

> 在讲筵时，论嫡孙承重之服，当时不曾带得文字行。旋借得《仪礼》看，又不能得分晓，不免以礼律为证，后来归家检注疏看，分明说"嗣君有废疾不任国事者，嫡孙承重"。当时若写此文字出去，谁人敢争，此亦讲学不熟之咎。②

此条为万人杰庚子（1180 年）以后所闻，③当是朱子回忆其担任侍讲之时的事情。结合《宋史》本传可知，此事是宋孝宗过世，光宗退位之后，宁宗是否因承继大统而着承重之服的事情，而其争论激烈之程度由朱子引用朝廷之礼律尚且无法说服其他士大夫可见一斑了。又由朱子不在朝堂，却仍旧念念不忘当时情景，亦可佐证当时朝廷关于宋宁宗是否着承重之服争论之激烈了。更为重要的是上述朝廷论争之事虽然发生在绍熙五年，即 1194 年，朱子时年 65 岁，与《八朝名臣言行录》成书的乾道八年（1172）相差已有 22 年之久，但是两者均处于政局最为稳定的南宋中期，其学术风气等情形实未有明显差异，正如余英时所言：

> 第三阶段即朱熹的时代，可称之为转型期。所谓转型是指士大夫的政治文化在熙宁时期所呈现的基本型范开始发生变异，但并未脱离原型的范围。……所以我们有充足的理由说：朱熹的时代也就是"后王安石

---

①　余英时：《朱熹的历史世界：宋代士大夫政治文化的研究》，第 330 页。
②　《朱子语类》，第 3489 页。
③　《朱子语录姓氏》，《朱子语类》，第 4346 页。

的时代"。①

据余英时同文的论述可知,前两个阶段指"第一阶段的高潮出现在仁宗之世,可称之为建立期","第二阶段的结晶是熙宁变法,可称之为定型期"②。余英时以士大夫的文化变化发展过程来划分两宋各时期的发展阶段,实是超越了朝代的划分情形,虽属创新观点,但是其观点亦完全符合以皇权来划分朝代的传统观点,即宋高宗于1162年退位,而其过世的时间则是在1187年,宋孝宗于1189年退位,过世时间则是在1194年,那么宋高宗当了26年的太上皇,只差两年时间便覆盖了宋孝宗在位的时间了,而孝宗当太上皇的时间虽仅有5年,却完全覆盖了宋光宗在位时间。由此可见,高宗、孝宗、光宗三朝虽有朝代更迭,但是其政治思想明显呈现孝宗朝受高宗的深刻影响,而光宗朝则是在孝宗的直接监管下度过的。因此乾道八年(1172年)与绍熙五年(1194年)的政治文化并无实质性的差异,当可确证。

因此,朱子编撰《八朝名臣言行录》之时,已然面临着极为激烈的学术论证,甚至政治党争的情形,故其处理材料之时,更加谨慎,实亦外界文化环境使然了。

第三方面则是朱子与罗从彦之间的学术渊源,可见本文的第一部分,不再赘述了。

综上所述,朱子与罗从彦之间的性格特征的相似性,使他们在不同的时代环境下,吸收前人的学术成果,并由此获得属于自己的学术成就。

---

① 余英时:《自序二》,《朱熹的历史世界:宋代士大夫政治文化的研究》,第9～10页。
② 余英时:《自序二》,《朱熹的历史世界:宋代士大夫政治文化的研究》,第9页。

朱熹三提先父问学豫章先生之解读

◎ 张　芸　延陵丁

　　朱松从杨氏门人问道授业,在道南学派中的地位,学界较少专门研究。笔者撰文略谈尚不为人重视的韦斋先生,以见其传道作用。

一、朱熹三次提到父亲问学豫章罗先生

　　1164 年 1 月,朱熹为先师李侗作《延平先生李公行状》,提到"龟山先生唱道东南,士之游其门者甚众。然语其潜思力行、任重诣极如罗公,盖一人而已",而"罗公清介绝俗,虽里人鲜克知之","熹先君子吏部府君亦从罗公问学,与先生为同门友,雅敬重焉。尝与沙县邓迪天启语及先生,邓曰:'愿中如冰壶秋月,莹彻无瑕,非吾曹所及。'先君子深以为知言,亟称道之"①。

　　1170 年 7 月 5 日,朱熹迁葬先父墓于武夷山上梅鹅子峰下,作《皇考左承议郎守尚书吏部员外郎兼史馆校勘朱府君迁墓记》,文中提到"先府君讳松,……政和八年,以同上舍出身授迪功郎、建州政和县尉。承事公卒,贫不能归,因葬其邑,而游官往来闽中。始从龟山杨氏门人为《大学》、《中庸》之学。……丞相赵忠简公、张忠献公皆深知府君,未及用而去,秦桧以是忌之。而府君又方率同列,极论和戎不便,桧益怒,出府君知饶州"②。

----

　　①　朱熹:《晦庵先生朱文公文集》,上海:上海古籍出版社、合肥:安徽教育出版社,2002年,第 4517 页。

　　②　朱熹:《晦庵先生朱文公文集》,上海:上海古籍出版社、合肥:安徽教育出版社,2002年,第 4341 页。

　　1194 年闰十月八日前，朱熹写信给陈傅良，对朱松一生做了简要的概括，信中提到："先人自少豪爽，出语惊人，逾冠中第，更折节读书，慕为贾谊、陆贽之学。久之，又从龟山杨氏门人问道授业，践修愈笃。绍兴初，以馆职郎曹，与修神宗正史、哲徽两朝实录，而于《哲录》用力为多。其辨明诬谤、刊正乖戾之功，具见褒诏。后以上疏诋讲和之失，忤秦相，去国补郡，不起，奉祠以终。"①这是目前所能见到的出自朱熹笔下资料。上述所及"熹先君子吏部府君"、"先府君讳松"、"先人"是指朱松，"龟山杨氏"是指杨时，"龟山杨氏门人"则为罗从彦和萧顗，而"罗公"是指罗从彦。这个群体，具有地缘与学缘的关系密切，后人将道南学派中的杨时、罗从彦、李侗和朱熹称为"延平四贤"，并对他们的学术成果有较多研究。

　　罗从彦（1072—1135），字仲素，人称豫章先生，南剑州剑浦人。自幼颖悟，长则好学，先是求学于穷经为学的吴仪门下。崇宁初，见杨时于南剑州将乐，闻龟山先生讲论道理深刻而惊汗浃背，说："不至是，几枉过一生矣！"②从此更加笃志求道，推研义理，必欲到圣人止宿处，觉所学不足，曾变卖田产远赴河南洛阳，往见伊川程颐先生（1033—1107）而闻其说。政和二年（1112 年）杨时赴萧山任，而仲素从游受学③。政和七年（1117 年）杨时官毗陵，罗从彦又往从学，其后再随至京师从学。先后十余年抠衣侍席，不断进取，成为龟山高足。罗从彦体认义理，走程颢、杨时"静坐"、"静心"、"静处入手"的路数，认为读书要以身体之，以心验之，从容默会于幽闭闲静之中，超然自得于书言象意之表，在静中形成儒家气象。他认为周公、孔子之心使人明道，如能明道，则可得周孔之心。宋高宗绍兴二年（1132 年），以特科进士任广东博罗县主簿。官余，则在罗浮山筑室讲学。绍兴五年（1135 年）任满归闽，途中病逝于汀州武平县学，数年后归葬于罗源村黄际坑豫章山。

　　李侗（1093—1163），字愿中，人称延平先生，南剑州剑浦人。闻郡人罗仲素先生得河洛之学于龟山杨公之门，遂于政和六年（1116 年）以书谒先生，往学焉。④ 从学多年，受《春秋》、《中庸》、《语》、《孟》之说，从容潜玩，有会于心，

---

①　朱熹：《晦庵先生朱文公文集》，上海：上海古籍出版社、合肥：安徽教育出版社，2002 年，第 1715 页。

②　黄宗羲、全祖望：《宋元学案》，北京：中华书局，2007 年，第 1270 页。

③　罗从彦：《豫章文集·年谱》，《四库全书》第 1135 册，第 644 页。

④　罗从彦：《豫章文集·年谱》，《四库全书》第 1135 册，第 644 页。

尽得其所传之奥。李侗一生乐道,不愿当官,在山野结室读书讲学,潜心钻研儒籍,穷经谈道,时人罕之。李侗对待后学,答问不倦,朱熹、罗博文、刘嘉誉三人皆成其高弟,且将二子友直、友谅培养成进士,于人才培养方面贡献不小。

朱松(1097—1143),字乔年,号韦斋,徽州婺源人。自儿童起便刻苦读书,以成绩优秀,于政和四年由郡庠选送到京师太学,学为举子之文。登宋徽宗政和八年(1118)进士第,授迪功郎、建州政和县尉。朱松与父母商定质押田产、筹措盘缠后,举家从婺源度岭南下入闽为官,宣和初尉政和县。数月后,父病卒,时因方腊起义,皖浙赣局势动荡不宁,道远路阻,贫不能归,葬之政和。守制三年,服除,继官尤溪县尉,始问学于杨时门人,从此尽弃旧学,潜心于六经、诸史与二程理学。

二、朱松问学罗从彦的时间与地点问题

朱松乃在李侗之后问学于豫章先生,时间在入闽后、靖康之难前。朱松登第后授官入闽,最大可能是在宋徽宗重和二年(1119 年),亦即宣和元年(1119 年)入闽首仕,担任政和县尉,大约八个月便丁外艰。朱松居家守孝,写下较为简略的《先君行状》,对朱森去世时间、地点有如此表述"以年月日卒于建州政和之官舍,享年若干"①,实未明言去世时间。束景南先生根据多种朱氏宗谱、族谱记载和考论,确认为"宣和二年庚子五月初十己酉(原作己未,误书),卒于建州政和之官舍"②。朱松在政和桥南正拜山下为诸生讲学,与朱梌、朱槔、谢誉、程鼎、俞靖等结为"星溪十友",立社唱和。其中程鼎(字复亨,号广平),不远千里来闽奔姑父丧而从表兄游,当方腊起义平定后,局势渐平复,便要告辞归乡省亲,朱松作《送程复亨序》,其中言:"广平程某复亨谓予外兄,从予游于闽者二年,予语以安逸忧患,知之详矣。将归省其母及祖母,其可以无言?"落款时间是"宣和辛丑(1121 年)八月某日"③。朱松文中"二年",当是按两虚年算,即宣和庚子五月后至辛丑八月。

朱松任政和县尉时间虽短,却制治有方,当地百姓赖以为安。朱松到政

---

① 朱松:《韦斋集》,上海:华东师范大学出版社,2010 年,第 192 页。
② 束景南:《朱熹年谱长编》,上海:华东师范大学出版社,2001 年,第 5～6 页。
③ 朱松:《韦斋集》,上海:华东师范大学出版社,2010 年,第 163 页。

和后结识浦城人萧顗。萧顗曾与光泽人李郁、沙县人陈渊、罗从彦同受业于将乐人杨时,学问大有长进,在浦城仙阳讲学,讲究"仁熟"、"义精",认为"士之所志,舍仁义所为哉! 仁必欲熟,义必欲精。仁熟,则造次颠沛有所不违;义精,则利安身而德崇矣"! 朱松喜闻其说并与之游,有书信往来及诗文酬唱。朱松大约通过萧顗的介绍,才与罗从彦等人接触。

从前面引朱熹所言"承事公卒,贫不能归,因葬其邑,而游官往来闽中。始从龟山杨氏门人为《大学》、《中庸》之学"来看,朱松葬父于政和之后守丧三年(按礼制规定,守孝至少满二十七个月),于宣和五年(1123 年)春夏间期满,通过申请与批复,于当年八月才继任尤溪县尉,以满低级官员三年考核的基本要求,直至宣和七年底。次年初,金国举兵大肆南侵,发生徽宗、钦宗被掳掠的靖康之难,局势变乱,朝不保夕,朱松失去正常升迁的机会,也无法安心问学。这样看来,朱松"游官往来闽中"期间,才真正在闽中(南剑州管辖下的剑浦、沙县、尤溪一带)慕名罗从彦而问学。于是才有宣和六年(1124 年)二月罗从彦受托为朱松作《韦斋记》,并以长者口吻提出严格要求。此举见于朱熹撰《名堂室记》之说:"先君子又每自病其下急害道,尉尤溪时,尝取古人佩韦之义,榜其听事东偏之室曰'韦斋',以燕处而读书焉。延平罗公先生仲素实记之,而沙阳曹君令德又为之铭。"①"延平罗公先生仲素实记之",记文开头便说:"宣和五年岁在癸卯之中秋,朱乔年得尤溪尉,尝治一室,聚群书,宴坐寝休其间。后知《大学》之渊源,异端之学无所入于其心。"②后人将此事收载于《豫章年谱》:"六年甲辰,先生五十三岁作《韦斋记》。"朱松与豫章先生交往在先,罗从彦记文在后,这是较合理的解释。

朱松于闽中问学的时间,还见于他的《上赵丞相札》。札中有言自己"行年二十七八,闻河南二程先生之余论,皆圣贤未发之奥,始捐旧习,被除其心,以从事于致知诚意之学"③。"行年二十七八",即虚岁二十七八岁。这个时间段,正好是在宣和五六年。再具体一些,朱松问学于罗从彦的最初时间段应在宣和五年八月至宣和六年二月前,最大可能是到尤溪"遍拜邑中之士"④的

① 朱熹:《晦庵先生朱文公文集》,上海:上海古籍出版社、合肥:安徽教育出版社,2002年,第 3731 页。

② 罗从彦:《豫章文集·年谱》,《四库全书》第 1135 册,第 751 页。

③ 朱松:《韦斋集》,上海:华东师范大学出版社,2010 年,第 125 页。

④ 朱松:《韦斋集》,上海:华东师范大学出版社,2010 年,第 141 页。

最初两个月内。而朱松于尤溪县尉官衙东边治室佩韦苦心读书,以求"人君子之道"①,必定俯听先生长者如罗从彦、曹伟等人的谆谆教诲。朱松居此修炼充养,既有卞急性格的改造,也有为学方向的转变,更多是思想进步的收获,故而成为人生转折的典型标志。

三、朱松问学罗从彦的主要内容

朱松问学于罗从彦,没有直观语录记载和书信内容,不若朱熹问学于李侗那样,有《延平答问》直观反映。于今而言,只能从有限的文献资料找证据。

第一,从朱松《文集》考察。朱松自言"少而苦贫,束发入乡校,从乡先生游,学为世俗所谓科举之文"②,"既冠,试礼部,始得脱去。当是时,年少豪锐之气,方俯一世而眇万物,向非有礼义法律羁束于其后先,必且追随一时之侠,挥金使酒,驰骋而啸呼以自快其意而后已。惟其不得骋,故敛其使气以玩世者,而一寓于诗"③。朱松好贾谊、陆贽之学、元祐之文、安石之字,刻意于辞章之学,名闻朝野。故其擅长诗文之作,而短于义理之学。入闽之后接触龟山门人,闻其言,信其说,以为至宝,为学方向才有巨大转变,由辞章学转向义理学。朱松在《吴骏卿寄示和黄元广诗多及古人为己之学辄复次韵资一大笑兼简元广》中发出"望道渺未见,谅知负平生"④的感慨。他在《答庄德粲秀才书》中说:"顷来尤溪甫两月,虽获遍拜邑中之士而未详也。……抑闻之先生长者:《礼记》多鲁诸儒之杂说,独《中庸》出于孔氏家学。《大学》一篇,乃入道之门。其道以为,欲明明德于天下者,在致知、格物,以正心、诚意而已。其说与今世士大夫之学大不相近。……以吾友之明,苟以德为车,而志气御之,则朝发轫于仁义之途,而夕将入《大学》之门,以躏《中庸》之庭也。"⑤朱松获知前贤往圣倡导的为己之学,且将之告诉主动来求学者,引导并勉励士子及早学习儒家经典,以便进入圣域。

第二,看罗从彦的学问内容。罗从彦中年师从龟山先生,作经解,著述则有《诗解》、《春秋解》或云《春秋集说》、《春秋指归》、《语孟师说》和《中庸说》,

---

① 朱松:《韦斋集》,上海:华东师范大学出版社,2010年,第228页。
② 朱松:《韦斋集》,上海:华东师范大学出版社,2010年,第155页。
③ 朱松:《韦斋集》,上海:华东师范大学出版社,2010年,第145页。
④ 朱松:《韦斋集》,上海:华东师范大学出版社,2010年,第45页。
⑤ 朱松:《韦斋集》,上海:华东师范大学出版社,2010年,第141页。

至清代已不存。从收入清雍正间官修《四库全书》而保留至今的《豫章文集》来看,靖康元年完成的《遵尧录》,占据大量篇幅,所录资料来源于北宋史官对宋太祖、太宗、真宗、仁宗、真宗等帝王《实录》,大致与《宋史》之《本纪》的部分内容相当,还有对寇准、王旦、王鲁、杜衍、韩琦、范仲淹、富弼、司马光、程颢等数位名臣言行的评说,其中有罗从彦较为简略的解说文字、辨微思想,别录则收录《司马光论王安石》、《陈瓘论蔡京》的两篇政论性文章。基本上能反映出罗从彦的思想倾向与著述用意。罗从彦对《诗》、《春秋》、《论语》、《孟子》和《中庸》的见解和对释老的批判,也见于《遵尧录》的解说与辨微部分。罗从彦对朱松的影响,最直接的材料便是《韦斋记》,其中提到研读《大学》、《中庸》的心得,并将自己学步孔门修德成道的高要求,当作"常所自勉者"以勉励之。该文富有深意,被朱熹当作传家宝,于庆元五年端午跋而"藏之家庙,以示子孙"①。罗从彦重《春秋》的史学思想,对朱松后来入史馆参修神宗正史、哲徽两朝实录是否有影响,则有待后续考察。

第三,看道南学派的学术倾向。二程兄弟极力表章《礼记》中的《大学》、《中庸》两篇文章,以其出自孔门之作,与《论语》、《孟子》一样都有一些解说。其高弟子杨时载道南归,罗从彦则从学之,自然不会弱视《大学》和《中庸》的重要性,"龟山之所闻于程夫子而授之罗公者",得李侗和朱松而传诸后来者,始终都在传播"河南二程先生之余论"。相比而言,二程、杨时、罗从彦、李侗乃至朱松,对"四书"都有不同程度的重视,有的形成解说文字,有的以口授心传,但皆未见全面而深刻的阐述文字流传。而朱熹言其父从杨氏门人"为《大学》、《中庸》之学"是有根据的。

《大学》、《中庸》和"河南二程先生之余论",当是朱松问学罗从彦的主要内容之所在。

四、朱松于儒家道统的传道作用

宋代学术繁荣,门派林立,蔚为壮观。就儒学门派而言,罗从彦是二程弟子杨时的门人,"豫章在龟山及门中最无气焰,而传道卒赖之"②。与《龟山学

---

① 朱熹:《晦庵先生朱文公文集》,上海:上海古籍出版社、合肥:安徽教育出版社,2002年,第3969页。

② 黄宗羲、全祖望:《宋元学案》,北京:中华书局,2007年,第1271页。

案》相比,《豫章学案》显然单薄,门徒仅收李侗、朱松二人。李侗不立文字,朱松偏重诗文,于"六经"诠释而言,两位门徒皆不显山露水,惟其传道于朱熹,作用尤为突出,值得一表。

朱松基于对儒家学说重要性的认识,不仅要求自己去钻研,也要求自己儿子从小读圣贤书。朱松饱受北宋亡国之痛和多年颠沛流离之苦,在季子于尤溪出生三日时便发出"肯令辛苦更冠儒"①。到朱熹五岁,便送去读书,接受塾师的蒙学教育,当然也施以庭训。朱熹在自论为学工夫时回忆说:"某自草读四书,甚辛苦。"②指的是自己在严父要求下读《大学》、《论语》、《孟子》、《中庸》四本书的感受。尽管朱松过早去世,没能给儿子更多的指导和帮助,但已播下圣贤思想的种子。

朱熹十九岁登第后,开始自学《大学》《论语》《孟子》《中庸》,遇到不少困难,先后求教于胡宪、范如圭、李侗等前辈,以及借助于所能收集到的前人解说性文字,解决了句读困难,做了大量读书笔记,所得日丰,逐步达到解说文义的融通程度,由此引发了攀登学术高峰的著述活动。朱熹吸纳诸多前辈的研究成果,先是对诸书进行"集解",由此奠定牢固的诠释学基础,形成自己的学术观点,进而进行"集注",将自己的学术见解融合其中,完成了《四书集解》到《四书章句集注》著述任务。这样,从二程表章《大学》、《中庸》,将其与《论语》、《孟子》同等看待,到门人的纷纷解说,再到朱熹集大成,完成了以《四书》为代表的宋代新儒学核心读本,把中华文化建设推向一个新高度。

朱熹还把治学经验告诉从学者,说:"人自有合读底书,如《大学》《语》《孟》《中庸》等书,岂可不读!读此'四书',便知人之所以不可不学底道理,与其为学之次序,然后更看《诗》《书》礼乐"③;"某要人先读《大学》,以定其规模;次读《论语》,以立其根本;次读《孟子》,以观其发越;次读《中庸》,以求古人之微妙处"④;"《大学》《论语》《孟子》《中庸》四书,自依次序循环看"⑤;"人若能于《大学》、《语》、《孟》、《中庸》四书穷究得通透,则经传中折莫甚大事,以其理推

---

① 朱松:《韦斋集》,上海:华东师范大学出版社,2010 年,第 103 页。
② 黎靖德:《朱子语类》,北京:中华书局,1987 年,第 2611 页。
③ 黎靖德:《朱子语类》,北京:中华书局,1987 年,第 1658 页。
④ 黎靖德:《朱子语类》,北京:中华书局,1987 年,第 249 页。
⑤ 黎靖德:《朱子语类》,北京:中华书局,1987 年,第 2812 页。

之,无有不晓者"①,等等。这种导引后学从事于圣贤之学,实乃承其父志之所然。

　　总之,《宋元学案》重学术传承,故有"豫章之在杨门,所学虽醇,而所得实浅,当在善人、有恒之间。一传为延平则邃矣,再传为晦翁则大矣,豫章遂为别子。甚矣,弟子之有光于师也!"②而黄宗羲有言:"豫章称韦斋才高而智明,其刚不屈于俗,故朱子之学虽传自延平,而其立朝气概,刚毅绝俗,则依然父之风也。"③朱松以文学、史学见称于世,然于儒家传道而言,有毓秀启贤之功,于山东曲阜孔庙中有一席之地,则传道之功,不当为今人所忽也。

---

① 黎靖德:《朱子语类》,北京:中华书局,1987年,第2843页。
② 黄宗羲、全祖望:《宋元学案》,北京:中华书局,2007年,第1269页。
③ 黄宗羲、全祖望:《宋元学案》,北京:中华书局,2007年,第1296页。

罗从彦文化旅游资源调查

◎ 蓝宗荣

罗从彦,字仲素,世称豫章先生,是承洛学继闽学的举足轻重的人物,宋南剑州剑浦县上团里(今南平市东坑乡罗源村)人。他于熙宁五年正月十五(1072 年 2 月 6 日)生于杜溪里上儒岭下村(今南平市太平乡儒罗村),师从理学家杨时。绍兴二年(1132 年)特奏获恩科进士,授广东惠州博罗县主簿。绍兴五年(1135 年)十一月十五病卒,终年 64 岁,谥文质,赐"奥学清节"。在闽北的南平、闽西的冠豸山、闽西北的沙县、闽中的尤溪等大武夷地区都留下了与罗从彦有关的文化遗迹,对当今的大武夷理学旅游文化的开发具有重要的价值。

一、罗从彦墓及《墓志铭》

罗从彦墓在南平东南 10 公里处的东坑乡罗源村黄漈坑豫章山。《南平县志·名胜志第六》载:"先儒罗从彦墓在罗源里黄漈,宋郡守刘永济刻志,吴宗尧有祭文。"罗从彦墓为砖构,坐南朝北,占地 50 平方米。墓前原先立有三块碑。正中一块高 0.96 米,宽 0.36 米,厚 0.06 米。碑额刻"奥学清节"四字,碑体中间刻"宋大儒邹国公文质豫章罗先生之墓",右侧刻"时思先代祖",左侧刻"日见古来亲"。右碑高 1.65 米,上刻李侗撰文:"郁芊佳城,峰峦峥嵘。藏先生魄,用奠于宁。丰镐木秀,曲阜草青。儒文道脉,日皎星晶。参苓孕粹,桃李储精。云封黯黯,雨化零零。躯返于岁,神昭于明。勒铭于石,万古仪型。"左碑高 1.55 米,系郡守刘允济于宋嘉定六年(1213 年)所立。三块碑均为将东石刻就,今均毁,仅留碑座。明嘉靖元年(1527 年)学宪仁和邵公锐构享堂。万历元年(1573年)郡守林公梓(钱塘人),命南平丞沈榛督修,歙州人吴宗尧撰《祭先儒罗从彦墓文》。罗源村如今如尚存一块高1.5米,宽0.96米的《告罗豫章先生墓文》碑刻,字迹清晰。罗从彦墓于1987年被列为南平市重点文物保护单位,市文物管理委员会和东坑乡于1986年拨出专款,对该墓进行了整修[①]。

李侗撰有《豫章罗先生墓志铭》云:"越剑州罗源之乡,出十有五里许,为黄漈之阳。有兆焉,乃藏宋大儒罗先生者也。其向丁癸,其脉迢递,其形委蛇而蜿蜒,其林木茏苁而森藏,其环拱苞灵而孕粹,美哉佳兆乎! 先生于侗,逊长于一日,实则沆瀣一气焉。梦楹之夕,敦匠执绋之举,侗既不能以不肖供其役,今幸得偕先生继嗣,求之汀之武邑,归先生枢而窆之。乃于铭志实推诿焉,可不可耶,谨招摭而志之。先生之先,系出于祝融之裔炎伯,其弟炎仲国于罗,厥姓遂仍之。数十传而后,或徙江之豫章。逾周,而且汉而唐。会有乾符之乱,各镇分制。而王审知制乎闽,因择七姓随乎节钺,罗居其一。数传来,惟罗最藩衍,迁徙靡一。于时或沙或剑,而剑宗为先生远祖京成公。初居剑郭,久之,复居溪南箎乡。其曾大父文弱,大父世南,父神继,奕叶潜鳞,代有齿德,以故积美厚而发祥宏。先生出于其间,天纵英敏,冲龄而然。稍壮,则宛委坟索,靡弗彻览。著为文章,形为吟咏,粹然一轨于正。已闻同郡龟山杨先生,继绝学于河洛,筮仕萧山。先生慨然鬻田,徒步请谒。及见,而喟然叹曰:'不至是,几虚一生。'遂修北面礼于杨,而杨亦深器先生,两人相得欢甚! 既归,筑室山中,杜门静业。虽以特奏擢科,主簿博罗,而胸次澹然泊然,揆厥所志,盖不以簪裾为华,而以担荷道统为己任。生平雅好著述,编牒鳞集,不可枚纪。纪其大者若《遵尧》、《台衡》、《春秋解》、《诗解》、《语孟师说》、《中庸说》、《议论要语》、《二程龟山语录》、《弟子答问》诸篇。而于道德事功,纪纲法度,彝伦日用之间,凿凿乎其言之也。至若怡情色性,舒写心灵于吟讽间,不徒大有唐韵,其于继往开来,肩任道统之意,在在跃露。诸载杀青者不论,论其逸者所云:问津挽予之句,是何蕴抱,是何局度乎。以侗椎鲁之质,偏驳之资,冶铸于先生者既久,熏炙于先生者最深。虽不能金玉其词,以绘所为粹质温中之模,乃敢忍于脉脉,不令真儒道范寿于永永乎? 先生娶于李,为朝议大夫文捷公之女。端确贞静,相内启寅。生一子讳敦叙,先先生卒,无嗣,

---

① 吴更:《罗从彦墓》,见武夷山朱熹研究中心:《武夷胜境理学遗迹考》,上海:三联书店,1990年,第40~41页。

有遗腹焉。先生有弟嘘书请继于先生,坚请乃可,曰:'无后为不孝之大,吾存后吾,吾亡嗣子,今子先吾殁后吾明矣。'乃立兄伯常之次子。公卒,无何,而遗腹得男孙振宗。噫! 先生之系,微而且复续,人乎天耶? 先生生熙宁壬子正月十五日寅时,卒绍兴乙卯十有一月至前一日,享遐六十有四。以绍兴庚申孟夏癸酉日辰时,厝于斯兆赫……"①

二、藏春峡

藏春峡是宋代南剑州剑浦县(今延平区)逸人名士常聚集吟诗论学的重要活动场地所。据史志记载,该峡"在郡城东崇福里剑溪之东,两山崇拥,繁花杂卉生其间"②。地处今南平精神病人疗养院峡谷中。民国《南平县志》卷三《山川志》载:"藏春峡,剑溪之东,宋吴仪读书处,两山环峙,繁花杂卉生其间,四时皆和。旁侧有咏归台、老圃亭、暗香亭、容照岩,废址犹存。"该志在卷四《名胜志》中又称:"藏春峡,吴仪别业,杨时、李侗、黄裳、王汝舟、胡纶各有诗。"吴仪,字国华,宋南剑州剑浦县普安里(今延平区大凤乡南山)人。学问宏博,模范端严,不乐仕宦与其从弟吴熙卜居于城东之藏春峡,备亭馆诸胜,以山水自娱,时称"双璧"。吴仪与杨时、陈瓘、黄裳(元丰五年状元)、王汝舟(南剑州知州)等名流结为至交,经常在藏春峡优游论学,吟诗唱和。罗从彦一度在其门下求学。罗从彦《挽吉溪吴助教》(二首),其一:"室富真儒业,门多长者车。明经方教子,得第已荣家。性守仍知分,天然不爱奢。百年成古背,行路亦咨嗟。"其二:"新生夸踽躇,旧德叹凋零。冷带商岩月,光凌处士屋。布衣难得绿,白首易穷经。追想今何在,溪流对洞庭。"诗中罗从彦为吴仪的去世而叹息,为吴仪隐居不仕专心治学而感佩。藏春峡哪时曾是南剑州理学家们的一个活动中心。据史志记载,罗从彦"初从吴仪游,已而闻同郡杨时得河南程氏学,慨然慕之……徒步往见……"③据《罗氏宗谱》记载,罗从彦十三岁至藏春峡吴仪处就读,元祐五年(1090 年)杨时父亲病逝,杨时返将乐守制三年,尝至藏春峡与吴仪唱和论学。罗从彦始慕名徒步前往将乐拜杨时

---

① (民国)《南平县志》卷一七,《艺文志》;武夷山朱熹研究中心:《武夷胜境理学遗迹考》,上海:三联书店,1990 年,第 41～42 页。

② (嘉靖)《延平府志》卷二,《地理》。

③ (民国)《南平县志》卷二〇,《儒林传》。

为师。明朝胡纶曾在《藏春峡》一诗中提及二程、杨时、吴仪、罗从彦的师友渊源关系："藏春峡里云蒙蒙,藏春峡外水溶溶。缭以群峰锦绣错,羲娥背出悬苍穹。笠子亭三一岩照,数椽鸳瓦成新宫。四时不断花含笑,联吟审律能妍工。少室山人吹埙篪,音徽响嗣孰赳雄。是时宋削由安石,动称尧舜谬厥衷。独蝗戴德随旌旆,春秋欲废道几蒙。龟山励志雪深尺,南归不倦持正宗。雅与兄弟有凤好,青青光射秋水瞳。湘管留题至欲遍,无一蓝本涪水翁。吹嘘忠肃实维力,经义赖此先昭融。豫章渊源因有自,又臻杨程雨化功。况闻北阙曾驰赴,底事沦落还蒿蓬。我今一过一惆怅,匪耽泉石图洁躬。"[①]

三、罗源罗豫章祠与豫章书院

罗源罗豫章祠,据《南平县志》卷十一《祠祀》记载,建于明弘治年间(1488—1505年),坐落在南平县罗源里(今延平区东坑乡罗源村)南山,距南平市区10公里。明正德初年(约1506年),新淦罗环来任延平府通判时,赞郡守邹公始以闻、旭二房嗣裔,轮值祭祀。嘉靖戊申五月三日(1548年6月8日),知府范来贤命检校吕存信督修,六月二十六(7月30日)竣工。其后,万历二十八年(1600年),知府陆志孝重修;四十年(1612年),督学冯珽赐给罗从彦十八世裔孙罗文杉(奉祀生)衣巾。清康熙四十五年(1706年),玄烨帝御书"奥学清节"祠额悬挂于南平县城内的道南祠,太学生罗土斤彬重建罗源罗豫章祠,并仿御书"奥学清节"手迹,勒于石,新建御书楼一座。五十七年(1718年),督学李钟峨捐金五十两重修。乾隆十三年(1748年),知县苏渭生捐银十两,交奉祀生罗万选修修葺,并在御书楼下额题书"尼山正脉"匾一幅。民国时期,该祠堂仍由族中闻、旭两房后裔轮祀。该祠坐南朝北,门外建一座立有碑坊的六角亭。华表额"豫章生处"、仪门额"罗先生祠"系提学政后学李钟峨所题,像堂额"东南道脉"系巡抚福建后学王士任所题。祠堂为三进厅堂:第一厅悬名家诗文、题词等,第二厅置香案,第三厅塑有罗豫章先生座像。现仅存第一、二厅及明万历年间(1573—1620年)的《祭罗豫章先生墓文》碑刻

---

① (民国)《南平县志》卷一八,《艺文志》;杨青、吴更:《藏春峡》,武夷山朱熹研究中心:《武夷胜境理学遗迹考》,上海:三联书店,1990年,第27~30页。

一方①。

明范来贤《重修豫章先生罗源祠记》云："洙泗道统之传,至孟氏而息。于五百年后,河南二程夫子,获绍坠绪于遗经。龟山杨先生北学于中国,载道南归时,唯豫章罗先生实独得其心传之秘,以授延平李先生,再传而得考亭朱夫子。三先生皆延平人,而考亭先生亦生于属邑之南溪。一郡四贤,卓然为洙、泗、濂、洛之世嫡。渊源浩博,波及四方,邹鲁以还,未多见也。我国家崇德报功,既敕建道南祠于郡,合而祀之矣。乃先后长吏,复即诸先生讲授之地特祠之。盖爱其人,怀其迹,无穷思也。豫章先生讳从彦,字仲素,南平之罗源人,其地去郡城凡二十里,先生其里后山之裔也,葬在里之黄漈坑。嘉定间,郡守刘允济始购求其遗书,得其墓于荆榛中,岁一祭之。近正德初,新淦罗君环来判延平,自谓家世同生出豫章系,访其遗躅甚勤,即后山之址,赞郡守邹公,始创为先生今祠,以闰、旭二房守之,余四十年矣。先守日就颓敝,未有过而问者。余唯吾道之南,嗣源演流,厥唯先生是赖。平生潜思力行,其学也,以静得之。林卧自适,翛然物外。邀月有台,濯缨有池,风雩咏归,是乡也,盖千载神游之也。顾祠圮不饬,何以妥英灵,而慰邦人之思乎?唯时请于巡察双渠金公,谋之同知谢君适然,推官杨君枢,先后协议,乃命检校吕存信抡材鸠工,往董厥役。自正堂以至中外门庑,咸修葺焉。起仆易敝,轮奂改观。墙宇严阔,过者祗肃。经始于是岁五月三日,落成于次月二十六日,俾守者世掌之。先生故无嗣,其族且散落,鲜有闻人。每访山居旧事,南斋仅存其名,已垦为民田。至池台亭榭之址,亦无复识其处者。唯南斋右有丹桂一株,相传为当时手植,遗恨久枯,创祠后,倏生长迥常,盖祥兆也。即枯复荣,郡之人士,其将有嗣先生之芳者乎?余夙慕先生之道,久仰遗迹,重有感焉,因书之以纪岁月云。嘉靖戊申秋九月吉日。"②

据民国《南平县志》记载:"金楼山,在城南,一名南山,端严肃穆,方正崇宏,群山环向,皆作土平。罗氏豫章徙居其麓,文质公实诞于此。基址之左建为书院。山右有岩,上下梅树三株,传为文质公手植。前有泉,曰白水,亦曰香泉。"③罗从彦于政和三年(1113年)在这里创南斋书院,李侗、朱松均在此

---

① 吴更:《罗源罗豫章祠》,见武夷山朱熹研究中心:《武夷胜境理学遗迹考》,上海:三联书店,1990年。第37页

② (民国)《南平县志》卷一八,《艺文志》;武夷山朱熹研究中心:《武夷胜境理学遗迹考》,上海:三联书店,1990年,第38～39页

③ (民国)《南平县志》卷三,《山川志》。

求学。朱子在《朱公行状》中说，朱松"得浦城萧公顗子庄、剑浦罗公从彦仲素而与之游，则闻龟山杨氏传河洛之学，独得古先圣贤不传之遗意"。宣和二年（1120年）五月初十，朱松丁父忧离政和县尉任，时方腊起义，朱松家贫不能归，只得在政和寓所守制。他得知浦城萧顗从学杨时归来，便特到浦城拜萧顗为师。后又从延平（今南平）罗从彦学，始闻伊洛之学。

四、道南祠

道南祠在延平府南平县龙山（一名龙骑山）巅，即今南平市区北部福建林业学校内。据史志记载，该祠"明成化元年敕建，祀宋儒杨时，罗从彦、李侗配。是年，有请以从祀孔子庙庭者，翰林院议从乡郡立祠致祭，制可之，赐道南匾额，知府郑宗良建祠，何乔新有记。"①明成化元年（1465年）萧山一些有识之士上书朱见深皇帝，恳求皇上批准将宋儒杨时从祀于孔子庙。宪宗将此议案交翰林院商议，翰林院认为此事可在乡郡立祠致祭。宪宗帝批准这个议案，并亲书"道南"二字匾额赐给延平府。时延平府佥事游大升董学政，亲自勘定建祠之地于龙山上，次年十二月督所司正式动工兴建。知府郑时（字宗良）、冯孜（字孟勋）先后督修，成化五年（1469年）秋八月落成。专祀杨时，以罗从彦、李侗配享，设祠堂五间，左右斋房六间，神厨、库房三间。次年，知府盛颙（字时望）请盱江何乔新撰《延平道南祠记》。弘治九年（1496年），明孝宗批准国子监博士杨廷用的奏疏，赐封杨时为将乐伯，同意从祀于孔庙。于是该祠成为致祭专祠，仍由杨氏后裔世袭守之。春、秋仲月上庚日，由郡守率属致祭。嘉靖元年（1522年），佥事吴昂以其地避远，不便致谒，提议改祀于府西城外的旧豫章书院内，仍保留道南祠。嘉靖二十八年（1549年），知府范来贤因迁府学于城西，又改建四贤祠于旧文庙，用来祀杨、罗、李、朱四先生。而道南祠并存，成为有司祀事的地方。万历三十九年（1611年），知府倪朝宾修建。清顺治十三年（1656年），巡按朱克简修建，购置田产作为祭田，并立碑为记。康熙十九年（1680年），协镇杨履道修建；三十七年（1698年），知府范光阳复建前厅；四十五年（1706年）玄烨帝御赐杨时祠额曰"程氏正宗"，罗从彦祠额曰"奥学清节"，李侗祠额曰"静中气象"。五十七年（1718年），学院李钟峨捐

---

① （民国）《南平县志》卷一一，《祠祀志》。

银八百两,知府任宋延捐银四百两,重建道南、文公二祠。乾隆三十年(1765年)二月,龙山野烧延及,华表、飨堂、田碑俱毁,仅存大门及寝室;十一月巡道杨仲兴、知府傅尔泰,知县卫克重建。光绪二十六年十二月初四(1901年1月23日)毁,次年巡道徐兆年、知府刘传福、知县张元鼎重建。此后未再维修,旋毁。由于历代王朝倍加推崇"道南祠",使其声望日高,各地文人骚客纷纷前来拜谒,并留下许多诗文①。

明何乔新《道南祠记》云:"皇帝绍膺景命之初,萧山耆俊,相率请以宋龙图阁直学士龟山杨先生,从祀孔子庙。诏儒臣佥议可否以闻。少保吏部尚书兼华盖殿大学士南阳李公暨翰林词臣,具陈先生师友渊源与其言行之概。请命有司于先生故郡立祠,春秋致祭,以表圣朝崇儒重道之意,以慰后学景模仰范之心。制曰'可',且赐祠额曰'道南'。而以豫章罗先生,延平李先生配享。礼部下延平府,建祠奉祀如式。今福建按察司副使,丰城游君大升,时以佥事董学政,躬相地于郡治东北,龙山之上,而督所司营之。知郡事淮西郑君宗良以祠役为己任,斩材于野,伐石于山,工取于傛,徒取于庸。为祠堂五间,斋房左右六间,神厨、库房三间。中门以省牲品,处门以严辟阃。工未讫,宗良以忧去郡,西蜀冯牧孟勤继之,凡涂筑之未毕者,丹漆之未施者,筑构之未成者以次就功。绕以崇垣,表以华闉。经始于成化二年十月二日,以五年秋八月落成。未几,孟勤徙知邵武,今知郡事晋陵盛顺时望,以是祠之建,有关风教,不可无记。琢碑中门,请于游君,属予书之。嗟夫!孔子、孟子即殁,吾道之不传久矣。士之为学,其卑者溺于训诂,而不知性命道德之微。其高者淫于佛老,而惑其玄虚空寂之说,岂复知有所谓道学哉?矧七闽僻在南服,自薛令之进士举,士知科目之荣矣。自欧阳詹以文学显,士知文章之重矣。至于道学之说,则概乎未闻也。及河南二程夫子,得孔孟不传之学于遗经,其学行于中州,未及南国。先生以绝伦之资,生于此邦,闻程夫子之道,北之河洛而学焉。空探力索,务及其趣。及辞归,夫子送之曰:'吾道南矣。'故一传而得豫章,再传而得延平,三传而得紫阳朱夫子,集诸儒之大成,绍孔孟之绝绪,其道益光。而西山蔡氏、勉斋黄氏、九峰蔡氏、北溪陈氏相继而兴,闽之道学,遂与邹鲁同风。其波及四方者,皆本于闽,呜呼盛哉!揆厥所自,先生之功大矣。而祠事弗举者,三百余年,非缺典欤!我国家以道为治,凡敷政立教,一本于

---

① 吴更:《道南祠》,见武夷山朱熹研究中心:《武夷胜境理学遗迹考》,上海:三联书店,1990年,第46～47页。

儒肆。我圣皇举兹旷礼，非独崇祀先哲而已，盖所以风励学者向道也。"①

五、尤溪韦斋旧治

韦斋旧治，原名"韦斋"，是朱熹父亲朱松燕居之所。宋宣和五年（1123年）仲秋，朱松从政和调任尤溪县尉，自谓性急害道，乃在寓所典史署内辟一室，聚群书，宴坐寝休其间。并请其师罗从彦为之作《韦斋记》，请吴郡户曹曹令德作《铭》。后因兵火，栋宇易置，韦斋另迁他屋。宋乾道七年（1171年），文公四十二岁，回尤溪访其友人时任尤溪知县的石子重，商为其先君兴建韦斋之事。朱熹题写"韦斋旧治"碑刻。民国《尤溪县志》卷三《古迹》云："韦斋，在县治东偏典史署内，朱松尉尤溪时，自以性卞急，取古人佩韦之义，名其斋以自警。"今其地在尤溪县招待所内。②

罗从彦《尤溪县韦斋记》云："岁在癸卯之中秋，朱乔年得尤溪尉。尝治一室聚群书宴坐寝休其间，浚大学之渊源，异端之学无所入于其心。自谓卞急害道，名其室曰'韦斋'，取古人佩韦之义。泛观古人有以物为戒者，有以言为戒者，有以人为戒者。所谓佩韦，以物为戒者也。人之大患在于不知过。知过而思自改，于是有戒焉，非贤者能之乎。予始以困掩未能遂志，因作'舫斋'陆海中。且思古人所以进此道者，必有由而然。久之乃喟然叹曰：'自孟轲没，更历汉唐廖廖千载讫无其人，间有能自树立者，不越注心于外，崇尚世儒之语而已。与之游孔氏之门，入于尧舜之道，其必不能至矣。夫中庸之书，圣门学者尽心以知性，躬行以尽性者。而其始则曰喜怒哀乐之未发谓之中，其终则曰夫焉有所倚。肫肫其仁，渊渊其渊，浩浩其天，此言何谓也。差之毫厘，谬以千里。故大学之道，在知其所止而已。苟知其所止则学知所先后，不知所止则于学无自进矣。漆雕开之学曰：'吾斯之未能信。'曾点学曰：'异乎三子者之撰。'颜渊之学曰：'回虽不敏，请事斯语矣。'而孔子说开与点，称颜渊以庶几，盖许其进也。此予之所自勉者也。故以圣学则莫学而非道。以俗学则莫学而非物。乔年才高而知明，其刚不屈于俗，其学也，方进而未艾。斋

---

① （嘉靖）《延平府志》卷一九，《一艺文志》；武夷山朱熹研究中心：《武夷胜境理学遗迹考》，上海：三联书店，1990年，第47～48页。

② 武夷山朱熹研究中心：《武夷胜境理学遗迹考》，上海：三联书店，1990年，第91～92页。

成之明年,使人来求记于予。予辞以不能,则非朋友之义;欲蹈袭世儒之语,则非吾心。故以常其所自勉者书之,使夫人知其在此不在彼也。或曰:'韦斋之作终无益于学也耶?'曰:'古之人固有刻诸盘盂,铭诸几杖,置金人以戒多言,置欹器以戒满。圣人皆有取焉,苟善取之,则韦斋之作不无补也。'"①

六、沙县洞天岩豫章祠及斋亭

洞天岩在沙县治西五里许的和仁坊,近大洲村。这里泉石秀丽,林山翁郁,依险构宇,高山林樾,是沙县之名胜,保留有不少的摩崖题刻,相传为宋李纲遇定光佛处。其西麓有豫章祠,祀宋文质公罗从彦。据记载:"洞天岩之西麓,昔有文质罗公祠,嗣移建劝忠坊,祀宋豫章罗从彦,系元至元年从彦五世孙天泽请建祠堂,许之。卜地于洞天岩西麓。岁久而圮,明洪武三年刘少尹文仲偕簿邓宗文重建。正统十三年寇毁,景泰间又重建,规制未称。正德十五年,何令亦尹毁淫祀,维摩堂迁公像安焉。嘉靖九年邓尹崇德即县东公馆,改为闽学正宗祠,并祀杨、罗、李、朱四先生,祠遂废。徐阶既新了斋祠,乃以按院所归,募金命学谕李邦光,训导石恺、张琼瑶,属方尹绍魁,即维摩堂建之为堂五木呈。翼以两庑,前联大门,外树坊表,缭以垣墙,复祀如初,万历九年勘合折卖书院,公祠亦在卖中,遂为民业,万历十一年巡抚赵可怀,闻之,移令归官。"②永乐元年(1403 年)重修,沙县知县倪峻写有《重建豫章罗先生祠堂记》。

罗从彦诗咏中的邀月台、颜乐斋、颜乐亭、静亭、濯缨亭,在沙县洞天岩,为罗从彦所建。罗从彦原家剑浦,后徙沙县,就生活于此。据记载:"洞天岩,罗荐可世居其下,因号岩阿老人;或云即豫章先生故居也。旧有颜乐斋、濯缨亭诸胜迹。按寄傲轩,为豫章先生旧修处也;颜乐斋、濯缨亭、静亭,皆豫章先生所建;颜乐斋,系豫章先生斋名。……今考先生所居,即在洞天岩之麓,至郡寇乱后,罗氏始衰,废其所游息。颜乐斋,濯缨亭等景,正在洞天瀑布之滨,且得与默堂相唱和。闻罗源里无泉石之奇,必非其所也。沙县前有豫章书院,明嘉靖二年废,今西山巷有豫章小学,则纪念豫章先生也"。可惜,惟今留

---

① (嘉靖)《延平府志》卷一九,《艺文志》;武夷山朱熹研究中心:《武夷胜境理学遗迹考》,上海:三联书店,1990 年,第 94 页

② 翁国梁:《洞天岩志》,张卿子点校,福州:海风出版社,2006 年,第 15~18 页。

存者,仅有诗文数篇而已,其生平游息之所连同祠堂、书院,亦皆圮废,不复知其遗址。

七、罗从彦在冠豸山、罗浮山的文化遗迹

连城冠豸山有仰止亭,为文亨罗氏所建,主体建筑是三层八角形书斋,背倚壁立千仞的灵芝峰,前瞰文川河,环境优雅。罗从彦曾应邀来此讲学。据文川罗氏族谱,罗从彦应连城县罗氏宗亲之聘,于建炎二年至绍兴元年(1128—1131年)的四年间,前来仰止亭讲学[①]。当年罗从彦手书的“壁立千仞”四个大字,就镌刻在灵芝峰上。罗从彦的五世孙罗良凯追踪先祖,也来仰止亭读书,手书“名山拱秀”四字,刻于乃祖石刻下方。

广东博罗的罗浮山,是罗山与浮山的合体,在博罗县西北境内东江之滨,距博罗县城35公里。西北分别与增城、龙门接壤,方圆260多平方公里。罗浮山山区广大,峻拔奇峭,大小432座山峰,峭壁危崖,980多道瀑布流泉,“山山瀑布,处处流泉”。为第五批国家重点风景名胜区。罗浮山道、佛两教昌盛,为道教的第七洞天;儒学也很发达,历史上许多文人骚客游览并留下无数文化遗存。因罗从彦任博罗县主簿的机缘,罗浮山也留下了他的足迹。据《罗浮山会编》记载:“罗从彦,字仲素,南剑州人,少闻同郡杨时得河南程氏学,慨然慕之,时为萧山令。徒步往学焉。时喜曰:‘惟从彦可与言道。’时弟子千余人,无及从彦者。尝与时讲《易》至乾九四爻云:‘伊川说甚善。’从彦即鬻田走洛,见颐问之。颐反复以告从彦曰:‘闻之龟山具是矣。’乃归卒业。尝采祖宗故事,为《遵尧录》。绍兴壬子,为博罗县主簿兼尉,于罗浮山中澄心静坐,穷天地万物之理,究古今事变之归,尤为切实。卒于官,无子,后数年,族人罗友判惠,护其棺归葬,学者称为豫章先生。”[②]另清代潘耒在《游罗浮记》一文中说:“(罗浮山黄龙洞)有四贤祠,久废。碑在丰草中,四贤者周濂溪(敦颐)、罗豫章(从彦)、李延平(侗)、陈白沙也。山佳胜处皆寺观踞之,唯此环堵为儒林。而居守无人,一毁而莫能复也。祠之后为老人峰、瑶台峰、大石楼、小石楼,皆秀峭峻嶒矗立翠微中。”[③]

---

① 谢重光:《客家文化述论》,北京:中国社会科学出版社,2008年,第440页。

② (清)宋广业辑:《罗浮山志会编》,《藏外道书》第19册,第171页。

③ (清)宋广业辑:《罗浮山志会编》,《藏外道书》第19册,第256页。

总之,罗从彦的理学在洛学传闽的过程中起着承上启下的作用,缵杨铸李,程得成终,朱得成始,身任继开,道兼授受。程颐、杨时、李侗、朱熹四公之功,皆公之有。其足迹也远不止以上所述。他本着严毅清苦的游学精神,鬻田走洛,并数度问学杨时于余杭、萧山、毗陵。其潜思力行,任重诣极,唯一人而已。由于有圣贤品格的加持,使罗从彦的文化遗迹具有重要的精神价值。在当今各地蓬勃发展的旅游开发中应不忘遵循修旧如旧及可持续发展的原则,修复罗从彦的遗迹,让其融入当今的旅游文化中,更不要忘记罗从彦的淡泊和持志的精神对罗氏家族及中华民族的激励作用。这些都值得各相关地方政府和旅游企业给予充分重视。

罗从彦的地籍归属问题

◎ 陈利华

　　作为宋明理学发展中的重要一员,罗从彦(1072—1135)的学术思想和学术地位早已清晰可辨,无可置疑。但是某些有意无意的情感需求和利益驱使,却使一个并不复杂的罗从彦地籍归属问题,慢慢发展成了让罗氏宗亲和罗从彦研究者都纠结不已的情感问题和学术问题,以致不少致力于罗从彦研究的专家学者也不得不托借所谓的"学术轻重之分"而对罗从彦的地籍归属不置可否。这不能不说是中国文化的特质使然,同时也是中国文化的悲哀所在——与他国相比的一个大不同是:中国似乎是世界上最具地缘属性和地缘情结的一个国家,每一个居住在这一国度但却属不同地域的人们,都会被标示显示自己先祖来源地的"祖籍"、自己出生以及成长地的"地籍",甚至一旦因事、因战必须长期离开自己居住的区域所在时,又还会被标示显示他们客居身份的"客籍"等等。完全就把"谁谁谁是哪里人"的这一生命文化标签,根深蒂固地烙刻在了每一个中国人的灵魂深处,让他们无论是生、是死,都不忘要回归到那一片自始至终完全属于自己精神家园和生命家园。因此,如果一个人不能清楚而自豪地说出自己的故乡是哪里,自己到底是哪里人的话,那么,这个人的社交活动就基本不会再有延续伸展的文化空间和社会空间。同样,如果一个姓氏族众对于自己先辈的地望支系都不能准确分辨,或是只能听任他人说之道之的话,那么,这个族群就有可能要面临着莫大的情理悲哀和情感亵渎。同理类推,如果一个专业的文化研究者都没有对自己所研究的姓氏名人有着明确的"地籍""祖籍"和"脉系"认知的话,那么,这样的研究也就一定不会健全和严谨。

　　历史上,围绕罗从彦的"地籍"和"脉系"之争,似乎在他和李侗一起被核准崇祀圣庙的万历四十二年六月（1614年）之后，就慢慢演变得愈来愈烈。以致康熙四十五年（1706年）时，四份经由福建提学沈涵极力疏请而得到的、旌表"延平四贤"①的康熙亲笔御书，只有罗从彦的那一份因为无法送达到真正的罗从彦后裔手中而不得不暂存在南平县（明代称延平县）道南祠保管。造成这个问题出现的根本诱因，无外乎利益的驱动而已。一百多年后（嘉庆十八年，1813年），又一桩因为罗从彦"地籍"和"脉系"纠纷而引发的祠堂田产抢夺大案，虽然一度将延续超过两百年的罗从彦"地籍"和"脉系"之争推向白热化。但其案件审结的最终结果，却也为这场争论异常的罗从彦"地籍"和"脉系"争夺战，画上了一个重要而权威的历史休止符。

当时，一个自称罗从彦后裔的沙县人罗希濂，勾结南平县罗源里（今延平区水南街道罗源村）妇人罗吴氏，拿着一本沙县版的《罗氏族谱》，声称看管罗从彦特祠的祠生罗季兴不是罗从彦后裔，要求罗源里的罗从彦特祠要把所有的田产都划归到其名下。罗源里的罗氏族人与罗季兴皆不服，于是控告至南平县县衙。县衙县令查探不清，误断罗从彦无嗣，这就越发引起了罗源里罗氏的怒气。于是，这个涉及罗从彦"地籍"归属问题，同时又涉及祠产和科举贡生名额分配优惠等利益问题的"谱牒、田产"大案就被上报到了延平府府衙。府衙正堂查对了旧的府志、县志和南平《罗氏族谱》，又征询了与罗氏族人关系密切的杨时、李侗、朱熹三贤后裔（其聚居地都在今南平市延平区），最终经过十二次审理，认定了这是一起由沙县罗希濂通过挖补、添注"仲素子敦叙……殁"等字样，篡改沙县族谱，妄图冒混延平罗从彦后裔、侵占罗从彦祠堂田产的大案。于是，下令将罗希濂押发经历司管押，并延请杨、李、朱三贤的裔孙代表李映奎、杨馀芳、朱肇垣到堂见证并监督执行判决结果，下令日后但凡再有混淆视听、篡改罗从彦"地籍"、"谱牒"，谋夺罗从彦祠产者，"均准罗氏子孙并杨、李、朱三贤子孙呈官究治"。同时，判决书还重新确定了罗从彦祠堂的祠生人选，允许将原来因为存有"地籍"争议而暂存在南平县道南祠的康熙御书"奥学清节"，交给新任祠生"敬谨收藏"。据说，这份御书直到"文革"前还在篁路村保存着，但现已遗失无获。

这件重大的谱系大案审结后，惊魂未定的延平罗氏特将此案判决书镌刻成《豫章罗先生田碑记》，矗立在罗源里的罗从彦特祠以供族人取之为凭并引

---

① "延平四贤"指的是杨时、罗从彦、李侗和朱熹，其中朱熹从祀孔庙的时间是南宋淳祐元年（1241年）正月，杨时从祀孔庙的时间是明弘治八年（1495年）。

以为戒。可以说,自此之后,这个有明以来一直有关罗从彦"地籍"和"脉系"问题的文化争夺战,不仅早就尘埃落定,而且证据充分、事实清楚,但凡所有热爱罗从彦的文史研究者以及罗氏后裔,都可以从中获得借鉴与思考。

为帮助大家更加清楚地了解罗从彦的"地籍"和"脉系"问题,本文仅就明代以前的典籍资料和存留至今的文化遗存逐步做一介绍,以便能够进行进一步的求教与探讨。

一、对延平罗氏和沙县罗氏的一些情况说明

长久以来,多数罗姓家谱以及一些地方文献中,大凡涉及罗姓族人东迁福建的家世源流时,都会引用这样一个观点,即:唐宪宗元和十五年(820年),一位名为罗周文的罗氏先祖被授予沙县县尉之职时,罗氏宗族便从原籍江西洪都迁居到了沙县西门坊。此后由于子孙繁衍,这位因为职务关系而来到沙县的罗周文便被尊奉为了"入闽始祖"。而他的众多子孙,除了世居沙县的这支支系外,也还有若干支系移居福建各地,因此,作为"入闽始祖"自称的这支沙县罗氏,便"自然而然"、"理所当然"地认为:"全闽罗氏均出自闽沙之罗。"①但是,对于他们所代表的"全闽罗氏"而言,一个不容忽视的事实却是,在这支经由江西洪都出发的罗氏族人之后,还有一支经由江西南昌后洋刷水出发的罗氏族人也同样来到了福建。只是他们入闽的经过不仅和沙县罗周文的入闽存在较大不同,而且二者在时间上也相差了89年,其具体过程如下。

五代后梁开平三年(909年),罗氏先祖罗京成(876—929,一名景成)跟随王审知入闽节钺(指执掌生杀之权),因为避乱定居在了南剑州剑浦县(今福建省南平市延平区)。若干年后,这个罗京成的七世后代罗文弼(即罗从彦的

① 杨世泉:《罗从彦籍贯归属地考略》,《福建史志》2003年第4期,第53~54页。

曾祖父),因为家族繁衍壮大,便开始选择在剑浦县(即延平县①)的罗筼后山(今延平区夏道镇筼路村)开基定居,共辟出良田百顷,被罗氏族人追溯为"剑宗始祖"(供奉该始祖的文弼公祠堂,香火仍旧延续至今)。后来,这个剑宗始祖的三世后代,也就是罗从彦的父亲罗神继(字志绳),又因为家族繁衍落户到了杜溪里的儒岭窠(今延平区太平镇儒罗村儒岭),娶了儒岭村的尤氏为妻,于是这才有了北宋熙宁五年(1072年)正月十五第二子罗从彦的出生。罗从彦出生后,因啼哭不绝而在三日后迁往溪南上团②(即今延平区水南街道罗源村),此处距罗从彦先祖开基的罗筼后山,仅仅只有十里之遥。③

由此可见,这个定居在剑浦县的罗氏先祖罗京成和定居在沙县的罗氏先祖罗周文,二者虽然都是来自江西豫章、同宗同源的罗氏后裔,但是二者入闽的房族、支脉却是各有所出,各自衍续。其中特别关键的就是那个最先见诸记载来到沙县的"入闽始祖"罗周文,其后世子孙基本都落户在了沙县附近;而与罗周文同辈的罗氏兄弟罗周偁,其后世子孙罗京成虽然较晚入闽,但却独自在剑浦县发展形成了的一支"剑浦罗氏",此即李侗所措述的"王审知实制乎闽,因择七姓随乎节钺,罗居其一。数传来,惟罗最蕃衍,迁徙麾一。于时或沙或剑。而剑宗为先生远祖京成公。初居剑郭,久之,复居溪南筼乡。"④

---

① 在此需要特别说明的是,对于历史上"剑浦"和"延平"的地理位置关系,清代专攻沿革地理和军事地理的沿革地理学家顾祖禹曾在其著《读史方舆纪要》卷九十七、《福建方舆纪要叙·延平府》中,以明代的行政设置为例,明确解释说:"延平城,即今郡治。后汉末,置南平县。晋改延平,后废。五代时,王延政置龙津县,为镡州治,寻又析置延平县。南唐取镡州,改州治延平,寻还治剑浦,而以延平县省入。"这也就是说,五代时(933年)的镡州州治即为延平改名而来的龙津县(今南平市延平区),后又析置延平县为其附郭,二县并在同一地界(今南平市延平区城区);南唐开运三年(946年),镡州改称"剑州",其州治龙津县先是改回原名"延平",而后又改称"剑浦",并析置延平县为其附郭,二者形成的地域关系是:先以"龙津县为州治","延平县为附郭";不久后又变成以"剑浦县为州治","延平县为附郭"。由此可见,五代至宋初,延平县就一直是剑浦县的附郭,其上级行政区划"剑州",下共领有延平、剑浦、富沙、顺昌、尤溪和沙县。北宋太平兴国四年(979年),一统全国的中央朝廷为了使福建的"剑州"有别于四川的"剑州",于是就在福建的"剑州"前加上一个"南"字,称"南剑州","南剑州"之名一直沿用到宋亡为止,下共领有五个县,分别是剑浦(延平)、将乐、尤溪、沙县、顺昌,治所在剑浦,延平为附郭,隶福建路。

② (明)黄仲昭:《八闽通志》卷一六,《地理·延平府》,罗源里,统图四,距府城一十里。初名上团,以罗从彦祖自豫章徙居之,故名。

③ 筼路村《罗氏宗谱·宋大儒罗从彦公年谱》,罗从彦五世孙罗良佐撰。

④ 李侗:《豫章罗先生墓志铭》,吴栻、蔡建贤:(民国)《南平县志》卷十七,《艺文志》,1985年5月,第847页。

并且,《南平县志》对此还有这样补充:"罗从彦,据谱八世祖京城(即京成,疑为笔误),自豫章避难来家剑浦,生子二人,一徙沙县,一止镡城(剑浦县别称),传见儒林。"①

如此看来,对于那支由剑浦转而迁徙到沙县的罗京成后代而言,如果罗姓族人没有将其与沙县的罗周文后裔混为一谈的话,那么,沙县之罗很有可能就应该分为来自"罗周文"和"罗周偁→罗京成"的两个脉络。这两个脉络,一个是"闽沙始祖"(并非"全闽始祖")的后裔,一个是"剑宗始祖"的后裔。也就是说,现在沙县那些自称与罗从彦同宗同支的罗氏后裔,其实最早应该都是属于"剑浦罗氏"的,只不过是在年代弥久、生活安定之后,他们便以生存地的地名为籍而混称自己是"沙县人"罢了。

二、早期文献清晰可辨的罗从彦地籍表述

查阅现所能够收集到的有关罗从彦地籍记载的文献资料,虽然各自之间存在一些自说自话、歧异互见的观点表述,但是,根据人物印证和年代推导的一般法则,笔者还是发现,越是往前靠近罗从彦生存的那个年代,越是在罗从彦族裔持续播迁的那片区域,有关罗从彦的活动轨迹和文字记载,就越是显得事实清楚、逻辑严密、情理通畅。为如实还原这一现象,笔者特将早期文献中有关罗从彦地籍记载的相关片段提取如下,以期能够得到相对准确而客观的说明认定。

(一)罗从彦《尊尧录》

在罗从彦耗尽毕生心力所撰写的学术专著中,最为著名的就是他在靖康元年(1126年)十月开始撰写的《遵尧录》。翻看这八卷本的《遵尧录》,里面不仅记载了大宋开国至宣和末年(960—1125年)"圣君贤臣"的主要活动,而且还参夹了许多借以阐明道义,或讽或议的各种"释言",强调了祖宗法度不可废、德泽不可恃的观念主张,充分表现了罗从彦虽然身为一介书生,但却心忧家国的爱国情怀。1133年,当这本倾尽心力的著作在广东罗浮山完成最后修

---

① 吴栻、蔡建贤:(民国)《南平县志》卷九,《选举志》,1985年5月,第476页。

改后,时年62岁的罗从彦为了将其书送呈圣阅[①],还特别在自作序文中,做出了一个由他自我认定的籍地说明——延平。其文明确写道:"靖康丙午十月日延平臣罗从彦序。"

(二)李侗《豫章罗先生墓志铭》

宋高宗绍兴十年(1140年),当罗从彦的学生李侗、罗从彦的继子罗永(罗从彦哥哥罗从奇的次子)以及罗从彦的族弟亲友一起将寄放在武平开元寺的罗从彦灵柩,扶归卜葬于延平罗源里黄漈之阳(今延平区水南街道上地村黄漈坑)罗从彦母亲的坟茔之侧时,李侗亲自为罗从彦撰写了墓志铭,并详细陈述说:

> 先生之先,系出祝融之裔炎伯,其弟炎仲国于罗,厥姓遂仍之。数十传而后,或徙江之豫章。逾周,而汉而唐,会有乾符之乱,各镇分制。而王审知实制乎闽,因择七姓随乎节钺,罗居其一。数传来,惟罗最蕃衍,迁徙靡一。于时或沙或剑。而剑宗为先生远祖京成公。初居剑郭,久之,复居溪南篁乡。其曾大父文弼,大父世南,父神继,奕叶潜鳞,代有齿德。以故积美厚,而发祥宏,先生出于其间。天纵英敏,冲龄而然。……先生娶于李,为朝议大夫文捷公之女。端确贞静,相内敃寅。生一子讳敦叙,先先生卒,无嗣,有遗腹焉。先生有弟叔嘘书请继于先生,坚请乃可,曰:"无后为不孝之大,吾存后吾,吾亡嗣子,今子先吾殁后吾明矣。"乃立兄伯常之次子。公卒,无何,而遗腹得男孙振宗。[②]

这篇墓志铭,来自于品行高洁、有着"冰壶秋月"之称的罗从彦正传弟子、同时也是罗从彦同郡人的李侗之手,只是不知为何,却被屡屡枉说罗从彦是沙县人的一些专家学者视而不见,真是莫名哀哉。而两百年前,历经了十二次审理过程并同样看到这篇墓志铭的延平府正堂,则对此文评价为:"李延平所撰豫章先生墓志,内有……并'先生之系,微而复续,人乎天耶'等语,古质幽峭,逼真周汉人句法,断非近人所能摹仿。"另外,再有的进一步的资料记载是,宋徽宗政和六年(1116年),24岁的李侗正式拜师罗从彦时,曾向罗从彦

---

① 黄仲昭:《八闽通志》卷之六十九《人物·延平府》描述该书的创作经过及历史命运时,有这样一段记载:"尝采祖宗故事,大要谓艺祖开基。列圣继统,若舜禹遵尧而不变。至元丰改制,皆自王安石作俑,创为功利之图,浸兆裔夷之侮,为书四万言,名《遵尧录》。靖康中,拟献阙下。会国难不果。"

② 吴栻、蔡建贤:(民国)《南平县志》卷十七,《艺文志》,1985年5月,第847~849页。

投递了一封拜师求学帖,其帖中在称呼罗从彦时,用到了一句敬语,叫"恭惟先生乡丈"①。"乡丈",是古人对同乡老年男子的敬称,李侗将其用在罗从彦身上,是乡里生活的一种习惯使然(李侗出生的剑浦县崇仁里与罗从彦所在的剑浦县罗源里相邻,二者距离不过一二十里),这也足以从另一个侧面说明罗从彦作为延平人的客观事实。

(三)罗革《题集二程语孟解卷后》

虽然,对于罗从彦因为家道中落、父母双亡而接受好友陈渊、廖仲辰之邀前往沙县讲学,十年后又重返剑浦,直至最后归葬剑浦的人生经历,不少主张"罗从彦是沙县人"的专家学者都有意无意加以回避,甚至在学术讨论中也尽量小心不去触碰。但事实上,对罗从彦重返剑浦、主持南斋之事,他的堂弟罗革早就在自己的《题集二程语孟解卷后》做了明确记载:

> 余兄仲素笃志好学,推研义理,必欲到圣人止宿处。以王氏解经释字,虽富赡详备,然终不得圣贤大学之意。遂从龟山游,抠衣侍席二十余年。独闻至当,得洛中横渠(即张载)语论颇多,乃编成语孟二解,记当时对问之语,不加文采,录其实也。廖仲辰于龟山门下与仲素为友,得其本录之。庚戌辛亥中,来聚生徒于南斋,授予此本。廖讳衔,为龟山之侄婿,议论尤得壶奥。绍兴壬申六月廿八日,弟革因阅此书,记于汀州教授厅云。②

从这段文字记载中,我们可以清楚知道,罗从彦在师从杨时时,就曾用心搜集张载有关《论语》、《孟子》的言论而编辑形成《语孟二解》(类似于今天的笔记本),而他的好朋友廖仲辰(杨时的侄女婿)因为与他同师龟山,所以抄得一本。绍兴庚戌、辛亥年间(1130—1131年),廖仲辰前来罗从彦主持的罗源里南斋书院讲学时③,就曾将这本笔记授予了罗从彦的堂弟罗革。绍兴壬申(1152年)六月二十八日,当在汀州任上的罗革再次看到这本由堂兄罗从彦所作的读书笔记时,便禁不住感从中起,特地为之作题留记了。

---

① 吴栻、蔡建贤:(民国)《南平县志》卷二十,《儒林传》,1985年5月,第1060页。
② 吴栻、蔡建贤:(民国)《南平县志》卷十七,《艺文志》,1985年5月,第867页。
③ 1113年,罗从彦应邀从沙县回乡主持南斋书院。建炎二至四年(1128—1130年),罗从彦又应汀州太守邀请赴莲城(元朝改为连城)冠豸山游居讲学,这期间南斋书院的讲学活动可能就由其他聘请而来的文化名人接手进行。

（四）罗良佐《罗氏宗谱》

据罗从彦五世孙罗良佐（字天泽）的《罗氏宗谱》①记载，罗从彦的脉系来源为汉大农令追封相国珠公→著作郎遵生公→唐闽南剑始祖京成公（其像赞为罗从彦五世孙、汀州教授罗良佐记识）→剑浦罗篁始祖文弼公（罗从彦曾祖父，其像赞为罗从彦十八世孙罗邦璋记识）→祖父罗世南→父亲罗神继→罗从彦（其像赞为罗从彦二传弟子朱熹记识），其具体的谱系情况为：

远世祖：罗周俑

……

入闽衍传世系

入闽一世：罗京成，生子二人，分别为仕倬、仕倰

……

入闽七世：罗文弼，生子四人，分别为朝南、忠南、世南、启南

入闽八世：罗世南，生子一人，神继

入闽九世：罗神继，生子三人，分别为从奇、从彦、从龙

正式修谱世系

元祖：罗从彦，生子一人，敦叙。因先于罗从彦而卒，因此罗从彦又立了自己哥哥罗从奇的次子罗永为继嗣（后迁往浙江）

二世：罗敦叙，生子一人，振宗（遗腹子）

三世：罗振宗，生子一人，锦

四世：罗锦，生子一人，良佐

五世：罗良佐②

……

---

① 篁路村《罗氏宗谱》，初修于罗从彦五世孙罗良佐（1249 年），续修于罗从彦十八世孙罗邦璋（明天启壬戌二年，即 1622 年），其后多次增补，最后重修于公元 1984 年。其宗谱凡例称："文质公谥诰，谨按制书所颁，今复誉正于谱，亦昭尊君耀祖之义。户帖，洪武三年（1370 年）颁于世祖卓二公（罗从彦八世孙），迄今子孙相守，计二百余年犹存，亦征尊上敬祖之一端，兹复壮写，乃陈其宗器以彰原籍耳。……凡有嗣者，当时经其在日立异姓者，乃螟蛉，为养老祭扫计，但宗谱必分辨亲疏，是以不敢混书，特附录于后。所以不泯先人之泽云耳。"

② 罗良佐，从彦五世孙，理宗五年（1232 年）甲子由例荐，官汀州教授。罗鼎，良佐子，恭帝德祐乙亥（1275 年）以选荐，官惠州直学（官名。宋、元时路、府、州、县等书院掌管钱谷者）。见于吴栻、蔡建贤：（民国）《南平县志》卷九，《选举志》，1985 年 5 月，第 524 页。

此中,罗从彦的祖辈三代罗文弼、罗世南、罗神继都是"隐身不仕"的淡泊之人,他们死后都与各自的配偶合葬在南剑州剑浦县罗源里(位于今延平区水南街道罗源村)、黄漈坑(位于今延平区水南街道上地村)等地,是地地道道的南剑州剑浦县人。但是由于缺乏族谱传承而导致"生娶卒葬"的记载都不是太详细,因此到了他们的后裔也就是罗从彦的五世孙罗良佐时,他便因为要"不泯先人之泽"而决定修撰族谱。对此,应邀为《罗氏宗谱》作序的剑浦本邑南山人(今延平区南山镇)吴一鸣①,就在淳祐九年(1249年)九月重九日的序文中明确说道:

> 延者豫章罗文质公裔孙良佐君,以修家乘请序于余。……文质公八世祖徙闽剑浦……历数传,生公曾祖文弼,弼公生公祖世南,南公生公父神继。其生娶卒葬纪而不详。……乃以宋儒文质公为元祖,继而谱之。……厥祖(即烈祖,有功之祖)文质,诞膺筐里,毓秀镡津(即今延平,古称镡州)。

文中仅寥寥几句"延者豫章罗文质"、"以宋儒文质公为元祖"、"厥祖文质,诞膺筐里,毓秀镡津"就已将罗从彦是何处人氏、罗从彦的五世孙罗良佐为什么要兴修《罗氏宗谱》以及罗良佐为什么要将罗从彦奉为本支元祖的情况书写得清清楚楚、明明白白,这对后世因为"地籍"之争而有意无意罔顾事实的人来说,恐怕已经不要再做太多详细说明了——对于一个只是为"不泯先人之泽"而诚心诚意要兴修族谱的罗氏后人来说,他会一开始就将自己的祖宗认错、将自己的地籍认错、将自己的言行抹黑而在历史上留下骂名吗?更何况,在从北宋到南宋、在从罗从彦去世到罗良佐要兴修族谱的短短百余年间,有关罗从彦的地籍归属问题根本都还只是个伪话题而已。

(五)马端临《文献通考》

宋元之际的史学家马端临(1254—1323),江西乐平人。他为谋求治国安民之术,探讨会通因仍之道,讲究变通张弛之故,曾借杜佑的《通典》为蓝本,完成了集中国古代典章制度之大成的著名作品《文献通考》,该书体例别致,史料丰富,内容充实,评论精辟。其对于收录《尊尧录》的稽考,有着这样一段评论:

---

① 吴一鸣,字伯大,号定斋,绍定五年(1232年)进士。《八闽通志》卷五十二《选举·科第·延平府》载:吴一鸣,绍定五年壬辰徐元杰榜进士。

《尊尧录》八卷

陈氏曰:延平罗从彦仲素撰。从彦师事杨时,而李侗又师从彦,所谓南剑三先生也。从彦当靖康初,以为本朝之祸,起于熙、丰不遵祖宗故实,故采四朝事为此录,又李沆、寇准、王旦、王曾、杜衍、韩琦、范仲淹、富弼、司马光、程颢名辅巨儒十人言行附于其后。末有《别录》一卷,专载司马光论王安石、陈瓘论蔡京奏疏。欲上之朝,不果。嘉定中,太守刘允济得其书奏之,且为板行。①

此中,马端临所引辑录的"陈氏"之言,即为南宋大藏书家、目录学家陈振孙的重要研究成果,是学术界对于罗从彦地籍说明年代最早的一则文献资料。撰写该资料的陈振孙(?—约 1261 年),字伯玉,号直斋,毕生异常喜爱藏书。他在宝庆三年(1227 年)担任兴化军(今福建莆田,为宋代刻书、藏书兴盛之地)通判期间,曾抄录收集了大量典籍。后经过数十年的心营目识和材料积累,终于把自己对于典籍整理研究的心得体会,按照晁公武《郡斋读书志》的形式,编撰修成私家藏书目录《直斋书录解题》56 卷,对许多文献典籍的刊刻时间和地点都做了简要记载。他在文中明确描述他所看到的这份《尊尧录》刻本,来自罗从彦逝世后的第 78 年,即嘉定六年(1213 年)南剑州太守刘允济的搜访所得,是相当客观而且可靠的。

(六)元代各家的《罗豫章先生文集序》

1. 揭祐民,江西广昌人,后寓居旴水,自号旴里子,晚号希韦子,元泰定帝泰定中(1326 年)前后在世。其就任邵武经历(知府的属官,主管出纳文书事)期间,曾应南平(今南平市延平区)教职许源的约请,撰写《罗豫章先生文集序》,称:

……其(罗从彦)书初也散亡灭没于乡里中,莫知所求。惟天不泯斯文,后死者有幸!许氏乃密购遗本于欲燔未燔之际。豫章之美材,干将之宝气,有藉而存。许源以儒学任南平教职。亟锓诸梓(刻板印刷)。……源复语予,以是书当以延平先生文集并行,遂决意藏诸书院之古牺洞,庶托永久。②

此文使用延平著名的"双剑化龙"典故,将"豫章之美材,干将之宝气"进

---

① 马端临:《文献通考》卷二百一,《经籍考》。
② 吴栻、蔡建贤:(民国)《南平县志》卷十六,《艺文志》,1985 年 5 月,第 819 页。

行并列说明,这是非为延平当地人所能冒用的高度赞誉。

2. 曹道振,福建沙县人,元至正三年(1343 年)进士,曾主持编辑《罗豫章先生文集》并作《后序》:

> 先生著述最多,兵火之余,仅存什一于千百。世所共见者,郡人许源所刊遗蘽五卷而已。道振不揆浅陋,尝欲搜访文集,其年月可考,则系以五年谱,久之弗就。邑人吴绍宗,盖尝有志于是,近得其蘽,乃加叙次,厘为一十三卷,附录三卷,外集一卷,年谱一卷,凡一十八卷。先生五世孙天泽,遂锓梓以寿其传,因识其梗概于此。若夫订其误,而补其遗,不无望于君子也。至正三年(1343 年)岁在癸未二月甲子曹道振谨识。①

(七)明代各家的《罗豫章先生文集序》

1. 柯潜(1423—1473 年),明状元,字孟时,号竹岩,莆田城厢区灵川镇柯朱村人。其作《罗豫章先生文集序》称:

> 邵武太守、南充冯侯孜前在延平时,慕先生为人,搜访遗文,得之民家,盖元进士曹道振所编次者。首年谱,次诗文,次附录,次外集,凡十八卷。②

2. 姜文魁,明进士,历大理寺寺正,江西进贤人。正德八年(1513 年)接替高坛出任延平府知府一职。其《重刻豫章先生文集序》记载说:

> 周程以来,杨龟山出于将乐,罗豫章、李延平出于南平,朱晦庵亦产自尤溪。延平一郡,而四贤继生,以明道为己任。……予窃慕群贤道轨,幸守是邦。适罗先生十一世孙存德,告葺旧祠,以崇祀事。复观龟山、延平各有书院,惟豫章尚为阙典。卜其地得城西旧县基……同府武宁万君廷彩,通府颖上杜君换,推府顺德陈君韶议,出公帑协措葺举,而落成之。适户部萧君九成,以公檄过家,诣余告曰:"书院既绍前闻矣,其遵尧录,爨没已久,今不复刊矣,则豫章翼道之功泯焉。"予因访得元进士曹道振编校旧本,但字多空缺未备,讹舛未真。余为采集史记,参互考订。首之以年谱,经解、遵尧录,继之以集,程杨语录,及所作序记诗文之类,末则附之以志文序记,所以称述先生者,总若干万言,厘为一十七卷,载新于梓,与四方士共之。庶先生之道,因是不泯焉。……时正德岁次丁丑

---

① 吴栻、蔡建贤:(民国)《南平县志》卷十六,《艺文志》,1985 年 5 月,第 820 页。
② 吴栻、蔡建贤:(民国)《南平县志》卷十六,《艺文志》,1985 年 5 月,第 825 页。

（1517 年）闰十二月初七日,进贤后学姜文魁敬书。①

由上述这些记载可知,自元、明以来,凡延平本籍名人（最先为罗从彦的五世孙罗良佐）或是走马就任延平的外籍官员（主要有许源、冯侯孜、曹道振、姜文魁等）,他们都因受延平名人罗从彦的学术感召而在延平致力编辑修订过《豫章先生文集》,这种持续不断的文化盛举,在罗从彦只是居留讲学十年左右的邻县沙县,是根本就难以实现的。为此,康熙甲寅（1674 年）五月二十二日,田间后学施中②还专门在姜文魁的《重刻豫章先生文集序》后,就延平所刊刻过的四种版本的《豫章先生文集》增补了追记。

三、不可易更的延平罗从彦文化遗存

长期以来,由于"延平人罗从彦"一直被误认为"沙县人罗从彦"的问题存在,使很多学者包括罗氏后人都未能很好地去面对这样一些客观事实,即罗从彦生前、身后的世系传承为什么都可以在延平谱系中找到事实分明的历史记载? 罗从彦有史可考的曾祖辈、祖父辈为什么都只生活在延平、安葬在延平? 那个莫名其妙被从延平罗氏脉系中单独切割出去变成"沙县人"的罗从彦,为什么他的所有胞亲和妻幼都还生活在延平? 又到底是为什么,一个"在沙县也有众多姓氏族亲"的罗从彦,竟然能够毫无争议地被自己的门生以及族中晚辈归葬在延平祖地、他的母亲坟茔之侧? 那个记录过罗从彦生活点滴的延平山川,究竟深藏着多少与罗从彦有关的文化遗存?

（一）儒罗村罗从彦出生地

南宋嘉定六年（1213 年）,也就是罗从彦逝世后的第 78 年,南剑州知州刘允济在寻访中得到《遵尧录》并进献朝廷后,便开始为罗从彦请谥③。同时为了纪念罗从彦,他还将罗从彦的出生地"儒岭窠"改为了"儒罗",这就是今天延平区太平镇儒岭村之所以得此名称的由来。只是不知是方言发音的缘故还是其他什么原因,在太平镇一带,人们都把这个"儒 rú 罗"读作了"儒 yú

---

① 吴栻、蔡建贤:(民国)《南平县志》卷十六,《艺文志》,1985 年 5 月,第 827～828 页。

② 施中,号田间,初名外黄,延平芹哨乡吉田里人（今南平市延平区峡阳镇一带）,长于诗字。

③ 宋淳祐六年（1246 年）,福建提刑杨栋再次上书为罗从彦请谥。第二年五月廿四日,宋理宗下诏赐罗从彦谥号为文质,因此后世著作就多称其为文质公。

罗",因此周边乡镇之人大都也入乡随俗、尊重历史,用其本音来读取这个地名。

（二）罗源村罗从彦宅、南斋书院、罗从彦特祠及其他

北宋熙宁五年（1072年）正月十八日,出生仅三日的罗从彦就随母从儒岭窠迁居到了罗源里,在这里渡过了近三十年时光。黄仲昭《八闽通志》记载:"罗从彦宅,在罗源里,后徙沙县瀺溪源。罗源故址,子孙世居焉。短墙矮屋,石径蔬园,过者兴叹。"①

政和三年（1113年）,42岁的罗从彦接受族人举荐和本地乡绅的热情邀请,从沙县回到自己离开近十年的剑浦县罗源里执掌南斋书院,致使该地衣冠济济,群儒毕集,人文荟萃。人们因此盛赞他的书斋为儒林阁,并一并盛赞他书斋所在的罗源峡为儒林峡。据记载,当时为方便师生饮食起居,书院旁还特地挖了一口井,以其味甘香清冽而取名为"香泉"。②

明嘉靖二十四年（1545年）,江苏人范来贤③在出任延平知府后,在《重修豫章先生罗源祠记》中描述说:"豫章先生,讳从彦,字仲素,南平之罗源人。其地去郡城凡二十里,先生其里后山之裔也,葬在里之黄漈坑。嘉定间,郡守刘允济始购求其遗书,得其墓于荆榛中,岁一祭之。近正德初,新淦（今江西省新干县）罗君环来判延平,自谓家世同先生出豫章系,访其遗躅甚勤,即后山之址。赞郡守邹公④始创为先生今祠,以闽旭二房守之,余四十年矣。……每访山居旧事,南斋仅存其名,已垦为民田。至池台亭榭之址,亦无复识其处者。唯南斋右有丹桂一株,相传为当时手植,遗根久枯。创祠后,倏生长迥常,盖祥兆也。"⑤

罗从彦去世后,但凡他所生活过、居留过、讲学过的地方,都或多或少出现了与罗从彦有关的专祠、特祠或合祠。但在数量上占绝对优势的,还是以

---

① 黄仲昭:《八闽通志》卷七十四,《宫室·延平府》。

② 吴栻、蔡建贤:(民国)《南平县志》卷三《山川志》载:香泉,一名白水,南城东罗源里,豫章先生书院右,其味甘香故名。

③ 范来贤,明代进士,生卒年不详,直隶常熟人。嘉靖二十四年（1545年）出任延平知府。其撰写《重修豫章先生罗源祠记》的落款时间为"嘉靖戊申（1548年）秋九月"。此时,延平人罗从彦和李侗都还未能从祀孔庙。

④ 此处的"郡守邹公",为浙江杭州人邹虞,弘治十六年（1503年）出任延平知府。

⑤ 吴栻、蔡建贤:(民国)《南平县志》卷十三,《艺文志》,1985年5月,第685页。

罗从彦的出生地延平为多,如历代延续的杜溪里豫章罗文质公祠,延平府学先贤祠,南平道南祠、四贤书院、峡阳屏山书院等,他们既有将罗从彦单独奉祀,也有将罗从彦和杨时、李侗、朱熹一起合祀的。上述范来贤所记始建于明弘治年末(1488—1505 年)、坐落于延平罗源里南山的"豫章先生罗源祠",其址既是罗从彦生活、成长的之地,同时也是罗从彦"筑室山中"的"讲授之地",郡守邹虞选择在此建造特祠,目的就是为了要让后人爱之、怀之、仰之、思之。史料记载,这座特祠修成后,一共经过了嘉靖二十四年(1545 年)、嘉靖三十五年(1556 年)、万历二十八年(1600 年)、万历四十年(1612 年)、康熙四十五年(1706 年)、康熙五十七年(1718 年)和乾隆十三年(1748 年)的多次重修重建,至今仍在原址上并得到较好保留。1994 年,该特祠被列为南平市重点文保单位。

(三)罗从彦墓

该墓位于南平市延平区水南街道上地村的黄漈坑,这里群山起伏,景色宜人。不远处即是罗从彦的母亲墓。罗从彦墓墓穴坐南朝北,砖石结构的墓坪分上、中、下 3 层,上窄下宽、呈凤字形。墓前原有石碑 3 方,2 方已毁。中碑正中阴刻楷书"宋大儒邹国公文质豫章罗先生之墓"。碑高 0.96 米、宽 0.36 米,厚 0.06 米,刻有横额"奥学清节"以及右联"时思先代祖",左联"日见古来亲"。墓坪下层残存碑座 2 块,其中一块为明万历进士吴宗尧《祭先儒罗从彦墓文》碑,现存于罗源里罗从彦特祠;另外一块下落不明。1984 年,这座著名的名人墓葬由南平市政府拨款整修完毕并被列为市级文物保护单位。

(四)罗从彦之妻墓

族谱记载,因家贫不能与罗从彦合葬的、一直单独坐落于篁乡水井后窠头半作山(即今篁路村罗氏支祠上方菜圃边)的罗从彦之妻李金翠墓,找到时虽然坟茔芜乱、杂草丛生,但经简单整饰后,也总算可堪祭拜。

总之,罗从彦作为一个地地道道的延平人,其来源有序、事实清楚、遗存丰富、成就突出,无论是学术界或是罗氏后人,都不可熟视无睹、既成事实地将罗从彦的地籍归属问题变成一笔莫名其妙的文化糊涂账,以讹传讹地故作"糊涂"下去。

罗从彦生平事迹略考

◎ 蓝天昊

罗从彦（1072—1135），字仲素，世称豫章先生。从学于理学家杨时，向被称为仅次于杨时的"道南第二人"，在道南学派完成洛学传闽的过程中起着承上启下、继往开来的作用。他于绍兴二年（1132年）特奏获进士称号，授广东惠州博罗县主簿。卒后，谥文质，赐"奥学清节"。长期以来有关其生平事迹颇多疑点，现提出供大家商榷。

一、籍贯之辨

按几千年来中国的传统，籍贯是祖籍地的一种表述。与现代一样，古代的户籍与籍贯也是不同的。在古代，"籍"意思是指一个人的家庭对朝廷负担的徭役种类，也就是指其所从事的职业；"贯"字面意思指一个人的出生地，如"乡贯"、"里贯"。而籍贯是指祖居地或原籍，指的是曾祖父及以上父系祖先的长久居住地或曾祖父及以上父系祖先的出生地原籍地是原来的籍贯，一般要向上追溯到三代以上。从长时段的历史来看，中华民族的祖先都在不断地迁徙，这就给籍贯的确定带来困难。据李侗《罗从彦先生墓志铭》记载："先生之先，系出于祝融之裔炎伯，其弟炎仲国于罗，厥姓遂仍之。数十传而后，或徙江之豫章。逾周，而汉而唐。会有乾符之乱，各镇分制。而王审知制乎闽，因择七姓随乎节钺，罗居其一。数传来，惟罗最藩衍，迁徙靡一。于时或沙或剑，而剑宗为先生远祖京成公。初居剑郭，久之，复居溪南篁乡。其曾大父文弼,大父世南,父神继,奕叶潜鳞,代有齿德,以故积美厚而发祥宏。"①从这段话中可知,罗从彦先世祖先入闽前曾在豫章(江西南昌),于五代十国的闽国王审知时期才入闽;刚入闽时或在沙县或在剑浦,说明这两地都有罗氏先祖的浮宅,此时离罗从彦出生在 100 年以上,当在罗从彦曾祖之前,故可排除豫章为罗从彦籍贯之说。

到罗从彦远祖京成公时已生活在南剑州城郭,后来又迁居剑浦溪南篁乡即今篁路。曾祖时必然也生活在这里。因从罗仲素的曾祖以来,都隐身不仕,剑浦有先世的房宅田园。据毛念恃《文质罗豫章先生年谱》:"宋神宗熙宁五年壬子,先生生于合剑浦之罗源乡。"②剑浦县即今南平市延平区。故罗从彦籍贯为宋南剑州剑浦县罗源乡上团里(今南平市东坑乡罗源村)人,应为确论。而沙县虽有先世浮宅,但在阄分家产时估计已分给曾祖伯叔。故沙县也还生活着罗从彦的其他近亲。据沙县《洞天岩志》记载:"罗畸,字畴老,从彦之从父,兄弟少有声太学,熙宁九年第进士,调福州司司理坐忤,使者投檄归,杜门读书十年,再除徐州司法,绍圣初罢,制策设词科,畴首中选,授华州教授,召为太学录,迁太常博士,论孔子冠冕以王者十二旒为定制。从彼命作奠献乐歌二十余章,历兵部郎中秘书少监,崇宁中辟雍成,命词,其赋诗颂,居第一,进宫一等,以右文以殿修撰出知庐州、福州、处州,卒,著有《文海》百余卷,《洞霄录》十卷,墓在沙县西北九都。"③

户籍地并不一定是这个人的祖籍地或籍贯地。至少有三个因素影响罗从彦从剑浦迁居沙县:妻子是沙县人;有同宗叔伯在沙县;为了求学罗从彦已将剑浦县的田产转卖。据载:"哲宗元祐三年(1088 年),罗从彦 17 岁中举,配妻沙县陈氏淑女,贤德儒人,居二十都。"④但据李侗撰《豫章罗先生墓志铭》:"先生娶于李,为朝议大夫文捷公之女。端确贞静,相内启寅"。又按府志载:"罗仲素先生曾祖文弼,祖世南,父神继,皆隐身不仕……按豫章先生,旧以为剑浦罗源里人。后居沙县,盖先生始祖豫章来原,迁沙县,后迁罗源,又归沙

---

① 武夷山朱熹研究中心:《武夷胜境理学遗迹考》,上海:三联书店,1990 年,第 41~42 页。

② 毛念恃:《文质罗豫章先生年谱》,《北京图书馆藏珍本年谱丛刊》第 21 册,北京:北京图书馆出版社,1999 年,第 679 页。

③ 翁国梁:《洞天岩志》,张卿子点校,福州:海风出版社,2006 年,第 15~18 页。

④ 庄延年:《罗从彦略考》,《沙县文史资料》第 6 辑,1997 年。

县。据先生集载,绍兴己亥东里盛木,博文友也,题义恩祠壁云:'是祠先生八世祖所创,先生同殿撰畸肄业于此'。此则先生之复居沙县明矣。又集载:先生录《龟山语录》云:第四卷《毗陵所闻》,注于'辛卯七月,自沙县来,至十月去。'《萧山所闻》注云:'壬辰五月又自沙县来,至八月去。'若非居沙县,何曰:'自沙县来也。'今考先生所居,即在洞天岩之麓,至郡寇乱后,罗氏始衰,废其所游息。颜乐斋,濯缨亭等景,正在洞天瀑布之滨,且得与默堂相倡和。闻罗源里无泉石之奇,必非其所也。其葬罗源,第以李公扶枢至延平故附之祖墓侧耳。"①

二、受学师友与门人

罗从彦的老师有杨时、吴仪、程颐。罗从彦最初从审律吴公国华游。据《罗氏宗谱》记载,罗从彦十三岁至藏春峡吴仪处就读。《文质罗豫章先生从彦附师吴仪》云:"罗从彦,字仲素,南剑人。延平有吴仪,字国华,以穷经为学,先生师之。"②藏春峡是宋代南剑州剑浦县(今延平区)逸人名士常荟集吟诗论学的重要活动场地所。在郡城东崇福里剑溪之东,两山崇拥,繁花杂卉生其间。民国《南平县志》卷三《山川志》载:"藏春峡,剑溪之东,宋吴仪读书处,两山环峙,繁花杂卉生其间,四时皆和。旁侧有咏归台、老圃亭、暗香亭、容照岩,废址犹存。"该志在卷四《名胜志》中又称:"藏春峡,吴仪别业,杨时、李侗、黄裳、王汝舟、胡纶各有诗。"吴仪,字国华,宋南剑州剑浦县普安里(今延平区大凤乡南山)人。学问宏博,模范端严,不乐仕宦与其从弟吴熙卜居于城东之藏春峡,备亭馆诸胜,以山水自娱,时称"双璧"。罗从彦有《挽吉溪吴助教》两首。③ 诗中罗从彦为吴仪的去世而叹息,为吴仪隐居不仕专心治学而感佩。

继而罗从彦向杨时求学。据记载:"已而闻龟山先生得伊洛之学于河南。遂往学焉。乃知旧日之学非也。乃可希圣希贤。三日,惊汗浃背曰:'几枉过了一生。'龟山倡道东南,从游者千余人。然语其潜思力行,任重诣极如先生,

① 翁国梁:《洞天岩志》,张卿子点校,福州:海风出版社,2006年,第15~18页。
② 黄宗羲:《宋元学案》,北京:中华书局1986年,第1270页。
③ (民国)《南平县志》卷一八,《艺文志》;杨青、吴更:《藏春峡》,见武夷山朱熹研究中心:《武夷胜境理学遗迹考》,上海:三联书店,1990年,第27~30页。

一人而已。尝讲《易》至乾九四一爻。龟山云:曩闻伊川先说得甚好。遂鬻田裹粮至洛见伊川。其所闻亦不外龟山之说。及归,于是尽心力以事龟山。抠衣侍席二十余年。尽得不传之秘。"[1]

罗从彦从学杨时于何年与受学于何处有不同的看法。《宋史·罗从彦传》把政和二年(1112年)作为罗从彦赴萧山作为受业杨时之始。《年谱》也采此说:"政和二年壬辰,先生四十一岁。始受学于龟山杨先生之门。"[2]但此论不足为据。考杨时1107年任余杭知县,与1112年知萧山相去六年,而《余杭所闻》已有杨时与豫章之问答,则显然其从学非始于萧山。伊川先生程颐卒于1107年,其言罗从彦之见伊川在见龟山之后,如果见龟山始于1112年,则伊川之卒已六年了,又何从见面呢?按龟山年谱:"是年(1112年)赴萧山知县,延平罗仲素来学自公得伊洛之学。归倡东南。从游之士,肩摩袂属晚得罗仲素,遂语以心传之秘。于是公之正学益显于世。"[3]但这绝不是受学之始。虽然,元祐五年(1090年)杨时父亲病逝,杨时返将乐守制三年,尝至藏春峡与吴仪唱和论学。但此时杨时尚未向小程求学,杨时是在1093年才以师礼见于程颐的。如果以1090年为罗从彦求学的起始,又显然与杨时所言"颐川说甚善"不符。另据《宋元学案》记载:"崇宁初,见龟山于将乐,惊汗浃背曰:'不至是,几枉过一生矣。'云溪案:……先生严毅清苦,在杨门为独得其传。龟山初以饥渴害心令其思索,先生从此悟入,故于世之嗜好泊如也。"[4]然而,考虑到崇宁元年(1102年)杨时赴荆州府学教授并不在将乐。而在这前一两年杨时确实在闽北。显然这为罗从彦求学提供了极为良好的时机。涪州编官任满后,1100年杨时回到家乡将乐,在含云寺讲学,曾作《勉学歌示诸生》。建中靖国元年(1101年),杨时被暂时派任建州建阳县丞。也就在这年三月,沙县陈渊到建阳投书问学。后来陈渊还成了杨时的女婿。笔者认为极有可能这一时期是罗从彦从学杨时之始。[5]

---

① 毛念恃:《豫章先生事实》,《北京图书馆藏珍本年谱丛刊》第21册,北京:北京图书馆出版社,1999年,第669～677页。

② 毛念恃:《豫章先生事实》,《北京图书馆藏珍本年谱丛刊》第21册,北京:北京图书馆出版社,1999年,第680页。

③ 毛念恃:《豫章先生事实》,《北京图书馆藏珍本年谱丛刊》第21册,北京:北京图书馆出版社,1999年,第681页。

④ 黄宗羲:《宋元学案》,北京:中华书局,1986年,第1270页。

⑤ 参见拙作:《罗从彦从学于杨时辨误》,《南平师专学报》1997年第3期。

罗从彦的讲友有廖衙、陈渊等,"廖先生衙,别见龟山学案。"①

罗从彦的门人有朱松、李侗、邓迪等人。据记载:"豫章门人胡、程三传。文靖李延平先生侗。李侗,字愿中,南剑人。年二十四,闻郡人罗仲素传河洛之学于龟山,遂往学焉。仲素不为世所知,先生冥心独契。于是退而屏居,谢绝世故,余四十年,箪瓢屡空,怡然有以自适也。"②《宋史·李侗传》也载:"李侗,字愿中,南剑州剑浦人,(政和六年)年二十四,闻郡人罗从彦得河洛之学遂以书谒之,从之累年,授《春秋》、《中庸》、《语》、《孟》之说。从彦好静坐,侗退入室中,亦静坐。从彦令静中看喜怒哀乐未发前气象而求所谓中者。久之,而于天下之理该摄洞贯以次融释,各有条序。从彦极称许焉,既而退居山田,谢绝世故,余四十年。……是时,吏部员外郎朱松与侗为同门友,推重侗。"③毛氏念恃撰《豫章罗先生事实》节略曰:"先生清介绝俗,里人知之者尚少,惟郡人李愿中新安朱乔年闻先生得伊洛之学于龟山之门遂执弟子礼从之游。"④"晦庵夫子之父朱松,字乔年,以诗闻。从罗仲素先生游,与延平先生为同门友,闻龟山先生所传伊洛之学。则受学之年,应与李先生同。"⑤另外,沙县之邓迪也是从彦的高徒。

三、著作考

根据李侗撰《豫章罗先生墓志铭》:"生平雅好著述,编牒鳞集,不可枚纪。纪其大者若《遵尧》、《台衡》、《春秋解》、《诗解》、《语孟师说》、《中庸说》、《议论要语》、《二程龟山语录》、《弟子答问》诸篇。而于道德事功,纪纲法度,彝伦日用之间,凿凿乎其言之也。至若怡情色性,舒写心灵于吟讽间,不徒大有唐韵,其于继往开来,肩任道统之意,在在跃露。诸载杀青者不论,论其逸者所云:问津挽予之句,是何蕴抱,是何局度乎。以侗椎鲁之质,偏驳之资,冶铸于先生者既久,熏炙于先生者最深。虽不能金玉其词,以绘所为粹质温中之模,

① 黄宗羲:《宋元学案》,北京:中华书局,1986 年,第 1278 页。
② 《宋元学案》,第 1278 页。
③ 李侗:《李延平集》,上海:商务印书馆,1935 年,第 1 页。
④ 李清馥:《闽中理学渊源考》卷四。
⑤ 毛念恃:《文质罗豫章先生年谱》,第 681 页。

乃敢忍于脉脉,不令真儒道范寿于永永乎?"①

罗从彦著《遵尧录》八卷,历言宋之祖宗绍述纲举目张,体用兼该。他曾说:"采祖宗故事为《遵尧录》。嘉靖中,拟献阙下,会国难不果。尝与学者论治曰:'祖宗法度不可废,德泽不可恃。废法度则变乱之事起,恃德泽则骄佚之心生。自古德最厚,莫若尧舜。向使子孙世守文武成康之遗绪,虽至今存可也。'又曰:'君子在朝则天下必治。盖小人进则常有治世之言,使人主多乐而怠心生,故乱。'又曰:'天下之必不起于四方,而起于朝廷。譬如人之伤气,则寒暑易侵。木之伤心,则风雨易折。故内有林甫之奸,则外必有禄山之乱。内有庐杞之奸,则外必有朱泚之叛。'其论士行曰:'周、孔之心,使人明道,学者果能明道,则周、孔之心,深自得之。三代人材得周、孔之心,而明道者多,故视生死去就如寒暑昼夜之移,而忠义行之者易。至汉,唐以经术古文相尚,而失周、孔之心。故经术自董生、公孙弘侣之,古文自韩愈、柳宗元启之,于是明道者寡。故视生死去就如万钧九鼎之重,而忠义行之者难。呜呼,学者所见,自汉唐丧矣。'又曰:'士之立朝,要以正直忠厚为本。正直则朝廷无过失,忠厚则天下无嗟怨。一于正直而不忠厚,则渐入于刻,一于忠厚而不正直,则流于懦。'其议论醇正类此……"②在他去世之后 79 年,南宋嘉定间(1208—1224 年),延平郡守刘允济上其书《遵尧录》于朝,乞宣付史馆赐谥号。元至正三年(1343 年),有沙县知县曹道振辑先生之行实,为年谱一卷。事虽不详,亦可寓景行之一斑。庐陵刘将孙之跋先生遗稿。《罗豫章先生文集》收有《宋史本传》、《年谱》、《遵尧录》七卷、《遵尧别录》一卷、《杂著四道》、诗二十七首,合成十卷。

《杨时集》收集有《荆州所闻》、《余杭所闻》、《南都所闻》、《毗陵所闻》、《萧山所闻》共四卷。其所著《诗解》、《春秋解》、《语孟师说》、《台衡》、《中庸说》、《弟子答问》,今多不传。

四、卒于官还是卒于道,有嗣还是无嗣

罗从彦逝世时值干戈扰攘,榇柩未能及时归葬,由其本家罗支(惠州通

---

① 武夷山朱熹研究中心:《武夷胜境理学遗迹考》,上海:三联书店,1990 年,第 41~42 页。

② 叶联芳:《重修沙县志》;翁国梁:《洞天岩志》,张卿子点校,福州:海风出版社,2006 年,第 72 页。

判)暂寄于汀州开元寺。绍兴十年(1140年)始由其门人李侗与罗从彦继子一同扶枢归葬于黄漈(今名黄际坑豫章山)。

按《宋史本传》云:罗先生"卒于官"①,但集中载公族北罗革题公所集《二程语孟解》后云:"先生自广闽,卒于汀州之武平县,革记在绍兴壬申,所知必真。又集中载龟山答胡康侯书云:伊川先生语录在念,未尝忘也,但以兵燹散失,收拾未悉旧日,惟罗仲素编集备甚,今仲素已死于道途,行李以遭贼火,则公之卒于武平为真,非卒于官也。"②

按《宋史本传》云:"一子敦叙。"又据《罗浮山会编》记载:"为博罗县主簿兼尉,于罗浮山中澄心静坐,穷天地万物之理,究古今事变之归,尤为切实。卒于官,无子,后数年,族人罗友判惠,护其棺归葬,学者称为豫章先生。"③据此,罗从彦兼博罗县主簿与县尉,卒于官,无子。然而,李侗为之撰《豫章罗先生墓志铭》:"生一子讳敦叙,先先生卒,无嗣。有遗腹焉。先生有弟嘘书请继于先生,坚请乃可,曰:'无后为不孝之大,吾存后吾,吾亡嗣子,今子先吾殁后吾明矣。'乃立兄伯常之次子。公卒,无何,而遗腹得男孙振宗。噫!先生之系,微而且复续,人乎天耶?先生生熙宁壬子正月十五日寅时,卒绍兴乙卯十有一月至前一日,享遐六十有四。以绍兴庚申孟夏癸酉日辰时,厝于斯兆赫……"④以上记载以李侗所记为真。生一子敦叙先于罗从彦卒,罗从彦去世时其棺枢数年才由李侗将之归葬,故会有人以为罗从彦无嗣。但是,罗从彦生前在嗣子卒后曾过继了一位养子,并且还生留有遗腹子,显然不能说无嗣。另有记载:"罗明祖,字宣明,豫章先生裔孙也,颖悟绝人,博极群书,有评其制举业者,谓'识力至此,何事不可为',精于占侯,星数,凡河渠律历兵法堪舆,无不精究,著《诗文全集》三十卷行世,后祀沙县贤,并配豫章祠。"⑤这也证明罗从彦还有子嗣存在。

①　《罗豫章先生文集》,上海:商务印书馆,1936年,第2页。

②　翁国梁:《洞天岩志》,张卿子点校,福州:海风出版社,2006年,第15~18页。

③　宋广业辑:《罗浮山志会编》,《藏外道书》第19册,第171页。

④　《南平县志》卷一七,《艺文志》;武夷山朱熹研究中心:《武夷胜境理学遗迹考》,上海:三联书店,1990年,第41~42页。

⑤　翁国梁:《洞天岩志》,张卿子点校,福州:海风出版社,2006年,第15~18页。

五、谥、祀与评价

南宋理宗淳祐(1241—1252 年)间,赐谥罗从彦为文质。据记载,理宗淳祐六年(1246 年),福建杨刑、杨栋上奏请求给罗从彦上谥号,理宗诏令太常博士陈述意见,讨论说:"按谥法,道德博厚曰:文,言行相应曰质。"①于是,淳祐七年(1247 年)诏赐谥文质。明万历四十七年(1619 年),罗从彦从祀孔子庙廷之东庑,有木主,位列先儒之列,先儒者以传经授业为主。

清康熙四十五年(1706 年)从学臣沈涵之请赐御书"奥学清节"四大字匾于祠。此御书大概是来源于陈渊的评价。杨时的女婿陈渊,经常到从彦家讨论学问,毕竟日而返,曾对人说:"自吾交仲素,日闻所不闻,奥学清节,真南州之冠冕也。"②"奥学"是指高深的学问。罗从彦之奥学来自于河南二程夫子的河洛之学,得孔孟不传之遗意。罗从彦师从杨时,抠衣侍席二十余年,尽得不传之秘。罗从彦在《观书有感》云:"静处观心尘不染,闲中稽古意尤深。周诚程敬应粗会,奥理休从此外寻。"正由于奥理精深,固为常人所难知。黄宗羲说:"其始学也,默坐澄心,以验夫喜怒哀乐未发之前气象如何。久之,而知天下之大本真在乎是也。既得其本,则凡出于是者,虽品节万殊,曲衷万变,莫不该摄洞贯,以次融释,各有条理,如川流脉络之不可乱。大而天地之所以高厚,细而品汇之所以化育,以至经训之微言,日用之小物,玩之于此,无一不得其衷焉。由是操存益固,涵养益熟,泛应曲酬,发必中节。其事亲从兄,有人所难能者。"③李侗在拜师的投名状中称:"先生服膺龟山之讲席有年矣,况尝及伊川先生之门,得不传之道于千五百岁之后。性明而修,行完而洁;扩之以广大,体之以仁恕;精深微妙,各极其至。汉、唐诸儒,无近似者。至于不言而饮人以和,与人并立而使人自化,如春风发物,盖亦莫知其所以然也。凡读圣贤之书,稍有见识者,孰不愿得授经门下,以质所疑。"④"清节"则指罗从彦笃志好学,而以担荷道统为己任,推研义理,必欲到圣人止宿处,正如朱熹所说:

---

① 翁国梁:《洞天岩志》,张卿子点校,福州:海风出版社,2006 年,第 15~18 页。
② 叶联芳:《重修沙县志》,张卿子点校,福州:海风出版社,2006 年,第 72 页。
③ 黄宗羲:《宋元学案》,北京:中华书局,1986 年,第 1278 页。
④ 黄宗羲:《宋元学案》,北京:中华书局,1986 年,第 1275 页。

"罗先生严毅清苦,殊可畏。"①还评价说:"龟山(杨时)倡道东南,士之游其门者甚众,然潜思力行,任重诣极惟仲素一人而已。"②为了求道,他不惜变卖田产,到河南洛阳向程颐求学。毛念恃曾评价罗从彦说:"箪瓢如颜,质问如曾,言志如箴,雍和如仲弓者,亦可仿佛其万一。"③

① 《朱子语类》卷第一百二。
② 脱脱:《宋史》卷四二八,《道学二·罗从彦》。
③ 毛念恃:《文质罗豫章先生年谱引》,第667页。

罗从彦与延平

◎ 陈晓华

　　罗从彦(1072—1135)作为"闽学四贤"中的重要一员,长期以来一直"名声在外",备受沙县学者和罗氏后人的纪念与崇仰,反倒在自己出生地和归葬地,也就是南平市延平区的认知度不太高,这是为什么呢? 下面,我想就以下几个方面的说明,来和大家一起真切感受这个生于斯、长于斯、葬于斯,但却不太被大家认识的延平名人——罗从彦。

一、急被抢注的籍贯归属

　　一般说来,四贤中最被人们广为熟知的不外三个:一是朱熹,他是因为成就最大且对后世的影响也最大而众所周知;二是杨时,他的出名除了因为"程门立雪"的千古佳话外,还连带有开创闽学的重大贡献;而排在第三位的李侗,虽然一生之中穷困潦倒的时日最多,但是因为有了出其门下的高徒朱熹,似乎知道的人也不少。到现在只剩下唯一的一个罗从彦,除了在学术界,恐怕在民间的确是有点鲜为人知。不过,这种看起来鲜为人知的尴尬局面,却在沙县表现出了一种例外。

　　根据沙县学者考证,他们认为,虽然罗从彦出生于延平死后仍然归葬于延平,但从籍贯归属来说,却应该是个沙县人,原因在于罗氏先祖罗周文在唐宪宗元和十五年(820年)被授予沙县县尉之职时,就从原籍江西洪都迁居到了沙县西门坊。此后由于子孙繁衍,这位大名鼎鼎的罗周文便被尊奉为了"入闽始祖"。他的众多子孙,除了世居沙县的这支支系外,还有若干支系移居福建各地,因此,作为"入闽始祖"自称的这支沙县罗氏,便"自然而然"、"理所当然"地打出了旗号,宣称"全闽罗氏均出自闽沙之罗"。在这种情况下,这个已被限定为"闽沙之罗后裔"的罗从彦,自然只能无可奈何地"变成"沙县人。于是,依托罗从彦"闽学第二代传人"的文化招牌,沙县从1996年起就开始了轰轰烈烈的宣传与研究,最终将"沙县罗从彦"的文章做大做足,几乎湮灭了"延平罗从彦"的踪迹所在,使得每年都从各地回沙祭祖的罗从彦后裔(当然南平市延平区的罗氏族人除外),竟然都不知道静静掩映在青山碧水间的罗从彦墓地还在,罗从彦之妻李氏墓还在,罗从彦读书楼旧址还在,这是多么难以言说的情理悲哀呢。

其实根据史料记载,罗从彦的曾祖父罗文弼、祖父罗世南、父亲罗神继,他们三代都是"隐身不仕"的淡泊之人,而他们死后,也都与各自的配偶合葬在了南剑州剑浦县罗源里的石圳坑(位于今延平区水南街道罗源村)、黄漈坑(位于今延平区水南街道上地村),是地地道道的南剑州剑浦县人。因此《八闽通志》、《宋史》、《中国人名大辞典》、《福建名人词典》等官方典籍,也都明白无误地将他们的后人罗从彦记录为:"罗从彦,字仲素,号豫章先生,南剑州剑浦人。"这其中,作为后人了解福建历史最为权威的地方典籍《八闽通志》,还在多处卷志中明确点明了罗从彦之所以是南剑州剑浦县人的客观依据。如《八闽通志》卷之十六《地理·延平府》:罗源里统图四,距府城一十里。初名上团,以罗从彦祖自豫章徙居之,故名。《八闽通志》卷之七十四《宫室·延平府》:"罗从彦宅在罗源里,后徙沙县濑溪源。罗源故址,子孙世居焉。短墙矮屋,石径蔬园,过者兴叹。"而明代延郡知府范来贤[①]则在《重修豫章先生罗源祠记》中明确指出:"豫章先生,讳从彦,字仲素,南平之罗源人。其地去郡城凡二十里,先生其里后山之裔也。……近正德初,新淦(今江西省新干县)罗君环来判延平,自谓家世同先生出豫章系,访其遗躅甚勤,即后山之址。"[②]

对于这样的历史依据,号称罗从彦是沙县人的"沙县派"学者也并不予以否认,甚至他们所用来引证的《沙县志》也明确记载:"罗从彦,字仲素,先世自豫章避地南剑,因家剑浦,后徙沙县。"而明朝永乐元年(1403年)的沙县知事倪峻在撰写《豫章先生祠堂记》时也认可:"先生讳从彦,字仲素,古剑州人,后

---

① 范来贤,生卒年不详,据县志所记的行踪以及《重修豫章先生罗源祠记》的落款时间"嘉靖戊申秋九月"进行推断,其在延的时间约为嘉靖二十六至嘉靖二十九年,即1547—1550年。

② (民国)《南平县志》卷一三,《艺文志·记》。

居沙阳(即今沙县)。"由此可见,自宋以来就将罗从彦认作南剑州剑浦县人的事实是确凿无误的。但如今,只因为有了一个"全闽罗氏均出自闽沙之罗"的"前提"限制,就让一个好端端的"延平人罗从彦"也不得不要变成"沙县人罗从彦",这就显得有些武断和牵强了。事实上,官至沙县的罗周文的众世孙究竟如何迁播,他们与罗从彦先祖的关系如何,罗从彦为什么死后仍会被自己的门生晚辈归葬在延平罗源里等等,这些问题都没有在沙县版的罗氏族谱中作出详细记载,我们自然也就不能妄加推测。现在,我们只忠实依据延平区夏道镇篁路村所提供的《罗氏宗谱》和当时与罗从彦生存年代相近的典籍记录,为大家还原一个与延平有着深厚渊源的"闽学第二代传人"罗从彦的生平点滴。

二、自寻安身立命处的不凡幼婴

据篁路村所提供的《罗氏宗谱》记载,罗从彦先祖定居剑浦的经过和沙县罗周文入闽(820年)的经过不仅存在较大不同,而且二者在时间上也相差了89年。他的具体经过是:罗氏远祖罗京成,原籍江西南昌后洋剧水(并非江西洪都),直到五代后梁开平三年(909年)才随王审知入闽,是因为避乱而定居在南剑州剑浦县城郊。[①] 若干年后,罗京成的数传后代罗文弼,也就是罗从彦的曾祖父因为家族繁衍壮大,便开始选择在剑浦县罗源里的篁乡后山(今延平区夏道镇篁路村)开基,共辟出良田百顷,被罗氏族人追溯为"剑中始祖"[②]。后来,这个剑中始祖的三传后代,也就是罗从彦的父亲罗神继又因为家族繁衍落户到杜溪里儒岭窠(今延平区太平镇儒罗村),娶了杜溪里儒岭村的尤氏为妻,于是这才有了宋熙宁五年(1072年)正月十五日第二子罗从彦的出生。谁知这个刚刚出生、看起来与常人没什么两样的幼弱男婴竟然奋力啼哭了三

---

① (民国)《南平县志》卷九,《选举志》。罗从彦,据谱八世祖京城,自豫章避难来家剑浦,生子二人,一徙沙县,一止镡城(剑浦县别称),传见儒林。

② 李侗撰《豫章罗先生墓志铭》中对罗从彦的地籍记载较为详细,称:"先生之先,系出祝融之裔炎伯,其弟炎仲国于罗,厥姓遂仿之。数十传而后,或徙江之豫章,逾周,而汉而唐。会有乾符之乱,各镇分制。而王审知实制乎闽,因择七姓随乎节钺,罗居其一。数传来,惟罗最蕃衍,迁徙靡一。于时或沙或剑。而剑宗为先生远祖京成公。初居剑郭,久之,复居溪南篁乡。其曾大父文弼、大父世南、父神继,奕叶潜鳞,代有齿德,以故积美厚,而发祥宏。先生出于其间。"

天三夜，"泣声喤喤"，让做父母的寝食难安。后来，一筹莫展的罗神继听信了算命先生所说的"行止之处，即是安居之地"的推算结果，就让自己的妻子抱着罗从彦一路往北，看罗从彦走到哪里不哭了，就选择哪里作为他的安身之地。谁知将信将疑的罗母尤氏只带着罗从彦从儒岭寨经樟岚村（今延平区炉下镇下岚村樟岚自然村）走到罗源，罗从彦就停止了哭闹。于是，自感天命如此并因此定下心来的罗神继便举家迁往罗源，在罗源里的南山右麓安下了家（一说罗从彦寄居于罗源姑妈家）。而此地，距罗氏"剑中始祖"罗文弼的开基地篁路村不过6公里而已。

这则略带神奇的出生故事，似乎为罗从彦的成长带来了一丝不凡异象。然而作为一个对中华文明有着伟大贡献的理学名人，罗从彦的传奇之处似乎并不仅仅只限于此。据《罗氏族谱》记载，罗从彦的母亲在怀他的时候，就曾"梦文星堕怀，化一秀士手捧白璧，喜而寤（睡醒）生"。于是，罗家便"以其美而彦者名从彦，璧洁而素又居仲，故字仲素"，为其标注好了一个美妙的生命符号。这样，一份传奇的出生经历再加上一个"好学有盛名"的父亲的影响和一个"通文字善诗画"的母亲的教导，一个自幼聪慧并且从小即受良好家教的天赐俊才就此顺利成长在了山环水抱的美丽延平。

三、倾心慕学的如璧少年

据《罗氏族谱》记载，罗从彦三岁起就内受闺教；外承庭训，长大后不仅文采焕然，十岁能诗，而且非常喜欢学习。当时，居住在剑浦城东的审律先生吴仪学问宏博，常常与南剑州的名流雅士们一起在藏春峡里（今延平区玉屏山麓）讲学、论道，将小小的藏春峡发展成了南剑州最具地位的学术活动场所。这对于刻苦好学的罗从彦来说，当然是一个令人心驰神往的美妙去处。于是，年仅十三岁（1084年）的他便决定投书吴仪门下，以穷经为学，开始唱响了在藏春峡里研求不倦的千年佳话。五年后，聪慧过人的罗从彦就学完了所有儒家经典，很得吴仪器重。但吴仪却苦于自己不能指点高徒研读更具义理的新兴之学，于是就让18岁的罗从彦回到罗源里一面居乡耕读，一面进行自我研习。

这种"笃志求道"日子过了将近三年，终于在一次重回藏春峡求学的过程中有了重大突破。那一天，21岁的罗从彦（1092年）在一次交流中，不经意地从自己的老师吴仪处得知，老师的一个同道好友杨时，已经通过刻苦努力在洛阳二程处求得了义理之学的真谛,目前正好因为守父孝(1090—1092 年)而待在将乐老家。得知了这样的学术讯息,兴奋不已的罗从彦便在老师的推荐下,立即启程前往将乐礼见杨时,开始了师生间的第一次正式见面。虽然这一次的学术会面只是他们师生缘分开始的第一步,但是他们之间所产生的碰撞结果,却命中注定般的要将"以担荷道统为己任"(李侗语)的罗从彦催发到一场更高层次的文化苦旅中去。史料记载,当时不过才初学了三天的罗从彦,就已经感觉到"汗惊浃背",极度感叹地说:"不至是,几虚过一生矣!"而作为他老师的杨时,也通过几天的观察后认定,在自己门下的一千余名弟子中,"唯从彦可与言道",体现出了一代名师"喜得天下英才而育之"的惺惺相惜的欣喜之情。

在此求学期间,有一天,杨时在与罗从彦讲《易》时,讲到了《乾》九四爻,就顺带感慨了一句:"伊川(程颐)说甚善。"也就是说,要论讲《易》经讲得最好的,那绝非程颐莫属。这句不经意间的一声感慨,被擅长穷读明判的罗从彦牢牢记在了心里。他从将乐回家后,就为了求得上解而冥思苦想,终于在征得父亲同意的情况下,变卖了家中的一部分田产充作盘缠,前往洛阳向程颐当面请教,开启了一场著名的与"程门立雪"有着同等意义的"鬻田杖藜"的文化苦旅。此后,经过虚心讨教和刻苦钻研,饱受教益的罗从彦因为学业已成,便向程颐提出了辞归请求。临行前,满怀期许的程颐为了让罗从彦学有所持,特地指示他要"再从龟山先生(即杨时)学",并由心底里发出感叹,说:"吾道复南矣。"意思就是:继杨时之后,罗从彦成了第二个将道学南传的集大成者,完全可以称得上是"道南第二家"。这个"道南第二家"与杨时、程颐的师生关系,正如胡纶在《藏春峡》诗中所说的那样:

> 龟山励志雪深尺,南归不倦持正宗。雅与兄弟有凤好,青青光射秋水瞳。湘管留题至欲遍,无一蓝本涪水翁。吹嘘忠肃实维力,经义赖此先昭融。豫章渊源因有自,又臻杨程雨化功。况闻北阙曾驰赴,底事沦落还蒿蓬。我今一过一惆怅,匪耽泉石图洁躬。

四、严毅清苦的道南第二家

洛阳学成归来后,罗从彦的文化苦旅并没有就此完结。他不仅谨遵师命,在家潜心授徒并开始整理二程语录,而且还数次徒步往返于延平至萧山、沙县至无锡、沙县至将乐或延平至将乐之间问道杨时,终于在经历了 20 余年端坐精思、绝意仕进的清苦生活后得到了杨时的"不传之秘"。对此,他的二传弟子朱熹曾这样评价说:"龟山倡首东南,士之游其门者甚众,然潜思力行、任重诣极,如仲素一人而已。"而明代著名学者黄宗羲则认为:"龟山(杨时)三传得朱子,而其道益光。豫章(罗从彦)在及门中最无气焰,而传道卒赖之。"这也就是说,在中国理学从二程洛学转向朱熹闽学的过渡过程中,如果我们要把二程洛学的传入看作是杨时之功的话,那么,在"上传伊洛(二程),下授延平(李侗)"中起着重要作用的,那就绝非这个"严毅清苦、最无气焰"罗从彦莫属了。

史料记载,罗从彦在求学归来后,除了几次较长时间的外出讲学、客居和上任为官外,其余大部分时间都是待在延平并最终归葬延平。他的具体情况为:

1100 年之前,也就是罗从彦第一次求学杨时(1092 年)、求学程颐归来后(1094 年),他就一直在家隐居讲学,直到 29 岁那年(1100 年)才第二次前往将乐受业于杨时,几天后就辞归回到延平。

1103 年,也就是罗从彦 32 岁,他在为自己的父亲守满了三年丧期后①,接受了挚友陈渊②(沙县人)、廖仲辰(将乐人)的邀请,前往沙县讲学,寄居沙县洞天岩,前后近十年。

1111 年 7 月,40 岁的罗从彦从沙县前往江苏毗陵(今江苏无锡一带),第三次在杨时门下受业,于当年 10 月回归。

1112 年 5 月,41 岁的罗从彦再次从沙县前往萧山,第四次在杨时任内受业,于当年 8 月回归。

1113 年,42 岁的罗从彦接受族人举荐和本地乡绅的热情邀请,开始回到

---

① 有资料记载,宋元符二年(1099 年),罗从彦 28 岁时,母亲去世,次年父亲亦过世,父母合墓葬于篁路山中。

② 《八闽通志》卷六九《人物·延平府》载:"陈渊,字知默,初名渐,字几叟,沙县人。瓘之从孙,得闻家学。复从杨时游,而与罗从彦为友。时称其深识圣贤旨趣,妻以女。"

剑浦县罗源里执掌南斋书院，①讲学论道，致使该地间衣冠济济，群儒毕集，人文荟萃，人们因此而盛赞他的书斋为儒林阁，并一并盛赞他书斋所在的罗源峡为儒林峡。据考证，当时为方便师生饮食起居，书院旁还特地挖了一口井，以其味甘香清冽而取名为"香泉"。② 时至今日，坐落于延平区水南街道罗源村的南斋书院（今址为罗从彦特祠）依然清晰可辨罗从彦亲手种植的丹桂遗迹。③

1116 年，由于开坛讲学的罗从彦声名日盛，一些好求义理的儒学名流也开始纷纷投到罗从彦门下，这其中就包括了后来成为朱熹最重要老师的延平本地樟岚乡（今属延平区炉下镇下岚村）的李侗（时年 24 岁）以及朱熹的父亲朱松。当时，李侗受佛学影响比较大，他在拜谒罗从彦的投书中充分流露了自己的这一想法，说："圣学未有见处。在佛子中，有绝嗜欲，捐想念，即无住以生心者，特相以游。亦足以澄汰滓秽，洗涤垢坋，忘情乾慧，得所休歇，言踪

---

① 罗从彦在家乡罗源里收徒讲学时的书院到底是南斋书院还是豫章书院，不少学者对此颇有分歧：一种认为，罗从彦共创办了豫章书院和南斋书院两个书院，一个在剑浦县县城，一个在剑浦县罗源里；二种认为，南斋书院是罗从彦在沙县洞天岩时创办的书院（持此说者多为沙县学者）；三种认为，罗从彦创办的的豫章书院在县志中有多处记载，而南斋书院仅篁路村的罗氏族谱此有此说，论证力度不足，因此只能采信豫章书院。笔者查阅相关资料综合各说认为，豫章书院和南斋书院作为分别建在剑浦县城和剑浦县罗源里的两处书院在史实上应该无误，二者虽然都和罗从彦有关，但却都没有明确证实是罗从彦所兴办。罗从彦一生穷困潦倒，要出资创办书院难度太大。因此，城内的豫章书院很有可能就和延平书院一样，是后人为了纪念罗从彦和李侗而以他们的名号为名兴建的；而罗源里的南斋书院，则一如族谱所载，是族人和当地乡绅所建，其后便作为邀请罗从彦回乡讲学的重要场所。罗从彦堂弟罗革的《题集二程语孟解卷后》和明延平知府范来贤的《重修豫章先生罗源祠记》中都明确提到该书院。罗从彦堂弟罗革还称："廖仲辰于龟山门下与仲素为友，得其本录之。庚戌辛亥（1130—1131 年）中，来聚生徒于南斋，授予此本。"可见，从罗从彦正式回乡授徒的 1113 年起算至 1131 年，罗从彦除了曾于建炎二至四年（1128—1130 年）应汀州太守邀请赴莲城（元朝改为连城）冠豸山定游居讲学外，至少在此陆续开堂讲学十六年，直到绍兴二年（1132 年）以特奏名乙科进士的身份赴任广东。

② 吴栻修、蔡建贤纂：(民国)《南平县志》卷三《山川志》载：香泉，一名白水，南城东罗源里，豫章先生书院右，其味甘香故名。

③ 范来贤：《重修豫章先生罗源祠记》，(民国)《南平县志》卷一三，《艺文志·记》卷上："我国家崇德报功，既敕建道南祠于郡，合而祀之矣。乃先后长吏，复即诸先生讲授之地特祠之，盖爱其人，怀其迹，无穷思也。……郡守邹公始创为先生今祠，以闻、旭二房守之，余四十年矣。……每访山居旧事，南斋仅存其名，已垦为民田。至池台亭榭之址，亦无复识其处者。唯南斋右有丹桂一株，相传为当时手植，遗根久枯。创祠后，倏生长迥常，盖祥兆也。既枯复荣，郡之人士，其将有嗣先生之芳者乎。"

义路有依倚处。日用之中,不无益也。"罗从彦在看完了李侗的这份投书后后,专门针对李侗的这种思想,作诗《勉李愿中五首》批评他说:"圣遭由来自坦夷,休述佛学惑他歧。死灰槁木浑无用,缘置心官不肯思。"并告诫李侗,要默坐澄心体悟天理,不要被义理之外的其他学说迷失了本性和方向。

1117年,46岁的罗从彦由延平罗源前往江苏毗陵(今江苏无锡一带),第五次在杨时门下学习,直到第二年5月才和族弟罗伯恩(官名罗渐)一起返回罗源故里。此后,终日端坐沉思的他一共花费了差不多十几年的时间,陆续修成《二程先生语录》及《问答》、《诗解》、《春秋解》、《台衡录》、《中庸说》、《语孟师说》、《春秋指归》、《圣宋遵尧录》等众多学术专著。在这些耗尽毕生心力所写的学术专著中,最最著名的应该就是他在靖康元年(1126)写成的《圣宋遵尧录》了。翻看这八卷本的《圣宋遵尧录》,里面不仅记载了大宋开国至宣和末年(960—1125年)"圣君贤臣"的主要活动,而且其中还参夹了许多借以阐明道义的、或讽或议的各种"释言",强调了祖宗法度不可废、德泽不可恃的观念主张,充分表现了罗从彦虽然身为一介书生但却心忧家国的君臣意识与爱国情怀。当然,在这本最重要的学术专著中,我们还可以看到一个罗从彦自我认可、至死未改的籍地所属——延平。1133年,这本书在广东罗浮山完成最终修改后,时年62岁的罗从彦就在自为序文中,清晰地自称"延平臣罗从彦",并注明开始写作的时间为靖康丙午十月日,即公元1126年10月。

1128—1130年,年近六旬的罗从彦应汀州太守邀请,赴莲城(元朝改为连城)冠豸山定居讲学,在当地形成了一定影响。后来,乡民为了纪念这位理学名贤,特修建了一座"仰止亭"以表示对他的敬仰之情。

可以说,历经了艰难的文化苦旅,罗从彦终于将二程传至杨时的理学体系全盘接收并发扬光大,下传至李侗,再由李侗传至朱熹,从而形成了以朱熹为代表的师承四代的闽学一派,对中国的思想发展和文化创造起到了重大的影响作用。

但是,对于罗从彦重返剑浦的十数年人生经历,不少沙县学者都有意无意加以回避,甚至在学术讨论中也尽量小心不去触碰,这是非常不客观的为学思路。事实上,对于罗从彦定居剑浦、主持南斋之事,他的从父兄弟罗革早就及时为我们做了重要的辅证。他在《题集二程语孟解卷后》中说:

> 余兄仲素笃志好学,推研义理,必欲到圣人止宿处。以王氏解经释字,虽富赡详备,然终不得圣贤大学之意。遂从龟山游,抠衣侍席二十余年。独闻至当,得洛中横渠(即张载)语论颇多,乃编成语孟二解,记当时

对问之语,不加文采,录其实也。廖仲辰于龟山门下与仲素为友,得其本录之。庚戌辛亥中,来聚生徒于南斋,授予此本。廖讳衔,为龟山之侄婿,议论尤得壶奥。绍兴壬申六月念八日,弟革因阅此书,记于汀州教授厅云。①

从这段文字中我们可以清楚地知道,罗从彦在师从杨时时,就曾搜集张载有关语孟(《论语》、《孟子》)言论编成《语孟二解》(类似于今天的笔记本),而他的好朋友廖仲辰因为与他同师龟山,所以抄得一本。绍兴庚戌、辛亥年间(1130—1131年),罗从彦在罗源里南斋书院讲学时,就开讲过这本笔记。绍兴壬申(1152年)六月廿八日,罗革在汀州任上再次看到这本笔记时,不禁感从中起并为之作题留记。

1132年,61岁的罗从彦在多次赴考落第后,以特奏名②的形式获乙科进士,授官到广东博罗县任主簿。就任期间,他特地选择在瑰丽灵秀、气象万千的罗浮山开坛讲学,培养学生,修改《圣宋遵尧录》并完成了他临终之前的又一本重要著作《议论要语》。

1135年,64岁的罗从彦任满回乡,在从广东回汀州的路上,病倒在了武平县学。当时,他的堂弟罗革正好在任汀州教授③,得知消息后就日夜兼程二百里前往探望。三天后,一病不起的罗从彦在就寝中亡故,当时随视在他身边的,除了这个堂弟罗革外还有他的胞侄敦仑,所以并不算是客死他乡无所依从。而且他在广东惠州担任判官的堂弟罗友还专门派人前来护送灵柩前往故乡,但却因为遭遇到了匪寇作乱而不得不将灵柩寄放在武平开元寺。直到五年后的绍兴十年(1140年),罗从彦的灵柩才由他的学生李侗、他的继子罗永(罗从彦哥哥罗从奇的次子)以及他的族弟亲友等数人一起扶归卜葬于黄漈④之阳,也就是今天南平市延平区水南街道上地村的黄漈坑,李侗亲自为

---

① 《南平县志》卷十七,《艺文志》。

② 特奏名,宋代科举制度的一种特殊规定:考进士多次不中者,另造册上奏,经许可附试,特赐本科出身,叫"特奏名",与"正奏名"相区别。《宋史·选举志一》:"开宝三年,诏礼部阅贡士及十五举尝终场者,得一百六人,赐本科出身。特奏名恩例,盖自此始。"

③ 教授,古代学官名,主管各级学校课试事务。

④ 《八闽通志》卷七九《丘墓·延平府·南平县》;罗从彦墓在罗源里黄漈。宋郡守刘允济刻志。(民国)《南平县志》卷一三《艺文志·记》载:明代延郡知府范来贤《重修豫章先生罗源祠记》云:葬在里之黄漈坑。嘉定间(1208—1224年),郡守刘永济始购求其遗书,得其墓于荆榛中,岁一祭之。

他撰写了墓志铭。该墓坐南朝北,砖石结构的墓坪分上、中、下 3 层,上窄下宽、呈凤字形。墓前原有石碑 3 方,2 方已毁。中碑正中阴刻楷书"宋大儒邹国公文质豫章罗先生之墓"。碑高 0.96 米、宽 0.36 米、厚 0.06 米,刻有横额"奥学清节"以及右联"时思先代祖",左联"日见古来亲"。墓坪下层残存碑座 2 块。1984 年,这座著名的名人墓葬已由南平市政府拨款整修完毕并被列为市级文物保护单位。而坐落于篁路村罗氏支祠上方菜圃边的罗从彦之妻李氏墓,虽然发现时坟茔芜乱、杂草丛生,但经过整饰后,也总算可堪祭拜。

五、历史的旌表

南宋嘉定六年(1213 年),也就是罗从彦逝世后的第 78 年,南剑州知州刘允济在寻访中得到《圣宋遵尧录》并进献朝廷后,开始为罗从彦请谥。同时为了纪念罗从彦,他还将罗从彦的出生地"儒岭窠"改为了"儒罗",这就是今天延平区太平镇葫芦山儒岭村之所以得此名称的由来。只是不知是方言发音的缘故还是其他什么原因,在太平镇一带,人们都把这个"儒 rú 罗"读作了"儒 yú 罗",因此大家也基本都入乡随俗、尊重历史,用其本音来读取这个地名。

南宋淳祐六年(1246 年),福建提刑杨栋再次上书为罗从彦请谥。第二年五月廿四日,宋理宗下诏赐罗从彦谥号为文质,因此后世著作就多有称其为文质公的。

明万历四十二年(1614 年),朝廷特赐罗从彦从祀孔庙[①],称"先儒罗子"。而在此之前,但凡罗从彦曾经生活过、居留过、讲学过的地方,也都或多或少出现了与罗从彦有关的专祠、特祠或合祠,但在数量上占绝对优势的,还是以罗从彦的出生地延平为多。在这里光是提到专祠的就有明代礼部尚书何维柏的《重修李延平书院记》:"遍式道林,则知四贤各有专祠,龙山道南(杨时)、文质(罗从彦)杜溪、霞洲,阙里庙貌并新";明代黄仲昭的《八闽通志》:"豫章罗文质公祠,在府城东南杜溪里(今延平区炉下镇)。祀宋儒罗从彦"等等。而提到合祠的,则有建于南宋端平年间(1234—1236 年)的延平府学内的先贤

---

① 延平四贤中,只有朱熹在孔庙里位列"十二哲"("十二哲"中只有朱熹一人不是孔子弟子,可谓殊荣之至),有塑像,属于"配享"。其他三个都只有牌位而没有塑像,属于"从祀",即"跟着被祭祀"。

祠、建于南宋绍兴年间（1131—1161 年）的延平府学大成殿后的四贤堂以及南平的道南祠、四贤书院、峡阳屏山书院等，他们都是杨时、罗从彦、李侗、朱熹合祀一祠的。

除此之外，还有的唯一一座特祠，那就是明弘治年间（1488—1505 年）建在罗源里南山，1994 年被列为南平市重点文保单位的罗从彦特祠。前文说过，罗源里南山既是罗从彦生活、成长的地方，同时也是罗从彦"筑室山中"的"讲授之地"，古人选择在此建造特祠，就是为了要让后人爱之、怀之、仰之、思之。史料记载，这座特祠自修成后，一共经过了嘉靖三十五年（1556 年）、万历二十八年（1600 年）、万历四十年（1612 年）、康熙四十五年（1706 年）、康熙五十七年（1718 年）和乾隆十三年（1748 年）的六次重修重建，至今仍在原址上并得到较好保留。这其中特别值得一提的是，这座特祠经过康熙四十五年的重修后，终于在福建督学沈涵的极力申请下，被康熙御赐了一块足以彰显其人生典范的珍贵祠额，即"奥学清节"。它的主人罗从彦，一如明代学者欧阳佑所言："自龟山载道而归也，程师即喜之曰'吾道南矣。'然或继承匪人，抑何以演其源而扬其波耶？幸有豫章罗先生，受业龟山之门，独得不传之秘。故自有先生之学，一传而为李延平，再传而为朱晦庵，由是海滨邹鲁，于斯盛哉！"由此可知，在理学南传过程中，罗从彦确实起到了在闽学发展第一阶段中不同凡响的关键性作用。

罗从彦研究述评

◎ 胡泉雨

罗从彦（1072—1135），字仲素，学者称豫章先生，曾师事杨时，又问学于程颐，是道南学派的"扛鼎人物"。本文就近十年（2003—2013）来对罗从彦的研究状况作一评述性考察，以期能对以后的研究开展有所裨益。

一、道南传承脉络研究

这一方面的研究主要集中在对罗从彦在道南学派中承传、作用、影响、贡献等。向世陵教授的《程学传承与道南学派》①就是如此，该文分三个小标题展开论述："程学传承与著作编集"、"《春秋》学"、"《中庸》学"。在"程学传承与著作编集"部分，向先生一开始就认为，道南学派的传延，杨时高徒罗从彦也在其中发挥了十分重要的作用。② 并且指出，在胡宏师事杨时后，两人虽未曾谋面，但与胡宏父亲的直接关系，真正开始了湖湘学派与闽学的长期交流，而维系这种交流的纽带，最初即是对二程著作的搜集整理。③ 也是这项工作，使得二程的著述与思想得以较快地传播开来，这个过程中，"只有罗从彦搜集的最为完备"。④ 在"《春秋》学"部分，向先生认为，罗从彦虽学于杨时二十载，

---

① 发表于《社会科学战线》2005 年第 2 期，第 30～36 页。向先生的此篇文章的内容还发表于 2007 年 5 月的《罗从彦研究文集》（第 45～58 页），收入此集的篇名为《罗从彦与道南学派》，论文分为"程学传承"、"春秋学"、"中庸学"三个部分。

② 向世陵：《程学传承与道南学派》，第 30 页。

③ 向世陵：《程学传承与道南学派》，第 30 页。

④ 向世陵：《程学传承与道南学派》，第 31 页。

然治学不在《中庸》，而是在于《春秋》为主，但"多半不受其师欣赏"。① 又指出："对罗从彦治《春秋》尤其是《左氏传》产生过直接影响的是侯仲良。"并提到李侗对于老师的《春秋》学是不满意的。② 接下来，向先生还对罗从彦与胡宏两部《春秋》学作了比较说明，指出，双方的差异主要还不是所谓才气和规模的问题，而是以什么样的立场观点去看待和评价《春秋》史实；③ 认为罗氏的《春秋》学思想"过分考虑道统因素"而求不变，而胡氏的《春秋》学思想则"更为解放"而求"变易"。④ 在"《中庸》学"部分，向先生依然以"道南脉络"为线，并与湖湘学派关系角度论述，认为罗从彦并没有明白大本、定理是无处不在之性⑤，又通过与胡宏在《中庸》、《易传》理解上的不同，指出"胡宏与杨时、罗从彦在理论上的分歧，反映出道南学派思想发展的不同方向"⑥。而从罗从彦自身看，向先生认为他虽推崇《中庸》，但对后来理学家所垂青的心性之学尚没有更深入的思考，他对后人、后学的影响，主要还在于"明性、体仁"的实践上。⑦

此外，朱雪芳的三篇文章：《道南一脉的传承特色》、《道南一脉——从杨时到李侗》、《静中观理——罗从彦在道南一脉发展中的地位和作用》⑧亦是此类研究范式。《道南一脉的传承特色》一文从"静中体验未发之中"和"万物与我为一"两部分展开阐述，朱老师认为："由杨时经罗从彦至李延平，三代师徒的思想与理论，有继承和发展的关系。在工夫论方面，三人同是主张'静中观未发之中'的方法，以体验圣人气象为主，在入路工夫上基本是一致的。"⑨具体到罗从彦，朱氏认为罗从彦注重于静处观心，闲中稽古意，⑩又认为"道南一

---

① 向世陵：《程学传承与道南学派》，第31～32页。
② 向世陵：《程学传承与道南学派》，第32页。
③ 向世陵：《程学传承与道南学派》，第32页。
④ 向世陵：《程学传承与道南学派》，第33页。
⑤ 向世陵：《程学传承与道南学派》，第34页。
⑥ 向世陵：《程学传承与道南学派》，第35页。
⑦ 向世陵：《程学传承与道南学派》，第35页。
⑧ 《道南一脉的传承特色》发表于《泉州师范学院学报（社会科学版）》2006年第5期；《道南一脉——从杨时到李侗》发表于《船山学刊》2007年第2期；《静中观理——罗从彦在道南一脉发展中的地位和作用》收入罗辉主编《罗从彦研究文集》，福州：海风出版社，2007年5月。
⑨ 朱雪芳：《道南一脉的传承特色》，第102页。
⑩ 朱雪芳：《道南一脉的传承特色》，第103页。

脉"非常重视如何养心的问题,从此角度看,罗从彦教"静中观理",是从心意萌起的根源处出发,因为心可善可恶,若想克治私意和变化气质,必须从本源处入手,才可达到"发而中节",……再通过端正身心,使心意动时能"发而皆中节",能事事循天理。① 在"万物与我为一"部分,朱雪芳认为罗从彦与其师杨时一样,只是给出了该主题的方向性。②《道南一脉—从杨时到李侗》一文则是对"道南一脉"的主要代表人物:杨时、罗从彦、李侗等生平、活动及理论,并探究其理学思想和"道南一脉"的"内圣"之学的学术特色。③ 在文章的"罗从彦"部分,朱雪芳介绍了罗从彦求学杨龟山的过程、龟山所传何学、龟山教豫章读书的方法与态度三方面。④ 而《静中观理—罗从彦在道南一脉发展中的地位和作用》可以说是朱雪芳对前文(即《道南一脉——从杨时到李侗》)"罗从彦"部分的扩写,该为多出"静中观理"和"结论"两部分,但其"静中观理"部分又可见于《道南一脉的传承特色》之"静中体验未发之中"一节的后半部分的内容,最后的"结论"说:"一般而言,从思想史上的创造与发展,罗从彦并未有突出的创见,更遑论建立自己的思想体系,但从思想史的发展上看,罗从彦确实是秉承着承上启下,匡扶理学的重要代表人物之一。"⑤从上述可以如此说:朱雪芳的三篇文章可作一个大整体来阅读。

此时从"道南脉络"角度作研究的论文还有:周济的《罗从彦的历史作用和思想两点》、张品端的《略述"南剑三先生"在洛学到闽学中的贡献》⑥以及申绪璐的《道南一脉考》⑦。下面逐一述之。

周济的《罗从彦的历史作用和思想亮点》一文,正如标题所示,分为两个部分。对于罗从彦的历史作用,周教授认为:"罗从彦在历史上的作用不在物质生产实践方面,而是在思想文化教育方面,主要表现在宋代理学南移中起了承前启后的接力作用,在薪火相传中起了承上启下的师承作用,在学风的承传中起了笃志好学,力辟邪说的榜样作用。"⑧还认为:"在从洛学到闽学的

① 朱雪芳:《道南一脉的传承特色》,第 104～105 页。
② 朱雪芳:《道南一脉的传承特色》,第 105 页。
③ 朱雪芳:《道南一脉——从杨时到李侗》,第 116 页。
④ 朱雪芳:《道南一脉——从杨时到李侗》,第 117～118 页。
⑤ 朱雪芳:《静中观理——罗从彦在道南一脉发展中的地位和作用》,第 210 页。
⑥ 以上四篇见罗辉主编的《罗从彦研究文集》。
⑦ 发表于《中国哲学史》2012 年第 4 期,第 94～101 页。
⑧ 周济:《罗从彦的历史地位和思想亮点》,第 59 页。

理学发展过程中,在二程—杨时—罗从彦—李侗—朱熹的师承之链中,罗从彦都是不可缺少的关键人物,是整个宋代学术思想发展链条中必不可少的关键一环。"①对于罗从彦的思想亮点,周教授提出了四点,即:第一,坚持"天之理也",反对天人感应说;第二,认定内因为主,阐明天下之变;第三,明悉祸福倚伏,观察国家治乱;第四,提倡尊重贤才,提出人才方略。②并希望大家共同探讨,把罗从彦的思想研究得更深入,是罗从彦的思想亮点发扬光大。

张品端的《略述"南剑三先生"在洛学到闽学中的贡献》通过"传续洛学沟通二程与朱熹思想"、"为朱熹思想体系的形成和成熟作了准备"、"为朱熹的代表著作《四书集注》成书提供了思想资料"三方面,阐述了包括罗从彦在内的"南剑三先生在洛学转到闽学过程中所做的贡献。③

申绪璐的《道南一脉考》,从文献学的角度对道南一脉中两项重要的思想史实进行了考证,澄清以往相关记述中的错误,即对"杨龟山程门立雪"时间、"罗豫章师事龟山"时间的辨误考证。其中的"罗豫章师事龟山考",作者以《宋史道学传》、《豫章罗先生年谱》、《豫章学案》、《豫章文集》、《龟山年谱》等,考证认为,罗豫章师事杨时的时间不在政和二年罗氏 41 岁时,应早于大观元年罗从彦 36 岁时,且罗从彦初见杨时的时间当在元符三年罗氏 29 岁时。④

二、哲学思想研究

从哲学视角研究罗从彦的论文主要杨国荣的《罗从彦伦理思想发微》⑤和《罗从彦哲学思想发微》⑥,张立文的《论罗从彦的内圣外王之道》⑦,周建昌的《试论罗从彦的道德修养观》⑧,以及乐爱国的《朱熹对罗从彦"静坐"思想的继

---

①　周济:《罗从彦的历史地位和思想亮点》,第 60 页。

②　周济:《罗从彦的历史地位和思想亮点》,第 61～64 页。

③　张品端:《略述"南剑三先生"在洛学到闽学中的贡献》,第 225～235 页。

④　申绪璐:《道南一脉考》,第 97～101 页。

⑤　发表于《伦理学研究》2005 年 7 月第 4 期,第 71～76 页。

⑥　收入《罗从彦研究文集》,第 14～23 页。

⑦　发表于《孔子研究》2006 年 5 期,第 4～11 页;亦收入《罗从彦研究文集》,第 1～13 页。

⑧　收入《罗从彦研究文集》,第 155～174 页。

承与发展》①。

　　杨国荣教授的《罗从彦伦理思想发微》主要围绕罗从彦提出的"仁体义用"说和"理之必然与世之常行"的相关性展开论述。首先,杨先生认为,仁义及其相互关系,是罗从彦关注的基本问题之一,在罗从彦看来,"人道的核心,即在于仁与义";从仁道原则出发,罗从彦反对将人等同于物;罗从彦对儒家仁道原则的确认,其意义在于从价值原则的维度体现了儒学重建的历史趋向。② 总之,罗从彦的仁体义用说,从体用关系的层面,肯定了仁道原则与普遍规范之间的统一性。③ 其次,杨先生提出,从仁义兼隆的观念出发,罗从彦对道德与法的关系作了考察,认为罗氏的看法"触及了法制与人的关系"④。当然,罗从彦将立法不可不严与行法不可不恕联系起来,同时涉及人治与法治的关系,并有过分突出人治的主导性;此外,罗从彦对道德实践的形式之维,不免有所忽视,未能给予应有的定位(如对"三代之法"的评价),而事实上,他更多地以纯厚之行立世。⑤ 再次,杨先生说,罗从彦对人与人之间如何建立合理关系,也予以了多方面的关注,将宽容原则引入人与人之间的关系,以"大而能容"为人与人之间合理关系建立的前提。并反对片面的追求"同",要求容忍"异",蕴含着对多样性、个体性的肯定。⑥ 最后,杨先生提到,罗从彦还关注了"世之常行",即如何做问题。认为罗从彦较多地关注于"理"、"义"等规范的超验性与强制性,并内在地涉及了自觉原则与自愿及自然原则的关系,并以二程、朱熹的角度作比较后说:"相对于他之前的二程以及尔后的朱熹之突出天理的外在制约,罗从彦在肯定循乎理之必然的同时,有要求'行其无事'并合乎世之常行,显然更多地上承了原始儒学的思路,而从逻辑上看,这一思想又与他强调以仁为体、注重道德的实质之维,以及在主体间关系上肯定宽容原则具有内在的联系。尽管他在理论上并没有对此作进一步阐发,但其中隐含的思路,无疑具有历史的启示意义。"⑦

　　至于杨先生的《罗从彦哲学思想发微》则是上篇(即《罗从彦伦理思想发

①　收入《罗从彦研究文集》,第180～185页。
②　杨国荣:《罗从彦伦理思想发微》,《伦理学研究》,第71页。
③　杨国荣:《罗从彦伦理思想发微》,《伦理学研究》,第72页。
④　杨国荣:《罗从彦伦理思想发微》,《伦理学研究》,第72页。
⑤　杨国荣:《罗从彦伦理思想发微》,《伦理学研究》,第73页。
⑥　杨国荣:《罗从彦伦理思想发微》,《伦理学研究》,第74页。
⑦　杨国荣:《罗从彦伦理思想发微》,《伦理学研究》,第76页。

《微》）的修改删节而成，为不显重复，此不再赘述。

张立文教授的《论罗从彦的内圣外王之道》一文，从"人立身之本"、"静中体验未发"、"王道霸道之辩"、"由遵尧而外王"四个方面进行阐述。在"人立身之本"部分，张教授以罗从彦尽得杨时的"不传之秘"说起，即"从强烈的儒家忧患意识出发，通过提升内圣道德修治，以达治国平天下外王目的，实践内圣心性之学与外王经世之学的不二。内圣是体，外王是用，体用一源，显微无间。尽管内圣是隐微的、不显现的层面，外王是明显的、表现的层面，但明体才能达用，效用才能现体"①。即罗从彦所提倡的"仁体义用"之说。张先生认为，作为立身而言，既是内圣仁义礼智的道德修养，也是外王的德威并用的行事原则。② 在"静中体验未发"部分，张先生从"体验未发"这一道南学派的重要课题引出罗从彦所明确提出的"静中体验未发"，认为"静中体验未发状态，就要专一思虑、专一意识，排除一切物欲的牵累和杂语的干扰，使身心处于一种平静无波、虚灵不昧的状态，不仅有益于进学，亦是养心之要"③。并指出"静坐作为静中体验未发的方法，就是一种收敛心性，才能探索本源，洞见道体。"而罗从彦的"静坐"，"是为了观心，观心即为体验未发之中"④。在"王道霸道之辩"部分，以罗从彦的《遵尧录》为材料，认为罗从彦是遵王道而反霸道的⑤。在"由遵尧而外王"部分，同样以《遵尧录》，论述罗从彦的"正君心，正朝廷、正百官，天下自然得正"的思想，认为罗从彦的内圣的心性之学是为外王经世服务的。⑥

周建昌的《试论罗从彦的道德修养观》一文认为罗氏非常重视道德修养，"在修养观上，罗从彦继承了儒家传统的'由己及国'的渐进修养模式和二程的'主静'之主张，在修养方法和修养观念上主张'静处观心'，在行为道德上主张'操存养性'，政治道德上主张'名节忠义'"⑦。其"静处观心"分有"静以修德"、"清心静守"、"谨初善道"、"承伊洛之道、修'圣人之学'"四点；其"操存养性"分有"知行蹊径"、"表率天下"、"廉耻风俗"、"天理易简"四点；其"人性

---

① 张立文：《论罗从彦的内圣外王之道》，第5页。
② 张立文：《论罗从彦的内圣外王之道》，第6页。
③ 张立文：《论罗从彦的内圣外王之道》，第7页。
④ 张立文：《论罗从彦的内圣外王之道》，第7～8页。
⑤ 张立文：《论罗从彦的内圣外王之道》，第8～9页。
⑥ 张立文：《论罗从彦的内圣外王之道》，第11页。
⑦ 周建昌：《试论罗从彦的道德修养观》，第155～156页。

嗜好"分有"小过可容"、"以诚感通"、"富贵非福"三点;其"名节忠义"分有"立身之本"、"爱国如家"、"君臣之道"三点,逐一展开论述。并最后"结语"说:"罗从彦在道德修养的途径上主张'静'修;重视对传统道德的'守'护;关注对人性初始的状态;主张在重大抉择前必须谨慎;在修养内容上在继承儒家传统的前提下,传承并发展了伊洛之学……"①

乐爱国的《朱熹对罗从彦"静坐"思想的继承与发展》,以对有学者认为朱熹并未继承杨时、罗从彦、李侗的"默坐澄心"之教提出异议,而是认为朱熹是非常重视"静坐"的,且多有论述。② 此外,他还指出,朱熹后来讲"敬",虽直承程颐所谓"只用敬,不用静",但也是对罗从彦、李侗的"静坐"思想的继承和发展。③ "静"与"敬"虽有不同,但并不能否定它们之间融洽之处以及先后的承继关系……看到朱熹与罗从彦、李侗的一脉相承。④

三、政治思想研究

此时期从政治思想角度研究罗从彦的论文占大多数,其中有杨星的《罗从彦之政治思想观》⑤,以及收入《罗从彦研究文集》的8篇文章:东方朔的《豫章"三代"之治观念略论——以〈遵尧录〉为中心的一种诠释》,常建华的《从〈遵尧录〉看罗从彦的政治思想》⑥,徐刚、胡继锋的《简述罗从彦与朱熹政治管理思想的五个连接点》,李宇启的《从道德规范向治国理念的飞跃》,朱立文、刘淑玮的《试述罗从彦的治国理政之道》,白庭阶、石秀珠的《浅议罗从彦政治观》,林其泉、陈慰锭的《论罗从彦的治学方法和为政思想》以及方彦寿的《"延平四贤"的爱国主义思想》。

杨星的《罗从彦之政治思想观》一文论述了罗从彦的一系列政治主张:格正君心,强调君主要修己爱民;绝弃小人,强调君主要坚内防守;防微杜渐,强调君主要时刻警惕紧急情况的发生;重视人才,强调君主要善于使用人才。⑦

---

① 周建昌:《试论罗从彦的道德修养观》,第 174 页。
② 乐爱国:《朱熹对罗从彦"静坐"思想的继承与发展》,第 180～181 页。
③ 乐爱国:《朱熹对罗从彦"静坐"思想的继承与发展》,第 183 页。
④ 乐爱国:《朱熹对罗从彦"静坐"思想的继承与发展》,第 184 页。
⑤ 该文发表在《安徽教育学院学报》2007 年第 1 期,第 31～34 页。
⑥ 该文又发表在《天津师范大学学报(社会科学版)》2008 年第 1 期,第 33～37 页。
⑦ 杨星:《罗从彦之政治思想观》,第 31、32、33 页。

并认为罗从彦的政治思想具有明显的无神论倾向,显示出积极进步的意义。①
杨星在最后说,罗从彦的政治思想具有强烈的现实批判性,针对北宋朝廷统
治的种种政治弊端,指陈得失,提出一些政治主张,规劝国君要以民为本,善
用人才、远离小人,通过内修外治不断加强封建帝王的统治秩序。但同时指
出了罗氏政治思想的局限性,即封建保守的一面。②

　　东方朔的《豫章"三代"之治观念略论——以〈遵尧录〉为中心的一种诠
释》一文认为学界对罗豫章的研究只注重狭义的儒家心性之学似有偏颇,于
是提出有必要转换一个视角,即从外王的角度研究豫章"三代"之治之观念,
他给出两条理由是:一是认为罗氏用心最多、用力最富在"三代"之治,二是罗
氏对儒家外王一面的关注热情以及对皇权和政治文化的批判精神较之哲学
概念有迥然不同的一面。③ 接着,东方朔先生从"豫章作《遵尧录》之目的"、
"豫章所指'三代'之治为何"、"'三代'王道政治的具体内容"等方面展开论
述。关于豫章作《遵尧录》的目的,认为是"要复尧舜三代之治"。④ 关于"三
代"之治为何? 则认为是"以仁人之心行仁政而王天下,而非以国力之强盛以
及疆域之开拓而显其标准",即含道统意识在其中的"王道"。⑤ 关于"王道"的
具体内容,认为着重要探讨两个方面,即所谓的"君心正则人心正"问题和"君
臣关系"。⑥ 此外,东方朔还提及豫章编纂《遵尧录》的原则有三:一是事之至
当而理之可久者则衍而新之;二是善在可久而意或未明者则释以发之;三是
以今准古有少不合者作辨微以著其事。⑦ 最后东方朔先生对罗豫章的《遵尧
录》及其"三代"之治作一小结⑧说:

　　1.豫章《遵尧录》之表达方式,即通过推寻祖宗言行,附丽排比以成类记
之方式,已将自己的哲学主张融于历史之记述之中,即事以见理,依理以
正事。

---

① 杨星:《罗从彦之政治思想观》,第 33 页。
② 杨星:《罗从彦之政治思想观》,第 34 页。
③ 东方朔:《豫章"三代"之治观念略论——以〈遵尧录〉为中心的一种诠释》,第 26 页。
④ 东方朔:《豫章"三代"之治观念略论——以〈遵尧录〉为中心的一种诠释》,第 27 页。
⑤ 东方朔:《豫章"三代"之治观念略论——以〈遵尧录〉为中心的一种诠释》,第 29 页。
⑥ 东方朔:《豫章"三代"之治观念略论——以〈遵尧录〉为中心的一种诠释》,第 35～38
页。
⑦ 东方朔:《豫章"三代"之治观念略论——以〈遵尧录〉为中心的一种诠释》,第 30 页。
⑧ 东方朔:《豫章"三代"之治观念略论——以〈遵尧录〉为中心的一种诠释》,第 38、39、40
页。

2. 豫章的三代之治之观念寄藏于他的历史意识之中,不难看到,这种历史意识所内涵的价值标准存在于超越时空的、同时又是由理性所勾画出来的行为规则中,此行为规则通过评骘——具体事例而表现。

3. 然则,如何评价这种带有例证式的、典范性和鉴戒的思想?一方面,豫章三代之治之观念,我们似乎可以把它纳入到历史哲学的框架中加以思考。然而,另一方面,更为重要的是,在这种框架中亦同样包含着一种独特的、鉴戒式的历史意识。

4. 我们看到,《遵尧录》所显示的"时间"(三代意识)由一个个具体事例组成,而这些事例又是超乎时间之外的行为规则的事例。

常建华的《从〈遵尧录〉看罗从彦的政治思想》对罗氏主要著作《遵尧录》的编纂、主旨、思想等方面进行论述,以显示罗从彦在理学传播史上的重要性。常先生首先对《遵尧录》的写作动机、编纂方法以及罗氏的政治愿望作了介绍,[①]并认为"《遵尧录》的主旨是以'祖宗故事'与名相先儒的事迹告诫君臣要继承传统,以消除王安石新法带来的社会不稳定之弊,从而面对金兵的南侵"。接着,常先生着重对罗氏的"祖宗故事"中所提倡的"君臣之道"作了重点阐述,如君"君道在于正心"、"君主赏罚应劝功惩罪",如"大臣要善于规谏君主"、"君主对大臣有礼,大臣知廉耻"、"君臣应合心同谋"、"君主应知命相"等,因此,罗从彦尊奉尧舜之道,实际上是儒家三代大同世界的政治思想,主张尊奉儒学正统,摒弃佛道。常先生在本文的最后说:"《遵尧录》反映了罗从彦以'祖宗故事'为当政者提供统治经验的想法,主张遵守'祖宗法度',反对纷乱时局。意在纠正王安石变法后带来的政治不稳定与社会动荡,从而面对金朝的威胁。他所举出的'祖宗故事'明君贤臣事迹,主要是用儒家的价值观判断的,也就是说要确立儒家思想在意识形态中的正统地位。"[②]

徐刚、胡继锋的《简述罗从彦与朱熹政治管理思想的五个连接点》从罗从彦与朱熹政治管理思想学术渊源关系角度作论述,所提出的五个连接点是:罗从彦与朱熹政治管理思想存在客观的历史渊源关系;罗从彦与朱熹政治管理思想存在内在的儒家传统联系;罗从彦与朱熹人才管理思想存在现实的逻

---

① 常建华:《从〈遵尧录〉看罗从彦的政治思想》,《天津师范大学学报》2008 年第 1 期,第 33~37 页。

② 常建华:《从〈遵尧录〉看罗从彦的政治思想》,《天津师范大学学报》2008 年第 1 期,第 37 页。

辑思维联系;罗从彦与朱熹军事战略思想存在深层的忧患意识联系;罗从彦与朱熹司法管理思想存在深刻的社会背景联系。① 当然也指出彼此间由于时代、经历、学术等不同而产生政治思想管理上的相异。② 徐、胡二人在最后总说道:"罗从彦与朱熹的政治管理思想的关联,其内容还是比较广泛的。……研究分析罗从彦与朱熹的政治管理思想之关联,也从一个侧面反映了早期闽学向后期转化的轨迹,也从一个侧面说明了朱熹继承前人文化遗产及创造儒学新文化系统的心路历程。"③

李宇启的《从道德规范向治国理念的飞跃》,从"欲天下太平须坚持以孔孟正道为'大纲',排斥黄老、释道等邪说";"有为之君当有仁心仁闻,行王者之道(即:守孔孟正道、树仁心仁闻、正己心、遵礼制、善用人、远小人)";"为臣之道当以'守格法,行故事,竭尽公忠'为根本"三个大方面展开论述。④ 认为罗《遵尧录》都坚持以儒家学说作为理论基础……同时奠定了闽学作为"正学"的基础,并为闽学初步塑造了具有较强现实性、批判性的学术性格。可以当之无愧地列为闽学的开山之作。⑤

朱立文、刘淑玮的《试述罗从彦的治国理政之道》,从"施圣政,保太平";"择良才,尽其用";"倡教化,铸德性";"立法度,维政道"阐释罗氏的治国理政之道,认为罗从彦"不但深究理学,且精通国史",乃学术史学界难得之士,其思想不失为中华传统文化的组成部分,具有历史与现实的价值。⑥

白庭阶、石秀珠的《浅议罗从彦政治观》一文以"祖述尧舜"、"任用贤才"、"防止内乱"、"提供善政"、"推崇教化"五个方面论述,认为罗从彦的政治观是"人君应以尧舜为典范,严于律己,摄职从政,务教化,爱黎民"。⑦

林其泉、陈慰锭的《论罗从彦的治学方法和为政思想》,提出要探讨罗从彦的思想,首先得了解他对道学孜孜以求的精神及治学方法。⑧ 认为罗从彦

---

① 徐刚、胡继锋:《简述罗从彦与朱熹政治管理思想的五个连接点》,第 101、102、105、107、111 页。

② 徐刚、胡继锋:《简述罗从彦与朱熹政治管理思想的五个连接点》,第 113 页。

③ 徐刚、胡继锋:《简述罗从彦与朱熹政治管理思想的五个连接点》,第 114 页。

④ 李宇启:《从道德规范到治国理念的飞跃》,第 115~132 页。

⑤ 李宇启:《从道德规范到治国理念的飞跃》,第 132 页。

⑥ 朱立文、刘淑玮:《试述罗从彦的治国理政之道》,第 139 页。

⑦ 白庭阶、石秀珠:《浅议罗从彦政治观》,第 146 页。

⑧ 林其泉、陈慰锭:《论罗从彦的治学方法和为政思想》,第 148 页。

做学问的方式是在宁静中进行,即"以身体之,以心验之"。① 并说罗从彦对治国、为政一类还是很关心的。作者在文中也认为,在研究道学和追求知识过程中,罗从彦有些地方很值得人们注视,包括:"笃志求道"、"清介绝俗"、"纪念碑刻在民众心里"。②

方彦寿的《"延平四贤"的爱国主义思想》一文对杨时、罗从彦、李侗、朱熹"四贤"的爱国思想作了论述,其中对于罗从彦,方先生认为:"他所提出的爱君、爱国、爱民'三爱'主张,以及他所强调的'三爱'之间是相互依赖的观点,在北宋末社会动荡不安,国家安全受到威胁,民族矛盾异常尖锐的历史背景下,具有很强的针对性和政治意义。"③认为罗从彦的爱国思想通过解说历史来批判现实;罗从彦评判"君子"与"小人"的道德标准是正直和忠厚。④

四、其他以及综合角度研究

(一)从教育思想角度展开研究。此时只有李启宇先生的《罗从彦教育思想初探》,该文认为罗从彦教育主张有以下三点:强调教育的重要性;强调后天学习、修养的作用;强调"心官"作用,提倡刻苦、严谨的治学精神。⑤

(二)从著述考证角度研究。有李秉乾的《罗从彦及其著作考》一文,该文作者通过厦门大学图书馆馆藏的清光绪九年(1883年)张国正重刻本为论述点,对照《四库全书》本,指出二者的不同,列出彼此多出的部分篇目。⑥ 并还列出罗从彦著作的版本和收藏单位一览,供学者研究之需。⑦ 这里需要提到的另一篇是黄觉弘先生的《胡安国佚信〈答罗仲素书〉考说》一文,该文是对《四库全书》所收一篇《答罗仲素书》的考证,认为此佚信不仅是证实胡安国与罗从彦存在着学术交往的唯一文献资料,而且佚信内容颇可与《胡氏春秋传》

---

① 林其泉、陈慰锭:《论罗从彦的治学方法和为政思想》,第149页。

② 林其泉、陈慰锭:《论罗从彦的治学方法和为政思想》,第152、153页。

③ 方彦寿:《"延平四贤"的爱国主义思想》,第238页。

④ 方彦寿:《"延平四贤"的爱国主义思想》,第238页。

⑤ 李启宇:《罗从彦教育思想初探》,第176、177页,该文后用括号写有"本文转载自《闽学贤人罗从彦》一书"。

⑥ 李秉乾:《罗从彦及其著作考》,第213～215页。

⑦ 李秉乾:《罗从彦及其著作考》,第215～216页。

相印证,对研究胡安国其人其学具有一定参考价值。① 当然,对研究罗从彦其人其学也是具有参考作用的。黄先生此文分两大部分:一是"关于胡安国佚信写作时间及罗从彦事迹",二是"关于胡安国佚信所提到的《春秋》学说"。②

(三)从综合角度论述研究。即在一篇文章中对于罗从彦的各个方面均有涉及并论述。有:何乃川的《读罗从彦哲理诗笔记》,该文以读书笔记的形式介绍了罗从彦的诗以及相关的思想内涵。③ 高令印的《罗从彦生平思想研究的几个问题》,从"世系生平著述"、"师徒杨时李侗"、"以主静为宗"、"道德观"、"政治思想"展开比较全面的论述。④ 罗训森的《罗从彦的成才之路初探》,认为罗氏的成才,得益于五个条件:宋朝沙县的人文环境;家族渊源;青少年时期的教育环境;良师、益友、高徒;个人修养。⑤

(四)此时期还有一些硕士、博士论文中的相关章节以及专著,涉及论述罗从彦及其思想的,如万绪珍的硕士论文《罗从彦理学思想研究》,分四章十一节,从"罗从彦的生平和学术地位"、"罗从彦的'理''性'思想"、"罗从彦的伦理思想"、"罗从彦的治世之道"四大章进行比较全面的论述。⑥ 杨星的博士论文《朱子闽学思想渊源与传播研究》中的"第三章罗从彦的理学思想",分四节论述:"第一节罗从彦的生平与著作;第二节罗从彦的政治思想观;第三节罗从彦的道德观思想;第四节罗从彦主静论思想及朱熹对"主静"说的扬弃"。⑦ 以及申绪璐的博士论文《两宋之际道学思想研究》中的第四章第二节"'理一分殊'思想的继承——默堂、豫章",第五章第二节之二"罗豫章静的思想",以及"附录"中的"罗豫章师事龟山考"和"罗豫章静坐罗浮考"。都述及罗从彦的相关课题。⑧ 而专著则有何俊的《南宋儒学建构》、何乃川先生的《闽学困知录》⑨和刘京菊的《承洛启闽——道南学派思想研究》⑩等,其中有相应

① 黄觉弘:"摘要",《胡安国佚信〈答罗仲素书〉考说》,《理论月刊》2010 年第 9 期,第 57 页。

② 黄觉弘:《胡安国佚信〈答罗仲素书〉考说》,第 57~59 页。

③ 何乃川:《读罗从彦哲理诗笔记》,《罗从彦研究文集》,第 186~192 页。

④ 高令印:《罗从彦生平思想研究的几个问题》,第 193~202 页。

⑤ 罗训森:《罗从彦的成才之路初探》,第 217~223 页。

⑥ 万绪珍:《罗从彦理学思想研究》,厦门大学 2009 年硕士学位论文。

⑦ 杨星:《朱子闽学思想渊源与传播研究》,华东师范大学 2007 年博士学位论文。

⑧ 申绪璐:《两宋之际道学思想研究》,复旦大学 2011 年博士学位论文。

⑨ 何乃川:《闽学困知录》,北京:社会科学文献出版社,2007 年。

⑩ 刘京菊:《承洛启闽——道南学派思想研究》,北京:人民出版社,2007 年。

章节述及罗从彦及其思想。

综上所述,近十年来的罗从彦及其思想等各方面的研究还是较丰富的,不管是对罗从彦本人的生平、著述,还是对罗从彦的思想(理学思想、政治思想、哲学思想等),以及对罗从彦在道南一脉、闽学中的作用和地位,等等,都做了很好的研究,也为以后的研究开展提供了宝贵的参考资料。但我们还可以对其作更深入的研究,如在"理学"思想上就可以再深入,正如万绪珍在她的硕士论文的"导言"最后所说的那样:"把罗从彦回归到他所处的时代和思想环境,突出他的'理'、'气'、'性'的思想。"①如在政治思想方面,除上述论文所涉及外,还可突出其政治思想的"以古照今"的作用,可以尝试对我们当今时代的影响和意义(其实罗氏著《遵尧录》就是有对当时时代作比照的意思在里面),以及他的政治思想所体现出来的"人才观"、"管理体制"上的观点,等等。总之,要对罗从彦及其思想再做深入研究,这应是研究者不可推卸的职责所在。

---

① 万绪珍:《罗从彦理学思想研究》,第 3 页。

李侗研究

李侗研究的几个问题

◎ 高令印

一、李侗与"道南"

孔子创立的儒学,到西汉董仲舒提出"独尊儒术",便成为中华民族的主体文化思想。中华主体文化是中华民族的精神支柱和生活方式,像衣食住行一样是不能或缺的。中华主体文化的核心价值可以概括为内圣成德与外王事功,简称为"内圣外王",就是《大学》所讲的"修身、齐家、治国、平天下"。所谓"外王",就是用王道、文化治理国家、天下,此是与"霸道"、武力相对称的。"外王"的前提是"内圣",无"内圣"就无"外王"。

以孔子为代表的这种中华民族的主体文化思想,到了东汉逐渐动摇,以至出现存亡的问题。魏晋玄学用老庄释《易》,以无为本,无与空相通,招致两汉之际传入中国的主空佛教盛行;产生于汉代的道教在佛、道"夷夏之论"中壮大起来。三教经过论争融合,到了隋唐,佛教中国化,道教又因老子(李耳)与皇帝(李唐)同姓,佛、道倾国奉,几成正宗,而主体儒学却奄奄一息,中国有成为佛教国家的可能。朱熹曾忧患地说:"释氏之教,其盛如此,守得一世再世,不崇尚他者,已自难得;三世之后,亦必被他转了!"[①]在朱熹看来,中国会成为佛教国家。这是从当时的中国文化的外部形势来说。

---

① 《朱子语类》卷一二六。

再从中国文化的内在义理来看。佛、道与儒是中华文化的三大组成部分,中国佛学(教)和道家、道教也是中华文化。但是,儒、道、佛在中华文化中的地位,是主、从、宾的关系,地位是不相同的。知名学者蔡仁厚说:

> 道家(教)是中国土生土长的,但它不能担纲,相对于作为中国文化主流的儒家而言,它是居于副从旁枝的地位,所以儒与道是主、从的关系。佛教从印度来,它在中国是客位。而佛教亦自知这一点,所以能自觉地守这个分,这就使它与儒家之间形成宾、主的关系。至于儒、佛之间,则似乎若即若离,关系微妙,彼此虽曾发生过几次冲突摩擦,但终于亦能相安无事。[①]

知名佛学家印顺指出,儒学"是纯中国文化纵面的产品,是不可旁解的,是入世的,是天道的,是万世不朽的经纬线","而佛家是介入的,是出世的,是偏于究竟空寂的。精深是精深矣,博大是博大矣,岂奈不及儒家何"。[②]

儒、道、佛三教之间的主从、主宾关系,不是任何人所能强调出来的,是因为儒学是中华民族的文化传统,即所谓"道统",是民族文化生命的常道——生活的原理和生命的途径。其内在本质是由孔子的"仁"而开发出的内圣成德之教,即"内圣"。只有内在的内圣成德,才能有外在的外王事功。道、佛之教充其量只是"外王"之事,仅仅是外在的。

上面所说的,由汉至北宋,就是宋儒所说的儒家的"道统"中断了,没有了儒家的内圣成德,因而中华民族也就没有了精神力量,社会人心坠落。当代著名新儒家牟宗三说:

> 唐末五代社会上的无廉耻。这个时代可说是中国历史上最不成话的时代,人道扫地无余。其中最显明的例子就是冯道。这位"五朝元老"真可谓厚颜无耻了。其实,这还是后人的说法,最可怜的是身处那个时代竟无耻不耻这个概念,而当时人亦不以无耻责之。……儒家的精粹正在人的道德性之竖立,即在人性、人道的尊严之挺拔坚贞的竖立。回顾先秦至宋之间,曾有汉、唐两代为盛世,国势强大,典章制度亦甚多可取之处,但是于道德性方面正视人道、人性的学问,偏无所用心。宋儒深感唐末五代社会的坠落与人道的扫地,因而以其强烈的道德意识,复苏了先秦的儒学。历史运会演变至此,正该是正视道德意识的时候,因而道

---

① 蔡仁厚:《新儒家的精神方向》,台北:学生书局,1982 年,第 21~22 页。
② 转引自台北《天华月刊》,1979 年 7 月 1 日。

德意识中的内容以及其所涵蕴的诸般义理亦容易被契悟。宋儒是真能清澈而透彻地立于道德意识上而用其诚的,因而亦真正能把握儒圣立教之本质。新儒学的兴起,五代的坠落是直接唤醒其道德意识的机缘;但其兴起的机缘还不止于此,还有另一方面,就是对佛教的抵御,间接地因佛教之刺激而益显其"道德性的理性"之骨干之不同于佛、老。①

这里把我们上面讲的中国文化的内外两个方面的问题都讲到了。唐、宋两个时代,一般认为,唐比宋文化高,外国人也以唐代表中国,把中国人称为唐人。但是,唐的文化是表面的、形象化的,没有树立起和传承下来中国文化的内在本质。因此,接着唐的五代十国,人心不古,无道德意识,不讲人格,无廉耻,尽出奸臣,政权割据和反复更替,社会混乱,人民生活陷于水深火热之中。相反地,宋朝的文化最为成熟,人们的道德意识最高。南宋末年朝廷(国家)已大势所去,还出现文天祥等伟大的民族英雄! 当代最权威的史学家陈寅恪、邓广铭等,谓"华夏民族文化,历数千载之演进,造极于赵宋之世",②宋代文化"在中国整个封建社会历史时期内,可以说是空前绝后的"。③ 牟宗三又说:

> 残唐、五代衰乱,世道人心败坏。人无廉耻,这是最大的惨局。在这个背景下,才要求儒家的复兴。宋明儒家完全是道德的觉醒。宋儒的兴起就是对着残唐、五代的人无廉耻而来的一个道德意识的觉醒。道德意识的觉醒就是一种存在的呼唤,存在的呼唤就是从内部发出来的要求。④

以上就是中国儒学发展之第二期宋代新儒学的内在本质和文化价值之所在,它的产生和形成就是要恢复和发扬儒家的"内圣"之学。

北宋新儒学的代表者主要是周敦颐、程颢、程颐、张载、邵雍,被称为北宋五子。邵雍另成系统,一般是就前四子讲北宋新儒学。据研究,此四子分成两个系统:一是周敦颐、张载、程颢系,主要以程颢为主,可以简称为程颢系;二是程颐系。程颢系除下开以胡宏、张栻为代表的湖湘学统外,主要是和程颐系分别下开"道南"两个学统。程颢系是下开龟山(杨时)、豸山(游酢)以至

---

① 牟宗三:《宋明理学的问题与发展》,上海:华东师范大学出版社,2004年,第17~18页。

② 陈寅恪:《金明馆丛稿二编》,上海:上海古籍出版社,1980年,第245页。

③ 邓广铭:《谈宋史研究的几个问题》,《社会科学战线》1986年第2期。

④ 牟宗三:《宋明理学的问题与发展》,上海:华东师范大学出版社,2004年,第74页。

罗从彦、李侗学统,即所谓杨(游)、罗、李;程颐系是下开朱熹学统。据牟宗三研究,周敦颐、张载、程颢系"这条路是宋学的正宗",是新儒学的正宗;而程颐系至朱熹学统,其源头程颐之学非宋学正宗,不是新儒学正宗,因朱熹集大,是其后的宗主,只能称朱熹为"别子为宗",此是借用中国古代宗法制嫡长子孙为大宗、正宗的说法。牟宗三说:

> 程明道(颢)讲仁有两个意思。仁就是主观地讲的道体,可以跟客观讲的道体同一,这就是以"一体"说。仁,是明道讲仁的第一个意思;第二个意思是以"觉"训仁,反过来说,仁就是不麻木。这两个意思是一个意思。有感觉、不麻木,有感通,就涵着"一体","一体"从感通来,所以这两个意思是相连的。……程明道提出来的以"一体"说仁、以"觉"训仁这两个观念后,他的后学中,杨龟山喜欢讲"以一体说仁",谢上蔡喜欢讲"以觉训仁"。杨龟山、谢上蔡是二程门下的两个大弟子。朱夫子批评杨龟山"以一体说仁"、批评谢上蔡讲"以觉训仁",其实是批评程明道。[①]

宋明新儒学一般分程朱理学和陆(九渊)、王(阳明)心学。上述程颢系与程颐系,是和陆王心学与程朱理学相对应的,可以说后者是前者的发展。陆、王之上承很少有人深入研究,其实也就是程陆(王)心学。程朱理学之程是程颐,程陆(王)心学之程是程颢,兄弟思想的差异衍变为后来的两个学统。程(颐)朱理学主张"性即理",即程颐谓"性即理也;所谓理,性是也"[②];程(颢)陆(王)心学,程颢有"心即理"的意思,曾谓"心是理,理是心"[③],后来衍变为陆王的"心即理"。陆九渊认为,二程思想,"伊川(颐)蔽固深,明道(颢)却通疏"[④],肯定程颢,因而将程颢思想推阐扩充,形成自己的"心即理"的思想体系。所以,陆王心学应是程(颢)陆(王)心学。[⑤]

龟山(杨时)是程门(主要是程颢)四大弟子之首,历来称其学为"程氏正宗",是符合实际的。《龟山年谱》说:

> 时明道(程颢)之门,皆西北士,最后先生(按指龟山)与建安游定夫

---

① 牟宗三:《宋明理学的问题与发展》,上海:华东师范大学出版社,2004 年,第 117、112～113 页。

② 《二程遗书》卷二二。

③ 《二程遗书》卷一三。

④ 《陆九渊集》卷三四。

⑤ 徐远和:《洛学源流》,济南:齐鲁书社,1987 年,第 183～190、274～275 页。

酢往从学焉,于言无所不说,明道甚喜。每言杨君最会得容易,独以大宾敬先生。后辞归,明道送之出门,谓坐客曰:"吾道南矣!"时谢显道亦在门,为人诚实,但聪悟不及先生。故明道尝言杨君聪明。元符间,伊川先生归自毗陵,见学人多从佛学,独先生与谢(良佐)不变,因叹曰:"学者多流于夷狄,唯有杨、谢长进。"①

可见,龟山、豸山(游酢)"道南"之"道"是正宗新儒学,即上面所说的"内圣"之学,呈现出了中华民族文化的核心价值。后来,因朱熹集大成,名气大,把"源头活水"、把龟山豸山之学掩盖了。这是把中华文化发展史上继往开来、承前启后的伟大思想家埋没了。

上面所论,是我们认识李侗新儒学首先要知道的,应该是研究李侗新儒学的前提。因为只有明确了李侗在新儒学中的位置,才能明白其文化价值之所在。今知名学者蔡仁厚说:

> 从师承上说,朱子当然是延平弟子;但若专就理之脉传而言,朱子实不传龟山、延平之学。黄梨洲所谓"龟山三传而得朱子,而其道益光",实只是单从师承上说的仿佛之见。朱子所光大的,乃是伊川之道,并非龟山之道。龟山一脉,实到延平而止。②

这里,我们要特别强调的是李侗之学是宋学、新儒学正宗,是"道南"、闽中最后一位正宗新儒学,其核心价值是内圣成德之学。

二、李侗与"未发"

李侗出身于儒学家庭,其祖辈三代都是进士出身,任过朝廷文官,从幼年起就接受严格的正统儒家经典教育。他自谓"徒以祖父儒学起家,不忍坠箕裘之业,孜孜矻矻为利禄之学"。③

北宋徽宗政和六年(1116 年),李侗 24 岁,闻郡人罗从彦(字仲素,称豫章先生)在杨时(字中立,称龟山先生)处得二程"不传之学",便慕名而去拜罗从彦为师。此后,舍利禄而习二程理学。他对罗从彦说:

---

① 《杨时集》,福州:福建人民出版社,1993 年,第 1115~1116 页。
② 蔡仁厚:《新儒学的精神方向》,台北:学生书局,1984 年,第 211 页。
③ 《李延平集》卷一,《初见罗豫章先生书》,清张伯行编《正谊堂全书》本。下凡引此书,仅注卷和篇名。

圣学未有见处,在佛子中,有绝嗜欲、捐想念,即无住以生心者,特相与游。亦足以澄汰滓秽,洗涤垢坋,忘情乾慧,得所休歇,言踪义路有依倚处。日用之中,不无益也。若曰:儒者之学可会为一,所以穷理尽性治国平天下者,举积诸此。非自愚则欺也。众人皆坐侗以此,而不知侗暂引此以为入道之门也。①

李侗起初对佛学也有兴趣。师事罗从彦后,觉得找到了真正的"入道之门",罗称赞他"向道甚锐"、"趋向大抵近正"。②

此后,李侗言论、行为以罗从彦为楷模。罗氏入罗浮山静坐,绝意仕进;李侗也不做官,"侗退入室中,亦静坐"。罗氏"严毅清苦","于世之嗜好泊如";③李也"啜菽饮水亦自有余"。④ 李侗从游罗门深得赞许,"于是退而屏居山田,结茅水竹之间,谢绝世故余四十年。单瓢屡空,怡然自适。"⑤他弃科举,穷经谈道,"不著书,不作文,颓然若一田夫野老","故上之人既莫如之,而学者亦莫之识,是以进不获于时,退未及传之于后"。⑥ 李侗一生绝大部分时间在家静坐涵养和教授门徒。

在罗从彦处,李侗"从之累年,受《春秋》、《中庸》、《语》、《孟》之说"。⑦ 李侗从老师那里学习了新儒学,思想逐渐成熟。李侗"忧时论事,感激动人。其语论道,必以明天理、正人心、崇节义、励廉耻为先"。⑧李侗死后,在宋明理学占统治地位的700多年中,宋、元、明、清历代帝王先后数次赐谥号、追封爵、从祀祭。明万历四十二年(1614年),从祀孔庙。清康熙四十五年(1789年),赐御书匾额"静中气象"悬于其祠门。

基于上述,杨、罗、李一脉相传的新儒学是宋学、新儒学之正宗,是内圣之学,其特点是于静坐中体会喜怒哀乐之"未发气象"。这是杨时从程颢那里学来的。上引程颢谓"吾道南矣"是符合实际的。《礼记·中庸》曰:"喜怒哀乐之未发之谓中,发而皆中节谓之和。中也者,天下之大本也;和也者,天下之

---

① 《李延平集》卷四,《李先生行状》。
② 《李延平集》卷四,《李先生行状》。
③ 《宋元学案·豫章学案》。
④ 《宋史》卷四二八。
⑤ 《李延平集》卷四,《李先生行状》。
⑥ 《李延平集》卷四,《李先生行状》。
⑦ 《宋史》卷四二八。
⑧ 《李延平集》卷四,《李先生行状》。

达道也。致中和,天地位焉,万物育焉。"这就是说,人在喜怒哀乐未发之前有一种纯是理的精神本体,它是天下的根本,体察了它,人就达到了圣人的境界,天下也就可以得到治理了。杨时说:

> 学者当于喜怒哀乐未发之际以心体之,则中之义自见。执而勿失,无人欲之私焉,发而中节矣!发而中节,中固未尝亡也。孔子之恸,孟子之喜,因其可恸、可喜而已,于孔、孟何有哉?其恸也,其喜也,中固自若也。①

在杨时看来,能做到了这一点,就是遵循了天理。这是"静复以见体"的工夫,是逆觉体证之路。杨时还就恻隐说仁,以"万物与我为一"说仁之体,也是明显地本于程颢。② 罗从彦从学于杨时20多年,其真得力处,亦是"静复以见体"的体证工夫。李侗也是如此。

他们把《中庸》之"未发"提高到本体论的高度。李侗对朱熹说:

> 某晚景别无他求,唯求道之心甚切。……某昔从罗先生问学,终日相对静坐,只说文字未尝及一杂语。先生极好静坐,某时未有知,退入室中亦静坐而已。先生令静中看喜怒哀乐,未发谓之中,未发时作何气象。此意不惟于进学有力,兼亦是养心之要。元晦偶有心恙,不可思索,更于此一句内求之,静坐看如何?往往不能无补也。③

这是李侗要把"未发"之学传授给朱熹。朱熹在《答何叔京》中说:

> 李先生教人,大抵令于静中体认大本未发时气象分明,即处事应物,自然中节。此乃龟山门下相传指诀。④

《中庸》"未发"原句,意为在不喜、不怒、不哀、不乐之时,看不出常人和圣人的区别,叫作"中";而有了喜怒哀乐,就能分别出谁能事事中节,即符合于礼,叫作"和"。程颢、杨时、罗从彦、李侗却一脉相承的从本体论上理解,提出所谓"未发时作何气象"。这就把简单的问题复杂化了。他们认为,喜怒哀乐是心之"已发",是情;其"未发",是性。性即理,理为世界的本体。因此,研究"未发"前作何气象,就是研究性,研究作为世界本体的理。由此,李侗认为,"未发"前性中充满着理。人由于有物欲(即人欲)的干扰,不能以理制情时,

---

① 《杨时集》卷二一,《书六·答学者其一》。
② 《杨时集》卷二一,《书六·答练质夫》。
③ 《李延平集》卷二,《延平答问》。
④ 《朱文公文集》卷四,《答何叔京二》。

其喜怒哀乐就不能"中节"。因此,人要能保持喜怒哀乐"未发"前气象,就要接受理学教育,做到"存天理,灭人欲",就能达到最高尚的圣人境界。这种说法,就是把"人欲"灭于初始状态。李侗说:

> 《中庸》以喜怒哀乐未发、已发言之,又就人身上推导至于见得大本达道处,又浑然只是此理,此理就人身上推导。若不于未发、已发处看,即何缘知之?①

见得天下之"大本",即心即性即理;依理而行是古今之人共同要走的路,即"达道"。这是由体验"未发"之前作何气象才能懂得的道理。因此,在李侗们看来,是个非常重要的问题。

李侗的结论是:

> 人与天理一也。就是理上皆收摄来,与天地合其德,与日月合其明,与四时合其序,与鬼神合其吉凶,皆其度内尔。②

> 受形天地,各有定数,治乱穷通,断非人力。惟当守吾之正而已。然而爱身明道修己俟时,则不可一日忘于心,此圣贤传心之要法。③

> 某窃以为不然,今日之事,只为不曾于原本处理会。末流虽是亦何益?不共戴天正今日之第一义,举此不知其他,即弘上下之道而气正矣。外裔所以盛者,只为三纲五常之道衰也。……今日三纲不振,义利不分,……此二事皆今日之急者,欲人主如此留意二者,苟不尔,则是虽有要,吾得而食诸也!④

在李侗看来,"未发气象"就是天人合一境界。天人合一,就是《易经》上讲的,天仁生人、物,地厚载人、物,因此人亦要仁慈、敦厚。这叫作本天道以立人道,立人道以合天德。达到了天人合一,人们都有了最崇高的道德品质,治国、御敌也就不难了,李侗就是坚定的抗金派。

---

① 《李延平集》卷二,《延平答问》。
② 《李延平集》卷二,《延平答问》。
③ 《李延平集》卷二,《延平答问》。
④ 《李延平集》卷二,《延平答问》。

三、李侗与朱熹

（一）朱熹六次拜见李侗

朱熹24岁，遵父朱松遗言，"将赴同安任，特往受学于延平李先生侗之门。"①此是说朱熹在赴同安任途中路过南平拜见李侗的，即绍兴二十三年（1153年）六月。对于朱熹受学李侗的过程，方志有所记载：

> 戊寅春，熹见侗于延平。庚辰冬，又见侗于延平，寓舍旁西林院者阅月。壬午春，迎谒侗于建安，遂与俱归延平，复寓西林数月。问答论难，及往来书甚黟。熹之能承圣道，皆得于侗。②

此处记载了朱熹四次往南平见李侗：一是上面讲到的癸酉夏，即绍兴二十三年（1153年）六月，朱熹赴同安主簿任路过南平特往见之，相处20天左右，是时朱熹24岁；二是戊寅春，即绍兴二十八年（1158年）一月，朱熹同安主簿任满回崇安途中，步行数百里再到南平见之，相处一个月左右，是时朱熹29岁；三是庚辰冬，即绍兴三十年（1160年）十月，再到南平见之，寓李侗宅傍之西林院，"朝夕往来受教焉，阅数月而后去"③，正式拜李侗为师④，是时朱熹31岁；四是壬午春，即绍兴三十二年（1162年）正月，朱熹到建州府治之建安（今建瓯。当时李侗次子李信甫任建安主簿）见之，然后两人同归南平，又住西林院"几月，师不予厌也。"⑤

对于李侗与朱熹最后两次（即第五、六次，孝宗隆兴元年，1163年）的活动，民国《五夫里志稿》卷十一《游寓》引用的《李氏家乘并参卫园笔记》，有较详细的记载：

> 癸未，愿中（李侗）子友直官信州，请养愿中，自建安如铅山，取道崇境。有五月二十三、六月十四、七月十三日与朱子书。时熹将趋召，问所宜言者。愿中答以三纲不振、义利不分，王安石用事以来人只趋利不顾

---

① （清）童能灵：《朱子为学次第考》卷一。
② （嘉庆）《南平县志》卷一八，《人物》。
③ 《朱文公文集》卷二，《再题西林可师达观轩》。
④ （清）王懋竑：《朱子年谱考异》卷一。
⑤ 《朱文公文集》卷三，《再题西林可师达观轩》。

义，故主势孤。是年十月，愿中以闽帅汪应辰召，赴福州，卒。故熹为文祭告，有"安车暑行，过我衡门，返旆相遭，凉秋已分，熹于此时适有命召，问所宜言，反复教诏，……何意斯言，而诀终天"等语。

据记载，李侗"十月游武夷，归赴福州"，十月十五日卒于福州汪应辰帅治[1]；这年三月，朝廷召朱熹赴首都临安，朱熹"辞，有旨趣行，冬十月至行在。……十一月六日，奏事垂拱殿。"[2]由此可见，所谓李侗"取道崇境"，似非为和朱熹见面。但此引朱熹所作延平祭文，有谓"安车暑行，过我衡门；返旆相遭，凉秋已分。熹于此时适有命召。"[3]衡门，即简陋的房屋。据此，朱熹和李侗最后两次相见是这年夏、秋，即李侗往返铅山途经崇安五夫里朱熹的家中。

朱、李最后相会，主要是朱熹向李侗请教他到首都临安（今杭州）后应向皇帝讲些什么。次年一月，朱熹专程到南平哭李侗。

（二）由禅道文章转到儒学上来

朱熹和李侗交往前后十年，正式拜李侗为师是后五年。[4] 朱熹谓"熹获从先生游，每一去而复来，则所闻必益超绝，盖其上达不已，日新如此。"[5]

朱熹父朱松与李侗同是罗从彦的学生。朱熹执父礼见李侗。首先向李侗介绍了他在崇安刘子翚等老师那里所学禅道文章。李侗对朱熹过去所学之禅学作了批评，朱熹起初"心疑而不服。同安官余，以延平之言反复思之，始知不我欺矣。"[6]据记载：

> 初见侗，即与论禅。侗正其误曰："悬空理空，而前事却理会不得。道亦无元妙，只在日用间着实做功夫外领会，便自己见道。"教熹看圣贤言语。熹将圣贤书读了，渐渐有味，顿悟异学之失。乃返朴归约，就平实处为学，于道日进。侗喜之……云："此人别无他事，一味潜心于此。初讲学时，颇为道理所缚，今渐能融释于日用处，一意下功夫。若与此渐熟，则体用合矣。此道理全在日用处，孰若静处有而动处无，所非矣。"[7]

---

① （嘉庆）《南平县志》卷一一，《四贤年志》。

② （清）王懋竑：《朱子年谱考异》卷一。

③ 《朱文公文集》卷七八，《祭延平李先生文》。

④ （清）王懋竑：《朱子年谱考异》卷一。

⑤ 《朱文公文集》卷九七，《延平先生李公行状》。

⑥ 《李延平集》卷二，《延平答问》卷上。

⑦ （嘉庆）《南平县志》卷一八，《人物》。

朱熹师事李侗,是其思想一个大转变的时期。关于朱熹这期间的思想转变,清人童能灵有概括的说明。他说:

> 朱子初好禅学,至此延平始教以从日用间做工夫,又教以只看圣贤之书,则其学亦一变矣。①

朱熹经过李侗的教导,认识到过去所学佛教禅学思想空言无实,即其"以君臣父子为幻妄"。② 此后便致力于所谓切实工夫。朱熹用"鸢飞鱼跃"四字来概括自己这一思想转变。用"鸢飞鱼跃"比喻圣王的所谓"教化明察",使万物各得其所。朱熹手书"鸢飞鱼跃"匾悬于其到南平见李侗时住的塘源李子坑西林院,是向他的老师表明自己已接受了儒家的伦理纲常思想。

(三)朱熹未契李侗"未发气象",而主"心贯未发涵养已发省察"

朱熹早年依据李侗的教导,体会所谓"未发气象",始终未能契入逆觉体证之路。朱熹后来回忆说:

> 当亲炙之时,贪听讲论,又方窃好章句训诂之习,不得尽心于此,至今若存若亡,无一的实见处,辜负教育之意。……及其也,渐次昏暗淡泊;又久则遂泯灭,而顽然如初无所睹。此无他,所见者,非卓然真见道体之全,特因闻见揣度而知故耳。③

这说明朱熹对李侗所谓"未发"说不予重视,未曾学进去,并且还提出批评,如说"罗先生说(按指教人静坐)终恐有病。如明道亦说静坐可以为学,谢上蔡亦言多著静不妨。此说终是小偏。才偏便是病。道理自有动时,自有静时。学者只是'敬以直内,义以方外'。……不可专要去静处求。所以,伊川谓'只用敬,不用静',便说得平"④;李侗"说敬字不分明,所以许多时无捉摸处。……若一向如此(按指静坐),又似坐禅入定"⑤,等等。这样,朱熹对程颢、杨时一系所悟解的性道之体未有真实契会。今人刘述先说:

> 程门另一高弟杨龟山倡道东南,再传弟子李侗(延平)即为朱子之业师。但朱子并未契于龟山一系的"默坐澄心"之教,且不幸延平早逝,不

---

① 《朱子为学次第考》卷一。
② 《朱子语类》卷九四。
③ 《朱文公文集》卷四,《答何叔京二》。
④ 《朱子语类》卷一二,《杨氏门人·罗仲素》。
⑤ 《朱子语类》卷一三,《杨氏门人·李愿中》。

得不自己努力，强探力索，苦参中和，一直到三十九岁才真正找到自己成熟的思路。朱子自述早年误以"性为未发，心为已发"，乃在未发上面用不上工夫，不免急迫浮露。后来仔细咀嚼伊川（程颐）遗教，特别是"涵养须用敬，进学则在致知"二语，才焕然冰释，为问题找到了满意的答案，从此认定性即是理，心则周流贯彻、通贯乎未发、已发，在未发时只是涵养，已发之后则用省察。如此静养动察，分有所属，而敬贯动静，自此不复有疑。朱子所发展的是一心性情之三分架局。性即是理，而心是情，心统性情。这套思想的背景则是一理气二元不离不杂之形上学。理是超越而永恒的。气则是内在而具体的。性可以进一步解释为义理之性与气质之性。爱、情是气。心是气之精爽者，具众理而应万事。①

这就是朱熹别走蹊径直承程颐的思路。朱熹曾说，"道理不可专要去静处求，所以伊川（程颐）谓只用敬，不用静，便说中了"②。

朱熹的思想结构是"心统性情、理气不离不杂"。他认为，性是理，心是气之灵，情是心气之发或之变，此便是"心性情三分"。仁只是性、只是理，恻隐之心与爱之情则属于气。谓"仁者，心之德、爱之理"，表示仁不是心、不是爱，只是"爱之所以然的理，而为心所当具之德"。这样，仁只成一个形而上的抽象理，而不再是具体的活泼泼的生生之仁。仁这个"理"，必须通过心知之明的静涵后方能为心所具；仁这个"德"亦须通过心气之摄具此理，方能成为心自身之德。这就是说，德由理而转成，理不寓于心则不能成德。"心统性情"，统为统摄、统贯义，非统帅、统属义。心统性，是认知地、关联地统摄性而彰显之。这是心即统贯于"未发"之性。心统情，是行动地统摄情而敷施发用。这是心发出情，心统贯于"已发"之情。③

对于朱熹的"心统性情"说，金春峰说：

> 用比喻说，朱熹讲的"心统性情"，犹如一自动切削车床。车床的切削活动是情，属于形而下之经营造作；其自动切削活动之原理，相当于性；车床相当于心，是具此理而统性情者。自动车床之切削活动是中性无色的，其活动之"所以然"之理亦是中性无色的，因而是一纯自然系统。冯（友兰）先生说，朱熹讲的情犹如飞机之实际的运动，飞机之所以如此

---

① 刘述先：《文化与哲学的探索》，台北：学生书局，1986 年，第 267 页。
② 转引自《宋元学案》卷四九，《晦翁学案》。
③ 《朱子语类》卷二〇。

运动之规律或所以然是"理",心则是此理之认知者。但心仅能认识此飞机之"理",而非统飞机活动之"情"。①

这里很形象地说明了朱熹的"心统性情"。朱熹由古代的尊天上升到讲理。孔子时而释天为自然界,含糊其辞。西汉董仲舒提出天人感应论,断定天是有意志的。朱熹认为,天不外是苍苍之形体,而天意是理。这就摒弃了原先对天认识的宗教神秘色彩。他说:"天之所以为天者,理而已。天非有此理不能为天。故苍苍者即此道理之天。"②天即理,是朱熹理学的哲学本色。由此,他把人们对天的认识上升到哲学本体论的高度。

朱熹进一步指出,理离不开气,理气是不离不杂的。理属形而上,气属形而下,这个介限不能混杂;而理寓于气,理离开了气就无挂搭处。朱熹说:

> 天地之间有理有气。理也者,形而上之道也;气也者,形而下之器也,生物之具也。是以,人、物之生必有理,然后有气;必禀此性,然后有形。③

在朱熹看来,理无情意、无计度、无造作,是静态的形而上实有,只存有不活动,不能妙运气化生生;气则能依理而行,凝结造作。

以朱熹为代表的朱子学,有一套修养工夫:因心不是理,为了使心能够合乎理,需要涵养。不是涵养本心性体,而是肃整庄敬之心,汰滤私意杂念。通过逐渐涵养,达到"镜明止水"、心静明理。这叫作"涵养敬心"。静时涵养敬心,以求近合"未发"之"中";动时察识情变,以期至"中节"之"和"。这叫作"静养动察"。无论静时动时,皆以"敬"贯串:敬既立于存养之时,即涵养于"未发";亦行于省察之间,即察识于"已发"。这叫作"敬贯动静"。而由察识工夫再推进一步,便是致知格物以穷理。④

朱熹后学明确把朱熹这套修养功夫概括为治心之学。如明初朱子学家陈真晟(1411—1473)的《心学图说》。陈真晟说:

> 先讲求夫心要。心要既明则于圣学工夫已思过半矣,盖其心体是静坚固而能自立,则光明洞达作得主宰。所以一心有主,万事有纲,圣学之所以成始成终之要得矣,然后可依节目补小学、大学工夫,而其尤急务则

---

① 金春峰:《朱熹哲学思想》,台北:东大图书公司,1998年,第2页。
② 《朱子语类》卷二。
③ 《朱文公文集》卷六。
④ 以上参见蔡仁厚:《儒家心性之学论要》,台北:文津出版社,1990年,第144页。

专在于致知诚意而已,皆不外乎一敬以为之也,再假以一二年诱掖激励渐摩成就之功,则皆有自得之实矣。①

陈真晟《心学图说》的心学思想是:天命之理具于人心,是谓之(善)性(五常之性);性为利欲所惑,"法天之当然是性之复";复性需主敬,敬以直内,义以方外,义即知行,此即是一动一静在于理。质言之,就是天理——善性、复性——敬(存心)、义(知行)。他认为,"敬以直内,义以方外",此二者为为学之要。主敬即存心,择义即致知。道体极乎其大,非存心无以极其大;道体极其微,非致知无以尽其微。静而涵养致知,动而慎独诚意,使交养互发之机自不能已,则美在其中。畅于四肢,发于事业,是美之至。因外美而益充内美,发而为至美。这是陈真晟对朱子学的一个重大发掘。

对于朱子学的心学,清张伯行在讲到陈真晟时有段深刻的分析:

> 或问余曰:"陈布衣(陈真晟)先生之书多言心学,近世立言之士谓心学异端之教也。先生以之为言可乎?"予应之曰:横渠谓观书当总其言以求作者之意;如不得其意,而徒以言,则圣贤之言,其为异端所窃而乱之者,岂可一二数!孔子言道德,老子亦言道德;言道德同,而其为道德者不同。吾儒言心,释氏亦言心。孔子曰:'从心所欲不踰矩。'孟子亦曰:'学问之道无他,求其放心而已。'释氏乃曰:'即心即佛。'是释氏徒事于心,何尝知学。吾儒之用功则不然,以穷理为端,以力行为务,体之于心,而实推之于家国天下而无不当。至语其本源之地,不过曰:此心之敬而已。自尧舜以讫周公、孔子,自孔子以迄周、程、张、朱,未有能舍是以为学者。上蔡谢氏曰:常惺惺法,在吾儒言之则为敬,在释氏言之则为觉。先生之言心,不过谓其活变出入无时,非主敬无以操持之也。可与异端之虚无寂灭同日语哉!②

明人郑普在《布衣陈先生传》中把陈真晟的思想体系概括为"治心修身"四字,是十分确当的。陈真晟在《答耿斋周轸举人书》中说"治心修身"是程朱之学的要法,是治程朱之学的入门要道。

---

① 《陈真晟文集·二补正学》。
② 《正谊堂文集》卷七,《陈布衣文集序》。

李侗的理学思想探微

◎ 何乃川

　　李侗,字愿中,学者称为延平先生,南剑州剑浦县崇仁里樟仁乡(今福建南平市)人,生于宋哲宗元祐八年(1093 年),孝宗隆兴元年(1163 年)卒,是程颐的三传弟子、朱松的同门学友,也是朱松的儿子朱熹青年时期的理学入门老师。李侗的曾祖父、祖父和父亲均"以儒学起家"①。故李侗自幼受家学熏陶,曾"习举子业",他"不忍坠箕裘之业,孜孜砣砣为利禄之学"。②

　　徽宗政和二年(1112 年),李侗 20 岁,"既冠游乡校,有声称"。③ 徽宗政和六年(1116 年),李侗 24 岁时,受学于杨龟山的弟子罗仲素之门,求河洛之学。他说:"今生二十有四岁,茫乎未有所止,灼理未明而是非无以辨,宅心不广而喜怒易以摇,操履不完而悔吝多,精神不充而智巧袭,拣焉而不净,守焉而不敷,朝夕恐惧,不啻如饥寒切身者,求充饥御寒之具也。不然,安敢以不肖之身为先生之累哉。"④"授《春秋》、《中庸》、《语》、《孟》之说,从容潜玩,有会于心,尽得其所传之奥。"⑤罗仲素曰:"愿中向道甚锐,趋向大抵近正。"⑥亟称许焉。

　　徽宗政和七年(1117 年),李侗 25 岁,"退而屏居山田,结茅水竹之间,谢

---

①　《宋史·李侗传》。

②　《宋史·李侗传》。

③　《朱文公文集》卷九七,《延平先生李公行状》。

④　《朱文公文集》卷九七,《延平先生李公行状》。

⑤　《朱文公文集》卷九七,《延平先生李公行状》。

⑥　《朱文公文集》卷九七,《延平先生李公行状》。

绝世故余四十年"。① 他"志于绝学"。其接后学,答问不倦,随人浅深之各不同。李侗的学友沙县邓迪曾说:"愿中如冰壶秋月,莹彻无瑕。非吾曹所及。"朱松"深以为知言,亟称道之"。②

高宗绍兴二十三年(1153 年),李侗 61 岁。时朱熹 24 岁,在赴泉州府同安县主簿任上,途中拜见延平先生。朱熹以父辈事之。所论多所不合。临别时李侗吩咐受佛道思想影响颇深的朱熹要专心去读"圣贤"的书,遵"圣贤"的语言。

绍兴二十七年(1157 年),李侗 65 岁,子信甫及友直同登王十朋榜进士,有答朱熹言涵养之事。

绍兴二十八年(1158 年),朱熹同安官后,徒步数百里求教李侗于延平。有与朱熹《春秋》、《论语》答问 7 条,又 11 条。又答朱熹关于夜气之说。李侗得朱熹这样的学生,喜悦之心,溢于言表。他后来说:"所幸比年来得吾元晦。相与讲学于颓堕中,复此激发,恐庶几于晚境也,何慰如之。"③

绍兴二十九年(1159 年),李侗 68 岁,与朱熹书信两封。

绍兴三十年(1160 年),李侗 69 岁,朱熹 31 岁,又见李侗于延平。数度从学,均居李侗舍旁西林院惟可师之舍,朝夕往返受教,"阅数月而后去"。④ 李侗五月有与朱熹书 3 则,七月有与朱熹书 8 则。《朱子行状》记载李侗对朱熹的称赞说:"颖悟绝人,力行可畏,其论难体认至切。从游累年,精思实体,而学之所造益深矣。"

绍兴三十一年(1161 年),李侗 70 岁。有正月、二月、五月、七月、八月、十月与朱熹答问 12 条,书 3 则。朱熹谓自从侗学,辞去复来,则所闻益超绝。他称赞李侗:"姿禀劲特,气节豪迈,而充养完粹,无复圭角。精绝之气,达于面目,色温言厉,精定气和。语默动静,端详闲泰,自然之中若有成法。平时恂恂,于事若无甚可否,及其酬酢事变,断以义理,则有断然不可犯者。"⑤

绍兴三十二年(1162 年),李侗 71 岁。春,朱熹迎谒李侗于建安,遂与俱归延平。有四、六、七、八、十月与朱熹书 11 则,有答朱熹上封事书。

孝宗隆兴元年(1163 年),李侗 72 岁,以二子更请迎养自建安如船山。有

---

① 《朱文公文集》卷九七,《延平先生李公行状》。

② 《朱文公文集》卷九七,《延平先生李公行状》。

③ 《延平答问》。

④ 《朱文公文集》卷二。

⑤ 《朱文公文集》卷九七,《延平先生李公行状》。

五月、六月、七月与朱熹书。十月游武夷，归赴唐守汪应辰之聘，如福州，卒于府治。其孙获丧以归，葬于郡崇仁里瓦口乡。朱熹为《行状》并会葬，汪应辰为《志》。朱熹 14 岁丧父，此后从学于崇安五夫里刘、胡三先生之门，泛观博览，出入佛老。及 24 岁时拜访李侗，并于同安官后从学于李侗，"求喜怒哀乐未发之旨，未达而先生没"。他悲伤地说："余窃自悼其不敏，若穷人之无归。……然以先生之所言者推之，知其所未言者，或不远矣。"① 自述师承关系乃此。朱熹有《挽延平先生》诗三首，兹录二首如下：

> 闻道无余事，穷居不计年。箪瓢浑漫与，风月自悠然。
>
> 洒落濂溪句，从容洛社篇。平生行乐地，今日但新阡。
>
> 歧路方南北，师门数仞高。一言资善诱，十载笑徒劳。
>
> 斩板今来此，怀经痛所遭。有疑无与析，挥泪首频搔。

宋理宗淳祐六年（1246 年）从杨栋请，赐谥文靖。元至正年间（1341—1368 年）赠太师越国公。明神宗万历间（1573—1620 年）从熊向文请，从祀孔子庙。清圣祖康熙四十五年（1706 年）允沈涵疏，赠曰"静中气象"。

李侗从罗仲素处得二程所继承的"不传之学"之后，"志于绝学"。他"箪瓢屡空，怡然自适"，自谓"某村居兀坐，一无所为，亦以窘迫遇事窒塞处多，每以古人贫极难堪处自体，即啜菽饮水，亦自有余矣"。② 又说："亦欲于冷落境界上打叠，庶几渐近道理。"朱熹称其"所居狭隘，屋宇卑小。……然其齐整潇洒，安物皆有常处，其行不异于人"。③

李侗为人"少年豪勇，夜醉驰马数里而归。后来养成徐缓，虽行一二里，常委蛇缓步，如从容室中也"。④ 从一个豪放不羁的少年变成一个规行矩步的道学家，"终日无疾言遽色"。⑤ 他虽然经济不宽裕，但"亲戚或贫不能婚嫁，为之经理，节衣食以赈助之。与乡人处，饮食言笑，终日油油如也"。⑥ 他在《和静庵山居自咏》一诗写道：

> 胜如城市宅，花木拥檐前。一雨晓时过，群峰翠色鲜。

---

① 《李延平集》卷一，《初见罗豫章先生书》。

② 《延平答问》。

③ 《李延平集》卷三。

④ 《李延平集》卷三。

⑤ 《延平答问》。

⑥ 《延平先生李公行状》。

采荆烹白石,接竹引清泉。车马无常到,逍遥乐葛天。①

一个身居草野的道学先生的面貌,跃然纸上。

李侗一生没有当过官,但"伤时忧国,论事感激动人"。② 朱熹在孝宗即位上封事,事前先征询李侗的意见,李侗认为落到偏安的局面,其重要的一个原因,就是因为"主和"。他说:"今日所以不振,立志不定,事功不成者,正坐此以和议为名尔……要之断然不可和。自整顿纪纲,断以大义,以示天下向背,立为国是尔。……吾侪虽在山野,忧世之心仍无所伸,亦可早发去为佳。"③我们从其反对和议的主张看来,他是个能清醒地正视时弊的"忧世"之士。这对朱熹青年时期激烈主战的政治思想是有一定影响的。

"李(侗)先生不著书,不作文,颓然若一田夫野老。"④"侗之学,超然独得于心性隐微之间,而非言语文字之末,宜人之所不及知者,惟朱熹得而真知之。"⑤周木之言,虽嫌夸大其词,其述师承关系,也有一定道理。

李侗思想,从朱熹整理而成的《延平李先生师弟子答问》(简称《延平答问》)一卷、赵师夏辑的《延平李先生答问后录》一卷、以及朱门弟子记录朱熹言论的《朱子语类》(后人把有关部分编入《李延平集》、《延平总集》中,并都附有年谱)等记述中加以探讨,可以略见其脉络。

一、"理一分殊"的本体论思想

在本体论问题上,二程、杨时把"理"作为哲学的最高范畴,它是自然界和社会的最高原则。李侗继承二程、杨时的思想,在讨论"太极动而生阳"这个问题上,李侗用二程"自家体贴出来"的"天理"这个最高范畴,用来诠释周敦颐的《太极图说》,勾画出太极(至理之源)——二气交感(理在其中)——化生万物(此理一贯)这样一个图式。他说:

> "太极动而生阳",至理之源。只是动静阖辟,至于终万物始万物,亦只是此理一贯也。到得二气交感,化生万物时,又就人物上推,亦只是此理。……在天地只是理也。……人与天理一也。就此理皆收摄来,"与

---

① 《李延平集》卷一,《初见罗豫章先生书》。

② 《宋史》卷四二八。

③ 《延平答问》。

④ 《李延平集》卷三。

⑤ 《延平总集》,周木《延平李先生从祀孔子庙疏》。

天地合其德,与日月合其明,与四时合其序,与鬼神合其吉凶",皆其度内尔。①

李侗认为,太极是最高的理,充塞天地,只此一理,这个理是一贯的;由于太极这个"理"的动静阖辟,产生二气,二气交感,化生万物;万物化生之后,就天、地、人和物上去推寻,也只有这个理。再也找不到除理之外的任何东西了。天人合一在这里表达为"理"与人是合一的,"人之一体,便是天理无所不备具"②。很显然,这是李侗毫不含糊地从二程、杨时那里继承下来的客观唯心主义思想。理学家把"理"拔高到凌驾一切现实之上,最后还是得把它再拉回到地面人世间,来为活生生的现实服务。不仅如此,李侗还在自然现象中作任意的比附,他在《梅林春信》中是这样写的:

> 积雪千林冻欲催,倚栏日日望春回。
>
> 天公为我传消息,故遣梅花特地开。③

程颐有"公则一,私则万殊"④之说,"天公"者,天理"至于终万物始万物,亦只是此理一贯"。"天地中所生物,则一,虽禽兽草木生,理亦无顷刻停息间断者"⑤。梅花绽同样是理所主宰,在李侗看来,这是很显然的。

理生气而化生万物,万物自天地至于人物,都是理的体现,在物上,它们之间及与理的关系。李侗继承师说,用"理殊"予以表达。李侗的"理一分殊"说及其对朱熹的灌输,值得注意。他说:

> 吾儒之学,所以异于异端者,理一分殊也。理不患其不一,所难者分殊耳。此其要也。⑥
>
> 要见一视同仁气象不难,须是理会分殊,虽毫发不可失,方是儒者气象。⑦

李侗把"理一分殊"作为划分儒学和"异端"的标准,而不仅要理会理一,更重要的在于理会分殊,作为儒学的要害处、关键处,这是李侗思想的一个中心问题。

---

① 《延平答问》。
② 《延平答问》。
③ 《李延平集》卷一,《初见罗豫章先生书》。
④ 《伊川语录》。
⑤ 《延平答问》。
⑥ 《延平答问》。
⑦ 《延平答问》。

李侗对"理一分殊"是怎样理会、阐述以及对朱熹灌输的？

朱熹从学于李侗，闻"理一分殊"之说。李侗之详说，后人虽有不可得而闻之议，但从朱熹的记录和发挥，还是可以看出些眉目的。朱熹曾谓"仁"之一字，乃人之所以为人而异于禽兽者，李侗不以为然。几经讨论，因此朱熹"以先生之言思之而得其说"。朱熹说：

> 窃谓天地生物，本乎一源，人与禽兽草木之生，莫不具此理，其一体之中，即无丝毫欠剩，其一气之运，亦无顷刻停息，所谓仁也。①

李侗在这段话下的批语是：

> 有有血气者，有无血气者，更体究此处。②

朱熹说：

> 但气有清浊，故禀有偏正。惟人得其正，故知其本，具此理而存之，而见其为仁。物得其偏，虽具此理而不自知，而无以见其为仁。然则仁之为仁，人与物不得不同；知人之为人而存之，人与物不得不异。故伊川夫子既言理一分殊，而龟山又有知其理一，知其分殊之说，而先生以为在知字上用着力，恐亦是此也。③

李侗在这段话下的批语是：

> 以上大概得之，他日更用熟讲体认。④

朱熹说：

> 又详伊川之语推测之，窃谓"理一而分殊"此一句，言理之本然如此，全在性分之内，本体未发时看。⑤

李侗在这段话下的批语是：

> 须从本体已发未发时看，合内外为可。⑥

在李侗看来，天地万物，有血气者，无血气者，本乎一源。假如仅提人与禽兽草木这些具体的东西，概括性是不够的，因此，他的思想，强调应在有血气和无血气上体究，才不会疏漏，可见他思想的细密和彻底性。在表达"理

---

① 《延平答问》。

② 《延平答问》。

③ 《延平答问》。

④ 《延平答问》。

⑤ 《延平答问》。

⑥ 《延平答问》。

一"的问题上,封建伦理道德观念是天理的体现,李侗的思想是很清楚的,但他不同意仅从人身上看仁,也不同意仅从天理未发或仅从天理流行看仁,而认为应该从所有一切有血气的和无血气的人和物,从天理未发已发,合内外看仁才可以。他在《藏春峡》一诗中写道:

> 爱竹心虚初长笋,观梅香散渐含仁。①

这就是说,仁为受天地之中而生,为人物所固有,它既表现于未发,也表现于已发,仁为人所固有,且为人的行动准则。可见他强调知其理一,要在知上用着力,是知其一切有血气和无血气者,都根源于"理",物质性的东西都根源于非物质性的"理"。天地万物同属此理,仁是理的体现,不仅是人,而且为人类社会、自然界所固有。归根结底,在李侗看来,封建社会的伦理道德是神圣不可侵犯的。

以上,是李侗的"理一"说,至于"分殊"说,有大议论,并夹李侗的批注。兹引部分:

> 舍而言之,则莫非此理,然其中无一物不该,便有许多差别,虽散殊错糅,不可名状,而纤微之间,同异毕显,所谓理一而分殊也。知其理一,所以为仁,知其分殊,所以为义,此二句乃是于发用处该摄本体而言,因此端绪而下工夫,以推寻之处也。……大抵仁字,正是天地流动之机,以其包容和粹,涵育融漾,不可名貌,故物谓之仁。其中自然又于理密察,各有定体处,便是义。只此二字,包括人道已尽。义固不能出于仁之外,仁亦不离乎义之内也,然则理一而分殊者,乃本然之义。②

李侗在这段话下的批语是:

> 推测此一段甚密,为得之加以涵养,何患不见道也,某心甚慰。③

李侗认为,万物虽具一理,但所接受的气有"秀"、"偏"之别,故禀有偏正,人与物不得不异。他说:"盖天地中所生物本源则一。虽禽兽草木生,理亦无顷刻停息间断者。但人得其秀而最灵,五常中和之气所聚,禽兽得其偏而已,此其所以异也。"④朱熹对理一而分殊的推演,李侗誉之谓"甚密",并表示内心无限安慰。李侗不止一处强调分殊说的重要性,认为必须理会分殊,"虽毫发

---

① 《延平答问》。

② 《延平答问》。

③ 《延平答问》。

④ 《延平答问》。

不可失",才是儒者的气象,可见他对分殊应该有更多的言谈,但是所存文字资料有限。我们看到的"推测",为他今后进一步发挥打下了不可动摇的基础。此外,还有一点可见的,即李侗认为气质是可变的,他说:"某窃以谓圣人之道中庸,立言常以中人为说,必十年乃可一进者。若使因而知学,积十年之久,日孳孳而不倦者,是亦可以变化气质而必一进也。若以卤莽灭裂之学而不用心焉,虽十年亦只是如此,则是自暴自弃之人尔。"①因此,他认为必须加以涵养,方能见道。这是李侗的"分殊"说。

"理一分殊"说进一步体现了李侗的客观唯心主义思想。朱熹侃侃而谈,正是在李侗的诱发和引导下进行的,李侗对朱熹的大段议论时有纠正,总的来说,极为赞赏,这对朱熹理学思想的形成和逐渐成熟,确是很关键的。

李侗在同门学友之间,虽有"如冰壶秋月,莹彻无瑕"的美誉,但他不善言辞,所谓"语言既拙,又无文采"②,看来不仅是谦词。他且"极不要人传写文字"③,晚年对朱熹倾心教诲,这对朱熹来说,是富有启发性的。朱熹《挽李延平先生》诗之一云:

> 河洛传心后,毫厘复易差。淫辞方眩俗,夫子独名家。
> 本本初无二,存存自不邪。谁知经济业,零落旧烟霞。④

从李侗学前泛观博览、出入佛老的朱熹,此时已把理学之外的学问称为"淫辞",所谓"本初无二",所谓"存自不邪",不是都为朱熹所继承了吗?通过李侗的传授,"理一分殊"说在朱熹的思想上已经接受并且根深蒂固。

二、"理与心一"的认识论

"理一分殊"的本体论中,李侗强调应遵循杨时点明的在"知"字上用着力,李侗所要的"知"之内容如何?怎样达到知?这是李侗理学思想中的认识论问题。在这方面,李侗提出"理与心一"的命题,主张"静中体认大本未发时气象"和"就事兼体用下工夫见浑然气象"。他在给朱熹的信中说:

> 持敬之心,理与心为一,庶几洒落耳,某自闻师友之训,赖天之灵,时

---

① 《延平答问》。
② 《延平答问》。
③ 《朱文公文集》卷五四。
④ 《朱文公文集》卷二。

常只在心目间,虽资质不美,世累妨夺处多,此心未尝敢忘也。①

　　近日涵养必见应事脱然处否?须就事兼体用下工夫,久久纯熟,渐可见浑然气象矣,勉之勉之。②

程氏以默识心通为致知最高工夫,因为在心之理与在物之理贯通为一,故能默识其事而心通此理。李侗亦主此说。然"理与心一"非一般人所能企及,必须经过涵养工夫,这就是程颐说的"大而化,则已与理一,一则无已"。③李侗认为"持敬"以达到"理与心一",这是他遵循的"师友之训"。李侗"理与心一"说渊源所自,实于程氏。

李侗所谈的"心"是什么?他说:"心'通有无贯幽明,无所不包括,与人指示于发用处求之也'。"④这与"人之一体,便是天理无所不备具"是一个意思,它不是"心居中虚以治五官,夫是之为天官"⑤的心,与"尽其心者,知其性也;知其性则知天矣"⑥的心也不同。很显然,他说的,是"理""主于身为心"⑦的心,即"理"体现在人身体方面,就叫作心,人的知识才华是天理的显现,而且人具有一种无所不知,无所不晓的本能。所以,心与理完全一致,这是"理一"说必然得出的结论,它是"理与心一"说的核心,是李侗认识论的出发点,这是在知识来源这个问题上,李侗的基本观点。

要达到"理与心一",李侗自己"此(持敬之)心未尝敢忘",因而教后学应当"常存此心":

　　为学之初,且当常存此心,勿为他事所胜。凡遇一事即当且就此事反复推寻,以究其理,待此一事融释脱落然后循序少进,而别穷一事。如此积累之多,胸中自当有洒然处。常存此心,勿为他事所胜,即欲虑非僻之念,自不作矣。⑧

"常存此心",就是要排除不符合天理,即排除一切不符合封建伦理道德方面的干扰,就是朱熹"再论李先生之学常在目前"所说的:"只是君子戒谨所

---

① 《延平答问》。
② 《延平答问》。
③ 《程氏遗书》卷一五。
④ 《延平答问》。
⑤ 《荀子·天论》。
⑥ 《孟子·尽心下》。
⑦ 《程氏遗书》卷一八。
⑧ 《李延平集》卷三。

不睹,恐惧所不闻,便自然常存。颜子非礼勿视、听、言、动,正是如此。"①天理常存于人身,"心"当然与天理符合为一,"勿为他事所胜"者,与"持敬"、"常存此心"同义反复。

如上,我们已初步看到李侗认识论的脉络:人的思想、知识就是封建社会的伦理道德,人的知识,就是认识这些先天固有的东西,要常存它,就必须"持敬"和"勿为他事所胜",这是一种先验的认识论。

上述"为学之初"这段文字,甚得朱熹的注意,他注道:"详味此言,虽规模之大,条理之密,若不逮于程子。然其工夫之渐次,意味之深切,则有非他说所能及者。惟尝实用力于此者,为能存以识之,未易以口舌争也。"②李侗的思想,涉及工夫之渐次的问题。就认识程序上说,他提出需渐次积累,以达到有洒然处,即人心所固有之知,当须一件件、一桩桩反复推寻,使其积累到一定程度,胸中才会融会贯通。真是功夫不负苦心人!朱熹对此言之"详味",对他此后认识论的阐发,影响不可谓不深。

李侗关于认识论的思想,远比上述广泛,它主要表现在如何达到知这个问题上。李侗强调"持敬"、"常存此心"、"勿为他事所胜",应该从"静坐默识"、"存养之功"和"日用工夫"中体现出来。现在逐次分析如下:

第一,朱熹对李侗关于静坐默识的主张,有如下的记述:

> 中和二字,该道体用,以人言之,则未发已发之谓,日闻李先生论此最详。③

李侗以求"中"工夫为重要方法,"中"是什么?它指心之本体。伊川的"喜怒哀乐未发谓之中,只是言一个中体"。即是"静时自有一般气象"。④ 朱熹的《延平先生李公行状》云:"终日危坐,以验夫喜怒哀乐未发之前气象为如何,而求所谓中者。"朱熹后来虽认为"终日危坐"是用词过分,但表达了通过静坐工夫来体验精神本体——"中"这个意思是没有改变的。

> 如云:人固有无所喜怒哀乐之时,然谓之未发则不可径言无也。⑤

> 李先生意,只是要得学者静中有个主宰存养处。⑥

---

① 《朱文公文集》卷五四。
② 《李延平集》卷三。
③ 《李延平集》卷三。
④ 《程氏遗书》卷一八。
⑤ 《李延平集》卷三。
⑥ 《李延平集》卷三。

李先生教人,大抵令于静中体认大本未发时,气象分明,即处事应物,自然中节,此乃龟山门下相传指诀。①

为什么"未发则不可径言无"呢?因为《中庸》以喜怒哀乐未发已发言之,又就人身上推寻,至于见得大本达道处又浑同,只是此理"②。世界上有血气的也罢,无血气者也好,只是此理。此理体现于人,仅能以已发未发来表达它,假如一个人的喜怒哀乐尚未表现出来,就说他无喜怒哀乐,这岂不否认"大本"的存在,推翻了"理"的神圣不可侵犯的地位!这对于客观唯心主义者来说是不可容忍的。

既然如此,要知其理赋之于人,就应持静求得,因为据说持静后,"主宰"在学者静中就有一个"存养处",持静后,才能体认"大本"未发时气象;持静后,发必中节,视听言动皆符合规范,这里关键在一个"静"字。周敦颐谓"主静、立人极焉"③,他把"主静"作为做人的最高准则。程颐避嫌,他说:"静中有物。"李侗认为,此静"非世之所谓静",乃"性之静","惟求静于未始有动之先,而性之静可见"。④ 这里指的静,有它特定的含义,并非仅从外表显露出来的世之所谓静者,李侗以"静"为"寂然不动"的"天下之大本"。"静"既是"性"、"理"的本质特性,故人要识得"大本",就必须有静坐涵养工夫才行,因而此后,朱熹更明确地解为,"静中有理"。"主静"是理学家的一个很重要的思想,李侗的界说是很精致的。他还说道:

> 某向时从罗先生,学问终日,相对静坐,只说文字,未尝及杂语。先生极好静坐,某时未有知,退入室中只静坐而已,罗先生令静中看喜怒哀乐未发之谓中,未发时作何气象。此意不唯于进学有力,亦是养心之要。⑤

当朱熹颇感自负,高谈阔论时,他想起李侗《与刘平甫书》:"学问之道,不在多言,但默坐澄心,体认天理,若真有所见,虽一毫私欲之发,亦退听矣,久久用力于此,庶几渐明,讲学始有力耳。"⑥

---

① 《朱文公文集·答何叔京》。
② 《延平答问》。
③ 《周濂溪集》卷一。
④ 《延平答问》。
⑤ 《延平答问》。
⑥ 《延平答问》。

当朱熹有所疑时，李侗现身说法，说自己"持敬之心""未尝敢忘"，"于圣贤之言，亦时有会心处，亦间有识其所以然者，但常见反为道理所缚，殊无进步"。①

当朱熹在问学碰到难题时，李侗苦口婆心地说："昔尝得之师友之绪余，以谓问学未有惬适处，只求诸心。若反身而诚，精通和乐之象见，即是自得处，更望勉力以此而已。"②

歪曲主观与客观的关系，是唯心主义者共同的特点。认识事物，接事应物，以至读书问学，他们都不敢真正接触实际，而只能用主观来臆度客观。用主观来代替客观，用主观来拥抱客观，周、程、杨、罗至李侗，陈陈相因。静坐默识，体认天理，朱熹称之为"此龟山门下相传指诀"，也真可谓"心有灵犀一点通"了。我们看到，李侗主静之说，是要人们一点也不要越出"圣贤"之言，是要人们循规蹈矩，遇事默坐澄心，反求诸己，而体会那悬空虚幻的天理，使其心与理一。虽然，我们看不到李侗在认识论问题上大段的言谈，完整的议论，但其唯心主义先验论，是他思想中的组成部分，在他发挥主静的学说中是反映出来的。

李侗举《伊川语录》中关于明道数柱为例说：

> 大率吾辈立志已定，若看文字，心虚一澄然之时，略绰一见与心会处，便是正理，若更生疑，即恐滞碍。③

> 思索义理到纷乱窒塞处，须是一切扫去，放教胸中空荡荡地了，欲举起一段，便自觉得有下落处。④

可是，罗从彦《勉李愿中五首》之一云："彩笔画空空不染，利刃割水水无痕。人心但得空如水，与物自然无怨恩。"⑤罗从彦的诗里，恐怕沾有较浓的禅学色彩，而李侗所说的"放教胸中空荡荡地"，应该是指，"虚一而静"言之。他说："虚一而静，心方实则物乘之，物乘之则动心，心方动则气乘之，气乘之则惑，惑斯不一矣，则喜怒哀乐皆不中节矣。"⑥李侗认为，对真理的认识应该"放

---

① 《延平答问》。
② 《延平答问》。
③ 《延平答问》。
④ 《李延平集》卷三。
⑤ 《罗豫章集》卷一〇。
⑥ 《李延平集》卷三。

教胸中空荡荡地",使之"虚一而静",不是求之于客观实际,而是求助于"心虚一澄然"就能获得,这就是他的静中"只求诸心","反身而诚","持静"而使"理与心一"的学问。

第二,李侗的"存养之功"说表现在对孟子"夜气说"的解释上:

> 孟子有夜气说,更熟味之,当见涵养用力处也。于涵养处著力,正是学者之要,若不如此存养,终不为己物也。

> 必须是兼旦昼存养之功……则夜气清。

> 夜气存则平旦之气未与物接之时,湛然虚明,气象自可见此(笔者注:指礼义之心)。①

这就是说,夜气清,平旦之气不受外物侵蚀时,是一种湛然虚明的状态,心与气合,便是"塞乎天地气象"。这种平旦之气,李侗也称为"浩然之气":

> 养气大概要得心与气合,不然心是心,气是气,不见所谓集义处,终不能合一也。……一差则所失多矣,岂所谓浩然之气邪。所以心气合一之象,更用体察,令分晓路陌方是。②

养气能使心与气合,要使心与气合必须养气。那么,养气这种"存养之功"该如何着手?据李侗说:"上蔡多谓田地上面下工夫,此知言之说,乃田地也。"③李侗虽只提到浩然之气,但从此可见,他认为只有养浩然之气才能使心气合一,因此,养气当然也只能在"田地"上即"心"上,亦即体认天理上下工夫,才能看到心与气"浑然一体流浃也"④。不然,"若更分那个是心,那个是气,即劳攘耳"⑤。可见,养气者,即养心也,也就是让"大本"在静中有个存养处,不管静坐默识也罢,存养之功也罢,二者终归于一。

"存养之功"说,从正反两方面反复强调它的重要性。一方面从正面强调它是"学者之要",只有在存养处着力,旦昼之间存养不懈,达到成熟完满的程度,先天存养于人身的道理是明了不差的。另一方面,他从反面强调忽视"存养之功"的严重性。他说:"今之学者,虽能存养,知有此理,然旦昼之间,有一

---

① 《延平答问》。
② 《延平答问》。
③ 《延平答问》。
④ 《延平答问》。
⑤ 《延平答问》。

懈焉，遇事应接，举处不觉，打发机械，即离间之差矣。"①在李侗看来，假如不好好存养，旦昼之间一旦有懈，遇事应接打发机械，先天存于人身的道理，终不为己物矣。归根到底，只有"存养熟，道理明"，使"习气渐尔销铄"，道理才能"油然而生"。②"存养之功"说与"静坐默识"说同属一个调子，但它在吸收佛学坐禅的形式上，多漆上一层儒学的色彩。

综上所述，在李侗看来，因为"理与心为一"。"大本"在人身上有个存养处，心本来就是贯幽明通有无的，所以必须常存此心；要常存此心，就必须养心，持敬地静坐默识以求其中，旦昼存养使其道理明。认识事物，明白道理无需外求，反身自诚就能获得。因此可以断定，李侗的认识论是唯心主义的先验论。

三、"日用工夫"的涵养论

"日用工夫"说是李侗思想的重要组成部分，它与"静坐默识"说、"存养之功"说是联结在一起的，是他的认识论的一个组成部分。而与他的道德论也是密切相关的。

朱熹说："某旧见李先生时，说得无限道理，也曾去学禅。李先生云：'汝恁地悬空与理会得许多，而面前事却又理会不得。道亦无玄妙，只在日用着实做工夫处理会，使自见得。'后来方晓得他说，故今日不至无理会耳。"③显然，李侗反对悬空浮夸地滔滔泛论，而认为"道理"都是实实在在，本然如此的，应该在日用着实做工夫处理会，"使自见得"。虽然，他所说的"道理"是有所指的，而"使自见得"也有自己的深意，待后专议，但这种看法，不失为一种有见识的看法。

那么，是不是就此可以推论，李侗重视实践，主张力学呢？说李侗主张力学倒是事实，待后还要论及，但以此说他重视实践，这还要看对实践的含义作何理解。旧时代把实践笼统地理解为身体力行，有它自己的含义，假如以改造客观世界的物质性的活动言之，说李侗重视实践，也就不恰当了。李侗说：

此人别无他事，一味潜心于此，初讲学时，颇为道理所缚，今渐能融

---

① 《延平答问》。
② 《延平答问》。
③ 《朱文公文集》卷五四。

释于日用处，一意下工夫，若于此渐熟，则体用合矣。此道理全在日用处熟，若静处有而动处无，即非矣。①

"道理"虽是赋予人而记载在"圣贤"书里，但"全在日用中熟"，假如说在静处有，只在未发之际存养处寻觅，而忽略在已发时去体究，在流行时去印证，这是李侗所不能同意的。

一味空泛议论，虽言辞滔滔，但华而不实，没有根底，这叫为道理所缚。而能融释于日用处，即"理"所规定的内容，能见诸于日用，这叫体用合。李侗主张"理与心为一"，学者应把它融释于日用处，以达到体用合一，体用一元。无疑，这种"日用功夫"说是不可忽视的，它使我们看到，静坐默识只是李侗主张的一方面，并非全部所在。他认为："寻常于静处体认下工夫，即于闹处使不着，盖不曾如此用力也。"②假如没有确实于日用下工夫，会得到"习忘以养生"这个"于道则有害"③的错误结论。

李侗的静坐默识虽受佛家坐禅的影响，但本质上是有所区别的。李侗认为，禅学"却只要绝念不采，以是为息灭，殊非吾儒事上各有条理也"④。坐禅叫人进入一切皆空的境地，而静坐默识却叫人去思量"道理"，"圣人心如鉴，所以异于释氏也"⑤。儒佛是不同的，静坐默识，体认天理，但不能忽视贯彻到日用处，它使我们看到李侗有重视在日用中体究"道理"的一面，"延平先生尝言，道理须是日用中理会，夜里却去静处坐地思量，方始有得，某依此说去做，真个是不同"⑥。这一方面，对朱熹也有着较深的影响，无怪乎赵师夏说，朱熹"有所依据，而笃守循序、而渐进，无凭虚蹈空之失者，实延平一言之绪也"⑦。

虽然如此，但是应该看到，从整体上看，"日用工夫"说是李侗的涵养论，即先验论的一个组成部分，才不至于把它强调到不切实际的程度。他说：

近日涵养必见应事脱然处否？须就事兼体用下工夫，久久纯熟，渐可见浑然气象矣，勉之勉之。⑧

---

① 《李延平集》卷一，《与罗博文书》。
② 《延平答问》。
③ 《延平答问》。
④ 《延平答问》。
⑤ 《延平答问》。
⑥ 《朱文公文集》卷五五。
⑦ 《延平答问》。
⑧ 《延平答问》。

须要就事兼体用下工夫，涵养就能达到应事脱然处，使其可见"浑然气象"。也就是说，在日用下工夫，久久胸中自有"见得处"。不要忘掉"理与心为一"的前提，李侗的思想就一目了然。假如思索窒碍，及于日用动静有拂戾处，就应该从这里的"本源"处去致意。翻来覆去，李侗时刻不忘于"心目之间"，这完全是内省工夫的表达。在李侗的学问中，内省工夫既从静坐存养处予以默识，也从日用工夫方面予以体现，因此，他接过张载的"神化"二字，做自己的文章：

昔闻之罗先生云：横渠教人，令且留意"神化"二字。所存者神，便能所过者化，私吝尽无即浑是道理，即所过自然化矣。更望以此二字于静默时及日用处下工夫看如何？①

这段话，是李侗在教育朱熹"罪己责躬不可无，亦不可常留心中为悔"后发挥的，李侗教育他要在日用中是否存得恭顺敬畏之心的"本源"处去"推究涵养之"，"令渐明，以渐化固滞私意"。"日用工夫"说，是李侗要人们在日常生活中体认封建道德并加以实行之，这不是很清楚吗？就认识论上说，天理赋于人身，指挥人们行动，而人在道德践履中，又须不断排除一切与"天理"不相符合的东西，从而进一步认识，印证"天理"的正确性。李侗教人于日用下工夫，并非要人们在日用处发现新问题，总结新经验，从而指导行动去改造客观世界，而是要人们在日用中同样保持"性之静"，因为"大本"在人身有个存养处，人就"本源"处推究涵养，化私吝，解窒碍，排拂戾，使其"所存者神，所过者化"而循其"理"。"日用工夫"说跳不出唯心主义的窠臼，它把人们的行动限制在理学家所精心制造出来的先验的牢笼里。

既然"理一而分殊"，杨时点出要"知其理一……知其分殊"，李侗强调"全在知字上用着力"，"理一分殊"说是李侗认识论的理论基础，"理与心一"说是李侗先验主义的认识论。

李侗认识论中的知其"理与心一"是通过静坐默识，养存之功和日用工夫来达到熟涵养，明其理的。李侗说："大率有疑处，须静坐体究人伦，必明天理，心究于日用处着力，可见端绪。"②李侗"理与心一"的认识论涉及面广泛，而他的错误思想和某些合理成分，对朱熹都有直接影响。可以说，朱熹的"格物致知"论和程颐的学说一脉相承，正是在他的指引师李侗的苦心引导下，才

---

① 《延平答问》。
② 《延平答问·与李平甫书》。

真正找到程门学说的指路标的。

四、尊圣排异的道统论

李侗是程颐和杨时理学的忠实继承者,他崇信儒家道统论,称"洙泗之间……议论问答,具在方册。……孟氏之后,道失其传……天下真儒不复见"。而程颐传"不传之道于千五百年之后","自己如饥寒切身者,一心不忘求为真儒"。① 所以朱熹说:"其语治道,必以明天理,正人心,崇节义,厉廉耻为先。"②

李侗捍卫程氏理学,以尊"圣贤语言",非"佛学"、"异论"为己任。李侗 24 岁时,上书拜谒罗从彦,其中有这样一段文字:

> 圣学未有见处,在佛子中有绝嗜欲、捐想念,即无住以生心者,特相与游,亦足以澄汰滓秽,洗涤厘坌,忘情乾慧,得所休歇,言踪义路,有依倚处,日用之中不无益也。③

因此,罗从彦在《勉李愿中五首》中,第一首就是:"圣道由来自坦夷,休迷佛学惑他歧。死灰槁木浑无用,缘置心官不肯思。"④自拜罗从彦为师后,李侗对儒佛之间的界线变得非常敏感。

无独有偶,朱熹 24 岁前,"无所不学","于释氏之说盖尝师其人,尊其道,求之亦切矣"⑤,并根据一个和尚的意思"去胡说",遂得举。在李侗启发下,"且将圣人书来读……日复一日,觉得圣贤言语渐渐有味,却回头看释氏之说,渐渐破绽罅漏百出"⑥。李侗也说:"渠初从谦开善处下工夫来,故皆就里面体认。今既论难,见儒者路脉,极能指其差误处。"⑦

应该指出,朱熹从出入佛老到以程氏之学为归,并不是与佛老割断关系。他对佛学"非敢遽拙绝之",而是接受"先生君子之教,校夫先后缓急之序,于是暂置其说,而从事于吾学,从而俟卒究吾说而后追求之,未为甚晚耳"。⑧ 只

---

① 《李延平集》卷一,《初见罗豫章先生书》。
② 《延平先生李公行状》。
③ 《李延平集》卷一。
④ 《罗豫章集》卷一〇。
⑤ 《朱文公文集·答汪尚书书》。
⑥ 《朱文公文集》卷五五。
⑦ 《朱文公文集·答汪尚书书》。
⑧ 《朱文公文集·答汪尚书书》。

是说，他从对佛学师其人尊其道，学问皆就里面体认，到看圣贤言语，见儒者路脉，渐渐看到佛学破绽罅漏百出，极能指其差误处，从而认清"吾学"和分清"缓急之序"，这实在是个思想转折，这个转折实为李侗启迪所得。所以李侗欣喜之情自不可言，称之为："自见罗先生来，未见有如此者。"①

李侗说禅学是"却只是绝念不采，以是为息灭，殊非吾儒就事上各有条理也"一语，是在与佛学"无住以心者特相与游"，并经罗从彦教诲后得到的体会，它道破了儒佛本质上的区别。李侗说"向来尝与夏友言语间稍无间"，因此有一次和他讨论问题，但"渠乃以释氏之语来相淘，终有纤奸打讹处，全不是吾儒气味"。②可见，他对儒学与佛学的界线是划得很分明的。李侗为了捍卫师说，不仅非议佛学，而且把不同师说的都予以否认。朱熹说：

> 《正蒙》、《知言》之类，学者更须被他汩没，李先生极不要人传写文字及看此等。旧尝看《正蒙》，李先生甚不许，然李于是短于辩论邪正。盖皆不可无也，无之即是少博学详说工夫也。③

朱熹真是出于蓝而胜于蓝，他从李侗"少博学详说工夫"、"短于辩论邪正"的缺点吸取教训，对"异论"并不完全采取非礼勿视的态度，不仅不被汩没，而且兼收并蓄，加以修正纳入自己的系统，据为己用，其办法更高明得多。

李侗是程氏理学的卫道士，他对朱熹的教育，从《延平答问》所涉及的儒学经典的解说以及对宋朝诸学者的评论，其封建主义思想已注进理学新的内容，这是毫无疑义的，当然，这当中也就掺和着他自己的一些见解。比如，李侗说："《论语》一部，只是说与门弟子求仁之方，知所以用心，庶几私欲沉，天理见，则知仁矣"④；"仁者人也，人之一体，便是天理无所不备具，若合而言之，人与仁之名亡，则浑是道理也。"⑤

又如论性，李侗说：

> 天下之理无异道也，天下之人无异性也。惟不可见孟子始以善形之。惟能自性而观，则其致可求，苟自善而观，则理一而见二。⑥

① 《李延平集》卷一，《与罗博文书》。
② 《延平答问》。
③ 《朱子语类》卷一百三。
④ 《延平答问》。
⑤ 《延平答问》。
⑥ 《李延平集》卷三。

动静真伪善恶皆对而言之,是世之所谓动静真伪善恶,非性之所谓动静真伪善恶也。惟求静于未始有动之先,而性之静可见矣;求真于未始有伪之先,而性之真可见矣;求善于未始有恶之先,而性之善可见矣。①

孟子论性善。程颐以"性即是理"②发展了性善论。李侗进一步把周敦颐的主静学说明确地从性的角度,说性是静、真、善的。静、真、善都是先天具有的,"惟能自性而观,其致可求"。李侗所主张的默坐澄心,存养之功,日用工夫,性之静就贯穿其中了。

五、治学方法论

李侗在治学方面,如主力学求义,反空言广说;提倡活读,贬斥死背;精心提破,勉求进步等等,剔除其糟粕,还是有不少可取之处的,兹简述如下。

第一,主力学求义,反空言广说。朱熹初学时,"亦务为优侗宏阔之言,好同而恶异,喜大而耻于小"③。李侗针对这种缺点,给予有的放矢的诱导:

> 熹窃记顷年王端明说:"沈元周问尹和靖《伊川易传》何处是切要处。"尹云:"体用一元,显微无间,此是最切要处。"后举以问李先生,先生曰:"尹说固好,然须看得六十四卦四百八十四爻都有下落,方始说得此语,若学者未曾仔细理会便与他如此说,岂不误他。"某闻之悚然,始知前日空言无实,全不济事,自此读书益加详细。④

> 先生说一步是一步,如说仁者其言也切,熹当时为之语云:"圣人如天覆万物云云。"先生曰:"不要如此广说,须穷其言也。切前头如何,要得一进步处。"⑤

这种"说一步是一步"的严格要求,书读得有下落,方能领会切要处的看法是很有见地的。李侗主张读书就须踏实地学,讲学应该实实在在地讲,不应浮光掠影,不着边际,虚张声势。这对朱熹的空言无实,无边广说是个警诫。朱熹的学风也由此一变。他说:"李先生令去圣经中求义,某后刻意经

---

① 《李延平集》卷三。
② 《程氏遗书》卷一八。
③ 《延平答问》。
④ 《李延平集》卷三。
⑤ 《延平答问》。

学,推见实理,始信前日诸人之误。"①

李侗认为圣贤并不是高不可攀的,能在"圣经中求义,日用中着力",而不是在圣贤文章中断章取义或采摘精彩言词,拿它来作为装饰自己言谈的资本,圣贤能达到的,后学同样也能够达到。他说:"读书者,知其所言,莫非吾事,而吾身以求之,则凡圣贤所至,而吾所未至者,皆可勉而进矣。若直以文字求之,悦其词义,以资诵说,其不为玩物丧志者几希。"②

第二,提倡活读,贬斥死背。旧社会里,有些私塾先生教人读书,过了童蒙阶段,仍然子曰诗云,把书背得滚瓜烂熟,实际上脑袋里空空如也。李侗在讲《中庸》时说:"若徒记诵而已,则亦奚以为哉。"③李侗主张要活读书,应该根据书的内容去理会,思想不要僵化,做学问也应该这样。他在讲《春秋》时说:"《春秋》一事,各是发明一例,如观山水,徒步而形势不同,不可拘以一法。"④熹概括李侗的治学主张说:"讲学切在深潜缜密,然后气味深长,蹊径不差,若概以理一,而不察其分殊,此学者所以流于疑是乱真之说而不自知也。其开端示人,大要类此。"⑤

第三,精心提破,勉求进步。李侗在回答问题时,经常用"提破"的方法,根据提问的病处,给予对症下药地点破。朱熹说:"他所以如此说,只是提破,随人分量看得如何,若地位高低,人微有如此处,只如此提破,便涣然冰释,无复凝滞矣。"⑥

李侗认为做学问如同住宿生活起居一样,虽粗安,但不能随所寓而安之,假如以此为满足,就会受困顿的危险。他说:"在此粗安,弟终不乐于此,若以为随遇而安之,即于此兢赡,便不是此微处,皆学者之大病,大凡只于微处充扩之,方见碍者大尔。"⑦"微处充扩之"等言,虽具理学家酸味,但总体上,从学问无止境,不能有丝毫满足而论,有一点可取,李侗的"道理并无玄妙,全在日用中熟"的观点,也有部分合理之处,前面已有涉及。尤其他对学术讨论的平等态度,也值得记上一笔。《延平答问》中,他对朱熹的答难及诸多论辩,都以

① 《朱文公文集》卷五五。
② 《延平先生李公行状》。
③ 《延平先生李公行状》。
④ 《延平先生李公行状》。
⑤ 《延平先生李公行状》。
⑥ 《延平答问》。
⑦ 《延平先生李公行状》。

平等态度相处,这对一个道学先生来说,是很难得的。李侗的教育思想和方法,对朱熹有直接的影响,此文不作详论。

李侗一生默默无闻,因朱熹问学,死后方有《延平李先生师弟子答问》问世。从所存的文字上看,他的学问,忠实地继承程氏的理学,但所论则有它独到之处,如"理一分殊"说思想之细密彻底,"理与心一"说内容之广泛,治学态度之严谨,其中如论仁之见于已发未发,论知之功夫渐次,论静之见诸于性,论养气在于养心,论日用工夫之不可无,论儒佛之间的差别,论讲学之深潜缜密等等,都有他自己的理解,并非只抱住师说而人云亦云。赵师夏说:"李先生不特以得于传授者,为学其心造之妙,盖有先儒所未言者。"①

两宋理学的发展,从周、程到朱熹,经过一些中间环节,李侗上承杨时,下启朱熹,是一个很重要的环节,这是不可忽视的。"豫章之在杨门……一传延平则邃矣,再传为晦翁则大矣。"②这个说法是不无道理的。李侗理学思想对朱熹"逃禅归儒"的指引,对"闽学"(或称考亭学派)的创立,应该给予一席应有之地。

---

① 《宋元学案》卷三九。
② 《宋元学案》卷三九。

李侗：从"外王"到"内圣"的思潮引领

◎ 吴吉民

　　李侗（1093—1163），字愿中，南剑州剑浦县崇仁里樟林乡（现南平市延平区炉下镇下岚村）人，学者称延平先生、文延平，与杨时、罗从彦、朱熹并称为"延平四贤"，又尊称"闽学四贤"。

　　李侗在其一生中担任三个角色，一是"道南一脉"薪火相承的传播者，二是两宋以来的"内圣"思潮的先驱者，三是朱熹理学构建的引导者。这些角色确立了李侗是整个宋代儒学发展趋势引路人的重要历史地位。

一、道南一脉：薪火相承的传播者

　　"道南一脉"是宋明理学由北宋到南宋的重要传承学系之一。"二程开启了第二阶段，其重心转向'理学'（或道学）。从'治道'转入'理学'也就是从'外王'转入'内圣'。"①杨时、罗从彦、李侗等的"道南一脉"的"内圣"之学就是二程从"洛学"到朱熹"闽学"之间的重要中介学脉，在中国理学史上产生重大的影响。李侗是道南传播圆满结束的最后一个儒家，又是南宋"内圣"之学潮流的第一个开创者。李侗师承罗从彦，罗从彦又是杨时的得意弟子，师承关系历历可数。杨时就是思想史上著名的"程门立雪"故事的主角之一。《宋史》记载："时河南程颢与弟颐讲孔、孟绝学于熙、丰之际，河、洛之士翕然师之。时调官不赴，以师礼见颢于颍昌，相得甚欢。其归也，颢目送之曰：'吾道

---

　　①　余英时：《朱熹的历史世界》下卷，北京：三联书店，2004 年，第 409 页。

南矣。'四年而颢死,时闻之,设位哭寝门,而以书赴告同学者。至是,又见程颐于洛,时盖年四十矣。一日见颐,颐偶瞑坐,时与游酢侍立不去,颐既觉,则门外雪深一尺矣。关西张载尝著《西铭》,二程深推服之,时疑其近于兼爱,与其师颐辩论往复,闻理一分殊之说,始豁然无疑。"①因此,杨时是把二程学说带回东南的第一人,杨时继承二程授"体验与自得"的工夫,开创了"体验未发"(观中)的工夫论,即是透过修养自得方法,务求证悟天道心性为一。杨时努力倡导"体验未发"工夫,并以之传授后学。杨时一生致力于二程洛学,淡于仕途,其志在"明善诚身",杨时曾自述道:"昔尝燕休其中而以养浩,名其所居之堂,属予为记,予尝论养气之道,以谓体心气神人之所同也。气体之充也,养而无害,则塞乎天地之间固然矣。"②

罗从彦(1072—1135),字仲素,世称豫章先生,南平尔坑罗源村(今延平区罗源村)人,毕生致力实践及传扬理学,并从事于理学研究。《宋史》记载:"(杨时)闻同郡杨时得河南程氏学,慨然慕之,及时为山令,遂徒步往学焉。时熟察之,乃喜曰:'惟从彦可与言道。'于是日益以亲,时弟余人,无及从彦者。从彦初见时三日,即惊汗浃背,曰:'不至是,几虚过一生矣。'与时讲《易》,至《乾》九四爻,云:'伊川说甚善。'从彦即鬻田走洛,见颐问之,颐反覆以告,从彦谢曰:'闻之龟山具是矣。'乃归卒业。"③从罗从彦的《语孟师说》、《书斋记》、《遵尧录》、《春秋解》、《春秋指归》等著作中,可见他的主要成就在道德修养的工夫上。此外,他还提出了"静坐"形式,提出了"静中观理"的学说。

李侗在二十四岁时,闻郡人罗从彦得河、洛之学,遂以书谒之,其略曰:

> 侗闻之,天下有三本焉,父生之,师教之,君治之,阙其一则本不立。古之圣贤莫不有师,其肆业之勤惰,涉道之浅深,求益之先后,若存若亡,其详不可得而考。惟洙、泗之间,七十二弟子之徒,议论问答,具在方册,有足稽焉,是得夫子而益明矣。孟氏之后,道失其传,枝分派别,自立门户,天下真儒不复见于世。其聚徒成群,所以相传授者,句读文义而已尔,谓之熄焉可也。其惟先生服膺龟山先生之讲席有年矣,况尝及伊川先生之门,得不传之道于千五百年之后,性明而修,行完而洁,扩之以广

---

① 《宋史》,第3621页。
② 《杨龟山先生全集》,台北:学生书局,1974年,第18页。
③ 《宋史》,第3615页。

大，体之以仁恕，精深微妙，各极其至，汉、唐诸儒无近似者。至于不言而饮人以和，与人并立而使人化，如春风发物，盖亦莫知其所以然也。凡读圣贤之书，粗有识见者，孰不愿得授经门下，以质所疑，至于异论之人，固当置而勿论也。侗之愚鄙，徒以习举子业，不得服役于门下，而今日拳拳欲求教者，以谓所求有大于利禄也。抑侗闻之，道可以治心，犹食之充饱，衣之御寒也。人有迫于饥寒之患者，皇皇焉为衣食之谋，造次颠沛，未始忘也。至于心之不治，有没世不知虑，岂爱心不若口体哉，弗思甚矣。侗不量资质之陋，徒以祖父以儒学起家，不忍坠箕裘之业，孜孜矻矻为利禄之学，虽知真儒有作，闻风而起，固不若先生亲炙之得于动静语默之间，目击而意全也。今生二十有四岁，茫乎未有所止，烛理未明而是非无以辨，宅心不广而喜怒易以摇，操履不完而悔吝多精神不充而智巧袭，拣焉而不净，守焉而不敷，朝夕恐惧，不啻如饥寒切身者求饥御寒之具也。不然，安敢以不肖之身为先生之累哉。①

从上文可看出，李侗拜师之前已熟读儒学经典，而且向往儒学，特别是孔孟之道；并认为儒学可以安身立命，甚至安邦定国。李侗受罗从彦的人格感召，仰慕十年后，至二十四岁师礼罗从彦。罗从彦曾对同门师友嘉许李侗说："近有后生李愿中者，向道甚锐。"②表示对李延平的期许和勉励。

从杨时到罗从彦，再到李侗，前赴后继，薪火相传。他们继承了北宋"二程"的"内圣"精神，从杨时的"体验未发"功夫，到罗从彦的"静中观理"的境界，再到李侗的"默坐澄心，体认天理"。在学术源流上成功地把"洛学"变成"闽学"，也意味着宋代的学术中心从"河洛"向"东南"转移的趋势，李侗无疑做出不可磨灭的贡献。

清康熙年间延平知府周元文曾做了很好的总结："窃闻秦汉而降，道统不绝如线，迨至有宋，二程子发其宗指，朱子集其大成，而圣道以名，程子得杨龟山先生，目之曰：'吾道南矣。'继之者为罗仲素先生，又传为李愿中先生。而后有朱子。期间师弟相承，后先继起，则杨、罗、李三先生实为传道之正宗。"③

---

① 《宋史》，第3615～3616页。
② 《勉李愿中五首》，《二程集》，第28页。
③ 《清康熙延平府刻本延平答问序》，《朱子全书》第30册，上海：上海古籍出版社、合肥：安徽教育出版社，2002年，第357页。

二、"体认天理"：宋代"内圣"思潮的先驱者

李侗的"内圣"学说主要是"默坐澄心，体认天理"。这是继承了杨时的"体验未发"功夫和罗从彦的"静中观理"的理论素养而有很大的创新，并且提出了"融释"的贯通功夫。在"道南一脉"中完成其总结者的任务，并首先完成了"内圣"学说的构建。

李侗的"默坐澄心"的功夫是李侗颇具特色的修养路径。朱熹曾指出："明道教人静坐，李先生亦教人静坐，看来须是静坐，始能收敛。"[①]他还说："李先生终日静坐，而神采精明，略无溃堕之气。"[②]李侗的"静坐"是为了"澄心"，就是排除一切的杂念，调动主观能动性。这就把古代以来以顿悟来探求真理的思维方式发挥到极致。李侗认为："大率有疑处，须静坐体究，人伦必明，天理必察。于日用处着力，可见端绪。"[③]李侗还强调："学问之道不在于多言，但默坐澄心，体认天理，若见虽一毫私欲之发，亦自退听矣。久久用力与此，庶几渐明，讲学始有力也。"[④]因为李侗认为："心体通有无，贯幽明，无不包括。与人指示与发用处求之也。"[⑤]他又说："人之一体，便是天理，无所不具备。"[⑥]关于这个"心"的意蕴，李侗做了阐述："更心字亦难指说，唯认取发用处是心。"[⑦]要两者统一起来就是要"养气"。李侗说："养气大概是要得心与气合，不然，心是心，气是气，不见所谓集义处，终不能合也。"朱熹说："近日求之。颇见大体，只是要得心气合而已。"[⑧]因为"生气无不纯朴，而流动发生自然之机又无顷刻停息，愤盈发掖，所以触处贯通，体用相循。初无间断。"[⑨]只有这样，才能"体认到此纯一不难处，方见浑然与物同体气象。"[⑩]李侗还一再嘱咐

---

① 《延平李先生答问后录》，《朱子全书》第 30 册，第 345 页。
② 《延平李先生答问后录》，《朱子全书》第 30 册，第 345 页。
③ 《延平李先生答问后录》，《朱子全书》第 30 册，第 341 页。
④ 《延平李先生答问后录》，《朱子全书》第 30 册，第 345 页。
⑤ 《延平李先生答问后录》，《朱子全书》第 30 册，第 331 页。
⑥ 《延平李先生答问后录》，《朱子全书》第 30 册，第 332 页。
⑦ 《延平李先生答问后录》，《朱子全书》第 30 册，第 331 页。
⑧ 《延平李先生答问后录》，《朱子全书》第 30 册，第 337 页。
⑨ 《延平李先生答问后录》，《朱子全书》第 30 册，第 332 页。
⑩ 《延平李先生答问后录》，《朱子全书》第 30 册，第 345 页。

朱熹:"须就事兼体用下功夫,久之纯熟,渐可见浑然气象矣。"①朱熹也指出这个境界是:"存之不已,及其充溃盛满,啐面盎背,便是塞乎天地之气象,非求之外也。如此则心气合一,不见期间,心之所向,全气随之。"②这就是儒家得道时的"气象"境界。而这个"气象"也是"在喜怒哀乐未发之前,而求所谓中"③的状态。再者,李㡡还提出"融释"的概念。"融释"即是对一事或一物清楚了解,融通释别。李㡡批评以往学者不知"融释"。他说:"学者之病,在于未有沥然冰解冻释处,纵有力持守,不过苟免显然悔尤而已。若此者,恐末足道也。"④他进一步地指出:"今人之学与古人,如孔门诸子,群居终日,交相切磨又得夫之为之依归,日用之间,观感而化者多矣。恐于融释而脱落处,非言说所及也。"⑤朱熹也曾感叹道:"常切静坐思之,疑于持守及日用尽有未合处,或更有关键未能融释也。"⑥

虽然李㡡拙朴、好静坐、不喜著书、作文,醇然有处士之,但他片言只语已构成他自己的学说特点。李㡡的"体认天理"学说的终极追求是"与天地合其德,与日月合其明,与四时合其序,与鬼神合其吉凶"⑦的"人与天理一体"的崇高境界。朱熹也体会到李㡡这个境界,他在李㡡的祭文中写到"体用混圆,隐显昭融"⑧,清康熙四十五年(1706年)康熙帝御笔"静中气象"四字赐李氏家祠。

三、继往开来:朱子理学构建的引导者

"内圣外王"一直是儒家追求的安身立命之本。两宋的儒学在"外王"的实践失败后,首先认识到"内圣"是"外王"的先决条件,其次是"返回内圣",最后是朱熹"内圣"和"外王"相互贯通而总集成的几个阶段。

北宋以来,儒家"外王"的理念,也就是经世致用的思想成为主流思潮。

---

① 《延平李先生答问后录》,《朱子全书》第30册,第339页。
② 《延平李先生答问后录》,《朱子全书》第30册,第345页。
③ 《延平李先生答问后录》,《朱子全书》第30册,第347页。
④ 《延平李先生答问后录》,《朱子全书》第30册,第350页。
⑤ 《延平李先生答问后录》,《朱子全书》第30册,第350~351页。
⑥ 《延平李先生答问后录》,《朱子全书》第30册,第323页。
⑦ 《延平李先生答问后录》,《朱子全书》第30册,第329页。
⑧ 《延平李先生答问后录》,《朱子全书》第30册,第348页。

以儒家为主体的士大夫以天下为己任的气概,以"返回三代"为目标,前赴后继地进行大规模的改革运动,这也正是儒家"经世致用"的思想在实践中运用。但随着改革的一次次失败,偏安东南的局势并没改变,不能不引起儒学者的反思;特别是王安石的改革失败,引起儒者的强烈震动。南宋的理学家对北宋以来的"经世致用"的实践进行学理思考,普遍认为是王安石改革失败的原因是其"学不足"。朱熹指出:"荆公之所以差者,以其见道理不透切。"①张拭也发表看法,他说:"介甫(王安石)之学乃是祖虚无而害实用者。伊、洛诸君子盖欲深救兹弊也。"②因此,当时几乎所有的理学家认为目前的主要任务就是回到过去从"内圣"开始做起,只有把"内圣"做好了,才能做好"外王","外王"之道才能得到充分地施展。正如禅家所说的"退步原来是向前"。余英时指出:"'内圣'是'外王'的绝对先决条件。这已是南宋理学家群的共同意见。"③在这个思想潮流下,一生比较注重内圣,甚少谈论外王。屏居山田,结茅水竹间,谢绝世故,教授乡里,专心圣人绝学,体验四十余年的李侗已经站在时代的潮头了。

从儒学发展的模式来看,"内圣"是基础,"外王"是"运用"。虽说"达则兼善天下,穷则独善其身",但更多的儒者却是"独善其身"。儒学在中国历史上所起的作用主要是作用是"内圣",而不是"外王",由于宋代特殊的政治文化环境,"外王"超过了"内圣",许多儒者投身政治,参与改革的社会改造运动。但是,"内圣"是儒者根本,这点无论是在朝还是在野的儒家的意见都是一致的。即使王安石在日理万机暇余,也在研究儒学,并且做出了"荆公之学"或称"王学"的成果;但由于其改革的失败,被儒家一致评为"学不足"的典型。但深层的原因是因为"内圣"和"外王"毕竟是有着不同的路径和不同的思维方法和处事原则,最终结果可能如王安石一样,使自己陷入了"王"不"王","圣"不"圣"的尴尬的境界。从历史的角度看,宋代政治文化环境为儒学理论提供了一个检验的舞台,提出了"内圣"和"外王"两者怎么统一的尖锐的问题。经过探索,南宋儒学家已经得出了结论:"回到'内圣'去。"因此,李侗注重"内圣",并完成了"体认天理"学说,无疑成为这个思潮的先驱。

李侗是朱熹的老师,李侗对朱熹的思想影响很大,其最大的贡献莫过于

---

① 《朱子语类》卷一三〇。

② 《南轩集》卷一九。

③ 余英时:《朱熹的历史世界》,北京:三联书店,2004 年,第 415 页。

"师从李侗之后，使朱熹彻底完成了逃禅归儒的转变"①，并把"理一分殊"作为区分佛儒两家的标准而传授给朱熹："盖延平之言曰，'吾儒之学所以异于异端者（指佛教），理一分殊也。理不患其不一，所难者，分殊耳。'此其要也。"②众所周知，"理一分殊"是自二程到李侗百年来不断思考，不断改进后成熟的理论成果，为探索宇宙和人的关系提供了一个观察视角，也是当时人类思想史上所能达到的最高水平，这个理论也是后来朱熹理学的核心概念。学术界认为，朱熹能够使儒学集大成的原因是朱熹逃禅归儒，因为朱熹可用佛学功底来解释儒学。其实这观点是有失偏颇。笔者认为，朱熹有着丰富的"外王"的经历，他当过地方官，办过社仓等具体的基层行政事务，又当过"帝王之师"，为最高层出谋划策，对"救世济民"有着丰富的体会；他缺的就是"内圣"的功夫和理解。入禅并不代表朱熹向往和精通"内圣"之学，当时的达官贵人都信佛；就是从政的儒者也有相当一部分人都是如此，如掌握国柄的王安石既是儒者又是信佛者，如张栻就指出："王氏之说皆出于私意之凿，而高谈性命，特窃取释氏之近似者而已。"③朱熹的"内圣"之学的圆熟其实是李侗之力，正如上文所说，李侗在"内圣"之学在道南一脉中已是最后一个，也是成就最高的一个，他有着自成体系的"体认天理"的学说。朱熹继承了李侗的"内圣"之学的精髓，在李侗的指导下，成功地切入"内圣"的殿堂；再加上自己丰富的"外王"之功，又可以轻车熟路地导向"外王"，终于成为超越前者的大儒，从而完成了"内圣"与"外王"的贯通。余英时指出："（朱熹）在"内圣"与"外王"之间提供了一往一来的双轨道"④，使"'内圣'与'外王'贯通为一体"⑤。因此，李侗成为朱熹的引路人，也成为当时整个宋代思潮发展趋势的引路人。

---

① 方彦寿：《鸢飞鱼跃的哲学意蕴探考》，《李侗文化研究》，第 37 页。
② 赵师夏：《跋延平答问》。
③ 《南轩集》卷一九。
④ 余英时：《朱熹的历史世界》，北京：三联书店，2004 年，第 419 页。
⑤ 余英时：《朱熹的历史世界》，北京：三联书店，2004 年，第 420 页。

李侗之"仁"思及践履

◎ 刘　刚

　　"仁"是传统儒家建构的一种道德规范,也是春秋以来无数士子的政治诉求。千百年来,儒学先贤对"仁"的诠释和解读,可谓层出不穷。孔子将"仁"释解为"爱人",且指出:"夫仁者,己欲立而立人,己欲达而达人。"他又以"仁"为思想核心,以"礼"为外在形式,建构了一整套传统社会的伦理规范。孟子在继承孔子"仁"思的基础上,对"仁"进行了政治视阈的解读和发挥。其认为:"王如施仁政于民,……可使制梃以挞秦楚之坚甲利兵矣。"①孟子以"民本"为基,以"王道"为用,建构了博深的仁政思想。实然,仁之深思,显见于诸多思者。对于"仁",左丘明认为:"仁人之言,其利博哉!"②庄子曰:"亲而不可不广者,仁也。"③司马迁说,"公子为人,仁而下士。"④许慎指出:"仁,亲也。"⑤

　　道南一派对"仁"的体悟则建构在唐之韩愈,宋之周敦颐、二程的认知之上。在"仁"的解读上,韩愈提出:"博爱之谓仁,行而宜之之谓义;由是而之焉之谓道,足乎己,无待于外之谓德。"⑥周敦颐则指出:"立人之道曰仁与义。"⑦更强调"生,仁也;成,义也。故圣人在上,以仁育万物,以义正万民。"⑧二程在

---

①　《孟子·梁惠王上》。

②　《左传·昭公三年》。

③　《庄子·在宥》。

④　《史记·春申君列传》。

⑤　《说文解字》。

⑥　《原道》。

⑦　《太极图说》。

⑧　《通书·顺化第十一》。

继承前人"仁"思的基础上,对仁学有着新的发展。程颢说:"学者需是识仁,仁者浑然与物同体,义、礼、知、信皆仁也。"①又说:"克己复礼之说,所谓礼者,天之理也。……己私克则天理存,仁其在是矣。"②程颐则认为,"大抵尽仁道,即是圣人"③,又曰:"窃惟王道之本,仁也。"④可见,二程把先秦儒家"仁学"所强调的爱人、博施济众、克己复礼等,进一步发展成为与"万物为一体"的境界,认为前者还只是仁的"用"(表现),后者才是仁的"体"(根本)。在"闽学鼻祖"杨时看来,仁是最高的道德观念,由它派生的道德观念是义。人们按这种道德观立官行事,则与天理合一。为此,杨时在政治上主张实行仁政,并告诫人臣事君,不可佐以刑名之说,使君主失去仁义之心,并认为人主无仁义之心,则不能得民心。罗从彦认为,仁是立身之本的重要德性之一,正所谓"立人之道,曰仁与义,仁体也,义用也"。⑤ 同时,在他看来,"掊克生灵"是与"仁"相对立的劣行。实际上,道南一派对仁学的展衍,凸显在对"理一分殊"的诠释,彰显于"体用"的明辨,功用于政治理想的诉求。李侗身为二程的三传弟子,又是理学集大成者朱熹的老师,在"洛学"到朱学的嬗变中起到了重要的推动作用。如传统儒家先贤一样,李侗对"仁"进行了深刻的体悟,且躬身践履,对后世有着深远的影响。

一、"仁"之诠释

"理一"之仁。从《延平答问》看来,李侗对"仁"的体悟,大多通过书信往来,集中于师徒二人的问答之中。但他并未沿袭先秦儒家的"仁学"之道,而是另辟蹊径。面对朱子的"仁思"及"仁问",李侗通过"仁论",巧妙地阐述了本体论范畴的"理一"。面对朱熹的"天地生物本乎一源,人与禽兽草木之生莫不具有此理,其一体之中即无丝毫欠剩,其一气之运亦无顷刻停息,所谓仁也,但气有清浊,故禀有偏正,惟人得其正,故能知其本。……谓理一而分殊

---

① 《宋元学案》卷一三。
② 《宋元学案》卷五〇,《南轩学案》。
③ 《河南程氏遗书》卷一八。
④ 《程氏文集》卷五。
⑤ 《尊尧录》卷二。

此一句，言理之本然如此，全在性分之内、本体未发时看。"①李侗相继作了"有
有血气者，有无血气者，更体究此处"②"以上大概得之。他日更用熟讲体认"③
"须是兼本体已发未发时看、合内外为可"④的批注。显然，在李侗看来，世间
万物不论像人一样的血气者，还是类似物一样的无血气者，"都是'本乎一
源'，都蕴摄着本体意义的'理一'——仁的呈现而已"。⑤ 正所谓："盖天地中
所生物本源则一。"⑥李侗曾言："所云见语录中，有仁者浑然与物同体一句，即
认得西铭意旨所见，路脉甚正，宜以是推广求之。然要见一视同仁，气象却不
难，须是理会分殊，虽毫髪不可失，方是儒者气象。"⑦其曾感慨道："某尝以谓
仁字极难讲说，只看天理统体便是。"⑧李侗在阐释"理一"之仁的同时，还对
"分殊"作了特别强调，"然要见一视同仁，气象却不难，须是理会分殊，虽毫髪
不可失，方是儒者气象"⑨。此外，在李侗看来，"分殊"的原因大抵为"虽禽兽
草木生理亦无顷刻停息间断者，但人得其秀而最灵五常中和之气所聚，禽兽
得其偏而已。此其所以异也"⑩。以上足见，李侗通过对"仁"的诠释，全面地
阐释了"理一"和"分殊"的内涵，深刻地论述了二者的辩证关系，更剖析了二
者形成的内在机理。李侗用"理一"之仁，建构了个人哲学的基础，且对朱熹
有着较大影响。

"体认"之仁。在李侗看来，"仁"是可以认知和践履的。所以他告诫朱熹
要在知上格外用力，为此他曾言："龟山云知其理一所以为仁，知其分殊所以
为义之意，盖全在知字上用着力也。"⑪李侗还引用了谢良佐的《上蔡语录》所
言："仁字只是有知觉了了之体段。若于此不下工夫令透彻，即缘何见得本源
毫发之分殊哉？若于此不了了，即体用不能兼举矣。此正是本源体用兼举

---

① 《延平答问》。
② 《延平答问》。
③ 《延平答问》。
④ 《延平答问》。
⑤ 何乃川：《闽学困之知录》，北京：社会科学文献出版社，2007年，第125页。
⑥ 《延平答问》。
⑦ 《延平答问》。
⑧ 《延平答问》。
⑨ 《延平答问》。
⑩ 《延平答问》。
⑪ 《延平答问》。

处"①,以诠释"仁"的体认。通过《延平答问》,我们不难看出,李侗注重的则是如何通过践履,对仁"下功夫令透彻"。正如他曾对朱熹所言:"承谕近日看仁一字,颇有见处。但乍喧乍静乍明乍暗,子细点检,尽有劳攘处。详此足见潜心体认用力之效。盖须自见得病痛窒碍处,然后可进,因此而修治之,推测自可见。甚慰甚慰。孟子曰夫仁亦在夫熟之而已。乍明乍暗乍喧乍静,皆未熟之病也。更望勉之。"②此外,李侗还借用孔门求仁的例子来进一步阐释体认之理,"仁字难说,论语一部只是说与门弟子求仁之方,知所以用心,庶几私欲沈天理见,则知仁矣。如颜子仲弓之问,圣人所以答之之语,皆其要切用力处也"③。通过以上,足见李侗在认识论上对仁有着睿智的阐发。他强调仁的可知和可寻,亦提出仁的可行和践履,这无疑是李侗"仁学"的一大亮点。

"义理"之仁。从道德修养层面对"仁"进行了深刻的阐发,从二程、杨时、罗从彦以来一脉相承,为此,李侗对"义理之仁"的阐释成为一种应然。他曾对"仁"作出强调,"盖五常百行无往而非仁也"④。且还从仁义结合的角度,对仁进行了强化。正如其所言:"仁之一字,正如四德之元,而仁义二字正如立天道之阴阳、立地道之柔刚,皆包摄在此二字尔。"⑤可见,在李侗看来,只有仁义并举,才符合义理之道。此外,李侗对朱熹的"大抵仁字正是天理流动之机,以其包容和粹涵育融漾不可名貌,故特谓之仁,其中自然文理密察各有定体处便是义。只此二字包括人道已尽,义固不能出乎仁之外,仁亦不离乎义之内也。然则理一而分殊者,乃是本然之仁义⑥进行了"推测到此一段甚密为得之,加以涵养,何患不见道也。甚慰甚慰"⑦的批注,也充分地凸显了李侗对朱子"仁义"体悟的认同和赞许。实际上,李侗还通过对例证的分析,进行了"仁"的道德考量。在给朱子的答复中,李侗有着:"此求仁得仁者也。微子义当去,箕子因奴,偶不死尔。比干即以死谏,庶几感悟。存祀九畴,皆后来事,初无此念也。后来适然尔,岂可相合看,致仁人之心不莹彻耶?仁只是理,初无彼此之辨,当理而无私心,即仁矣。胡明仲破东坡之说可矣,然所说

---

① 《延平答问》。
② 《延平答问》。
③ 《延平答问》。
④ 《延平答问》。
⑤ 《延平答问》。
⑥ 《延平答问》。
⑦ 《延平答问》。

三人后来事相牵,何异介甫之说三仁？恐如此政是病处昏了。仁字不可不察。"①由此,在李侗看来,"孟子曰仁之实事亲是也,义之实从兄是也,礼之实节文斯二者是也。"②实际上,李侗在义理层面的仁之体悟,不仅强调立"仁"之心,行"仁"之事,更注重仁在义先,义为仁辅,仁义结合。

二、"仁"之践行

一代宿儒李侗,不仅学识渊博,释"仁"透彻,更通过对"仁"的切实践履,彰显了高贵的人格魅力,因而被后人赞喻为"冰壶秋月"、"光风霁月",可谓实至名归。李侗对"仁"的践履表征于以下三个方面:

立世之"仁"。尽管身处于时局动荡、民生凋敝的社会场域之下,但李侗有着一颗济世的仁人之心。如同传统士子一样,他心怀家国情怀,有着浓浓的爱国爱乡情结。因此,面对"今日三纲不振,义利不分"及宋王朝主张议和、消极抗金,李侗有着"然忧时论事,感激动人,其语治道,必以明天理正人心、崇节义厉廉耻为先"③的呐喊。他曾言:"吾侪虽在山野,忧世之心但无所伸尔。"④

在李侗看来,时局之所以动荡不安,人心之所以不古,其原因皆出在纲常衰也。为此,他说:"缘三纲不振故人心邪辟不堪用,是致上下之气间隔,而中国之道衰远方盛。"⑤又言:"遐方所以盛者,只为三纲五常之道衰也。"⑥为此,在给朱子的书信中,他特别指出:"要之断然不可和。自整顿纪纲,以大义断之,以示天下向背,立为国是可尔。"⑦此外,他还强调,"不共戴天,正今日第一义。举此不知其他,即弘上下之道而气正矣。"⑧李侗尽管屏居山田,但对家国的关心成为他立世之本。实际上,李侗正是在关心时局,反对议和,力主抗金,主张纲常整顿,任用贤人的呐喊中,践行了自己的立世之"仁"。为此,他

① 《延平答问》。
② 《延平答问》。
③ 《延平答问·行状》。
④ 《延平答问》。
⑤ 《延平答问》。
⑥ 《延平答问》。
⑦ 《延平答问》。
⑧ 《延平答问》。

热爱乡土家园,巧借朱子的封事,表达了自己的政治诉求,切实彰显了传统士子的立世之"仁"。

处世之"仁"。李侗在立身处世中,也切实有着"仁"行的践履。他将"仁"的体悟应用到日常之中,改变了秉性。朱子在《延平答问》中曾对年少的李侗有着这样的描绘:"尝闻先生后生时极豪迈,一饮必数十杯,醉则好驰马,一骤三二十里不回。"①其实李侗曾说:"自非有志于求仁,何以觉此语录?有云罪已责躬不可无,然亦不可常留在心中为悔。来谕云悔吝已显然,如何便销陨得胸中,若如此,即于道理极有碍。"②可见,李侗是一个极其自觉之人,他切实以道德叩问,时刻反省自身,进而注重践履。因而"后来收得恁地醇粹,所以难及"③"寻常人去近处必徐行,出远处行必稍急。先生出近处也如此,出远处亦只如此。寻常人叫一人,叫之一二声不至,则声必厉。先生叫之不至,声不加于前也。又如坐处壁间有字,某每常亦须起头一看,若先生则不然,方其坐时固不看也,若是欲看,则必起就壁下视之。其不为事物所胜大率若此"④。李侗秉性收敛,以仁处世,"故其事亲诚孝,左右无违。仲兄性刚多忤,先生事之致诚尽敬,更得其欢心焉。闺门内外夷愉肃穆,若无人声,而众事自理。与族姻旧故恩意笃厚,久而不忘。生事素薄,然处之有道,量入为出,宾祭谨饬,租赋必为。邻里先亲戚或贫不能婚嫁,为之经理,节衣食以赈助之。与乡人处,食饮言笑,终日油油如也。年长者事之尽礼,少者贱者接之各尽其道,以故乡人爱敬,暴悍化服"⑤。以仁做学,"其接后学答问,穷昼夜不倦,随人浅深诱之各不同,而要以反身自得,而可以入于圣贤之域"⑥。李侗通过对仁的践履,实现了"仁孝友弟,洒落诚明"⑦。正如朱子所言,"先生姿禀劲特,气节豪迈,而充养完粹,无复圭角。……平居恂恂于事若无甚可否,及其酬酢事变断以义理,则有截然不可犯者"⑧。最终,"乡曲以上底人,只道他是个善人,他也

---

① 《延平答问·附录》。
② 《延平答问》。
③ 《延平答问·附录》。
④ 《延平答问·附录》。
⑤ 《延平答问·行状》。
⑥ 《延平答问·行状》。
⑦ 《延平答问·祭文》。
⑧ 《延平答问·行状》。

略不与人说,待问了方与说"①。

遁世之"仁"。李侗迥异于传统士子,对科举之路并不兴趣,他的一生有着浓浓的遁世情怀。《宋史》有载"侗既闲居,若无意当世"②,其"早岁闻道,即弃场屋,超然远引,若无意于当世"③。由此,在李侗师随罗从彦从学多年后,并未走上科举之路,也未宦海弄潮,而是"既而退居山田,谢绝世故余四十年,食饮或不充,而怡然自适"④。实际上,李侗的遁世之路,也是对仁者归隐的另一诠释和践行。李侗之所以归隐,有着深刻的原因。一方面是政治环境和社会动荡的影响,促使李侗选择归隐;另一方面,罗从彦对李侗的影响颇深。罗从彦的静修思想及政治遭遇,直接触动了李侗的超然远隐。此外。李侗自身的人生追求——致力于治学之趣,因而山野田园成为他最好的归处。实际上,李侗是一个内心自适之人,正所谓,"箪瓢屡空,怡然自适"⑤。又言:"自念所寓而安方是道理。"⑥同时,李侗也是一个睿智之人,为此,他说:"今日事势观之,处此时唯俭德避难,更如韬晦为得所。"⑦为此,朱子说:"而先生方且玩其所安乐者于畎亩之中,悠然不知老之将至,盖所谓依乎中庸,遁世不见知而不悔者,先生庶几焉!"⑧李侗对时事的审视,循迹于遁世之仁,切实躬身践行,真正做到了识"仁",守"仁"及用"仁"。

三、"仁思"之要义

(一)对传统"仁学"的突破与发展

李侗之"仁"继承了二程之道,杨罗(指杨时、罗从彦)之学,但可贵之处则凸显于对以往"仁学"的突破与发展。李侗之"仁",重在以"仁"释理,强调"理一",旨在"理一"、"分殊"并举,并对"分殊"作了更高层次的强调。李侗提出,"分殊"

---

① 《延平答问》。
② 《宋史》列传第一八七,《道学二》。
③ 《延平答问》。
④ 《延平答问·行状》。
⑤ 《延平答问·行状》。
⑥ 《延平答问》。
⑦ 《延平答问》。
⑧ 《延平答问·行状》。

比"理一"更难,"分殊"是相异之因,只有把握"分殊"才可深刻体悟万物。当然,李侗认为,"仁"是可知之"仁",强调"仁"的可知性,从而使"仁"从抽象走向了具象。同时,李侗指出,在识"仁"的基础上,要务必行"仁",为此,切身践履成为李侗"仁"思的一大亮点。在立世层面,李侗主张,要牢牢守"仁",在金兵入侵面前,仁者要以身守"仁",切身维护和捍卫家国故土,万不可轻易言和。通过以上,不难窥知李侗对传统"仁学"有着巨大的突破,他不仅知"仁"、识"仁",更守"仁"、行"仁"。因而李侗突破了前人的仁学之思,建构了一整套行之有效的"仁学"系统,从而实现了对传统儒家仁学的巨大发展。

(二)对朱熹有着很大的影响

李侗之"仁思"主要散落于和朱熹的答问之中,其仁学思想直接地影响了他的这个得意学生。李侗之仁思及践履对朱子的影响主要体现在:首先,李侗之"仁"对朱子之"仁"的引导和铺垫。李朱二人对"仁"的探讨,特别是李侗对何以为"仁",如何知"仁"、识"仁",怎样守"仁"、行仁的讨论,为朱子的仁学发展起到了巨大的推动作用。其次,李侗以"仁"导"理"的学术思路及成果,直接影响了朱子理学系统化的形成。尤其是李侗以"仁"为基,巧妙地对"理一"、"分殊"进行的阐释,为朱子"理一分殊"思想的形成提供了启蒙和理论铺垫。最后,李侗对"仁"之践履的强调和格外重视,为朱子"知行合一"思想的形成奠定了基础。实际上,李侗作为道南一脉的关键传人,是朱子的第四位老师,其"对青年朱熹曾发生很大影响,其中最主要的是把朱熹引入道学系统的轨道"[①]。在师徒二人往来的书信中,李侗之"仁"思直接引领了朱子在学术道路上的探索,为朱子弃佛转儒起到了直接的推动,为朱子后来的理学之集大成进行了启蒙。

综上所述,李侗身为一代大儒,尽管不好著述,留世的文字仅存只言片语,但人们通过对《延平答问》等文献的梳理和考据,不难窥知,其对"仁"有着深邃的见解。李侗之"仁",贵在强调知行合一,难得于"仁"学之系统性建构。李侗之"仁"思,彰显了道南一派的理学传承,更凸显了李侗的践履品格。李侗用一生的立身处世,伤时遁世,充分地向后人诠释了"仁"之内涵,的确值得后人去学习和深思。

---

① 　陈来:《朱子哲学研究》,北京:三联书店,2010 年,第 83 页。

论李侗"理一分殊"思想

◎ 王晓君

宋代理学大家李侗（1093—1163），字愿中，号延平先生，宋南剑州剑浦（今福建南平）人。李侗与朱熹之父朱松是同门好友，闻杨时之弟子罗从彦在杨时处得二程之"不传之学"，于北宋徽宗政和六年（1116 年）二十四岁时，慕名而拜罗从彦为师。从而，李侗成为程颢、程颐的三传弟子。李侗继承二程及杨时、罗从彦理学思想基础上，对理学进行了潜心研究，特别是"理一分殊"学说进行了深入的阐释，从而进一步丰富和发展了理学思想。这为从二程理学向朱熹闽学的转变起到了重要的推动作用，正因他的巨大贡献，在宋明理学史上，李侗、杨时及罗从彦被后人称之为"南剑三先生"。

一、"理一分殊"思想的提出

"理一分殊"学说是"中国哲学史上一个重要的范畴"。[①] 早在理学之开山鼻祖周敦颐就曾对"义理"作过重要阐述，之后这一思想成为张载、程颢、程颐等一大批宋明理学家备受推崇的重要思想。李侗处于北宋末年到南宋初年，也即二程与朱熹理学过渡时期，这个时期恰恰是理学飞速发展的黄金时期。因而"理一分殊"学说也就必然成为李侗哲学思想中一个非常重要的问题。在宋明理学史上，"理一分殊"首先是程颐解答杨时对张载《西铭》之疑问而提出来的。而在杨时看来《西铭》虽然对古之圣贤的思想与要义作了大致阐释，

---

① 黎昕：《杨时"理一分殊"说的特色及其对朱熹的影响》，《福建论坛》1986 年第 2 期，第 49～53 页。

但是仅仅言体忽视其用,这将势必会导致墨家的兼爱学说。杨时在《龟山集》卷十六指出:"墨氏兼爱,固仁者之事也。其流卒至于无父,岂墨子之罪耶?孟子力攻之,必归罪于墨子者,正其本也。故君子言必虑其所终,行必稽其所弊,正谓此耳。西铭之书,发明圣人微意至深,然而言体而不及用,恐其流遂至于兼爱,则后世有圣贤者出,推本而论之,未免归罪于横渠也。"①程颐针对杨时之疑问,作了答复,他认为《西铭》非墨家兼爱之学说,而是"明理一而分殊"。② 同时,程颐具体阐述了儒家仁爱与墨家兼爱在学理上存在的差别。他说:"《西铭》之论,则未然,横渠立言,诚有过者,乃在《正蒙》。《西铭》之为书,推理以存义,扩前圣所未发,与孟子性善养气之论同功(二者亦前圣所未发),岂墨氏之比哉?《西铭》明理一而分殊,墨氏则二本而无分。(老幼及人,理一也。爱无差等,本二也。)分殊之弊,私胜而失仁;无分之罪,兼爱而无义。分立而推理一,以止私胜之流,仁之方也。无别而迷兼爱,至于兼爱而无义。分立而推理一,以止私胜之流,仁之方也,无别而迷兼爱,至于无父之极,义之贼也。子比而同之,过矣。且谓言体而不及用。彼欲使人推而行之,本为用也,反谓不及,不亦异乎?"③在程颐看来,尽管儒家的仁爱同墨家兼爱都是要求人克己之私,对他人要无私无欲,使他人感受到仁爱,但是从实质和理论上存在根本差别,这表现在儒家仁爱观点体现了"理一"思想,而墨家兼爱观点所体现的是"二本无分"思想。这一差别不仅导致了儒家墨家在学术理论体系上存在巨大差异,而且这也是杨时没有真正领悟《西铭》要义的根源,也就是说尽管杨时对《西铭》进行了反复的解读,但是始终没有领悟到其中所蕴含的"体"与"用"的主旨。

杨时在程颐"理一分殊"学说的基础上对此问题重新进行了深入研究,提出了他独特的"理一分殊"之理论。杨时指出:"古之人所以大过人者无他,善推其所为而已。'老吾老,以及人之老,幼吾幼,以及人之幼',所谓推之也。孔子曰:'老者安之,少者怀之。'则无事乎推矣。无事乎推者,理一故也。理一而分殊,故圣人称物而平施之,兹所以为仁之至,义之尽也。何谓称物?远近亲殊各当其分,所谓称也。何谓平施?所以施之,其心一焉,所谓平也。"④

---

① 杨时:《杨时集》,福州:福建人民出版社1993年,第400页。
② 程颢、程颐:《二程集》,北京:中华书局,1981年,第609页。
③ 程颢、程颐:《二程集》,北京:中华书局,1981年,第609页。
④ 杨时:《杨时集》,福州:福建人民出版社,1993年,第402页。

在此,杨时澄清了原来对《西铭》要义之理解与墨家之兼爱相互混淆的观点,从而得出"理一"针对天地(宇宙)中的万事万物包括人在内,都能以相互平等、相互尊重、相互包容之心态互相对待,而"分殊"则是相对于这些所有的事物又不能不分主次和亲疏远近用同一种方式对待的独特的观念,他把这独特的观念称之为圣人称物而平施。李侗继承这一观点指出:"吾儒之学,所以异于异端者,理一而分殊也。理不患其不一,所难者分殊耳。"①李侗认为,天地万事万物的本原是理,称为"理一",这个万物之理又是各不相同,称为"分殊",于是这就解决了"理不患其不一"的问题。在李侗看来,最主要的问题不在"理一",而在"分殊"。后者朱熹对"理一分殊"作了进一步阐述,他指出:"言理一而不言分殊,则为墨氏兼爱;言分殊而不言理一,则为杨氏为我。所以言分殊,而见理一底自在那里;言理一,而分殊底亦在,不相夹杂";"圣人未尝言理一,多只言分殊。盖能于分殊中事事物物,头头项项,理会得其当然,然后方知理本一贯。不知万殊各有一理,而徒言理一,不知理一在何处。"②可见,朱熹对于李侗"理一分殊"学说是非常重视的。"理一分殊"学说作为宋明理学的重要命题,正是程颐在解答杨时关于《西铭》"言体而不及用"之质疑而提出来,杨时对其进行了阐发,之后经过李侗进一步的深入思考与创造性的发挥,使得"理一分殊"学说成为之后理学家重点研究探讨的内容。

二、李侗对"理一分殊"思想的拓展

李侗作为两宋之际理学的重要传人,其"理一分殊"思想对朱熹理学的发展可以说起到非常重要的作用。如果离开李侗来谈论朱熹理学贡献是不现实的,也是不符合客观事实的。李侗对于"理一分殊"学说的独特阐发主要体现在以下两个方面:

(一)理一分殊与太极之关系

"理一分殊"思想与佛教华严宗等有着渊源关系,按照学术界一致的意

---

① 《朱子全书》第 13 册,上海:上海古籍出版社,2002 年,第 354 页。
② 《朱子语类》,上海:上海古籍出版社,2002 年,第 3314 页。

见,华严宗、禅宗以及周敦颐和邵雍的太极学说都曾对此思想有所论及。[①] 然而,"理"还没有上升为哲学之最高范畴。在宋代,理学之开山鼻祖周敦颐在《通书》中说"一实万分",之后张载在《西铭》提出"民胞物与"。在南宋绍圣三年(1096年),杨时针对张载《西铭》之要义提出质疑,并与程颐就此问题展开了讨论,程颐在解答杨时之疑问时把"理一分殊"作为哲学概念正式提出来,并对《四铭》中之要义进行了深入阐发。

杨时就张载《西铭》中所言:"民吾同胞,物吾与也。大君者,吾父母宗子;其大臣,宗子之家相也。尊高年,所以长其长,慈孤弱,所以幼吾幼。……凡天下疲癃残疾,茕独鳏寡,皆吾兄弟之颠连而无告者也。"[②]对这种大爱无疆的观点提出了自己的疑问。在他看来《西铭》中虽然阐发了"仁之体",却没有提及"仁之用",也就是说只言"体"而没有言"用",这样的话就与墨家的爱无差等的兼爱学说类同。程颐就《西铭》之体用问题答复杨时说:"《西铭》明理一而分殊,墨氏则二本而无分。(老幼及人,理一也。爱无差等,本二也)分殊之弊,私胜而失仁;无分之罪,兼爱而无义。"[③]在程颐看来,理一分殊之思想非墨家之兼爱学说。此后,杨时对"理一分殊"学说重新进行了深入思考,提出了他视野下的"理一分殊"理论。杨时的"理一分殊"思想为他的弟子李侗所继承,李侗进一步从哲学本体论的视角阐释了理一分殊的命题。他认为,太极就是最高之理,是至理之源。他说:"'太极动而生阳',至理之源,只是动静阖辟,至于终万物始万物,亦只是此理一贯也。到得二气交感,化生万物时,又就人物上推,亦只是此理。……又就人身上推寻,至于见得大本达道处又充同只是此理。……在天地只是理也。"[④]与此同时,李侗以二程所提出的最高范畴理去探讨"太极动而生阳"即太极化生万物,描绘出一幅由太极到阴阳到万物与人的壮丽图景。在这幅图景中,李侗把理贯穿始终,太极即理,理即太极,两者融为一体,它是统治一切万物之本原。李侗把"太极"与"理"紧密联系起来,使理具有了哲学意义上的本体内涵。但是,这个所谓的本体是一种精神上的本体。然而,我们不可否认,李侗在太极化生万物的过程中蕴涵着朴素的辩证法思想。之后朱熹继承杨时、李侗这些观点,用"无形而有理"来

① 朱修春、林凤珍:《杨时的"理一分殊"学说发微》,《南昌大学学报》2005年第2期,第32～34页。
② 张载:《张载集》,北京:中华书局,1978年,第62页。
③ 程颢、程颐:《二程集》,北京:中华书局,1981年,第609页。
④ 《朱子全书》第13册,上海:上海古籍出版社,2002年,第329页。

阐释"无极而太极",提出"太极只是个极好至善底道理"。① 在朱熹看来,太极不仅是一理而且也是众理的统一,太极不仅包含着万物整体而且万物又各具于一太极。

(二)理一分殊与仁义之关系

在杨时与程颐就《西铭》之要义共同探讨过程中,杨时就《西铭》中许多未能理解或者说还很混淆的观点及时得到了澄清,并在此基础上杨时把"理一分殊"的思想运用于社会生活之中,把"理"与封建伦理道德紧密联系起来。在杨时看来,理一与分殊之关系不仅仅是体与用的关系,而且也是仁与义之关系。杨时指出:"天下之物,理一而分殊,知其理一,所以为仁;知其分殊,所以为义。权其分之轻重,无铢分之差,则精矣。"②杨时认为,仁义就是理一分殊的关系,两者之间紧密联系不可分割。在此基础上,杨时提出分殊不明,理一不精的观点。在他看来,万事万物都各有不同,不能以相同的方式看待。杨时说:"河南先生言'理一而分殊',知其'理一',所以为仁;知其'分殊',所以为义。所谓'分殊',犹孟子言'亲亲而仁民,仁民而爱物'。其分不同,故所施不能无差等。"③在此,杨时不仅澄清了原来自己对《西铭》中之要义"言体而不及用"的错误观念,赞成并接受了程颐《西铭》中理一分殊与仁与义相一致的观点而且在程颐的"理一分殊"思想的基础上,他把"理一分殊"思想引入社会现实的道德伦常关系当中,为儒家爱有差等作了理论性的阐释,论证了亲疏尊卑的封建等级制度的合理性。李侗继承杨时这一思想,在李侗看来,封建伦理道德观念是"天理"之体观,他不赞成只是从人身上来看仁也不支持仅仅从天理未发上来看仁,而是认为应该从所有一切有血气的与无血气的人和物,并且"须是兼本体已发未发时看,合内外为可"④,这样来看仁才可以、才能实现人、万事万物无差别的境界,也就是说"仁只是理,初无彼此之辩,当理而无私心,即仁矣"⑤。在李侗看来,这个仁自始至终存在于事物的一切发展过程之中,并为人物所固有,它不仅体现了未发也体现了已发。李侗在教导朱熹体认杨时"知其理一,所以为仁;知其分殊,所以为义"之意是着重强调"要

---

① 《朱子语类》,上海:上海古籍出版社,2002年,第3122页。
② 杨时:《杨时集》,福州:福建人民出版社,1993年,第467页。
③ 杨时:《杨时集》,福州:福建人民出版社,1993年,第269～270页。
④ 《朱子全书》第13册,上海:上海古籍出版社,2002年,第335页
⑤ 《朱子全书》第13册,上海:上海古籍出版社,2002年,第328页。

在知字上用著力也"①,也就是要知一切有廓气者与无瓶气者皆根源于理,天地万物也皆属此理。而仁是理的体观,它存在于人类社会与自然界之中,而其中由于各自所禀气质存在差异,便具有了各自不同的形式,因而,要知仁、天理现,就要在知上着力。同时,李侗把仁义与理一分殊联系起来,他更加注重"亦是如何通过践履,对仁'下工夫令透彻''见得本源毫发之分殊',进而知'本源体用兼举处'从而解决'理一'与'分殊',仁与义的同一性问题。"②李侗曾对朱熹"理一分殊"思想作过一个评价,朱熹说:"知其理一,所以为仁;知其分殊,所以为义,此二句乃是发用处该摄本体而言……义固不能出乎仁之外,仁亦不离乎义之内也。然者理一而分殊者,乃是本然之义。先生(李侗)勾断批云:'推测到此一段甚密,为得之。加以涵养,何患不见道也,甚慰甚慰。'"③从这里可看出,朱熹继承和发挥了杨时、李侗的思想。李侗强调为得之加以涵养,就是要人们摒弃私欲,提高自身道德修养,就能达到仁。总而言之,李侗的上述阐释其目的也是为儒家爱有差等作了理论性的阐释,他把封建伦理道德观念是看作"天理"之体观,进一步论证了亲疏尊卑的封建等级制度的合理性,把儒家伦理道德抬到了至圣的高度。

综上所述,我们可以看到,李侗作为从二程理学向朱熹理学转变的重要中介人物,为理学向南的传播起到了非常关键的作用。虽然李侗没有和朱熹一样建立起庞大理论体系,但是他的理学思想特别是他的"理一分殊"学说对朱熹理学的发展产生了重大的影响,我们应该客观地看待李侗及其理学思想,任何研究程朱理学的学者如果忽视李侗的理学思想和地位,那么对理学的研究都将是不完善的。

---

① 《朱子全书》第 13 册,上海:上海古籍出版社,2002 年,第 332 页。

② 何乃川、陈进国:《论李侗的理一分殊思想》,《厦门大学学报》2005 年第 3 期,第 52～57 页。

③ 《朱子全书》第 13 册,上海:上海古籍出版社,2002 年,第 336 页。

李侗"静中气象"与为学功夫

◎ 罗小平

李侗是杨时的二传弟子,他 24 岁从郡人罗从彦学,之后传给一代宗师朱熹。虽然李侗"不著书,不作文",但他"语默动静,端详闲泰",深得学者推崇,人们用"冰壶秋月"、"光风霁月"称誉李侗,清初康熙帝更御书"静中气象"称誉其精神品格。不过,近年来学者对李侗的研究多偏重于其理学对朱熹的影响,而对其"静中气象"的文化蕴涵却未作深入的考察。笔者认为,李侗对朱熹理学的影响固然是研究的重要课题,但朱熹理学思想体系包含着李侗"静中气象"的为学功夫。因此,有必要对李侗"静中气象"文化蕴涵作深入的考察,以洞察这位理学宗师精神品格的概貌。

"气象"一词是传统儒学广泛使用的一个概念,泛指人的精神品格,包括气度、气质、风度、风范等,是对儒家中具有高尚道德情操和精神境界的褒扬。如程子在《论语》注中说:"先观二子之言,后观圣人之言,分明天地气象。凡看《论语》,非但欲理会文字,须要识得圣贤气象。"①孔子和颜渊、子路三人各谈志向,程子认为孔子的志向比颜渊、子路高,因为他的志向具有"圣贤气象"。"气象"既有称誉人的整体精神,也用于褒扬某一方面的精神境界,如二程说"诸葛武侯有儒者气象"②,这是对诸葛亮人格精神的高度概括;"孟子,泰山岩岩之气象也"③,这是对孟子岩骨之风的称赞。"南剑三先生"、"延平四贤"中,除了李侗被称誉为"静中气象"外,还有杨时的"和平气象";而罗从彦

① 朱熹:《四书集注》,长沙:岳麓书社,2004 年,第 93 页。
② 《近思录》卷一四,《圣贤气象》,郑州:中州古籍出版社 2008 年,第 435 页。
③ 《近思录》卷一四,《圣贤气象》,郑州:中州古籍出版社,2008 年,第 430、435 页。

的"奥学清节",实际上也是一种"气象",二者都是褒扬某一方面的精神品格。

"静中气象"是康熙帝对李颙道德情操和精神品格的高度褒扬,但"静中"有何"气象",这个"气象"具有什么文化蕴涵没有说明,只能从文本中李颙的生活、治学中加以考察。笔者认为,李颙的"静中气象"是形式与内容的统一。"静中气象"是一个偏正词组,"气象"是中心词,"静中"是对中心词的限定,因此"静"是"气象"的过程,是"气象"的酿造;"气象"是"静"的结果,是"静"的呈现。李颙之"静"是其理学的表现方式,其中蕴含着深邃的为学功夫。

一、"静中"存养功夫

传统儒学期望建立大同社会,而建立大同社会须从一个个家庭开始,从个人修身开始,而存养是修身的重要门径。李颙的"静中气象"首先表现在存养功夫,而"静"是其存养的重要方式。

"静"是中国古代道释儒三教中有着特殊含义的修身方法,道教以静虚作为养生方法,强调静中体道入道、长生不老;禅宗以禅定作为修身功夫,强调心一境性、见性成佛。汉代以后至唐代,出现道释儒三教合一、三教并立的局面,儒家学者多受影响。虽然宋代的理学家反对道佛,但在体悟儒家义理之前有过沉迷道释的经历,并且认为以静修身方法有会通处。

静是我国最早使用的汉字之一,许慎《说文》:"静,审也。从青,争声。"徐锴注解说:"丹青明审也。"王筠句读:"采色祥审得其宜,谓之静。"可见,静的最初意思是"明审"。其他义项如安静、宁静、无声之静、贞正之静、洁净之静等都是由此引申出来的。《礼记》是一部先秦至两汉时期的礼学文献选编,有人还将其视为一部儒学论文汇编,其中"乐记"记载:"人生而静,天之性也。"王安石解释说:"性者,有生之大本。"[①]性即理,"未有天地之先,毕竟是先有此理"。[②] 可见,静是人的本性,人生之初性本静。

李颙之"静"来源于先前的数位理学家,而这些理学家都有不同程度的佛老倾向。《宋元学案·豫章学案》说:"罗豫章静坐看未发气象,此是明道以来下及延平一条血路也。"二程在创立理学过程中,就曾悟得佛学,援佛会儒,其

---

① 《王安石集》卷六八,《论议·原性》。
② 《朱子语类》卷一,《理气上》。

中对佛教静坐修身方法颇为推崇,程颢就说"性静者可以为学"①,并且"性静"可以通过静坐进修而成。《宋元学案》卷二十四《上蔡学案》载:谢良佐"往扶沟见明道受学,甚笃。明道一日谓之曰:'尔辈在此相从,只是学某言语,故其学心口不相应,盍若行之!'请问焉,曰:'且静坐。'""伊川每见人静坐,便叹其善学"。杨时受学于二程,受佛教影响也颇深,虽然程颐称赞杨时和上蔡(谢良佐)坚守儒学,不流于夷狄,但这只是程颐一时之见,事实上杨、谢二人都杂夹佛学,并且程度相当。清人全祖望说:"龟山之夹杂异学,亦不下于上蔡。"②"异学"就是佛学,因为它来源于印度,不是中国所产。《宋元学案》同时说杨时是位醇儒,又说:"乃不料其晚年竟溺于佛氏。"③罗从彦初学于吴仪,崇宁初到将乐师事杨时。因得知洛阳二程,"鬻田裹量(粮),往洛见伊川",之后又从杨时学。建炎四年,授惠州博罗县主簿。任满,入罗浮山静坐,以穷经为学。罗从彦认为"佛氏之学,端有悟入处。其道宏博,世儒所不能窥"。他肯定赵普对太宗所言可"以尧、舜之道治世,以浮屠之教修心"。④可见,静坐是一种会通道释儒三教的修身方法,而且罗从彦直承二程和杨时静坐修身进德方法后又传给了李侗。

不过,二程在穷理方法上有所区别,程颢"主静",强调"正心诚意";程颐"主敬",强调"格物致知"。"伊川谓只用敬,不用静","未有致知而不在敬者"。⑤李侗强调正心诚意的"主静",并以静修身,以静养心,他说罗从彦教他静中看喜怒哀乐未发前气象,"不惟于进学有方,亦是养心之要"⑥。李侗继承师说,并作深入阐发,他说:"天性生生之机,无时或息,故放失之后,少间又发,第人不肯认定,以此作主宰耳。认得此心,便是养。"⑦当然,李侗对以静养心有一个认识过程,他初师罗从彦时,对罗氏的静坐方法颇有疑义。朱熹说:"尝见李先生说'旧见罗先生云:'说《春秋》颇觉未甚惬意,不知到罗浮极静后,义理会得如何。'某心尝疑之。以今观之,是如此。盖心下热闹,如何看得

---

① 《近思录》卷二,《为学大要》,第105页。
② 《宋元学案》卷二五,《龟山学案》。
③ 《宋元学案》卷二五,《龟山学案》。
④ 《宋元学案》卷二五,《龟山学案》;卷三九,《豫章学案》。
⑤ 《朱子语类》卷一八。
⑥ 《宋元学案》卷三九,《豫章学案》。
⑦ 《宋元学案》卷三九,《豫章学案》。

义理出？"①罗浮即罗浮山,是道教十大洞天之第七洞天,七十二福地之第三十四福地的岭南道教名山,文人墨客、方士道人多于此优游闲养、隐居和修炼。李侗觉得即便罗从彦达到道人的静虚后,能否贯通儒家的义理还是值得怀疑。但李侗亲炙罗从彦多年,承其师衣钵。李侗说："某曩时从罗先生学问,终日相对静坐,只说文字,未尝及一杂语。先生极好静坐,某时未有知,退入室中,亦只静坐而已。"②这种存养功夫深得罗从彦称许,认为李侗修身存养,能够"于天下之理该摄洞贯,以次融释,各有条序,从彦亟称许焉"③。存养须"静",而"静"须除却杂念,专念一虑。李侗得罗从彦真传之后,40多年谢绝世故,一心默坐澄心,即使"箪瓢屡空,怡然有以自适也"④。李侗认为,问学之道,不在多言,"只是要得学者静中有个主宰存养处"⑤,学者应在存养涵养处下工夫。而"静"就是不为他事干扰,才能"截然不可犯"⑥。朱熹对李侗的涵养观察十分细致,他说："李先生涵养得自是别,真所谓不为事物所胜者。"⑦朱熹还列举李侗生活中走路、叫人、观壁上字三个例子:说一般人走近路稍缓,走远路稍急,而李侗却近远无别;一般人叫人叫两三声不到声必厉,而李先生叫人不到却声不加于前;朱熹见壁上有字必抬头察看,而李先生静坐时不看,看则走近视之。可见,李侗治学方法是口到、眼到、心到,默坐澄心,静处存养,然后细细揣摩。李侗还提出要"静中"养气,而养气要心气合一,心之所向,全气随之。他说："养气大概是要得心与气合。不然,心是心,气是气,不见所谓集义处,终不能合一也。"⑧

李侗师事罗从彦,除了所学有《春秋》、《中庸》、《论语》、《孟子》等儒家经典外,还练就了存养涵养修身功夫。沙县邓迪在朱松面前夸奖说："愿中(李侗之字)如冰壶秋月,莹彻无瑕,非吾曹所及。"⑨后人还把宋黄庭坚称赞周茂叔(周敦颐)的"光风霁月"用来称誉李侗。这些既是对李侗存养气象的赞赏,

① 《宋元学案》卷三九,《豫章学案》。
② 《宋元学案》卷三九,《豫章学案》。
③ 《宋史·道学二·程氏门人》。
④ 《宋元学案》卷三九,《豫章学案》。
⑤ 《宋元学案》卷三九,《豫章学案》。
⑥ 《宋史·道学二·程氏门人》。
⑦ 《宋元学案》卷三九,《豫章学案》。
⑧ 《宋元学案》卷三九,《豫章学案》。
⑨ 《宋史·道学二·程氏门人》。

也是对李侗人生品格的肯定。

二、"静中"格物功夫

"静"作为理学哲学思想体系的概念,与"动"相结合,构成宇宙本体论的两极。"无极而为太极。太极动而生阳,动极而静;静而生阴,静极复动。一动一静,互为其根;分阴分阳,两极立焉"。①

李侗之"静",是哲学上所说的相对之"静",而哲学之"静"是动中有静,静中有动。人们把李侗的"静中"精神品格称为"澄心"。澄心就是使心情清静的状态,源出《文子·上义》:"老子曰:'澄心清意以存之,见其始终。'"晋代陆机《文赋》:"罄澄心以凝思,眇众虑而为言。"澄心定意为的是格物致知,理学家的格物先从"理一分殊"开始。杨时南传理学,对"理一分殊""豁然无疑"②,但杨时的理解是"知其理一,知其分殊"③,其认识论具有均衡性。

默坐澄心的李侗也强调格物致知,但方法是在"静中"格物,从文本看,李侗之"静"呈现出诸多格物致知的气象。李侗在穷"理一分殊"之理时不同意杨时的看法,他不仅很有见地地提出"理一分殊"是儒家与佛教的根本区别:"吾儒之学,所以异于异端者,理一而分殊也"④,而且强调"理不患其不一,所难者分殊耳"。⑤ 在理学家眼里,"理一分殊"被视为体用之学,李侗勉力朱熹要在体用上下工夫。他说:"近日涵养,必见应事脱然处否? 须就事兼体用下工夫,久久纯熟,渐可见浑然气象矣。勉之! 勉之!"⑥李侗既细察形上之体,又注重形下之用,比杨时的理解更进一步,也更具时代意义。因为,理学家之所以将理学思想上升为本体地位,最终的目的在于治用,与《尚书》所说的"知之非艰,行之维艰"相契。李侗强调格物致知,要反复推究其理,"非文字言语之所及也",也不能"以口舌争也"。

"静"既是存养功夫,也是格物致知功夫,如"明道亦说静坐可以为学,上

---

① 《太极图说》。
② 《宋史·道学二·程氏门人》。
③ 《宋元学案》卷三九,《豫章学案》。
④ 《宋元学案》卷三九,《豫章学案》。
⑤ 《宋元学案》卷三九,《豫章学案》。
⑥ 《宋元学案》卷三九,《豫章学案》。

蔡亦言多着静不妨"①。但静动须互发，有静有动，方可格物以至其知。"静"是学者入门之功，如果喘汗未定，没有冥心至静，难见端倪。但"不是道理只在静处"、"若一向静中担阁，便为有病"②，必须冥心至静后动静合一。

儒家之静不是道教的无为之静，而是内向修身的明审之静。李侗继承先辈理学家格物致知的动静观，动中有静，静而不滞。朱熹师从李侗时，就见"先生（李侗）终日危坐，而神彩精明，略无颓堕之气"③。李侗的动静观强调五个方面：一是多在"静"中思。罗从彦教育李侗："学道以思为主。孟子曰：'心之官则思。'《书》曰：'思作睿，睿作圣。''惟狂克念作圣。'佛家一切反是。"④心的功能是思考、思维。李侗从中得到启发，以静养心，在静中思考，思考通于微密，一心向圣。二是要有琢磨之功。朱熹见证了李侗性格气质的变化过程："先生少年豪勇，夜醉，驰马数里而归。后来养成徐缓，虽行一二里路，常委蛇缓步，如从容室中也。"⑤又说："李先生初间也是豪迈底人，到后来也是琢磨之功。"⑥可见，少年时期的李侗血气方刚、豪迈英勇，通过修身养性，性格趋静，并以此为格物之方。上述记载还让我们看到宋代闽北有趣的社会生活和李侗静默澄心后的性格。（1）出行骑马。闽北地方志书记载当地地理为山行水处，人们出行的交通工具主要是舟船，而李侗出行则骑马，而且速度快。（2）静默澄心后的李侗一改往日豪迈、喜饮酒的性格，转而变成一位深沉蕴藉而又超凡脱俗的学者，连走路都委蛇慢步、随顺顺应、雍容自得，一幅憨态可掬之貌。三是力戒只求文字。李侗要求，学习不能只求文字，或只是强记硬诵，以资诵说，否则等于"玩物丧志"。因此他要求"讲学切在深潜缜密，然后气味深长，蹊径不差"⑦。四是循序少进。李侗不仅随人深浅施教，对学生问答不倦，而且提出熟读精思的为学功夫，"虽一毫私欲之发，亦退听矣"⑧。五是要融会贯通。李侗认为，格物致知要在日用之间消化吸收，才能有了然之悟。他说："学者之病，在于未有洒然冰解冻释处。如孔门诸子，群居终日，交

---

① 《宋元学案》卷三九，《豫章学案》。
② 《宋元学案》卷三九，《豫章学案》。
③ 《宋元学案》卷三九，《豫章学案》。
④ 《宋元学案》卷三九，《豫章学案》。
⑤ 《宋元学案》卷三九，《豫章学案》。
⑥ 《宋元学案》卷三九，《豫章学案》。
⑦ 《宋史·道学二·程氏门人》。
⑧ 《宋史·道学二·程氏门人》。

相切磨,又得夫子为之依归,日用之间观感而化者多矣。恐于融释而不脱落处,非言说所及也。"①师生之间、学友之间要相互切磋,心境才能洒脱畅快,学问才能融释贯通。

总之,李侗继承理学家的动静观,动静相互交替,又相互发明,在静默存养间,静中勤思,静中琢磨,体现出深厚的格物致知功夫。

三、"静中"体认功夫

李侗把"静"作为修养功夫,在"静"中格物致知,致知在穷理,于事事物物中体认理或天理,这是李侗"静中"功夫的根本目的。

"理一分殊"是理学家创立理学思想体系的框架,理学家们试图从本体论的高度阐述天理的哲学意义,以此作为天人合一的最高准则。但是"理一"好理解,"分殊"难理解,究其原因是统体一太极,物物一太极。太极者,理也。就是说宇宙总起来有一个共通的理,万事万物又各有其特殊之理,"涂虽殊而其归则同,虑虽百而其致则一"②是理学家的孜孜追求。因此,李侗告诉学者只讲"理一",而不讲其"分之殊",会"流于疑似乱真之说而不自知"。③ 但是,当时未入理学门墙的朱熹对此多为不解,宋绍兴二十三年(1153 年),朱熹在赴同安主簿任途经延平拜李侗为师时,对他的观点就"疑而不服"。④ 朱熹认为:"天下之理,一而已,何为多事若是!"⑤同安任满后,朱熹返回武夷山五夫治学,反复研究思考李延平所谓"理一易""分殊难",才明白李侗之言是正确的。

"理一分殊"被称为体用之学,"体"就是宇宙本体论的本,用就是"分殊",理学家研究这一哲学命题在于"理"能够贯穿于"理一分殊"始终,即本如何通达于治用,治用如何呈现本体思想。《文子·上义》:"老子曰:'凡学者,能明于天人之分,通于治在之本,澄心清意以存之,见其始终,反于虚无,可谓达矣。'"李侗"静中气象"的本质说到底就是静中体认天理。他说:"学问之道,

---

① 《宋史·道学二·程氏门人》。
② 《伊川易传》卷三。
③ 《宋史·道学二·程氏门人》。
④ 《宋元学案》卷三九,《豫章学案》。
⑤ 《宋元学案》卷三九,《豫章学案》。

不在多言,但默坐澄心,体认天理。"①黄宗羲说朱熹为学时常"思延平(李侗)默坐澄心,其起手皆从理一。穷理者,穷此一也。所谓万殊者,直达之而已矣。若不见理一,则茫然不知何者为殊,殊亦殊个甚么,为学次第,鲜有不紊乱者"②,也就是说,为学次第以理一为先,分殊为后,凡事先有一个理,然后"直达"万殊,而万殊之理,又"未复合为一理"。③

理或理一,在自然为规律,在社会则为准则,而仁是本体论的核心,义是仁的表现。"'知其理一所以为仁,知其分殊所以为义',此二句乃是于发用处该摄本体而言,因此端绪而下工夫以推寻之处也。"④李侗提出学者要"理会分殊",就是本体的仁在"分殊"发用时要复合无间。他说:"然要见一视同仁气象却不难,须是理会分殊。虽毫发不可失,方是儒者气象。"⑤因此,李侗认为在探索义理时,要扫去纷乱窒塞处,教胸中空荡荡,才能自觉有下落处。久而久之,便能"知天下之大本真在乎是"⑥。朱熹说:"李先生教人,大抵令于静中体认大本未发时气象分明,即处事应物自然中节。"⑦中节就是中和、适度,"惟中也者,和也,中节也,天下之达道也,圣人之事也"⑧。未发是性,性即理,是人天生的资质,已发为情为用。喜怒哀乐未发时不喜不怒、无哀无乐、不偏不倚的心境,叫"中节";"发而皆中节"叫"和",就是朱熹《中和说二》中说的"体用一原,显微无间"。⑨ 如果不能虚一而静,气胜于心,就不能成己成物,未发时不适度,已发就谈不上和。李侗说:"虚一而静。心方实,则物乘之,物乘之则动。心方动,则气乘之,气乘之则惑。惑斯不一矣,则喜怒哀乐皆不中节矣。"⑩李侗因能悟理一之本,即使"品节万殊,曲折万变",没有不"该摄洞贯,以次融释,各有条理,如川流脉络之不可乱"。⑪ 李侗的"融释"类似于佛教华严宗的"圆融",是天人合一、性情融合的最佳境界。朱熹解释李侗动静体仁

① 《宋元学案》卷三九,《豫章学案》。
② 《宋元学案》卷三九,《豫章学案》。
③ 《二程遗书》卷一四。
④ 《宋元学案》卷三九,《豫章学案》。
⑤ 《宋元学案》卷三九,《豫章学案》。
⑥ 《宋元学案》卷三九,《豫章学案》。
⑦ 《宋元学案》卷三九,《豫章学案》。
⑧ 《通书·师第七》。
⑨ 《宋元学案》卷四八,《晦翁学案》上。
⑩ 《宋元学案》卷三九,《豫章学案》。
⑪ 《宋元学案》卷三九,《豫章学案》。

说："有以主乎静中之动,是则寂而未尝不感;有以察乎动中之静,是则感而未尝不寂。寂而常感,感而常寂,此心之所以周流贯彻而无一息之不仁也。"①

分明"理一分殊"在于治用。李侗虽一生未做官,且40多年闲居乡村,似乎过着寂然像一个田夫野老的生活,但他的思维并非游离于世事之外。他在"静中"观察世事,洞察世事,虽平常闲居,若无意于世事,但内心却伤时忧国,谈论时事感激动人。南宋鄞县人王深宁(即王应麟)说："延平先生论治道,必以明天理、正人心、崇节义、厉廉耻为先。"②李侗的治用措施具体有二:一是振三纲、明义利。他曾说："今日三纲不振,义利不分。三纲不振,故人心邪僻,不堪任用,是致上下之气间隔,而中国日衰。义利不分,故自王安石用事,陷溺人心,至今不自知觉。人趋利而不知义,则主势日孤,人主当于此留意……"③意思是说三纲、义利不能在社会上形成"上下之气",要求朝廷要加以重视,使内外一体。但李侗把义利不分归咎于王安石变法,说明他的思想具有保守的一面。二是提出"三本"。理学家所说的本有"大本"、"小本",如儒家把人伦看成是体用之道,是"学问之大原",而人伦中又以孝为先,是"百行之原"、"五伦之本"。李侗根据当时"上下之气间隔"、义利不分衍生的社会弊端,提出天下有三本,即父生之、师教之、君治之,三者缺一不立。在这里,父生、师教、君治是小本,通过小本之治,也能实现一定时期社会的有序发展。难怪李侗不仅强调明"理一",更要理会"分殊"。没有深入体察不同时期的社会背景,不同事物的矛盾,难以理会物物之"太极"。因此,朱熹评论李侗:"色温言厉,神定气和,语默动静,端详闲泰,自然之中若有成法。平民恂恂,于事若无可否,及其酬酢事变,断以义理,则有截然不可犯者。"④李侗静中体认天理具有相当的水平。

总之,李侗的"静中气象"包含本体论和认识论的诸多文化蕴涵,"静中"体现的是存养格致功夫,"气象"是存养格致功夫的显现,最终目标是体认天体,实现儒家提倡的社会大同。

---

① 《宋元学案》卷四八,《晦翁学案》上。
② 《宋元学案》卷三九,《豫章学案》。
③ 《宋史·道学二·程氏门人》。
④ 《宋史·道学二·程氏门人》。

李侗的为学工夫论

◎ 陆翠玲

在由"洛学"到"闽学"的传承过程中,李侗功不可没。李侗,字愿中,宋南剑州剑浦(今福建延平区)人,学者称延平先生,又与杨时、罗从彦并称"南剑三先生"。李侗是一位终身未仕的布衣学者,曾师从罗从彦多年,研习《论语》《孟子》《中庸》等典籍,领会于心,并得罗从彦所传之精奥,成为河洛之学的忠实捍卫者。后因崇尚淡泊超然的处世态度和"志于绝学"而退居山田,以静养讲学为主。《李延平集·李先生行状》有言:

> 已而闻郡人罗仲素先生,得河洛之学于龟山杨文靖公之门,遂往学焉。罗公清介绝俗,虽里人鲜克知之,见先生从游受业,或颇非笑。先生若不闻,从之累年,受《春秋》、《中庸》、《论语》、《孟子》之说,从容潜玩,有会于心,尽得其所传之奥。……于是退而屏居山田,结茅水竹之间,谢绝世故四十余年,箪瓢屡空,怡然自适。①

虽然李侗一生不著书,但我们仍可以从他给门人、友人的一些书信往来以及后人为他整理的一些资料中,了解其理学思想体系的脉络。其中,为学工夫是其理学思想的一个重要内容,可以"示学者人道之方"。本文以《李延平集》所收录的若干篇章为依据,对其为学工夫论做一些探析。

一、读古圣经书,遵圣贤语

李侗认为圣贤书中自有道理记载,"去圣经中求义理",能让自己接近或

---

① (宋)李侗:《李延平集》,北京:中华书局,1985 年,第 56 页。

达到圣贤所能达到的境界。他说:"读书者,知其所言,莫非吾事,而吾身以求之,则凡圣贤所至,而吾所未至者,皆可勉而进矣。"①读书做学问是为己之学,因此要踏踏实实地去读,不可泛泛而读,要读得有下落处,要"体之于身",方能真切地领会其中的义理,有所获,"实见是理","然后扩充而往,无所不通"。② 因此,李侗主张要活读书,应该根据书的内容去理会,思想不要僵化,做学问也应该这样。《李先生行状》中有言为证:

> 其语《中庸》曰:圣门之传是书,其所以开悟后学无遗策矣。然所谓喜怒哀乐未发之谓中者,又一篇之指要也。若徒记诵而已,则亦奚以为哉。必也体之于身,实见是理。"

> 其语《春秋》曰:"《春秋》一事,各是发明一例,如观山水,徒步而形势不同,不可拘以一法。"③

读古圣人之书,遵圣贤语,不仅是李侗努力践行的为学之道,也是他教授给朱熹的一个重要的问学方法,还是后来朱熹在思想上发生"逃禅归儒"的转变的一个起点。朱熹14岁丧父,之后十余年一直求学于刘子翚、刘勉之、胡宪三先生,博览群书,出入佛老,无所不学。24岁时往同安任主簿,途经延平,顺道拜访了其父之同门学友李侗。由于受佛道思想的影响很深,其所论之处多有佛道的观点,这些凡涉佛老之言语都被李侗否定了,并以圣贤言语诲之。《答问下》言:

> 熹赴同安任时,年二十四五矣。始见李先生,曾与他说禅,李先生只说不是。却倒疑李先生理会此未得,再三质问。李先生为人简重,却不甚会说。只教看圣贤言语。熹意中道禅亦自在,且将圣人书来读。日复一日,觉得圣贤言语渐渐有味,却回头看释氏之说,渐渐破绽、罅漏百出。④

朱熹按照李侗的引导,潜心研读儒学经典之后,乃"知释氏之非","始知前日诸人(好佛老)之误",这时他才深信李侗所说的释氏之非,尊儒家学说之类的话,相信"其不我欺也"。从此,朱熹研究学问的方向发生了变化,开始志于"千古不传之绝学",学术思想也大有长进。因此,人们把李侗称为朱熹的

---

① (宋)李侗:《李延平集》,北京:中华书局,1985年,第56页。
② (宋)李侗:《李延平集》,北京:中华书局,1985年,第56页。
③ (宋)李侗:《李延平集》,北京:中华书局,1985年,第58页。
④ (宋)李侗:《李延平集》,北京:中华书局,1985年,第49页。

理学入门老师。在说到朱熹的师承关系时,往往是溯及李侗、罗从彦、杨时直至二程,而不是屏山(刘子翚)、白水(刘勉之)、籍溪(胡宪)三先生。可以说,对圣贤书的反复诵读、思量是朱熹思想发生转变的一个重要原因。

二、默坐澄心,体认天理

静坐可以说是洛学的传统,朱子曾说:"明道教人静坐,李先生亦教人静坐,看来须是静坐,始能收敛。"①又言:"李先生教人,大抵令于静中体认大本未发时气象分明,即处事应物,自然中节。此乃龟山门下相传指诀。"②可见,通过静坐,可以收敛人心、减少欲望、涵养身心,体认未发之气象,还能在接人待物时自然做到"中节"。李侗师事岁从彦多年,受其静坐工夫的影响颇深。他在答朱熹问时,曾说:"某曩时从罗先生学问,终日相对静坐,只说文字,未尝及一杂语。先生极好静坐,某时未有知,退入室中,亦只静坐而已。先生令静中看喜怒哀乐未发之谓中,未发时作何气象。此意不惟于进学有力,兼亦是养心之要。"③李侗在其一生的求学生涯中,都非常注重"默坐澄心,体认天理"这种静坐的工夫。在给刘平甫的信中,他说:"学问之道,不于多言,但默坐澄心,体认天理。若见,虽一毫私欲之发,亦自退听矣。久久用力于此,庶几渐明,讲学始有力也。"④当然,对于静坐,他强调的不是外在姿势、形式,亦"非世之所谓静",而更重要的是一种内心要在"静中有个主宰存养处"。对于静坐的工夫,李侗在罗从彦的基础上作了进一步的发挥:

> 看得道理出,须静方看得出。所谓静坐,只是打叠得心下无事,则道理始出。道理既出,心下愈明静矣。⑤

> 虚一而静。心方实则物乘之,物乘之则动。心方动则气乘之,气乘之则惑。惑斯不一矣,则喜怒哀乐皆不中节矣。⑥

> 太极动而生阳,至理之源,只是动静阖辟,至于终万物、始万物,亦只

---

① (宋)李侗:《李延平集》,北京:中华书局,1985年,第37页。
② (宋)李侗:《李延平集》,北京:中华书局,1985年,第51页。
③ (宋)李侗:《李延平集》,北京:中华书局,1985年,第18页。
④ (宋)李侗:《李延平集》,北京:中华书局,1985年,第4页。
⑤ (宋)李侗:《李延平集》,北京:中华书局,1985年,第38页。
⑥ (宋)李侗:《李延平集》,北京:中华书局,1985年,第46页。

是此理一贯也。到得"二气交感，化生万物"时，又就人物上推、亦只是此理。《中庸》以喜怒哀乐未发已发言之，又就人身上推寻，至于见得大本大道处。又衮同只是此理。①

在李侗看来，静坐就是使人心安定踏实，"勿为他事所胜"，从而体认天理、体验未发，当有事时则因之而动，动而中节。静坐也是一种养气的过程，但无论是从问学还是从修身的角度来讲，静坐本身都不是目的，静坐的终极目标是由一己之身来确实地把握住天理。天理在人身，就是性体。李侗认为，天理固然落在人身，但不只是落在人身，还散落在万物上，因此静坐只是就人身上来实见天理，而实见天理处却不只是静坐一途。② 李侗的这种由静坐而上达天理的工夫理论，其实也是存在一定的问题的。他说："思索义理，到纷乱窒塞处，须是一切扫去，放教胸中空荡荡地了，却举起一看，便自觉得有下落处。"

思索无结果后，却又"自觉地有下落处"的说法，让人摸不着头脑，这似乎是需要灵感的顿悟。牟宗三认为李侗的静坐工夫之中涵有一超越体证即超越之察识。朱熹后来在批判地继承这一理论时，认为这种工夫"许多时无捉摸处"，"圣贤教人，岂专在打坐上？"因此他不主张专一静坐，而是继承程颐注重敬，但在对"敬"内涵的阐释时却吸收了李侗学说中的静坐理论。③

三、日用工夫说

静坐的工夫如果把握得不好，就会容易流于形式，变成坐禅，然后凭空思索。而李侗是反对这种华而不实的空泛工夫的，他在注重静坐的同时，又把其理学思想引向现实的社会生活，引向实践，重视身体力行。他强调对现实生活的理会，要就日用处或事上去思量道理，"即随处发见之时，即于此处就本源处推究涵养之，令渐明。"这与禅学的空无境地是不一样的，"禅学者则不然，渠亦有此病，却只要绝念不采，以为是息灭，殊非吾儒就事上各有条理也。"④朱熹说："熹旧见李先生时，说得无限道理，也曾去学禅，李先生云：'汝

---

① （宋）李侗：《李延平集》，北京：中华书局，1985年，第24页。
② 何俊、范立舟：《南宋思想史》，上海：上海古籍出版社，2008年，第40页。
③ 刘京菊：《承洛启闽——道南学派思想研究》，北京：人民出版社，2007年，第242页。
④ （宋）李侗：《李延平集》，北京：中华书局，1985年，第34页。

恁地悬空理会得许多，而面前事却有理会不得。道亦无幽妙，只在日用间著实做工夫处理会，便自见得。'后来方晓得他说，故今日不至无理会耳。"①李侗虽然排斥佛学等"异学"，并把儒佛两家的界限划分得很清楚，但事实上他是不可能把自己跟佛完全脱离干系的。

李侗思想中的天理不是任由自由思想来构造的虚理，而是见之于日常生活的理。他说："大率有疑处，须静坐体究，人伦必明，天理必察，于日用处着力，可见端绪。"②在李侗看来，在日用处着力，就是在事上或日用处下工夫，这也有一个循序渐进的过程，并且认为天理只有与日用"吻合浑然，体用无间"，最后才能做到融释洒然，"体用合矣"，"理"才能成为一己之物。他说：

> 凡遇一事，即当且就此事反复推寻，以究其理；待此一事融释脱落，然后循序少进，而别穷一事。如此既久，积累之多，胸中自当有洒然处，非文字言语之所及也。③

> 惟于日用处便下工夫，或就事上便下工夫，庶几渐可合为己物。不然只是说也。某辄妄意如此，如何如何？④

> 近日涵养必见应事脱然处否？须就事兼体用下工夫，久久纯熟，渐可见浑然气象矣，勉之勉之。⑤

把道理融释于日用处，以达到体用合一，是李侗教授给朱熹的一个重要方法，为朱熹日后理学的发展奠定了坚实的基础。李侗在给罗博文写信提到朱熹时说："此人别无他事，一味潜心于此。初讲学时，颇为道理所缚，今渐能融释于日用处，一意下工夫，若于此渐熟，则体用合矣。此道理全在日用处熟，若静处有而动处无，即非矣。"朱熹自己则说："熹初为学，全无见成规堡，这边也去理会寻讨，那边也去理会寻讨，后来见李先生，较说得有下落，更缜密。"⑥钱穆先生认为这是朱熹获于延平先生的三大纲之一，他说："盖朱子之所获于延平者有三大纲。一日须于日用人生上融会。……则诚可谓妙得师门之传矣。"⑦

---

① （宋）李侗：《李延平集》，北京：中华书局，1985 年，第 41～42 页。

② （宋）李侗：《李延平集》，北京：中华书局，1985 年，第 4 页。

③ （宋）李侗：《李延平集》，北京：中华书局，1985 年，第 47 页。

④ （宋）李侗：《李延平集》，北京：中华书局，1985 年，第 31 页。

⑤ （宋）李侗：《李延平集》，北京：中华书局，1985 年，第 33 页。

⑥ （宋）李侗：《李延平集》，北京：中华书局，1985 年，第 37 页。

⑦ 钱穆：《朱子新学案》，成都：巴蜀书社，1986 年，第 762 页。

　　李侗之所以注重日用处或说事上下工夫,根源于其对"理一分殊"这一本体的认识。他在继承程颐、杨时"理一分殊"思想的基础上,更注重对"分殊"的理解。他说:"吾儒之学,所以异于异端者,理一而分殊也。理不患其不一,所难者分殊耳。"①正因为难在分殊上,所以要多关注生活,在日用处着力,随事着力。

　　归结起来说,李侗的为学工夫论主要是书上学的工夫、内心直觉体验的工夫以及事上或者说日用处学的工夫。其中虽然存在些不合理之处,但若从当时古人的思维逻辑来说,也不乏是有建设性、有见地的看法,并且在传洛启闽的过程中起到了重要的桥梁作用。时至今日其为学工夫论中的合理之处,依然值得我们借鉴和发展。

---

① 《宋元学案》卷三九,第1291页。

挽诗、朱熹《竹林精舍告先圣文》、汪应辰撰《墓志铭》；卷五为宋、元、明三朝的请谥文、书院记、祠记等。

卷首有宋赵师夏、明弘治周木两篇旧序，其后有清周亮工题琅玡后学李佐圣、尼山嫡派后学孔兴训、南兰陵后学季吴郡后学何栋、古娄后学盛交泰、延平后学林润芝和袭封衍圣公孔兴燮等序，共八篇新序，述李氏刊此书原委甚详。周亮工序云："先生生平不务著述，卒后，考亭辑其问答遗言。厘为三卷，传之四百余年，岁久弗戒于火。其裔孙葆初，向侨吴门，以参戎入闽，修葺祠宇，重锓之，以惠后学，而以其别集二卷，附之于后。适余行部剑津，因得而稽阅之。"

《四库全书总目》有两处提到此书，均持批评态度。一条是在卷一百七十四《延平文集》的提要中说："宋李侗撰。侗有朱子所辑《延平问答》，已著录。此本乃侗裔孙葆初更汇诗文一卷附缀于后，改题此名，故《宋志》不载。前三卷均标曰朱熹编，其实朱子惟编《问答》，未编诗文，特借以为重耳。后二卷为附录，则朱子所为《行状》之也。"

检阅此书，与馆臣所说有所不同，不止是"前三卷均标曰朱熹编"，而是五卷每卷前均："宋门人元晦朱熹编、同邑后学林润芝汇辑，宋后学赵师夏校、裔孙光熙辑甫氏、明后学琴川周木校、二十代裔长孙孔文重订梓。"

另一条在卷九十二《延平答问》提要中说："后侗裔孙葆初，别掇拾侗之诸文，增人一卷，改题曰《延平文集》，且总题为朱子所编，殊失其旧。今仍录原本，而葆初窜乱之本别存目于集部焉。"

此书的主要编纂者应是延平林润芝。他在卷首《李延平先生文集小引》中说：

> 予既服膺先生斯道，每叹斯集之废阙。手录一编，订其讹舛，分其卷帙，广其见闻，贮之箧中，拟付枣梨。予友葆初君于从戎之际，皇皇于谱牒之是求，乃又殚心于文章理学，亟求镌以垂来祀，其志洵足尚矣。予嘉其请而乐观厥成，因系一言于简末。……顺治癸巳长至日同邑后学林润芝延年氏敬书。

林氏的用心良苦，但限于学识，在"分其卷帙"的处理上，殊为草草。《答问》为朱熹手辑，本不应改动，却将《答刘平甫》二书，移至卷三；卷三书八篇、行状一篇、诗三首，均为李侗本人所著，后面却又收后人所撰附录22则。较好的做法是，此附录22则应全部移到卷四，与其他后学所撰编为两卷作为《附录》，真正成为《四库全书总目》卷一百七十四所著录的那样《延平文集》三卷《附录》二卷。更为重要的是,朱熹只编有《答问》,而未编文集,而在全书每卷前均题"宋门人元晦朱熹编";周木只编有《延平答问续录》,也与文集无关,在全书每卷前也题"明后学琴川周木校";如此标示,有违基本的史实,其实大可不必。

"文集"为书名的刻本,还有康熙四十八年(1709 年)正谊堂全书本《李延平集》四卷,现存为清同治五年(1866 年)福州正谊堂重刻本。《丛书集成初编》本就是据此排印的。

此本的编排有条有理,远胜于李孔文刻本。卷前仅有张伯行一序,后为《目录》《宋史本传》和《年谱》。卷一所有内容均李侗本人所著,分别为书信八通、《吴方庆先生行状》、诗三首。卷二为答问上,卷三为答问下。卷四为附录 22 则,加上朱文公撰《李先生行状》、朱文公《祭李先生文》、朱文公《祭李先生诗》等。全书既名《李延平集》,就不是朱熹的《答问》原本,所以也就不提朱熹所编,这是此本胜于李孔文刻本之处。

三、拾遗部分

这部分主要有罗博文编的《延平语录》,和后人所编的《道南三先生遗书》。

罗博文(1116—1168),字宗礼,一字宗约,南剑州沙县人,罗从彦从孙,从李侗学,得伊洛所传之要。以祖父罗畴恩荫补将士郎,历官福州司户参军、静江府观察支使。吏部侍郎汪应辰任广西制置使,辟为参议官。在任上,"取河南程夫子之遗文,与他名臣论奏纂述之可以垂世者,募工镂板"。遇张载家人流落蜀地,贫不自振者,安置于府学。"士大夫游宦蜀土,贫不能归,或不幸死不克葬者,公皆出捐俸金以振业之,赖以济者甚众。"任满,以主管台州崇道观而归。卒后,朱熹为其撰《行状》,叹其"不及大为时用,又伤吾道之不幸而失此人也"。[①]

罗博文编纂的《延平语录》,据黄震《黄氏日抄》卷四十三记载,名为《钦佩录》。黄氏说:"其所载多高深,间又造语如诸子之立论者,视朱文公所编《答问》似不同。姑录其便初学者一二。"文中仅录两条:

---

① 《朱文公文集》卷九七,《承议郎主管台州崇道观赐绯鱼袋罗公行状》。

罗先生少从审律先生吴国华学从见龟山,乃知旧学之差,三日惊汗浃背。曰几枉过了一生,于是谨守龟山之学。数年后,方心广体胖,以践履为闻知。

人之持身当以孔子为法,孔子相去千余裁,既不可得而亲之,所可见者独《论语》耳。

这几条语录,特别是"惊汗浃背"一条,后被《宋史·罗从彦传》、明初胡广编《性理大全书》等书采录,广泛地被后人所知。

《道南三先生遗书》十一卷,见于《四库全书总目》卷九十五所著录:"不著编辑者名氏,摘录杨时、罗从彦、李侗三家语录及杂著。杨氏四卷、罗氏六卷、李氏一卷,三人皆南剑州人,疑其乡人所编也。《千顷堂书目》载莆田浙江巡抚采进本宋端仪,有《道南三先生遗书》,或即是编欤?"因此本原书未见,备此以俟再考。

道隐:李侗归隐情结的价值蠡测

◎ 梁悦凤　庄丽静

　　归隐,似乎历来是道家的专属,然而它亦是儒家思想体系的一个重要组成要素。在儒家的经典著作中,归隐思想俯拾即是:"天下有道则见,无道则隐。邦有道,贫且贱焉,耻也;邦无道,富且贵焉,耻也。"①"道不行,乘桴浮于海"②;"古之人,得志,泽加于民;不得志,修身见于世。穷则独善其身,达则兼善天下。"③儒家虽然主张士大夫知识分子应匡扶天下,以"泽加于民"为己任,但也认为在天下昏聩无道之时,应当明智归隐,以保全志节。显然,这种归隐不是消极避世,而是坚持守道,是以"道"为立身之本的"道隐",不与黑暗政治为伍的生命气节。在归隐中,或以"达道"修身立说见于世,或以"传道"授徒讲学传于世。

　　在中国文化史上,真正远离官场闹市,躬耕田园的思想哲人,为数不多,李侗即是其中一例。宋朝理学家李侗,字愿中,因居延平(今南平),学者称延平先生。据朱熹《延平答问》所载,李侗生于一个三代为官的仕宦之家,而至李侗,却终生不仕。他24岁从学于罗从彦后,"退而屏居山田,结茅水竹之间,谢绝世故四十余年"④。纵观李侗的人生轨迹,并没有沿着多数士人积极出仕之道行进。他一生未科考,未出仕。出身于官宦世家,本该驰骋官场的他,却为何与官场绝缘,决意道隐呢?

---

① 杨伯峻:《论语译注》,北京:中华书局,2006 年,第 82 页。
② 杨伯峻:《论语译注》,北京:中华书局,2006 年,第 43 页。
③ 国学整理社编:《诸子集成》,北京:中华书局,2006 年,第 525 页。
④ 李侗:《李延平集》,北京:中华书局,1985 年,第 56 页。

一、屏居山田：道隐成因之谜

（一）时局动荡、社会乱象促使李侗选择道隐以保全志节

李侗生活在一个皇权更替频繁、外族大举入侵的时代。据《宋史》所载，李侗一生先后历经了5位皇帝。政治局势的动荡不安以及统治者的昏聩无能致使社会人心惶惶。正如李侗厉声痛斥："今日三纲不振，义利不分。"两宋交替之际，政权腐败，政治黑暗。地主、官僚暗通款曲，搜刮民财，百姓生活在水生火热之中。虽然内忧不断，但更为严峻的是外患。随着金兵入侵，险象环生。北方军民纷纷渡江南退，一片乱象，此起彼伏。处在这样江河日下的历史境遇中，李侗必然会陷入沉痛的反思，进而不得不去思考有关生命真谛的诸多问题，如人生活的真正意义以及人应该如何生存，等等。据记载，李侗在拜谒罗从彦的书中说道："侗不量资质之陋，徒以祖父以儒学起家，不忍坠箕裘之业，孜孜乞乞为利禄之学，虽知真儒有作，闻见而起，固不若先生亲炙之得于动静语默之间，目击而意全也。"[①]李侗在书中袒露心迹，表达自己不甘于"孜孜乞乞为利禄之学"，身为一介有操守的儒生，李侗断然不肯与奸臣佞贼同流合污，不求功名利禄。而是希冀能得先生"亲炙之得于动静语默之间，目击而意全也"。总之，李侗或许也曾想学而优则仕，实现他辅国安邦、救民水火之凤愿，然而时局之动荡、社会之乱象终究令他对仕途心灰意冷，转而追寻儒学真谛。

（二）不求人知、安贫乐道的师门感召影响李侗道隐的决心

李侗祖辈三代均为进士出身，因而自幼年起，他便受正统儒家经典启蒙。李侗24岁时，听闻郡人罗从彦在杨时处尽得二程"不传之学"，便心生渴慕，慕名前来拜谒，师从罗从彦。从而，李侗成为二程的三传弟子，舍功名利禄而穷究二程理学。罗从彦所秉的南剑学风对李侗一生影响极大。南剑学风以成就道德人格为最终目的，反对碌碌功名。南宋大儒朱熹对罗从彦的传道学风也甚为仰慕，"道丧千载，两程勃兴。有的其绪，龟山是承。龟山之南，道则

---

① 脱脱：《宋史》卷四二八，北京：中华书局，2004年。

与俱。有觉其徒，望门以趋。惟时豫章，传得其宗。一草一甄，凛然高风"[①]。据载，罗从彦曾任博罗主簿，官满即入罗浮山静坐，绝意仕进，他也以此要求李侗。在《勉李愿中五首》之四中表达了对李侗的期许，"权门来往绝行踪，一片闲云过九峰。不似在家贫也好，水边林下养疏庸"。李侗深受罗从彦"不求人知，安贫乐道"的精神感召，敬其师而效其行。罗不仕，李亦不为官；罗筑室罗浮山，李亦屏居山田；罗"严毅清苦……于世之嗜好泊如也"，李亦"箪瓢屡空，怡然自适"，"从彦好静坐，侗退入室中，亦静坐"。[②] 李侗"后生时极豪迈，一饮必数十杯，醉则好驰马，一骤三二十里不回"。跟随罗从彦问学后，他从一个豪放不羁的少年蜕变成一位规行矩步的道学家，"闺门（指内室）内外，夷愉肃穆，若无人声，而众事自理"，前后可谓判若两人。无疑，罗从彦要求守道的严谨学风和高洁的人格气质影响李侗在乱世道隐的决心。

（三）静坐涵养、体验未发的心性修养促成李侗最终选择道隐

剑南学派的思想比较注重"内圣"，甚少谈及"外王"。这或许是剑南儒者"达则兼善天下，穷则独善其身"的超脱态度使然。同时也表明，在理学的承传中，"内圣"与"外王"虽是一体两面，不可分割，但内圣之学却越来越受重视，因内圣之学乃是根基，是外王的基础。李侗从一介儒生成为一代宿儒，其心性经历了漫长艰苦的历练。在修身养性，尊圣贤之言时，使其对理学饱含深情，更使其坚定了以教化为己任的道隐之路。李侗从学罗门后，深得赞许，得罗从彦之真传，"从之累年，受《春秋》《中庸》《语》《孟》之说，从容潜玩，有会于心，尽得其所传之奥"[③]。"尽得其传"即是继承了罗从彦的静坐涵养及其体验未发的治心法门。《延平答问》载李侗写给朱熹的信中说："先生（指罗从彦）令静中看喜怒哀乐未发谓之中，未发时作何气象。"朱熹也说："李先生（李侗）教人大抵令静中体认大本未发时气象分明，即处事应物自然中节。此乃龟山门下相传指诀。"[④]所谓相传指诀，顾名思义即是由杨时、罗从彦传承下来的二程重要思想。从程颐、杨时、罗从彦至李侗一脉，都服膺《中庸》中"求中未发"思想，一生身体力行而不殆。李侗一生反复践行的，对朱子亦反复教导

---

① 吴栻、蔡建贤：(民国)《南平县志》，1985 年，第 876 页。
② 李侗：《李延平集》，北京：中华书局，1985 年，第 56 页。
③ 《李先生行状》。
④ 《宋元学案·豫章学案》。

的，就在于体验未发。在《李先生行状》中，朱熹称："先生既从之（罗从彦）学，讲论之余，危坐终日，以验夫喜怒哀乐未发之前气象如何，而求所谓中者。"这种"静中体验未发"的人生哲学思想对李侗一生的性格秉性和人格塑造都产生了深远的影响。李侗"少年豪勇，夜醉驰马数里而归，后来养成徐缓，虽行一二里路，常委蛇缓步，如从容室中也。问李先生如何养，曰先生只是潜养思索"①。可见，李侗也曾少年意气，挥斥方遒，但在长期静坐涵养和体验未发思想的优游涵泳下，他养成了一个心性超然的大儒气象。可见，心性的修炼促使李侗道德修养更为纯正，对出仕淡然而志趣治学，最终踏上了尊道守道的道隐之路。

二、伤时忧国：儒者道隐的悲悯情怀

（一）儒者道隐的政治关切：关注时局，反对议和

李侗一生没有做过官，"不著书，不作文，颓然若一田夫野老"②。由于长年道隐，李侗养成了行步委蛇缓慢，说话细声慢气，近乎与世隔绝的儒者。然而，他并非对政治冷淡，事实上，身处乱世，即便李侗有着超然道隐的洒脱，但也无法全然置身事外。更何况李侗身为大儒，必然较常人更有一份悲天悯人的情怀，对时局也必有独到深刻的见解。"早岁闻道，即弃场屋，超然远隐，若无意于当世。然忧时论事，感激动人。"③可见，李侗忧世之心并未减弱，反而慷慨激昂、针砭时弊。在《延平答问》李侗写给朱子的信中，字里行间的言辞时常流露出他对当下时局的忧患和关切。在信中，李侗积极赞同朱熹上奏封事议论政事。如在绍兴三十二年（1162 年）孝宗帝即位之时，朱熹上奏封事谈论对时局的看法，"首论圣学，次论金虏于我不共戴天之仇"④。上奏之前朱子寄给李侗审阅，征求意见，得到李侗的全力支持。他复信说："封事熟读数过，立意甚佳，今日所以不振，立志不定，事功不成，正坐此以和议为名尔。书中论之甚善。……要之，断然不可和！自整顿纲纪，以大义断之，以示天下向

---

① 《宋元学案·豫章学案》。
② 《宋元学案·豫章学案》。
③ 《延平答问》。
④ 《延平答问》。

背,立为国是可尔。……吾侪虽在山野,忧世之心但无所伸尔,亦可早发去为佳"①。在李侗看来,南宋朝廷之所以陷入偏安一隅的困局,其中一个重要的原因,即是朝廷当局议和派的一味投降倒戈策略。从李侗反对议和的鲜明态度可见,他是一个对时局利弊有着清醒认知的忧世之士。

李侗尽管身不在宦海,然而却对政治保持着一颗热切的赤诚之心。因此,他积极建议朱熹上疏,以期经由朱熹上呈的折子来表达自己的政治主张和愿望。然而在一个大厦将倾的朝代,却只能伤时忧国,感叹世风不正。"当今之时,苟有修伤之士,须大段涵养、韬晦始得。"②显然,儒者的道隐是以一种"处江湖之远而忧其君"的心情,时刻忧心政局的变化。正所谓,身在田野,心系朝野。儒家的道隐是在政治昏暗、吏治腐败的局势下,一些思想哲人平天下的愿望无法实现时,自然而然抑或无可奈何地步上了归隐修身之道。

(二)儒者道隐的社会关切:修己治道,教化乡野

李侗对两宋之交社会人心的惶惶不安有着深切的体认。在《延平答问》中他痛斥"三纲不振,义利不分",以致"人心邪辟不堪用,是致上下之气间隔,而中国之道衰远方盛"。对此,他主张正人心,而"治道在于修己"③。通过修己之学,塑造自身的人格魅力,从而教化乡野,感召大众。李侗一生以学圣人自命,洁然高蹈,邓尝谓松曰:"愿中如冰壶秋月,莹彻无瑕,非吾曹所及。"朱熹亦称其:"姿禀劲特,气节豪迈,而充养完粹,无复圭角,精纯之气达于面目,色温言厉,神定气和,语默动静,端详闲泰,自然之中若有成法。平日恂恂,于事若无甚可否,及其酬酢事变,断以义理,则有截然不可犯者。"④这段文字情真意切,寥寥数语,一位身居草野的富有人格魅力的道学先生面貌,跃然纸上。身为田夫野老,虽未能入朝为官,参与社会治理。但他四十余年如一日,从事传道授业工作,对社会人心的教化,实属功不可没。为此,他受到地方政府官员的敬仰和尊崇。后人常以"冰壶秋月"、"光风霁月"、"静中气象"来赞誉李先生之品格气节。李侗的乡野治道,实现了以教化治国的理想,强化了官方的思想意识形态,受到封建统治者的大力褒奖和赞许,清康熙帝赐予李

---

① 《延平答问》。

② 《延平答问》。

③ 《延平答问》。

④ 脱脱:《宋史》卷四二八,北京:中华书局,2004 年。

氏家祠的真迹——"静中气象"，至今犹存。道隐让李侗实现了自身的真正价值，亦使其在乱世中守住一抹"霁月光风"的人性道德光辉。由此，从李侗的身上，我们清晰可见，儒家的归隐是坚守以"道"为原则的"道隐"，当自身的道义志向与昏聩朝政格格不入时，为保存道义信念而采取的一种折中姿态。他们坚守知识分子的道义和良心，守候自身冰洁高贵的精神家园。"不降其志，不辱其身"，隐居以求志，进而修己以达道，教化以传道，仍是一种关心社会人生的积极入世态度。

三、静中气象：李侗道隐人生哲学的现代价值追寻

李侗作为宋代理学隐士，他的道隐人生哲学有其时代的局限性。但不可否认，李侗道隐的人生哲学体现了中国传统的精神追求和价值旨趣。无疑，李侗道隐的人生经历使其对"静坐修心"和"修己之学"的人生哲理有着更为深刻的体悟。在"静坐修心"中追求圣人的理想品格，在"修己之学"中深刻认识和修正自身的价值追求。

（一）"静坐修心"的思想涵养有助于现代理想人格的培育

现代中国正处于经济社会高速发展的转型期，人们在快节奏的忙乱生活中，越来越沉迷于浮华的物质享受和无节制的名利追逐，越来越少去静心思索和深刻反省。个人在欲望的社会中迷失了本真的自我，财富名利遮蔽了自我价值的实现和道德人格的培育。因此，人们需要李侗"静坐修心"的谆谆教导来修己治道，从唯物、享乐的泥淖中回归人自身的善。李侗关注内圣的修己之学，追求圣人的理想人格，以成德之教来变化气质，提出以静坐为特征的道德论和修身论。他毕生主张并身体力行"静坐"，把静坐视为修身养心之正道。"默坐澄心，体认天理，若见，虽一毫私欲之发，亦退听矣。"[①]在静坐中收摄纷乱，扫除欲念，思索义理，修身达道。"所谓静坐，只是打叠得心下无事，则道理始出，道理始出，心下愈明静矣。"[②]心下无事，即是摒弃过多欲望和奢求。不论是自身修养抑或教导朱子，李侗都大力倡导静坐。他要求朱熹"常存此心，勿为他事所胜，即欲虑非僻之念自不作矣"。在"静中体验未发"，体

---

① 李侗：《李延平集》，北京：中华书局，1985年，第4页。
② 李侗：《李延平集》，北京：中华书局，1985年，第38页。

贴天理。如此,他的静坐不是佛家的参禅,不是心中虚无一物,而是"静中有个主宰",天道、天理要存乎于一心,要存养天理。此处的存养天理,按照现代的价值观剖析,即是要保养内心善的品格。此种境界,犹如黄庭坚赞誉周敦颐所谓的:"胸中洒落如光风霁月"。如此说来,李侗静坐的修养境界对处于现代纷扰世界的人们有着深刻的指导价值和意义,在"静坐"中反求诸身,通过自我内在善的保养,达到对自我本质的认同。"学者至处虽甚远,亦不可不常存此体段在脚中"①,虽然现代人很难达到像大儒周敦颐那样的高贵洒落,但在静中体贴圣人言语,体验圣人气象,"以身体之,以心验之"②。"久久用力于此,庶几渐明"③,把它作为精神涵养努力的目标,日复一日,涵养自会变化气质,从而实现精神世界的充实提升和理想人格的培育塑造。

(二)"修己之学"的人生态度有助于现代理想价值观的树立

在市场经济时代,知识学问成了功利之学,人们对物质财富的趋之若鹜使得知识学问黯淡无光。教育的问题层出不穷,发人深思。而早在宋代,李侗就疾呼学问是"修己之学",应当有日复一日的刻苦钻研精神,而不能心浮气躁,弄虚作假。李侗认为,学习圣贤的道理学问,不仅要"静中体验未发"去求索义理之学的无穷奥妙,还应当反复推寻,循序渐进。他说:"为学之初,且当常存此心,勿为他事所胜。凡遇一事,即当就此事反复推寻,以究其理,待此一事融释脱落,然后循序少进,而别穷一事,如此既久,积累之多,胸中自然洒然处,非文字言语之所及。"④此处的"反复推寻"、"融释脱落"、"循序少进"、"积累之多"处处可见李侗治学的严谨缜密。而现代人在学习生活中,不少人囫囵吞枣、不求甚解,却不似李侗这般融释于日常人伦日用中,真正做到心中"自然有洒然处"。李侗特别注重"融释",即是对一事一物融通释别,清楚明白。朱子尝谓:"旧见李先生说理会文字,须令一件融释了后,方便理会一件,融释二字,下得极好,此亦伊川所谓今日格一件,明日又格一件,格得多后,自脱然有贯通处,此亦是他真曾经历来,便说得如此分明。"⑤可见,李侗"融释"

---

① 《延平答问》。
② 杨时:《杨龟山先生集》,台北:学生书局,1974 年,第 625~626 页。
③ 李侗:《李延平集》,北京:中华书局,1985 年,第 4 页。
④ 《宋元学案·豫章学案》。
⑤ 《延平答问》。

二字之所以用得极为恰当妥帖，正缘于他的亲历体验，是对"格得多后，自脱然有贯通处"的体认。经由对每一件事物的透彻领悟，渐渐地摸索累积，自然能够明了洒落。倘若我们深切体会李颙"修己之学"的治学态度和精神，那么就会多了一份思考和执着，少了一份浮躁和犹豫，从而矫正现代人虚浮的价值观。

李侗画像考述

◎ 方彦寿

一、宋明时期的李侗画像

两宋以降,历代圣贤画像流传于世,大多通过两个渠道,一是书院,二是祠堂。延平先生李侗也不例外。从文献来考察,最早有此记载的,是地处九峰山的延平书院。

南宋嘉定间(1208—1224年),朱门弟子、南剑知州陈宓在九峰山模仿白鹿洞书院的规制,创建了延平书院。他在《申请延平书院敕额札》中说:

> 自汉唐以来,几二千年而未有与道统之传者,今(南剑)以斗大之州,不数十年之内,出而宗主斯文者有四,岂惟一邦之创见,实皇朝之盛美也。至今文献典刑,犹有存者,士大夫过其境,慨叹兴慕而祠像弗立,诚为阙典……①

所谓"祠像弗立",是说在此之前,奉祀延平四贤的祠堂未立,四贤的画像当然也无处安放。于是,身为州守,"职在宣化……创延平书院一所,授白鹿洞比建立礼殿,旁祀杨时师生遗像,以慰往来士君子之思",②就成了陈宓在南剑的重要政事之一。

延平书院建于嘉定十五年(1222年),这是我们所能知道的,延平四贤当然其中也包括李侗的画像,同时进入延平书院的确切年代。对此画像的具体

---

① (宋)陈宓:《复斋先生龙图陈公文集》卷六,续修四库全书第1319册,第327页。
② (宋)陈宓:《复斋先生龙图陈公文集》卷六,续修四库全书第1319册,第327页。

描述,明宣德九年(1434 年)南平县儒学训导萧山徐海撰《重建延平书院记》说:

> 陈复斋来守是邦,仰慕先生道德文章温和纯粹,仿汉白鹿观(按,应为宋白鹿洞),建书院于剑溪南九峰之下,以奉祀焉。殿塑圣像,庑绘从祀,祀堂绘四贤。[①]

由此可知,书院建筑有殿、堂之分。所谓"殿塑圣像",是说在正殿中塑孔圣之像;所谓"堂绘四贤",是指大堂之上绘有杨时、罗从彦、李侗和朱熹四位先贤的画像。

淳祐元年(1241 年),徐元杰任南剑知州,执政之余,每月一次亲赴延平书院讲学。他在两篇文章中都提到了四贤与李侗像。一是《延平书院仲丁祭先儒文》:"以四先生之像,与夫子序列于书堂之祠,岁率二祀,而申讲夫仲丁之彝。"[②]二是《延平郡学及书院诸学榜》:"此邦先贤余化,久而愈新。延平书院儒先之像在焉……"[③]

书院之外,祠堂也是张挂先贤画像的场所。元石善才撰《延平四贤像记》说:"凡郡县学宫,各祠乡之先贤,以昭德厉后,俾有所法而进于道。"[④]书法名家邓康庄(文原,1258—1328)官江浙儒学提举时,在延平建四贤堂,大书其匾曰"道南师友之堂",又塑四贤之像于祠堂,以激励后学。

林兴祖撰《延平李先生赞》,可能是现存最早的为李侗书写的像赞。其文曰:"洒然洒然,知在何处。问之双流,双流长去。问之九峰,九峰无语。天地万物,各得其所。"[⑤]考林兴祖,字宗起,号木轩,罗源人。元至治二年(1322 年)进士,历官黄岩州同知,三迁而知铅山州(今江西铅山县)。故此赞文,应系其赴任铅山,赴次延平之时所撰。[⑥] 有署名为"元林之蕃"所撰《延平李先生像赞》,内容与林光祖所撰全同,据编者称系"选自古田县城南巷侗公祠"。考林之蕃,字孔硕,号涵斋,明末清初闽县(今福州)人,而非元代人,故此像赞的作者是元林兴祖,而非林之蕃甚明。

---

① 《李延平文集》卷五,四库全书存目丛书集部第 15 册,第 507 页。

② (宋)徐元杰:《楳埜集》卷一一,影印文渊阁四库全书第 1181 册,第 774 页。

③ (宋)徐元杰:《楳埜集》卷一一,影印文渊阁四库全书第 1181 册,第 774 页。

④ 嘉靖《延平府志》卷一九,《艺文志》,天一阁藏明代方志选刊本。

⑤ 嘉靖《延平府志》卷一九,《艺文志》。

⑥ 南平市李侗文化研究会编:《李侗文化研究》第一辑,2009 年,第 234 页。

明宣德九年(1434年),延平书院历久重建,南平儒学训导徐海撰《重建延平书院记》说:

> 宣德戊申(1428年),丰城雷侯诚来守是郡,叹其荒秽,遂割俸敦工修葺,率尔一新。庚戌冬,判府玉山程侯钫以为当时得传吾先世道于杨罗之门者,独先生也。又捐资塑像,增构礼亭于祠前,凡大夫士来参谒者莫不睹先生仪形于仿佛。①

此"独先生也",指的是李侗,故"捐资塑像",指的是塑李侗一人之像。这一点,在明成化二十二年(1486年)奉政大夫经筵官兼修国史洛阳刘健撰《延平书院记》中也有相似的描述。其文曰:"出郡城南,九峰山下,有延平书院,故为宋李先生侗讲道地。……久而圮。今澶渊王公范守郡,重修之。起其仆,易其敝,而饰其漫漶者。中为祠,祀先生像。"②

李侗的画像在明代不少诗人的作品中也得到反映。如魏瀚《延平书院》七律描绘了南平九峰山和延平书院的景观,"百年兴废祠堂在,千古仪型绘像存。"罗璟则有"像设俨然如静坐,心传卓尔见深期"之句;周孟中《延平书院横翠楼》一诗有"道南师友真三杰,人物乾坤第一流。授受已知穷画像,行藏何用喻牺牛"的吟咏,苏章《道南祀》称:"北山绝顶悬祠庙,遗像堂堂肃典型。"③

通过以上宋明时期诸多文献中对李侗画像一鳞半爪的描述,大体知道了宋明时期李侗画像在民间的流传。正如清初南平人氏林润芝所说:"幸生大贤之里,得从先生长者之后,拜其遗像,瞻其仪型而嘉谟懿行。"④说的是瞻仰遗像,思其言行,在学者心中树立见贤思齐的榜样。

问题是,以上这些在当时习以为常,为当时人所熟知的画像,却没有一幅流传下来。更有甚者,甚至没有人对这些画像作一番文字上的描述,以至李侗究竟长得什么样,只能凭借后来人各自的想象。

二、清代李侗画像遗存

以现存而论,李侗的画像遗存不会早于清初。明孙承恩编纂《集古像赞》

---

① 《李延平文集》卷五,四库全书存目丛书集部第15册,第508页。
② 《李延平文集》卷五,四库全书存目丛书集部第15册,第508页。
③ 嘉靖《延平府志》卷一九,《艺文志》。
④ (清)林润芝:《重辑李延平先生文集小引》,《李延平文集》卷首,四库全书存目丛书集部第15册,第433页。

一书,虽然问世于明嘉靖间,但上海图书馆所存为清影抄明本,日本内阁文库所存则是日本抄本。此书中有《李延平愿中》半身像,头向左侧(图1)。因系抄本之影印件,画面不够清晰,面目模糊。图上方为像赞:

早岁豪迈,中更纯粹。造诣既深,涵养亦至。

冰壶秋月,表里莹然。考亭雅范,濂洛正传。

图 1

既然上海和日本所存均为抄本,何以判断此书最早系出自明嘉靖?除了此书卷首《集古像序》系孙承恩撰于嘉靖十五年(1536年)之外,图像上方的"赞"也全部出于明嘉靖间史馆编修孙承恩之手。在孙承恩的文集中,有《集古像赞》一书所有的赞文,名为《古像赞》。内容从盘古、伏羲、神农、黄帝,一直下延至元代的许衡、虞集共205人,人各一篇,共205篇。其中就有《李延平愿中像赞》:"早岁豪迈,中更纯粹。造诣既深,涵养亦至。冰壶秋月,表里莹然。考亭雅范,濂洛正传。"①

孙承恩(1485—1565),字贞甫,号毅斋,南直隶松江府华亭(今上海松江)人,正德六年(1511年)进士。授编修,官至礼部尚书。其文章深厚古雅,工书

----

① (明)孙承恩:《文简集》卷四一,《古像赞》,影印文渊阁四库全书第1271册,第523页。

图 2

善画,尤善绘人物。据其自序,这205 篇四言八句像赞,系模拟朱熹"赞六君子","取文公之意,或摘用其语之他见者缀辑成章"。所谓"赞六君子",即《六先生画像赞》(《朱文公文集》卷八五,六先生系周濂溪、程明道、程伊川、邵康节、张横渠和司马光)。由此可知,孙承恩撰此像赞,写作态度极为认真。他所写的李延平像赞之四言八句,将李侗的生平及其历史地位概括得十分准确。与元林兴祖内容空泛的像赞相比,可谓天壤之别!此书之外,孙氏还撰《历代圣贤像赞》六卷。

图 3

在李侗本人的著作刻本中出现李侗的画像,最早的可能是清顺治十一年(1654 年)李孔文在延平刊刻的五卷本《李延平先生文集》。此书卷首有题为"追赠太师越国公谥文靖延平李愿中先生遗像"(图 2),左为题后学元三山林兴祖撰《延平李先生赞》：

> 洒然洒然，知在何处。问之双流，双流长去。

> 问之九峰，九峰无语。天地万物，各得其所。

此图系李侗后裔根据"追赠太师越国公谥文靖"这一封赠地位想象而创作的，画面中的李侗身着朝服，手捧朝笏，头戴王侯之冠，俨然一幅民间素王的气派。与朱子笔下的"退而屏居山田，结茅水竹之间，谢绝世故余四十年"的隐者形象大相径庭。

清康熙四十五年（1706 年）延平府府署刻印的《延平李先生师弟子答问》一卷、《延平答问补录》一卷，卷首也有李侗的人物画像和插图（图 3），内封面镌"紫阳朱子辑，延平李先生答问，杨罗李朱四先生年谱附，李先生特祠后御书阁藏版"。画像题为"文靖先生遗像"。与顺治刻本画像略有不同，此图中的李侗，已从右倾转为正面居中的标准相。

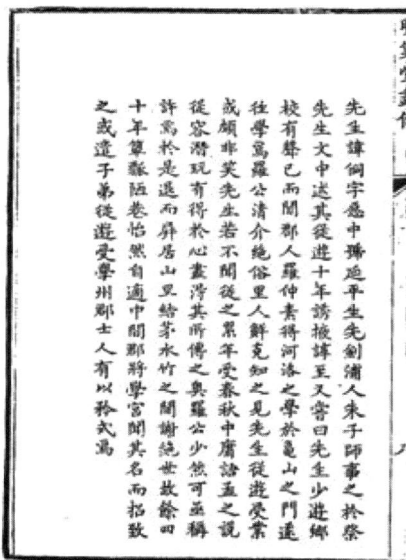

图 4

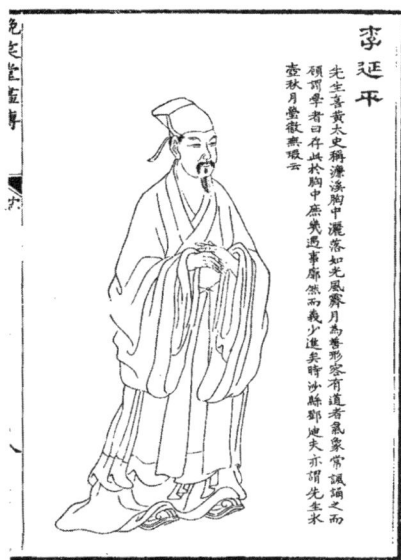

图 5

这一部由延平府府署刻印的《延平答问》,后历经乾隆、光绪多次重修重印,此李侗的画像基本保留,一直到光绪五年(1879年)延平知府张国正刻本为止。

刊于清乾隆八年(1743年),由福建长汀画家上官周创作的《晚笑堂画传》,为中国古代120多位历史人物绣像,每幅图像皆附有像赞文字。此书不是严格意义上的圣贤画册,儒学圣贤人物的画像只占全书很少的一部分,但对后来的圣贤画作却产生了很大的影响。其图绘制细致生动,人物表情细腻传神,堪称版画中之精品。尤其是艺术上的成就,曾得到鲁迅和郑振铎先生的高度评价。

图 6

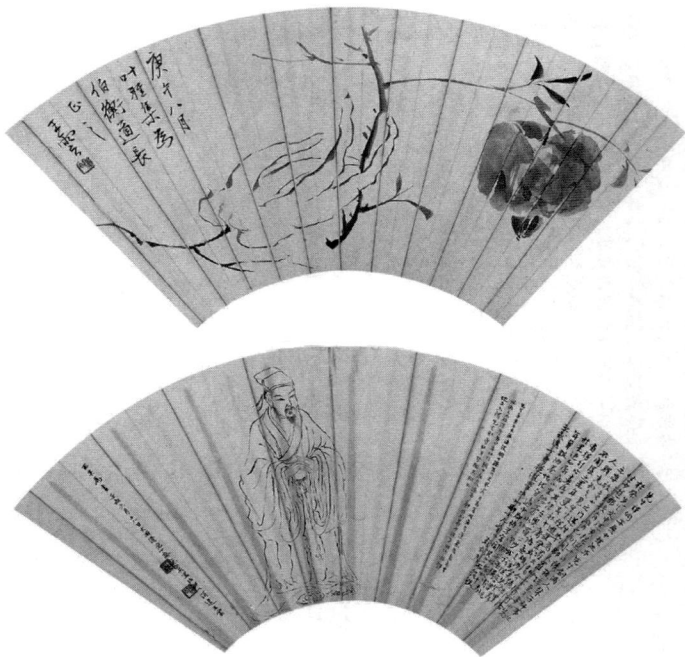

图 7

李侗

李侗（公元 1093~1163 年），字愿中，南剑州剑浦（今福建南平）人，南宋学者。认为万物统一于天理，提出"理与心一"、主张"默坐澄心，体认天理"的认识方法。朱熹曾从游其门，并将其语录编为《延平答问》。

图 8

李侗

李侗（1093—1163），南宋学者，字愿中，学者称延平先生。南剑州剑浦（属今福建南平）人。认为万物统一于天理，只是天理的变化。提出"理与心一"、主张"默坐澄心、体认天理"的认识方法。朱熹曾从游其门，并将其语录编为《延平答问》。

图 9

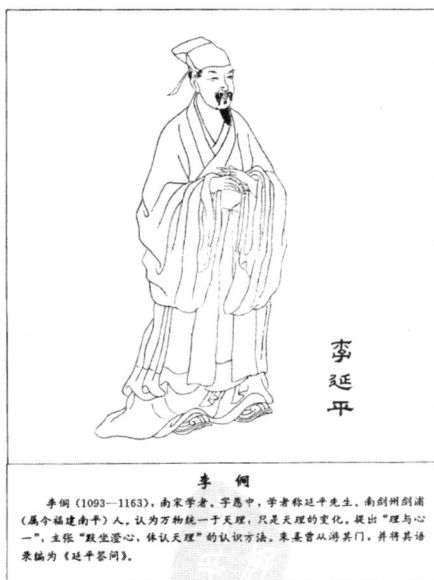

李侗

李侗（1093—1163），南宋学者，字愿中，学者称延平先生。南剑州剑浦（属今福建南平）人。认为万物统一于天理，只是天理的变化。提出"理与心一"、主张"默坐澄心、体认天理"的认识方法。朱熹曾从游其门，并将其语录编为《延平答问》。

图 10

上官周（1665－?），字文佐，号竹庄，清代著名画家，终生布衣。自幼勤奋好学，博览群书，学识渊博，擅长诗文、书法、篆刻，尤精绘画，善画山水和人物，是清朝著名的民间画家。上官周笔下的"李延平"（图 5），为立式图像，形象生动传神，眉目之间洋溢着一股喜气，衣着线条自然流畅，与面部表情相互衬托，浑然一体。图题下有一段赞语：

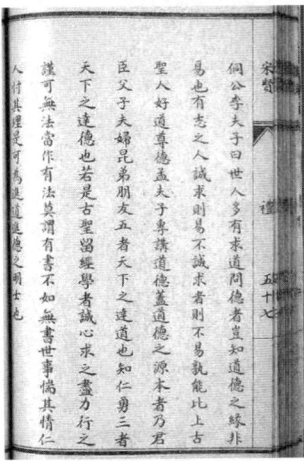

图 11　　　　　　　　图 12　　　　　　　　图 13

　　先生喜黄太史，称濂溪胸中洒落，如光风霁月为善形容有道者气象，常讽诵之而顾谓学者曰：存此于胸中，庶几遇事廓然而义少进矣。时沙县邓迪夫亦谓先生冰壶秋月，莹彻无暇云。[①]

　　背面有一段文字（图 4），介绍其生平事迹，大体节选自朱子撰《延平先生李公行状》："先生讳侗，字愿中，号延平先生。剑浦人。朱子师事之。于祭先生文中述其从游十年，诱掖谆至。又尝曰先生少游乡校有声，已而闻郡人罗仲素得河洛之学于龟山之门遂往学焉。罗公清介绝俗，里人鲜克知之，见先生从游受业，或颇非笑。先生若不闻，从之累年，受《春秋》、《中庸》、《语》、《孟》之说，从容潜玩，有得于心，尽得其所传之奥。罗公少然可，亟称许焉。于是退而屏居山田，结茅水竹之间，谢绝世故余四十年，箪瓢陋巷，怡然自适。中间郡将学官闻其名而招致之，或遣子弟从游受学，州郡士子有以矜式焉。"此书另有人民美术出版社 1959 年印本。

　　上官周创作的这幅李延平像，可能是李侗画像中流传最广的一幅，早在清道光年间，就已被长洲顾沅收入《圣庙祀典图考》一书中，改其名为"先儒李

---

　　① 郭磐、廖东编：《中国历代人物像传·晚笑堂画传》，济南：齐鲁书社 2002 年，第 593 页。

子侗像"（图6）。背面也有一段文字,介绍其生平事迹:

李子侗,字愿中。南剑剑浦人。少游乡校有声,年二十四闻郡人罗从彦得河洛之学,遂往从焉。累年,受《春秋》、《中庸》、《语》、《孟》之说,从容潜玩,久之,尽得其奥。于是退居山田,谢绝世故余四十年,饮食或不充而怡然自适。时,新安朱松与侗为同门友,雅重侗,遣子熹从学。熹卒得其传。卒年七十一。学者称延平先生。熹尝称侗资禀劲特,气节豪迈而充养完粹,无复圭角,色温言厉,神定气和,平日恂恂于事若无甚可否。及酬酢事变,断以义理,截然不可犯。早岁闻道,即弃场屋,若无意于当世。然忧时论事,感激动人。其语治,必以明天理、正人心、崇节义、厉廉耻为先。本末备具,可举而行,非特空言而已。又谓自从侗学,辞去复来,则所闻益超绝,其上达不已,日新如此。明万历四十七年从祀称先儒李子。西庑第五十一位。①

近代知名画家王云(1887—1938),字梦白,江西丰城人。曾将《晚笑堂画传》中的李侗为底本,在20世纪30年代创作了"延平先生李侗"扇面画(图7)。

在当代人所编的不少图籍中,此图先后又被黄全信主编的《中国五百名人图典》,郭馨、廖东编《中国历代人物像传》,李典编《中国历代名人图典》,王军文编《中国历代名人图谱图文经典》所收(见图8、图9、图10)。在南平李侗文化研究会修建的"宋儒亭"中,这幅画像被刻石立碑(图11)。并且见于小册子、宣传片中,等等。由此可见,这幅画像,早已得到延平先生的后裔的认同。

最后,向大家介绍一张诞生于晚清的李侗画像(图12)。这是一部题目为"孔圣宝卷",扉页又题"圣像全图十忠十孝经"的图书。出版于清光绪辛丑年(1901年),现存1927年石印本。李侗画像为坐式,图左上方题"宋儒李侗字延平朱子师"数字。图后有一版文字介绍李侗的思想(图13),称其"侗公李夫子曰,世人多有求道问德者,岂知道德之缘非易也。有志之人诚求则易,不诚求者则不易。孰能比上古圣人好道尊德"云云。

宝卷是由唐代寺院中的"俗讲"演变而来的一种说唱文学形式。作者大都是出家的僧尼。内容则以有佛经故事、劝事文、神道故事和民间故事为主,而以历代儒者为主角,则甚为罕见。

---

① （清）顾沅:《圣庙祀典图考》卷三,上海同文书局光绪石印本。

朱熹与李侗之一二

◎ 向世陵

朱熹在为其师李侗所撰写的《行状》中说,随着李侗过世,"龟山之所闻于程夫子而授之罗公者,至是而不得其传矣"[①],意味二程—罗从彦—李侗的道统传承中断了。然而,毕竟由于朱熹自己"蒙被教育","听其言观其行而服膺焉"既久又详,所以终能"得其远大者"。[②] 下举二事以议沦之。

一、看喜怒哀乐未发

"静中体认(喜怒哀乐)未发"是从杨时往下的道南学派的一个重要思想,曾被认为是传心之秘诀,对理学学术的发展产生过深刻的影响。朱熹说:"李先生教人,大抵令于静中体认大本未发时气象分明,即处事应物自然中节,此乃龟山门下相传指诀。"[③]

朱熹说"龟山门下",用意十分明白,就是不包括杨时本人而从李侗老师罗从彦算起。因为杨时虽然已强调身体、心验、默识"至道",但还没有严格意义的"静中体认未发"之说。所谓"大本"即"中",在"中"之时人之喜怒哀乐未发,如果能于静中体认到此"未发"时的气象,则人之处事应物的日常生活实践,便能自然中节,无过与不及之差。故对于人之心性修养来说,此一"指诀"也就至关重要,并成为李侗教人授学的主旨所在。朱熹于此应当是有深刻的

---

① 朱熹:《李先生行状》,《李延平集》卷四,北京:中华书局,1985 年,第 59 页。
② 朱熹:《李先生行状》,《李延平集》卷四,北京:中华书局,1985 年,第 59 页。
③ 《答问下》,《李延平集》卷三,第 51 页。

体会,所以他才以此来概括李侗学术的根本。

静中体认未发,按朱熹所说实际包括两方面的内容,当然这从罗从彦传下来时就是如此。所谓"先生(罗从彦)令愿中(李侗)看喜怒哀乐未发之谓中,未发时作何气象。不惟于进学有力,亦是养心之要"①。

未发之"中"作何"气象",实际只可意会而不可言传,但毕竟包含"进学"和"养心"的双重内容,二者之间是一体互发的关系。理学家体验未发之中的心性锻炼,是一种追寻哲学本体和提升道德境界的综合进程。而按朱熹的记述,李侗自己就是这种静中体认未发工夫的坚守者和收获者。所谓"讲诵之余,危坐终日,以验乎喜怒哀乐未发之前气象为如何,而求所谓中者。若是者盖久之,而知天下之大本真有在乎是也"②,所以需要在正襟危坐中去进行体验,是因为"未发"本来是"人生而静"时的先天本性,人要想在无处不动的后天世界去追溯未发之本,就只有静身定心方有可能。

当然,对李侗坚守"静坐"也需要正确看待。故朱熹对于学生专门讨问"静坐"工夫便不以为然。他认为,"静坐理会道理,自不妨。只是讨要静坐,则不可。理会得道理明透,自然是静。今人都是讨静坐以省事,则不可"③。静坐"这事难说",弟子们有疑惑也属正常。但关键要了解静坐只是手段,目的在"理会道理",如果丢掉目的而只图静坐省事,以为只此便能进达本体,则完全走偏了方向,固不可。

不过,从道学的系统来说,自程颐以下到李侗、朱熹,不同学派和学者对如何恰当理解未发、已发及其工夫本来存在着争议。朱熹记述说:"李先生教学者,于静中看喜怒哀乐未发之气象为如何?伊川谓既思即是已发。道夫谓李先生之言,主于体认;程先生之言,专在涵养。其夫要实相表里。"④

朱熹将李侗对学生的教诲回溯到了程颐。"既思即是已发"是程颐初期的观点,意味凡心(思)皆指已发,而未发则属于性体一方,故不存在静(已发)中体认未发的问题。人所能做的,只是涵养心之发用而令其中节。尽管程颐后来的观点发生了变化,但当时湖湘学派坚持的正是这一立场。黄道夫是朱熹的学友,他已觉察出李侗所讲与程颐有差,即不认同后天只能涵养,而以为

---

① 《问答》,《豫章文集》卷一四,文渊阁《四库全书》本第 1135 册,第 763 页。
② 朱熹:《李先生行状》。
③ 《朱子语类》卷一〇三,北京:中华书局,1986 年,第 2602 页。
④ 《答问下》,《李延平集》卷三,第 49 页。

是可以体认先天未发的本体——"中"的。但朱熹显然不认可只抓取体认本体一面,而是强调"体认"本体与"涵养"发用双方均不可缺,应当相须并重。

与此相联系,朱熹对李侗重静坐体验而不重读书的教法便提出了批评。他说:

> 《正蒙》、《知言》之类,学者更须被他汩没。李先生极不要人传写文字及看此等。旧尝看《正蒙》,李甚不许。然李终是短于辩论邪正,盖皆不可无也。无之,即是少博学详说工夫也。①

张载的《正蒙》与胡宏的《知言》虽然是不同学派的代表作,但在体例上较为相似,在李侗、朱熹的时代有广泛的影响。对于李侗来说,既然是倡导静中体验未发气象,不让学生阅读此类著作也就不值得奇怪。但朱熹作为著作大家,涉猎广博是他治学的一大特点,而不读书则学识偏狭,既无法回应和批驳佛老的挑战,也更不可能体认到天理本体。联系到《正蒙》、《知言》的内容,中心是为阐明太虚即气和以性为本,不读则不足以引发对形上本体的兴趣。那么,朱熹就必然要修正老师的主张。

二、"性与天道"能否言说

李侗轻视读书,但又不是完全弃之不顾,比方《论语》他便愿看。李侗读书重在"自明",无意将自己的心得写下来,朱熹多次提及其师"不著书,不作文","凡为学,也不过是恁地涵养将去"。② 所以如此,除了李侗治学以静坐体验为主之外,一个重要的理由,便是"性与天道不可得而闻",圣人所谓"性与天道"的精义本来不是通过感知所能获取的。

"性与天道不可得而闻"是由子贡所述而在后来学者反复讨论的问题,到宋明时期则进一步成为理学本体论建构的重要思想资源。李侗云:

> 大率今人与古人学殊不同,如孔门弟子,群居终日相切磨,又有夫子为之依归,日用间相观感而化者甚多,恐于融释而脱落处,非言说可及也。不然,子贡何以谓夫子之言性与天道不可得而闻耶?③

李侗对时人以读书为事颇不以为然。因为在他看来,孔子门下并没有开

---

① 《朱子语类》卷一〇三,北京:中华书局,1986年,第2602页。
② 《朱子语类》卷一〇三,北京:中华书局,1986年,第2601页。
③ 《答问上》,《李延平集》卷二,第20页。

出这样一条道路。譬如子夏就说："事父母能竭其力,事君能竭其身,与朋友交,言而有信,虽曰未学,吾必谓之学矣。"①古人治学立足于道德践履,孔门弟子日夜相互切磨,又有孔子言行作为最后的校准,所以能够在耳濡目染之中自然进步。但是,孔子门下所以能够日用间"相观感而化",一个重要的缘由是担心自己对孔子言行的解释体悟会有脱漏,更何况孔子的德行示范本来就不是言说可及的。李侗以为,这就是子贡感叹"夫子之言性与天道不可得而闻"的真意所在。

那么,子贡所谓不得闻"性与天道",在李侗看来就不是弟子未能得闻,而是因为它本来就不能够得闻。联系到孔子"予欲无言"的思维导向,朱熹分析说,程颢、杨时以为此语乃是"为明人而发"的观点并不妥当,因为认为此处"从圣人前后际断,使言语不著处,不知不觉地流出来,非为门人发也"②,即孔子有意断掉言语而促使弟子在"无言"的状态下自然指向深层的道理。当然子贡此时尚不能有所领会,仍然遵循的是由言语而闻知讲说道理的一般思维,所以孔子再有"天何言哉? 四时行焉,百物生焉,天何言哉"③的继续发明。

到后来,子贡终于明白了孔子的深意,"方是契此旨趣",发出"夫子之言性与天道不可得而闻也"的感叹。在这里,朱熹把孔门弟子的颖悟程度分成了三个等级,子贡居中,"颜、曾则不待疑问,若子贡以下,又不知所疑也"。④颜回、曾参不会有"性与天道不可得而闻"的疑问,因为他们已完全能融会体认孔子之要旨;子贡则是由疑惑而知道,再往下则根本不能有所领会,不能够进达性与天道的本体的领域。

李侗虽大体认可朱熹所说,但又认为过于绝对,指出:

> 但云"前后际断,使言语不著处,不知不觉地流出来",恐不消如此说。只玩夫子云"天何言哉? 四时行焉,百物生焉,天何言哉"数语,便见气味深长,则"予欲无言"可知旨归矣。⑤

李侗因为强调静中体认未发气象,主张处事应物自然中节,对于"前后际断"的类似禅门顿悟式的方式自然不能赞同,而主张于孔子言语中默识玩味,

---

① 《论语·学而》。

② 《答问上》,《李延平集》卷二,第23页。

③ 《论语·阳货》。

④ 《答问上》,《李延平集》卷二,第23页。

⑤ 《答问上》,《李延平集》卷二,第23页。

心融气通,终能得其旨归。

或许是因为李侗的教诲发生了作用,朱熹后来实际上放弃了"前后际断"之类禅学色彩浓厚的说法,但又认定性与天道是必须要通过言说才得以闻知的。故对于学生提出的"子贡是因文章中悟性、天道,抑后来闻孔子说邪"的疑问,他明确肯定"是后来闻孔子说"。① 从而,他虽在一定程度上还认可"性与天道便在这文章里"、"文章亦性、天道之流行发现处"之类说法,但从根本上讲,他是不同意的,以为这是"学禅者之说"。他云:

> (文章)固亦是发现处,然他当初只是理会文章,后来是闻孔子说性与天道。今不可硬做是因文章得。然孔子这般也罕说。如"一阴一阳之谓道,继之者善也,成之者性也",因系《易》方说此,岂不是言性与天道?又如"鼓万物而不与圣人同忧"、"大哉乾元,万物资始",岂不言性与天道!②

朱熹以《易传》所引孔子之语作为例证,说明"性与天道"在孔子不是不言而只是罕言。因为孔子要说明《易》,就不得不对此有所发明。与此相应,朱熹认为像"鼓万物而不与圣人同忧"、"大哉乾元,万物资始"一类言说,也都是孔子对"性与天道"论的阐释。③ 那么,他先前对子贡最终能体会到孔子"无言"的意旨的解说,也就要做出调整,即认为那只是子贡学业不精而只知道"理会文章"时的状况。后来子贡才能长进,便会与孔子有"性与天道"思辨的相关交流,从而也直接听到了孔子这一方面的言说。

朱熹观点的变化,在于他认为倘不如此,"孟子也不用说性善"了。性善论的前提,是性本身的现实存在,然后才可能认定性为善,若"性"都不言而须从文章中去体会的话,那"善"的实在性又从何体现呢?朱熹成型观点的基础,在于认定善者"本然之性","若善底非本然之性,却那处得这善来"?④ 当然,性善之类的话题,在朱熹这里,孟子也只是"大概"说出,因为孟子并没有从天道生生的源头为他的"性善"提供充实的理论基础,所以又不如《易传》之"一阴一阳之谓道,继之者善也,成之者性也"对"性与天道"的界定来得妥帖。

---

① 《朱子语类》卷二八,第726页。
② 《朱子语类》卷二八,第726页。
③ 《朱子语类》卷二八,第726页。
④ 《朱子语类》卷一〇一,第2586页。

延平与朱子授受之主要特征

◎ 刘承相

朱子师事延平之后,其学问由"博"求"精",其为学方法与学问宗旨等与前大为不同。因此,有必要对当时授受之际,二者之间的内在关系,及其授受之主要特征进一步加以探讨。

一、为学宗旨及其意义

(一)为学宗旨"思索"与"涵养"

关于延平与朱子授受之核心思想,首先探讨其授受初期之状况则较明白。《延平答问》第一书,即绍兴二十七年丁丑(1157 年,28 岁)六月二十六日书云:

> 承喻涵养用力处,足见近来好学之笃也。甚慰甚慰!但常存此心,勿为他事所胜,即欲虑非僻之念自不作矣。《孟子》有夜气之说,更熟味之,当见涵养用力处也。于涵养处着力,正是学者之要,若不如此存养,终不为己物也。更望勉之。

此可见朱子同安官余留畏垒庵时先上书于延平,而对其涵养用力方面延平深为赏识。延平答书虽不满一百字,但其意义非常深刻。此所云"常存此心"、"勿为他事所胜",不作"欲虑(欲望)、非僻(邪恶)之念"及"夜气之说"等语。《答问》一书中延平累次提及,此乃延平一生亲身体得者。朱子曾言:"李先生涵养得自是别，真所谓不为事物所胜者。"①因此，该文积极引导朱子于"夜气"章所提的"操存"工夫。特别是，此"涵养处着力，正是学者之要"一语，不仅是《答问》中延平一贯主张的核心思想，也是延平教导朱子过程中，作为最根本性的为学纲领。这说明癸酉之会所教"令去圣经中求义"之后，延平自丁丑之岁始终以"涵养用力处"启导朱子。此乃与杨龟山及罗豫章的"治心"之教一脉相承。

因缘于此，朱子曾对弟子问延平"如何养"时，答之曰"涵养思索"。②但以今观之，该语可谓朱子对延平为学的总括性的提法。此"潜养"与"思索"两者之合一，为《答问》中常见的体用之一源、无间、相循、兼举及显微无间，精粗不二，内外合一者，且是延平始终一贯主张的最高学问境界。

朱子晚年亦提出："思索义理，涵养本原。"③且积极提倡"居敬穷理"，此语可谓朱子一生为学的核心宗旨。此语本为确立"中和新说"之后，根据伊川提倡的"涵养须用敬，进学则在致知"一语而体得者。因此，黄宗羲曾言："'涵养须用敬，进学则在致知。'此伊川正鹄也。考亭守而勿失，其议论虽多，要不出此二言。"④

推源朱子所言"思索"与"涵养"兼修之工夫，早已见于延平之"潜养思索"。延平之"潜养"即"涵养"，乃"默坐澄心，体认天理"的主静工夫；"思索"则"理一分殊"的格致工夫。因此，有必要对两者之间内在关系作些探讨。

关于"涵养"与"思索"之关系，从理论上分析而论，两者乃相对概念，而从实践工夫论之，两者却是相互促进关系。据前章所考，延平与朱子均主张"于静中体认大本未发时气象分明，即处事应物自然中节"。《答问》庚辰七月书云："常切静坐思之，疑于持守及日用尽有未合处，或更有关键未能融释也。"《朱子语类》亦云："某旧见李先生云：'且静坐体认作何形象。问：'体认莫用思否？'曰：'固是。且如四端虽固有，孟子亦言'思则得之，不思则不得也。'"⑤以此观之，"涵养"与"思索"是在实践工夫上司时进行。对此，朱子晚年有明确阐述：

---

① 《朱子语类》卷一〇三，第2601页，杨道夫，60岁以后。

② 《朱子语类》卷一〇三，第2600页，杨方，41岁。

③ 《朱子语类》卷九，第149页，李儒用，70岁。

④ 《宋元学案·晦翁学案》。

⑤ 《朱子语类》卷二三，第560页，林孙，68岁以后。

看道理,若只恁地说过一遍便了,则都不济事。须是常常把来思量,始得。看过了后,无时无候,又起来思量一遍。十分思量不透,又且放下,待意思好时,又把起来看。恁地,将久自然解透彻。延平先生尝言:"道理须是日中理会,夜里却去静处坐地思量,方始有得。"某依此说去做,真个是不同。①

如此朱子主张看道理时"无时无候思量",而且以延平所言"道理须是日中理会,夜里却去静处坐地思量"一语来证实其效。这可见上所言"静坐体认时用思"的体现所在。此昼夜思量乃说明,延平教诲朱子的为学之方以思索为主的特征。

(二)"以思索为本"之来源

如此,延平与朱子提倡为学以思索为本。此则孔孟以来儒家之为学宗旨,特别是二程教学思想中第一义者。考之,《尚书·洪范》所云"思日睿,睿作圣"之语显示致思的功效,可见先秦儒经中早已提及思索的重要性。至于《四书》,其中强调思索之处较多,其言曰:

《论语》:"子曰:学而不思则罔,思而不学则殆。"(《为政》)

子曰:"不愤不启,不悱不发,举一隅,不以三隅反,则不复也。"(《述而》)

子夏曰:"博学而笃志,切问而近思,仁在其中矣。"(《子张》)

《孟子》:"心之官则思,思则得之,不思则不得也。"(《告子上》)

《大学》:"知止而后有定,定而后能静,静而后能安,安而后能虑,虑而后能得。"(经一章)

心诚求之,虽不中,不远矣。(传九章)

《中庸》:"博学之,审问之,慎思之,明辨之,笃行之。"(二十章)

观此,孔子"一隅三反"之教更显示其教学思想中十分重视文思的特征。孟子则以心之作用阐述"思",而益论其功效。《大学》与《中庸》则在为学进行过程中论其思索之作用。特别是《大学》之"格物致知"乃"穷理"之要,"穷理"就是思索所致。此可见先秦儒经在为学上对思索之重视。

至于宋代理学,濂溪亦特重思索,《通书》第九章称为"思",论思索之功

---

① 《朱子语类》卷一〇四,第2616页,黄义刚,64岁以后。

能，而其中曰"思者圣功之本，而吉凶之机也"。及至二程多论为学与思索之关系。选其主要者：

一、学原于思。(《遗书》卷第六，《二程集》，第 80 页)

二、学莫贵于思，唯思为能窒欲。曾子之三省，窒欲之道也。(同上，卷第二十五，《二程集》，第 319 页)

三、有求为圣人之志，然后可与共学；学而善思，然后可与适道；思而有所得，则可与立，立而化之，则可与权。(同上，第 322 页)

四、为学之道，必本于思，思则得之，不思则不得也。故《书》曰："思曰睿，睿作圣。"思所以睿，睿所以圣也。(同上，第 324 页)

五、不深思则不能造于道，不深思而得者，其得易失。然而学者有无思无虑而得者，何也？曰：以无思无虑而得者，乃所以深思而得之也。以无思无虑为不思而自以为得者，未之有也。(同上)

此可见二程更为突出地主张为学与思索之不可分。其言"学原于思"、"学莫贵于思"、"学而善思，然后可与适道"、"为学之道，必本于思"，而甚至曰："以无思无虑而得者，乃所以深思而得之也。"此乃罗豫章曾以"学道以思为上"启导延平之思想来源。因此，《延平答问》中累见延平使朱子致思索之处。如庚辰七月书云：

某尝谓进步不得者，仿佛多是如此类窒碍，更望思索。他日熟论，须见到心广体胖，遇事一一洒落处，方是道理。不尔，只是说也。

辛巳五月二十六日书云：

思索有窒碍，及于日用动静之间有啡庚处，便于此致思，求其所以然者，久之自循理尔。

此"思索"与洛学所积极提倡的"格物穷理"有密不可分的关系。二程曾言："格物者，格、至也，物者、凡遇事皆物也，欲以穷至物理也。穷至物理无他，唯思而已矣。'思曰睿，睿作圣，圣人亦自思而得，况于事物乎？"[①]由此可见，"格物穷理"之方无他，唯有用思所致。基于此，程门曾以"不穷理"、"不致思"为由对释学加以批评。其代表者乃谢上蔡所言："释氏不穷理，以去念为宗。"[②]延平亦坚决反对佛家所谓"一超直入如来地"等直觉体悟。《延平答问》辛巳十月十日书有：

---

① 《河南程氏外书》卷四，《二程集》，第 372 页。
② 《上蔡语录》卷上。

大率论文字,切在深潜缜密,然后蹊径不差。释氏所谓"一超直入如来地",恐其失处正坐此,不可不辨。

由此,朱子及门从学时苦心钻研,昼夜字字思量。《朱子语类》:"或问:'先生谓:"讲论固不可无,须是自去体认。"如何是体认?'曰:'体认是把那听得底自去心里重复思量过。伊川曰:"时复思绎,浃洽于中,则说矣。某向来从师,一日问所闻说话,夜间如温书一般,字字子细思量过。才有疑,明日又问。"①此所谓"格物穷理"者,乃延平所教"理一分殊"思想的具体体现。以此可知,"思索"为"格物穷理"之方,"格物穷理"乃"理一分殊"之实质体现。

(三)延平与朱子对"涵养"之异同

至于"涵养",则可谓其正思的先决条件。如前所考,延平劝勉静坐之主要原因,乃"心恙不可思索"或"多为私欲所分"时要求"静坐默识,使之泥滓渐渐消去"。以此可知,延平主张静坐乃先作"勿为他事所胜"的心之虚静状态,以之为正思之先决条件。如此则延平所倡主静,某种意义上难免有"先涵养,后穷理"区分之嫌,而专守主静则又不免陷入佛老之失。

因缘于此,朱子虽继承延平主静思想,但其后根据"涵养须用敬,进学则在致知",积极提倡"彻上彻下"与"通贯动静"的"敬",而认为"涵养"与"穷理"皆从此"敬"出。其晚年言:"二者偏废不得。致知须用涵养,涵养必用致知。"②又言:"敬者,彻上彻下工夫。"③其《答潘恭叔》书益明言:"敬之一字,万善根本,涵养省察、格物致知,种种功夫皆从此出,方有据依。"④以此观之,延平与朱子均主张"涵养",而延平则以"主静"为主,朱子则以"主敬"为主。

由此可见,延平与朱子所提倡"思索"与"涵养"之兼修,本为从孔孟至二程"以思为本"的为学纲领之具体表现。换言之,延平教诲朱子虽多,而其为学要点就在"思索"与"涵养"。此乃道南学派所追求的为学纲领,其思想源于孔孟,又直接继承二程而深化发展。值得注意的是,其演变过程中延平的"格致思想"及"静中体验问题",即"思索"与"涵养"方面均与伊川不尽相同,此开启了日后朱门更为深入的探讨。

---

① 《朱子语类》卷一〇四,第 2616 页,辅广,65 岁以后。
② 《朱子语类》卷一八,第 403 页,杨道夫,60 岁以后。
③ 《朱子语类》卷一八,曾祖道,68 岁。
④ 《朱文公文集》卷五〇。

二、延平教学的主要特征

朱子师事延平之后其为学迥然与前不同。因此,本文将延平教学的主要特征,从以下几个方面来分析。

(一)为学方法"循序渐进"

检视史料,朱子受延平的影响中最明显,并且最要紧的为学方法,乃"循序渐进"。关于朱子师事延平之前为学工夫,朱子曾自言:

> 上达处不可著工夫,一更无依泊处。日用动静语默。无非下学,圣人岂曾离此来?今动不动便先说个本末精粗无二致,正是鹘仑吞枣。向来李丈说铁笼罩却之病,恐未免也。①

> 文公先生尝谓师夏曰:"余之始学,亦务为优侗宏阔之言,好同而恶异,喜大而耻于小。于延平之言,则以为何为多事若是,天下之理一而已。心疑而不服,同安官余,以延平之言,反复思之,始知其不我欺矣。"②

可见朱子自述师事延平之前,其为学难免"鹘仑吞枣"、"铁笼罩却"、"优侗宏阔"之病。及至《朱子语类》,朱子自举鲜明的例子:

> 李先生说一步是一步。如说"仁者其言也切",某当时为之语云,"圣人如天覆万物"云云。李曰:"不要如是广说,须穷'其言也切'前头如何,要得一进步处。"③

> 某旧时看文字,一向看去,一看数卷,全不曾得子细,于义理之文亦然,极为病。今日看《中庸》,只看一段子。④

> 某初为学,全无见成规模,这边也去理会寻讨,那边也去理会寻讨。向时诸前辈每人各是一般说话。后来见李先生,李先生较说得有下落,说得较缜密。若看如今,自是有见成下工夫处。看来须是先理会个安著处。⑤

此表明,延平主张的是"一步是一步"的"循序渐进"之为学,而极力反对

---

① 《答许顺之》第三书,《朱文公文集》卷三九。
② 《延平答问》跋。
③ 《朱子语类》卷一〇三,第2603页,杨方,41岁。
④ 《朱子语类》卷一〇四,第2611页,包扬,64~66岁。
⑤ 《朱子语类》卷一〇四,第2617页,叶贺孙,62岁以后。

凭空推断的"广说"即"优侗宏阔"之言。特别是，朱子拜见延平之前"一向看去，一看数卷"，"这边也去会"，事理延平之后才真正进入洛学之思想体系，并在其为学方法上亦逐渐建树系统的体系。

（二）实践工夫"事上体认"

延平在为学方法上主张"循序渐进"，而其实践工夫则积极主张"就事上作工夫"。其绍兴二十三年（1153年）癸酉之会即言："汝恁地悬空理会得许多，而面前事却又理会不得！道亦无玄妙，只在日用间着实做工夫处理会，便自见得。"至于《答问》，延平常以"唯于日用处便下工夫"等语提醒朱子。其具有代表性的说法是：

> 元晦于此更思看如何？唯于日用处便下工夫，或就事上便下工夫，庶几渐可合为己物。不然，只是说也。（误记为辛巳八月七日书）

> 近日涵养，必见应事脱然处否？须就事兼体用下工夫，久久纯熟，渐可见浑然气象矣。勉之勉之！（癸未五月二十三日书）

可见延平反对悬空理会的单纯理论阐发，注重就日用处事上便下工夫，要体认己与事合一之境。此与其平素主张以思索为本的"分殊上体认"一致。以此延平特别反对"绝念"与"离事"的禅学。其曾言："吾辈今日所以差池道理不进者，只为多有坐此境界中尔。禅学者则不然，渠亦有此病，却只要绝念不采，以是为息灭。殊非吾儒就事上，各有条理也。"①

（三）终极境界"洒落气象"

延平特别强调体认气象工夫，此亦其教学思想中一个主要特征。在《答问》中"气象"，一词出现共二十七次之多。其中前章所举戊寅十一月十三日书，即可见延平引导朱子于涵养时所主张"体认气象"的代表见解：

> 大凡人理义之心何尝无，唯持守之即在尔。若于旦昼间，不至梏亡，则夜气存矣。夜气存，则平旦之气未与物接之时，湛然虚明，气象自可见。此孟子发此夜气之说，于学者极有力。若欲涵养，须于此持守可尔。……又所谓："但敬而不明于理，则敬特出于勉强，而无洒落自得之功，意不诚矣。"洒落自得气象，其地位甚高。恐前数说，方是言学者下工处，不

---

① 《延平答问》癸未六月十四日书。

如此则失之矣。由此持守之久,渐渐融释,使之不见有制之于外,持敬之心,理与心为一,庶几洒落尔。

观此,延平主张涵养乃是先欲见"未与物接之时,湛然虚明气象",而其涵养最高境界是"洒落自得气象"。其用功之方乃涵养持久,渐渐融释,至"理与心为一"之境。此显示延平使学者无论在"涵养"抑或"思索"上,均寻求"洒落"之境界。可见"洒落气象"乃延平强调为学之终极境界。

对其"洒落气象",延平曾自解曰:"某尝以谓:遇事若能无毫发固滞,便是洒落,即此心廓然大公,无彼己之偏倚,庶几于道理一贯。若见事不彻,中心未免微有偏倚,即涉固滞,皆不可也。"①因此,延平闻朱子"洒近日学履甚适,向所耽恋不洒之效。甚善甚善!"②

究其渊源,二程曾言:"昔受学于周茂叔,每令寻颜子、仲尼乐处,所乐何事。"③明道亦曰:"《诗》可以兴。某自再见茂叔后,吟风弄月以归,有'吾与点也'之意。"④可见自理学鼻祖濂溪就重视体认气象的学问。至于明道提出"仁者浑然与物同体"之说,更突出地表现出使学者体认气象的取向。因此,延平特欣赏黄庭坚所言"舂陵周茂叔,人品甚高,胸中洒落,如光风霁月"此一句。由此观之,延平所提倡气象工夫乃继承濂溪、明道,而特在实践工夫上着力。

对延平"洒落"之教,日后朱子认为有所"偏在"之嫌,主张"洒落而行,固好",而"未到洒落处,亦须按本行之"。⑤ 另一方面,其论学者"洒落"工夫之弊,又指出后学失去延平拈出"洒落"之义。其曰:"'洒落'两字,本是黄太史语,后来延平先生拈出,亦是且要学者识个深造自得底气象,以自考其所得之浅深。不谓不一再传,而其弊乃至于此。此古之圣贤所以只教人于下学处用力,至于此等则未之尝言也。(本注:颜、曾以上都无此等语,子思、孟子以下乃颇有之,亦有所不得已也。)"⑥

总之,考延平与朱子授受之为学宗旨及其教学特征,其追求的学问境界乃"内外合一"之境,而其为学不仅在道体上体认,且要求在实用处着力。

---

① 《延平答问》庚辰五月八日书。
② 《延平答问》辛巳五月二十六书。
③ 《延平答问》辛巳五月二十六书。
④ 《河南程氏遗书》卷第三,《二程集》,第59页。
⑤ 《朱子语类》卷一○三,第2603页,杨方,41岁。
⑥ 《朱文公文集》卷五三,《答胡季随》第十四书。

《延平答问》与李侗对朱熹的理学思想影响

◎ 陈遵沂

　　南宋绍兴二十一年(1151 年),朱熹 22 岁,被授予左迪功郎,二十三年(1153 年)七月赴泉州同安县任主簿。朱熹赴同安途中,至南剑州剑浦(即今南平市延平区),拜见 61 岁的李侗。此时朱熹禅风未脱,曾以禅学请问。李侗不赞同朱熹杂习禅学,甚至批评说:"汝恁地悬空理会得许多,面前事却理会不得。"对此指教,朱熹开始时"心疑而不服",后反复思考,觉得李侗的批评颇有道理。朱熹说:"同安官余,以延平之言反复思之,始知其不我欺矣。"①从此时起,近十年中,朱熹一直师从李侗,专攻"圣贤言语"。朱熹说:"熹之能承圣道,皆得于侗。"②

　　隆兴元年(1163 年)李侗病逝后,朱熹将他与李先生之间答问论难的书信编汇为《延平答问》行世。该书上下集约二万六千余言,内容涉及《大学》、《中庸》、《论语》、《孟子》、《易》、《春秋》等,而以《论语》章句的讨论最多,《中庸》、《孟子》次之。在《延平答问》中可以看出,李侗所授理学思想对朱熹有着重要影响。

一、李侗所授"求中未发"思想对朱熹的理学思想影响

　　从程颐到杨时、罗从彦以至李侗,都服膺《中庸》"求中未发"思想,都把默坐澄心观喜怒哀乐以前气象作为口诀和重要论题。"求中未发"思想要求人

---

①　朱熹:《延平答问·赵师夏跋》。
②　杨桂森:嘉庆《南平县志》卷一八,《人物》。

的精神或意识处于静寂状态时,注意加强保存和培养心性之善;当精神或意识处于活动状态时,注意省观察识这种活动,以防偏离"善"的情况发生。朱熹说,"余蚤从延平李先生学,受中庸之书。"①又说:"李先生教人,大抵令于静中体认大本未发时气象分明,即处事应物自然中节,此乃龟山门下相传指诀。"②《中庸》说:"喜怒哀乐之未发,谓之中;发而皆中节,谓之和。中也者,天下之大本也;和也者,天下之达道也。"李侗反复用这段话教育朱熹,强调要重在体验"未发"。

在《延平答问》中,李侗说:"《中庸》以喜怒哀乐未发已发言之,又就人身上推导至于见得大本达道外,又浑然只是此理。此理就人身上推导,若不于未发已发处看,即何缘知之?"这是强调"求中未发"的重要性。李侗所授对已发未发问题的理解,有助于启发朱熹从中逐渐悟出理学心性论的一些道理。在逐渐理解过程中,朱熹对有的观点与前辈李侗某些说法有异也在所不顾,这反映出他的一些思想变化情况。其中,乾道二年(1166 年)时,朱熹思想倾向于用顿悟观点看《中庸》、《孟子》,觉得这样看可以一通百通,无往不利。这是朱熹对程门"已发未发"思想的理解的一个新角度,被称为朱熹的乾道丙戌之悟。到了乾道五年(1169 年),朱熹 40 岁时,思想又发生一次变化。己丑之前朱熹以心为已发,性为未发,至己丑才发现自己的错误。此时朱熹认识到,原来无论语默动静,心的作用是从未止息的,心包括已发未发;作为心之本体的人性,是未发;情是已发,是用;已发未发浑然一体。于是,朱熹看到了李侗的求中未发之教的片面性。这就是后来理学家所注重研究的朱熹的己丑之悟。与此同时,朱熹也对张载的一些思想极为欣赏。朱熹把张载心统性情之说与杨时、李侗一脉所传未发以前气象之说联系起来考察。朱熹赞赏张载之说,但也认为对杨时、李侗之说不能搁弃一边而不加理会。于是朱熹主张已发未发兼顾交修,并认为延平(李侗)之教本也是内外兼顾、动静交修。朱熹自信,假如李延平复生,也会对他的观点首肯的。朱熹又从程门找出一个"敬"字,认为"敬而无失,即所以中"、"入道莫如敬"、"未有致知而不在敬者"③,再加上"于日用处用功"、"去圣经中求义"这两项,朱熹认为,这样便与延平遗教相配合了。

---

① 《朱文公文集》卷七五,四部丛刊初编本。

② 《朱文公文集》卷四〇。

③ 《朱文公文集》卷六四。

朱熹的语录中有一条说:"《定性书》说得也诧异。此性字是个心字意。"①程颢的《定性书》中说:"心无内外。"朱熹之所以觉得诧异,是因为《定性书》实际上是以心为性。这并不是程颢误用了字,而是因为在中国古代哲学中,"性"、"心"二字的意义并无严格的分别。《定性书》的"性"实际上包括"心"的已发和未发,《定性书》中的"定性"等同于"定心"。朱熹认为把"定心"称为"定性",违反了张载的"心通性情"所规定的心、性的区别。张载也说过"定性",以心为性,但这是为迁就程颢的系统,实际上其所谓"定性"就是孟子所说的"不动心"。孟子说的"富贵不能淫,贫贱不能移,威武不能屈",是说"养浩然之气"的人的心是"定"的,绝不为外物所动。

朱熹的中和说是"心统性情"说。此说把"心"、"性"、"情"这三个术语的意思说得更清楚了。朱熹说:"一身之中,浑然自有个主宰者,心也;有仁、义、礼、智,则是性;发为恻隐、羞恶、辞让、是非,则是情。恻隐,爱也,仁之端也。仁是体,爱是用。"②朱熹还肯定了性是未发,是体;情是已发,是用;心统性情,心包括已发和未发、体和用。这样,体认已发未发的"龟山门下相传指诀",到朱熹的中和说中便具有更丰富的内涵了。

二、李侗所授"致知格物"思想对朱熹的理学思想影响

清人王懋竑作的《朱子年谱》告诉我们,朱熹在 24 岁(1153 年)、29 岁(1158 年)、31 岁(1160 年)及 33 岁(1162 年)时曾四次见李侗,得到李侗的教诲。

从《延平答问》中可看出,朱熹受李侗的另两番教言的启发也颇为深刻。一则曰日用处用功,一则曰去圣经中求义。两番教言均注重致知格物,它对扭转朱熹的研究方向起很大作用。

朱熹虽自小就以儒家经典作为学习内容,但他对佛家、道家也同样关注。《朱子语类》卷一〇四中,朱熹有一段回忆:"某旧时,亦要无所不学,禅、道文章、楚辞、诗、兵法、事事要学。"可见朱熹当时为学并未专攻,对于佛、道等书都是要看的。《朱文公文集》卷三十中,朱熹有云:"熹于释氏之说,盖尝师其人,尊其道,求之亦切至矣。然未能有得。其后以先生君子之教,校夫先后缓

---

① (宋)黎靖德编:《朱子语类》卷九五,北京:中华书局,1986 年。

② (宋)黎靖德编:《朱子语类》卷二〇。

急之序,于是暂置其说,而从事于吾学。"所谓"先生君子之教",即指李侗之教。朱熹认为,李侗"为人简重,却不甚会说,只教看圣贤言语"①。朱按李先生的指点,暂时把禅学搁起,"且将圣人书来读","读来读去,一日复一日,觉得圣贤言语渐渐有味。却回头看释氏之说,渐渐破绽、罅漏百出。"②这表明,朱熹见延平以后,研究学问的方向明确了,开始专心儒学而求义理,并看出释氏之说漏洞百出。这不能不说是李侗思想影响的结果。绍兴二十八年戊寅(1158 年)正月,朱熹重往见李延平,又深受启发。李先生告诉朱熹说:"道就在日用间做功夫处来理会。"李侗并让朱熹去经书中求得理解。后来,朱熹回忆道:"昔闻延平先生之教……凡遇一事,即当就此事反复推寻以究其理。待此一事融释脱落,然后循序渐进,而别穷一事。"朱熹说,他是"及见李先生后,方知得是恁地下功夫"③。延平逝世之后,朱子怀念恩师,"熹自延平逝去,学问无分寸之进,于致知格物之地,全无所发明"④。这其中提到李侗所教朱熹的"致知格物"之说。

朱熹常对人称述自己所受延平之教诲。在《朱文公文集》卷七十五中,朱熹自述,他自己十三四岁时由他父亲授以《论语》,未通大义;父死之后,他历访师友,以为未足;后"晚亲有道,窃有所闻"。句中的"晚亲",即指李侗。李侗也一再称赞朱熹,说,朱熹"此人极颖悟,力行可畏",是"进学甚力,乐善畏义,吾党鲜有"⑤的人物。正因朱熹得李侗之正传,所以朱熹便成为二程的四传弟子,成为儒家"道统"谱系中的重要人物。

三、李侗所授"理一分殊"思想对朱熹的理学思想影响

《延平答问》记载了李侗的"理"论。李侗对朱熹说,周敦颐的太极生万物论即理生万物论。李侗说:"周子曰:'太极动而生阳',至理之原……到得二气之感、化生万物时,又就人、物上推,亦只是此理。……在天地只是理也。"在李侗看来,理贯穿于人与天地万物之中,太极是万物之源,太极即理。李侗

---

① (宋)黎靖德编:《朱子语类》卷一〇四。
② (宋)黎靖德编:《朱子语类》卷一〇四。
③ (宋)黎靖德编:《朱子语类》卷九八。
④ 《朱文公文集》卷三九。
⑤ (清)王懋竑:《朱子年谱》卷一。

此说拓展了二程的学说。李侗以太极为天地本原之理,此说对朱熹的太极与理的学说的形成,有一定影响。

在《延平答问》中,朱熹与李侗对"理一分殊"学说讨论过多次,表明李侗在"理一分殊"观点方面对朱熹产生重大影响。"理一分殊"的观念起始于程颐。《程氏易传·粹言》卷一称"物散万殊",而"万物一理"。程颐在答其弟子杨时书中认为,张载《西铭》已经把"理一分殊"说清楚了。程颐批评墨家的兼爱说,因为墨子要求人们把别人的父母与自己的父母同等看待,这是知理一而不明分殊,因而程颐是比较强调分殊的。李侗从程门所承袭的就是这一观点,他教育朱熹的也是这一观点。但朱熹是有保留地接受程门这一观点的。对于"理一分殊"的本体论意义,李侗与朱熹的看法是一致的。但当把"理一分殊"作为认识论问题,探讨"理一分殊"二者孰难孰易或孰先孰后问题时,他们的看法就不一致了。李侗说:"理不患其不一,所难者分殊耳。"① 而朱熹则强调,"以天下之理一而已,何为多事若是"?② 即使有分歧,但朱熹仍然认为,其师观点从一定角度看有其合理性,所以仍按其师指点,多向"分殊"上去理会。

当然,朱熹对"理一分殊"思想是作了很大发展的。他把"太极"与"理一分殊"结合起来分析。他认为,太极即是理,"本只是一太极,而万物各有禀受,又各具一太极尔"③。他认为,太极既是一理又是众理的综合,太极包含万物整体而万物又各具一太极。李侗当然没有达到朱熹思想的高度,但李侗在引导朱熹去研究程颐的"理一分殊"问题上的作用却是不可否认的。

四、结　语

清代学者王懋竑认为,朱熹并未受李侗的重大影响。表现在朱熹在李侗死后四年的一封信中甚至没有提起李侗,从 1173 年起在与友人及学生的讨论和通信中,朱熹几乎把李侗完全遗忘了。这其实是片面的认识。朱熹对其师李侗的称道是很多的,同时朱熹一向把李侗与道南学脉联系起来看。《朱文公文集》卷八十七祭先生有曰:"熹也小生,卯角趋拜。恭惟先君,实共源

---

① 黄宗羲、全祖望:《宋元学案》卷三九,《豫章学案》。
② 黄宗羲、全祖望:《宋元学案》卷三九,《豫章学案》。
③ 黎靖德编:《朱子语类》卷九四。

派。从游十年,诱掖淳至。"这里的"先君",指李侗。隆兴二年(1164 年),朱熹《挽延平李先生三首》中有"一言资善诱,十载笑徒劳"、"有疑无与析,浑泪首频搔"①之诗句,表达对其师教诲的思念。应当说,李侗对朱熹理学思想的形成有着重要的影响。李侗的教诲,为朱熹"接伊洛之渊源,开海滨之邹鲁"(转抄自泉州朱子祠碑刻,此碑刻今存泉州开元寺内)奠定了思想基础。当然,在递相师承的同时,朱熹也有不满足先师的某些见解的现象。朱熹对杨时、罗从彦多有称道但有时也颇有微词。朱熹屡次称道李侗,但对延平遗说亦有所疑难。这些都是正常的学问商榷,不足为怪。

近世学者钱穆认为,朱子所获于延平者有三大纲:"一曰须于日用人生上融会。一曰须看古圣经义。又一曰理一分殊。所难不在理一处,乃在分殊处。朱子循此三番教言,自加寻究,而不自限于默坐澄心之一项工夫上,则诚可谓妙得师门之传矣。"②这些,概述了李侗的理学思想对朱熹的影响。

---

① 《朱文公文集》卷二。
② 钱穆:《朱子新学案》,台北:联经出版事业公司,1998 年,第 762 页。

李侗对朱熹四书学的影响

◎ 周元侠

李侗,字愿中,延平(今福建南平)人,是从洛学到闽学之间的重要人物。李侗是朱松的同门,深得同仁赏识。朱熹说:"熹先君子与先生为同门友,雅敬重焉。尝与沙县邓迪天启语先生,邓曰:'愿中如冰壶秋月,莹澈无瑕,非吾曹所及。'先君子深以为知言,亟称道之。其后熹获从先生游,每一去而复来,则所闻必益超绝。"①所谓"一去而复来,则所闻必益超绝",表明朱熹在李侗处受益匪浅,因而全祖望说:"朱熹师有四,而其所推以为得统者称延平。"②所谓"得统"是指朱熹不仅在李侗的影响下逃禅归儒,而且进一步发展了道南一派的理学思想,最终将洛学成功转换成闽学,亦即将程学转化为朱学。

从绍兴二十三年(1153年)朱熹初见李侗,到隆兴元年(1163年)李侗去世,两人相识交往共十年。此期间,朱熹有三次前往延平拜见李侗,分别在绍兴二十八戊寅年(1158年)春、三十庚辰年(1160年)冬和三十二壬午年(1162年)春。在庚辰相见时朱熹正式行弟子礼,但是李侗对朱熹的影响从初见就开始了,朱熹说:"后赴同安任,时年二十四五矣,始见李先生。与他说,李先生只说不是,某却倒疑李先生理会此未得,再三质问。李先生为人简重,却是不甚会说,只教看圣贤言语。某遂将那禅来权倚阁起,意中道禅亦自在,且将圣人书来读。读来读去,一日复一日,觉得圣贤言语渐渐有味。却回头看释氏之说,渐渐破绽、罅漏百出。"③又说:"某旧见李先生时,说得无限道理,也曾

① 《延平答问·附录》。
② 《宋元学案》卷三九,《豫章学案》。
③ 《朱子语类》卷一〇四。

去学禅。李先生云:'汝恁地悬空理会得许多,而面前事却又理会不得! 道亦无玄妙,只在日用间着实做工夫处理会,便自见得。'后来方晓得它说,故今日不至无理会耳。"①实际上,此时李侗的"只教看圣贤言语"、"只在日用间着实做工夫处理会"的要求贯穿了朱熹从学李侗的始终,后来成为朱熹学说的特色以及朱门弟子的师训。可以说,注重阅读经书与修养工夫是从李侗到朱熹一脉相承的学风。当然,《论语》、《孟子》、《大学》、《中庸》无疑是"看圣贤言语"的必要载体,也是"日用间做工夫"的理论指导。所以,在朱熹从学李侗期间,二人对《论》、《孟》、《学》、《庸》的讨论对朱熹建立四书学体系和理学体系都起到重要作用。众所周知,四书学对于朱熹理学意义重大,钱穆先生说:"朱子学之有大影响于后代者,当以其所治之四书学为首"②;"四书学乃朱子全部学术之中心或其结穴。"③因此,研究李侗对朱熹四书学的影响有利于更好地认识李侗在理学史中的地位。下面将分别以《论语》、《孟子》、《大学》、《中庸》为顺序论述李侗对朱熹四书学的影响。

一、李侗对朱熹《论语》思想的影响

朱熹对《论语》的重视和精读在初见李侗后就开始了,他在同安任职期间,曾抽空到县学把《论语》讲授一遍,试图在本县树立"为己之学"的学风。他自己更是时刻不忘研读、思考《论语》。在绍兴二十六年(1156 年)出差到德化时,一度通宵达旦思考"子夏门人小子"章,领悟到"事有小大,理却无小大"的道理。在绍兴二十七年(1157 年)四月到十月间,朱熹在同安的畏垒庵精读《论语》、《孟子》,并将自己的读书体会以札记形式记录下来。后来每次拜见李侗归后,都要写信问及《论语》。据统计,在《延平答问》中,二人答问共计 64条,其中明确讨论《论语》的有 21 条,涉及某些章节的文义、古注、理学义涵等内容。其实,《论语》本是宋代理学家普遍重视的经典,道南一系的开山——杨时也非常看重《论语》,当胡宏向杨时问为学之方时,杨时只是告诉他:"且看《论语》。"李侗亦是如此。朱熹说:"李先生好看《论语》,自明而言。"④后来

---

① 《朱子语类》卷一〇一。
② 钱穆:《朱子新学案》,成都:巴蜀书社,1986 年,第 1356 页。
③ 钱穆:《朱子学提纲》,北京:三联书店,2002 年,第 183 页。
④ 《朱子语类》卷一〇三。

朱熹也告诉弟子："圣人教人,只是个《论语》。"①可以说,重视《论语》是从杨时、李侗到朱熹的一贯传统。

李侗对朱熹《论语》思想的影响首先体现在强调《论语》的工夫论上。李侗告诉朱熹："《论语》一部,只是说与门弟子求仁之方。"②后来朱熹也一再告诉弟子,《论语》"但云求仁之方"。在李侗和朱熹看来,《论语》重点在做"实事"、做"工夫",所以朱熹告诉弟子:"《论语》不说心,只说实事。"③又说:"孔子教人只从中间起,使人便做工夫去,久则自能知向上底道理,所谓'下学上达'也。"④李侗认为学者应从日用工夫中去体会《论语》,而不是执着于高妙之说来注解《论语》。朱熹在一封信中说:"伯崇去年春间得书,问《论语》数段,其说甚高妙,因以呈李先生。李先生以为不然,令其悫实做工夫。后来便别。"⑤在李侗的影响下,朱熹终生注重《论语》所谈的"涵养"工夫,绝不轻易谈论"圣贤气象"。他说:"《论语》之书,无非操存、涵养之要。……如《论语》所言'居处恭,执事敬,与人忠','出门如见大宾,使民如承大祭','非礼勿视听言动'之类,皆是存养底意思。"⑥又说:"向时朋友只管爱说曾点漆雕开优劣,亦何必如此。但当思量我何缘得到漆雕开田地,何缘得到曾点田地。若不去学他做,只管较他优劣,便较得分明,亦不干自己事。"⑦

其次,李侗推动和完善了《论语》原有范畴的理学化。最为典型的例子有两处,一是将"吾道一以贯之"与理一分殊联系起来;二是用天理来解说"仁"字。

在绍兴二十八年(1158 年)往见李侗之前,朱熹已经在同胡宪、范如圭等书信往来论辨"一贯"之说。胡宪认为一道贯忠恕,从理上看,忠恕非二,朱熹深表赞同,说:"此语深符鄙意。盖既无有内外边际,则何往而非一贯哉!忠恕盖指其近而言之,而其意则在言外矣。"⑧后来朱熹拜见李侗时又问"一贯",他说:"熹顷至延平,见李愿中丈,问以'一贯'、'忠恕'之说。见谓忠恕正曾子

---

① 《朱子语类》卷一九。

② 《延平李先生师弟子答问》,以下简称《延平答问》。

③ 《朱子语类》卷一九。

④ 《朱子语类》卷一九。

⑤ 《朱文公文集》卷三九,《答许顺之四》。

⑥ 《朱子语类》卷一九。

⑦ 《朱子语类》卷二九。

⑧ 《朱文公文集》卷三七,《与范直阁书一》。

见处,及门人有问,则亦以其所见谕之而已,岂有二言哉!熹复问以近世儒者之说如何,曰:'如此则道有二致矣,非也。'其言适与卑意不约而合。"①拜见李侗归后,他在给范如圭的两封信中,进一步讨论"一贯"、"忠恕",他说:"前书所论忠恕则一,而在圣人、在学者,则不能无异……熹之言亦非谓忠恕为有二也。"②又说:"盖忠恕二字,自众人观之,于圣人分上极为小事,然圣人分上无非极致,盖既曰一贯,则无小大之殊故也。"③此时朱熹认为忠恕为一,尽管在现实中存在"众人"和"圣人"的差异,但就"一贯"而言,并无"小大之殊"。显然这里已经蕴含了理一分殊的理念,只是没有明确表达而已。

在戊寅冬至前二日书中,朱熹就"一贯"、"忠恕"告诉李侗:"盖以夫子之道不离乎日用之间,自其尽己而言则谓之忠,自其及物而言则谓之恕,莫非大道之全体。虽变化万殊于事为之末,而所有贯之者,未尝不一也。然则夫子所以告曾子,曾子所以告门人,岂有异旨哉!"④所谓"虽变化万殊于事为之末,而所有贯之者,未尝不一",已经明确表达出"理一分殊"的思想。李侗在答书中肯定了朱熹的看法,说:

> 伊川先生有言曰:"维天之命,于穆不已,忠也;乾道变化,各正性命,恕也。"体会于一人之身,不过只是尽己及物之心而已。曾子于日用处,夫子自有以见之,恐其未必觉此亦是一贯之理,故卒然问曰:"参乎,吾道一以贯之。"曾子于是领会而有得焉,辄应之曰:"唯。"……至于答门人之问,……岂有二耶?若以谓圣人一以贯之之道,其精微非门人之间所可告,姑以忠恕答之,恐圣贤之心不如是之支也。如孟子称尧舜之道孝弟而已,人皆足以知之,但合内外之道,使之体用一源,显微无间,精粗不二,衮同尽是此理,则非圣人不能是也。《中庸》曰:"忠恕违道不远。"特起此以示人相近处,然不能贯之,则忠恕自是一忠恕尔。⑤

李侗和朱熹都认为曾子所说的"忠恕"与孔子说"一贯"在本质上并无不同,"一贯"、"忠恕"实际上是体用一源,显微无间的。后来朱熹在《论语集注》中便用"道"之体用来进一步说明"一贯"、"忠恕"的关系,即"盖至诚无息者,

---

① 《朱文公文集》卷三七,《与范直阁书一》。
② 《朱文公文集》卷三七,《与范直阁书二》。
③ 《朱文公文集》卷三七,《与范直阁书二》。
④ 《延平答问》。
⑤ 《延平答问》。

道之体也，万殊之所以一本也；万物各得其所者，道之用也，一本之所以万殊也。以此观之，一以贯之之实可见矣。"①此处"一本"与"万殊"的表述方式较戊寅书中更加明确了。事实上，朱熹对"一贯"、"忠恕"的思考一直没有停止。直到晚年，他还对陈淳说："与范直阁说'忠恕'，是三十岁时书，大概也是。然说得不似，而今看得又较别。"②要之，朱熹在三十岁时与胡宪、范如圭、李侗对"一贯"、"忠恕"的反复讨论促使其"理一分殊"思想的逐步明朗化，这正是他后来阐述、修订《论语》中"一贯"、"忠恕"看法的基调。

"仁"字在《论语》中出现频率最高，是孔子与弟子讨论最多的话题，也是孔子最为看重的德性。任何阅读、注释《论语》者都不能忽视"仁"字，李侗和朱熹亦不例外。在《延平答问》中，壬午六月十一日书专门讨论"仁"字含义。一方面，李侗一再强调"仁"字难说，必须在日用实践之中去领会。他说："某尝以谓仁字极难讲说，只看天理统体便是。……仁字难说，《论语》一部，只是说与门弟子求仁之方。……如颜子、仲弓之问，圣人所以答之之语，皆其要切用力处也。"③另一方面，李侗肯定了朱熹所谓"仁是心之正理"的观点。他说："来谕以谓仁是心之正理，能发能用底一个端绪，如胎育包涵其中，生气无不纯备，而流动发生自然之机，又无顷刻停息，愤盈发泄，触处贯通，体用相循，初无间断。此说推扩得甚好。"④在辛巳二月十四日书中，李侗论及"殷有三仁"章时指出："仁只是理，初无彼此之辨。当理而无私心，即仁矣。"后来朱熹进一步阐释说："同谓之仁者，以其皆无私而当理也。无私，故得心之体而无违；当理，故得心之用而不失，此其所以全心之德而谓之仁与？"⑤可见，朱熹在李侗的"当理而无私心即仁"的启发下，提出仁既有"心之体"又有"心之用"，即为"全心之德"，基于此，"仁者，心之德，爱之理"⑥最终成为朱熹对《论语》中"仁"字的定义，"心之德"言其无私，"爱之理"言其当理。

通过与师友的反复讨论，朱熹对《论语》的理解越来越深入，于是在隆兴元年（1163年）上半年编成《论语要义》和《训蒙口义》。朱熹在《论语要义目录

---

① 《论语集注》卷二。

② 《朱子语类》卷一〇四。

③ 《延平答问》。

④ 《延平答问》。

⑤ 《论语或问》卷一八。

⑥ 《论语集注》卷一。

序》中说:"熹年十三四时,受其说于先君;未通大义,而先君弃诸孤。中间历访师友,以为未足。……晚亲有道,窃有所闻。然后知其穿凿支离者,固无足取。"①在《论语训蒙口义序》中说:"又以平生所闻于师友而得于心思者,间附见一二条焉。"②这里所谓"晚亲"和"师友",李侗当在其列。而在《论语集注》这部朱熹《论语》学的成熟之作中,朱熹在"吾与回言终日"章直接引用了李侗的话:

> 愚闻之师曰:"颜子深潜纯粹,其于圣人体段已具。其闻夫子之言,默识心融,触处洞然,自有条理。故终日言,但见其不违如愚人而已。及退省其私,则见其日用动静语默之间,皆足以发明夫子之道,坦然由之而无疑,然后知其不愚也。"③

这段对颜子的评价,代表了李侗对圣贤气象的基本观点,影响到朱熹对颜子、曾子、曾点等孔门弟子的评价。另外,朱熹将《延平答问》中的某些答问直接录入《论语或问》当中,以便开示后学。如在戊寅七月十七日书中,朱熹就"父在观其志"章提问:"熹以为使父之道有不幸不可不即改者,亦当隐忍迁就,于义理之中,使事体渐正,而人不见其改之之迹,则虽不待三年,而谓之无改可也。"④类似的问题在《论语或问》中再次呈现:"或曰:昔谢方明承代前人,不易其政,其必宜改,则以渐变之使无迹可寻。为人子者,不幸而父之过有当必改者,以是为法,而隐忍迁就于义理之中,不亦可乎?"⑤接着,朱熹以李侗的话作为回答:"吾尝闻之师矣,以为此其意则固善矣,然用心每每如此,即骎骎然所失却多,必不得已,但当至诚哀痛以改之而已,何必隐忍迁就之云乎?至哉此言,足以警学者用心微矣。"⑥由此可见,李侗在朱熹注释《论语》的过程中起到了直接指导的作用。

二、李侗对朱熹《孟子》思想的影响

在《延平答问》中,明确以《孟子》为讨论主题的有七条。与《论语》的讨论

---

① 《朱文公文集》卷七五。
② 《朱文公文集》卷七五。
③ 《论语集注》卷一。
④ 《延平答问》。
⑤ 《论语或问》卷一。
⑥ 《论语或问》卷一。

相比,李侗和朱熹对《孟子》七篇的讨论重点非常突出,主要集中在"养气"章、"夜气"章,以及"人之所以异于禽兽者"章,这三章与理学的本体论、人性论、工夫论等密切相关。

朱熹在同安任职期满待归时,曾"于馆人处借得《孟子》一册熟读,方晓得'养气'一章语脉。当时亦不暇写出,只逐段以纸签签之云,此是如此说。签了,便看得更分明。后来其间虽有修改,不过是转换处,大意不出当时所见"①。由此可见,初见李侗后的朱熹对《孟子》"养气"章已经形成较为系统的个人见解。后来朱熹又多次与李侗深入讨论"养气"章,在庚辰七月书中,李侗从涵养工夫论角度答复朱熹,说:

> "必有事焉而勿正,心勿忘,勿助长"数句,偶见全在日用间非著意、非不著意处,才有毫发私意,便没交涉。此意亦好,但未知用处却如何,须吃紧理会这里始得。……又据《孟子》说"必有事焉",至于"助长"、"不耘"之意,皆似是言道体处。来谕乃体认出来,学者正要如此,但未知用时如何。吻合浑然,体用无间乃是。不然,非著意、非不著意,溟溟涬涬,疑未然也。某尝谓进步不得者,仿佛多是如此类窒碍,更望思索。它日熟论,须见到心广体胖,遇事一一洒落处,方是道理。不尔,只是说也。②

李侗一方面肯定了朱熹对养气章的"体认",另一方面他一而再地提醒朱熹"未知用时如何",主张"养气"仅仅认识到"道体"还不够,还必须做到"体用无间",所以李侗反复勉励朱熹要超越文字层面,到日用实践当中体验,最终达到"遇事一一洒落"。李侗的这一看法对朱熹产生了深远的影响。当弟子问及"必有事焉,而勿正,心勿忘,勿助长"时,朱熹说:"此亦只是为公孙丑不识'浩然之气',故教之养气工夫缓急,云不必太急,不要忘了,亦非教人于无着摸处用工也。某旧日理会道理,亦有此病。后来李先生说,令去圣经中求义。某后刻意经学,推见实理,始信前日诸人之误也。"③

在辛巳八月七日书④中,朱熹认为,养气章"只是要得心气合而已",李侗则指点朱熹要注重"集义"、"知言",他说:

---

① 《朱子语类》卷一〇四。
② 《延平答问》。
③ 《朱子语类》卷一〇四。
④ 束景南认为,此书应在壬午六月十一日书后。陈来则明确考证为"壬午八月七日书",详见陈来:《朱子书信编年考证》,北京:三联书店,2007 年,第 25 页。

养气大概是要得心与气合。不然,心是心,气是气,不见所谓集义处,终不能合一也。……然心气合一之象,更用体察,令分晓路陌方是。……某窃谓孟子所谓养气者,自有一端绪,须从知言处养来,乃不差。于知言处下工夫,尽用熟也。谢上蔡多谓"于田地上面下工夫",此知言之说,乃田地也。①

在李侗看来,虽然养气必须做到"心与气合",但是养气章更根本的问题应该是如何实现"心与气合",所谓"不见所谓集义处,终不能合"、"须从知言处养来"。李侗这些观点为朱熹所继承,后来朱熹也告诉弟子:"欲养浩然之气,则在于直;要得直,则在于集义。"②又说:"不知言,如何养得气?"③于是,朱熹在"心与气合"之外,又将知言、养气、不动心连贯起来,说:"盖孟子之不动心,知言以开其前,故无所疑;养气以培其后,故无所摄。"④又说:"孟子则是能知言,又能养气,自然心不动。盖知言本也,养气助也。三者恰如行军,知言则其先锋,知虚实者;心恰如主帅,气则卒徒也。孟子则前有引导,后有推助,自然无恐惧纷扰,而有以自胜。"⑤这样朱熹就由原先笼统说"心与气合"转而从工夫论层面强调"知言→养气→不动心"的一贯性。

李侗和朱熹对"夜气"章的讨论是从第一封问学书开始的。在绍兴二十七年(1157年)五月,尚在同安任职的朱熹向素未谋面的李侗寄去了第一封信,告诉他读《孟子》的心得。李侗回信说:

承谕涵养用力处,足见近来好学之笃也,甚慰甚慰。但常存此心,勿为他事所胜,即欲虑非僻之念自不作矣。孟子有"夜气"之说,更熟味之,当见涵养用力处。于涵养处著力,正是学者之要,若不如此存养,终不为己物也,更望勉之。⑥

这里李侗一面对朱熹涵养工夫表示肯定,一面勉励他继续"于涵养处著力",这种注重"存养"的理念可以说贯穿了李侗和朱熹讨论《孟子》的始终。后来朱熹又分别在戊寅、庚辰两次拜见李侗后写信讨论"夜气"章。

----

① 《延平答问》。
② 《延平答问》。
③ 《朱子语类》卷五二。
④ 《孟子或问》卷三。
⑤ 《朱子语类》卷五二。
⑥ 《延平答问》。

在戊寅十一月十三日书中,李侗指出:"来喻以为人心之既放,如木之既伐。心虽既放,然夜气所息,而平旦之气生焉,则其好恶犹与人相近。木虽既伐,然雨露所滋,而萌蘖生焉,则犹有木之性也。恐不用如此说。"①在李侗看来,人之心、木之性无时无刻不存在,如果不能在"未发"处持守、存养,最终必将失去本来的心、性。因此,他说:"若欲涵养,须于此持守可尔,恐不须说心既放、木既伐,恐又似隔截尔。"②李侗认为,孟子所说的重点是如何"存养"清明的"夜气"、如何"持守"善良的"本心",即侧重在"未发处"的涵养,而朱熹似乎对此不以为然,因为他认为"心既放"、"木既伐"之后,心之好恶、木之性仍然存在。后来朱熹在《孟子集注》中改变了以前"心虽既放,然……其好恶犹与人相近。木虽既伐,然……犹有木之性也"的句式,开始强调"心既放"、"木既伐"可能带来的恶果,他说:

> 言山木虽伐,犹有萌蘖,而牛羊又从而害之,是以至于光洁而无草木也。言人之良心虽已放失,然其日夜之间,亦必有所生长。故平旦未与物接,其气清明之际,良心犹必有发见者。但其发见至微,而旦昼所为之不善,又已随而梏亡之,如山木既伐,犹有萌蘖,而牛羊又牧之也。昼之所为,既有以害其夜之所息,又不能胜其昼之所为,是以展转相害。至于夜气之生,日以寖薄,而不足以存其仁义之良心,则平旦之气亦不能清,而所好恶遂与人远矣。③

正是在李侗的指点下,朱熹认识到"心既放"之后面临两种境地:"放之未远者,亦能生长。但夜间长得三四分,日间所为又放了七八分,却折转来,都消磨了这些子意思,所以至于梏亡也。"④因此,必须通过"存养"夜气来养护"仁义之良心",所谓"日间进得一分道理,夜气便添得一分;到第二日更进得一分道理,夜气便添得二分;第三日更进得一分道理,夜气便添得三分。日间只管进,夜间只管添,添来添去,这气便盛。"⑤在同一封信中,李侗告诉朱熹:"大凡人礼义之心何尝无,唯持守之,即在尔。若于旦昼间不至梏亡,则夜气存矣。夜气存,则平旦之气未与物接之时,湛然虚明,气象自可见。此孟子发

---

① 《延平答问》。
② 《延平答问》。
③ 《孟子集注》卷一一。
④ 《朱子语类》卷五九。
⑤ 《朱子语类》卷五九。

此夜气之说,于学者极有力。"后来朱熹将这段话引入《孟子集注》,用于说明持守本心、存养夜气的必要。

在庚辰五月八日书中,李侗再次强调夜气说的工夫论意义,说:"夜气之说所以于学者有力者,须是兼旦昼存养之功,不至梏亡,即夜气清,若旦昼间不能存养,即夜气何有!"①对于如何"存养"夜气,李侗建议朱熹静坐养心,所谓"某曩时从罗先生学问,终日相对静坐,……此意不唯于进学有力,兼亦是养心之要。元晦偶有心恙,不可思索,更于此一句内求之,静坐看如何,往往不能无补也。"②然而朱熹对李侗的"静坐"建议终究不能契合。

如果说朱熹和李侗在"养气"章和"夜气"章上,讨论的重点是涵养工夫,那么他们对于"人之所以异于禽兽者几希"章③的讨论则具有本体论和人性论的意义。在壬午六月十一日书中,李侗指出:

> 又云"人之所以为人而异乎禽兽者,以是而已,若犬之性、牛之性,则不得而与焉。"若如此说,恐有碍。盖天地中所生物,本源则一,虽禽兽草木,生理亦无顷刻停息间断者。但人得其秀而最灵,五常中和之气所聚,禽兽得其偏而已。此其所以异也。若谓流动发生自然之机,与夫无顷刻停息间断,即禽兽之体亦自如此。若以为此理唯人独得之,即恐推测体认处未精,于他处便有差也。④

当时朱熹认为人之性与物之性的差别在于理不同。李侗则认为天地间的人和物"本源"为一,即理同,所不同的是所禀之气的全与偏。朱熹经过思考改变了看法,在接下来的信中⑤说:

> 熹窃谓天地生物,本乎一源,人与禽兽、草木之生,莫不具有此理。其一体之中,即无丝毫欠剩,其一气之运,亦无顷刻停息,所谓仁也。⑥但气有清浊,故禀有偏正。惟人得其正,故能知其本、具此理而存之,而见其为仁;物得其偏,故虽具此理而不自知,而无以见其为仁。然则仁之为仁,人与物不得不同;知人之为人而存之,人与物不得不异。故伊川夫子

---

① 《延平答问》。
② 《延平答问》。
③ 《孟子·离娄下》。
④ 《延平答问》。
⑤ 《延平答问》中的辛巳八月七日书,据陈来考证,应为壬午八月七日书。
⑥ 先生批云:"有有血气者,有无血气者,更体究此处。"

既言"理一分殊",而龟山又有"知其理一,知其分殊"之说。而先生以为全在知字上用着力,恐亦是此意也。①②

朱熹经过思考之后,接受了李侗所说的理同气异说,并将之与理一分殊联系起来,得到李侗的认可,只是李侗仍然提醒朱熹"更用熟讲体认",不能一带而过。后来朱熹在《孟子集注》中注"人之所以异于禽兽者几希"章曰:"人物之生,同得天地之理以为性,同得天地之气以为形;其不同者,独人于其间得形气之正,而能有以全其性,为少异耳。虽曰少异,然人物之所以分,实在于此。"③这里明确表达了人和物理同气异的观点。

三、李侗对朱熹《大学》思想的影响

由于《大学》的基本框架是修己治人之学,所以宋儒视之为辟佛老的最佳武器而无不重视之。程颐一向重视《大学》,认为《大学》是"初学入德之门",又特别强调"格物",认为"格,犹穷也。物,犹理也。犹曰穷其理而已也。"④作为洛学四传弟子的朱熹较早就关注《大学》及其"格物致知",他在同安任职期间曾就《大学》制策问云:"大学之序,将欲明明德于天下,必先于正心诚意,而求其所以正心诚意者,则曰致知格物而已。然自秦汉以来,此学绝讲,虽躬行君子时或有之,而无曰致知格物云者。……愿二三子言其所以而并以致知格物之所宜用力者,为仆一二陈之。"⑤朱熹在从学李侗期间,尽管《延平答问》直接论及《大学》不多,但李侗对朱熹的《大学》思想的影响不能忽视,主要表现为两点:一是强调《大学》修己治人的政治现实意义;二是李侗提倡的"融释"、"洒落"启发了朱熹对格物致知的解释。

绍兴三十二年(1162 年)壬午夏,孝宗皇帝诏求直言,朱熹应诏上封事云:"古者圣帝明王之学,必将格物致知以极夫事物之变,使事物之过乎前者,义理所存,纤微毕照,暸然乎心目之间,不容毫发之隐,则自然意诚心正,而所以应天下之务者,若数一二、辨黑白矣。"又说:"于其间语其本末终始先后之序

---

① 先生勾断批云:"以上大概得之,它日更用熟讲体认。"
② 《延平答问》。
③ 《孟子集注》卷八。
④ 《二程遗书》卷二五。
⑤ 《朱文公文集》卷七四,《策问》。

尤详且明者,则今见于戴氏之记,所谓《大学》篇者是也。"①这里是将《大学》看作"圣帝明王之学",着重突出了《大学》的政治价值。其实,壬午封事是朱熹与李侗相互讨论的结晶,李侗在壬午七月二十一日书中说:"封事熟读数过,立意甚佳。今日所以不振、立志不定、事功不成者,正坐此以合议为名尔。书中论之甚善。……封事中有少疑处,已用贴纸贴出矣,更详之。明道语云:'治道在于修己、责任、求贤',封事中此意皆有之矣。甚善甚善。"②正因封事得到李侗的指导,所以朱熹会说:"凡此所陈,特其所闻于师友之梗概端绪而已。"③壬午封事试图运用《大学》之道来影响孝宗皇帝的政治决策,充分体现了李侗和朱熹对《大学》修齐治平的政治现实性的重视和运用。

隆兴元年(1163 年)癸未,李侗前往铅山,往返途中路过武夷,于是二人有两次会面,这两次会面奠定了朱熹入都奏事的基调。朱熹入都上了三篇奏札,其中第一札是讲正心诚意格物致知的"圣学",以对抗当时盛行的佛老之学。朱熹说:"臣闻《大学》之道,'自天子以至于庶人,壹是以修身为本'。而家之所以齐,国之所以治,天下之所以平,莫不由是而出焉。然身不可以徒修也,深探其本,则在乎格物以致其知而已。"④又说:"夫格物者,穷理之谓也。盖有是物必有是理,然理无形而难知,物有迹而易睹,故因是物以求之,使是理瞭然心目之间而无毫发之差,则应乎事者自无毫发之缪。是以意诚心正而身修,至于家之齐、国之治、天下之平,亦举而措之耳。此所谓大学之道。"⑤朱熹依据《大学》,提出治国必须以修身为本,修身的根本在于格物致知。同时朱熹在此将"格物"解释为"穷理",这继承了程颐的"格物说"。但总起来看,朱熹此时对格物致知的解释仍没有摆脱《大学》的修己治人的整体框架,仍然强调《大学》的政治现实性。即便在李侗去世后,朱熹仍继续强调格物致知对"圣门之学"的重要性,他在癸未入对后的一封信中说:"窃以平生所闻于师友者验之,虽其大致规模不能有异,至其所有语夫进修节序之缓急先后者,则或不同矣。盖熹之所闻,以为天下之物无一物不具夫理,是以圣门之学,下学之序始于格物以致其知。"⑥

---

① 《朱文公文集》卷一一,《壬午应诏封事》。
② 《延平答问》。
③ 《壬午应诏封事》。
④ 《朱文公文集》卷一三,《癸未垂拱奏札一》。
⑤ 《朱文公文集》卷一三,《癸未垂拱奏札一》。
⑥ 《朱文公文集》卷三八,《答江元适二》。

　　尽管朱熹在从学李侗时，并没有直接讨论《大学》中的"格物致知"，但因为李侗一向强调"分殊"，认为"吾儒之学所以异于异端者，理一分殊也。理不患其不一，所难者，分殊耳"①，所以朱熹在从学李侗后也一改原来"好同而恶异，喜大而耻小"的做法，转而注重"分殊"，主张认识世界须从具体事物入手，经过认识"分殊"的长期积累，逐步把握住"理一"。可以说，李侗这种"分殊重于理一"的理念是朱熹格物致知论的一个理论基础。除此之外，朱熹还将李侗所说"融释"、"洒落"与格物穷理相联系，将之与程颐的格物说相提并论。这实际上扩展了李侗的"融释"说的使用范围，因为李侗最初提出"融释"、"洒落"并非为了阐述格物致知，而是用于表述为学工夫所能达致的目标和效果。"融释"、"洒落"、"洒然"等语在《延平答问》中反复出现，其中"融释"与"洒落"常常同时出现，在辛巳五月二十六日书中，李侗说："向所耽恋不洒落处，今已渐融释。"②在戊寅十一月十三日书中说："洒落自得气象，其地位甚高。……由此持守之久，渐渐融释，使之不见有制之于外，理与心为一，庶几洒落尔。"③显然，"融释"是"洒落"的必经阶段，"洒落"则是主体经过一事、一事的"融释"，积累到一定程度所达到的为学境界。

　　用李侗自己的解释，"融释"就是"洒然冰解冻释"。李侗在《己卯长至后三日书》中说："今学者之病，所患在于未有洒然冰解冻释处，纵有力持守，不过只是苟免显然尤悔而已。"④此处"纵有力持守"云云与"持守之久，渐渐融释"正相补充，在李侗看来，融释必须经过长久的持守方能实现，如果在某件事上没有达到"融释"而勉强用力持守则无法做到"洒落"。所谓"洒落"本是形容周敦颐的用语，李侗在庚辰五月八日书中说："尝爱黄鲁直作《濂溪诗序》云：'舂陵周茂叔，人品甚高，胸中洒落，如光风霁月。'此句形容有道者气象绝佳。胸中洒落，即作为尽洒落矣。学者至此虽甚远，亦不可不常存此体段在胸中，庶几遇事廓然，于道理方少进。"⑤李侗不仅把"洒落"看作一种圣贤气象，还用来形容"遇事廓然"的状态，这突出了"洒落"的工夫论意义。在庚辰五月八日书中，李侗说："某尝以谓遇事若能无毫发固滞，便是洒落。即此心

---

① 《延平答问跋》。
② 《延平答问》。
③ 《延平答问》。
④ 《延平答问》。
⑤ 《延平答问》。

廓然大公，无彼己之偏倚，庶几于理道一贯。若见事不彻，中心未免微有偏倚，即涉固滞，皆不可也。"①此处"遇事毫无固滞"与"遇事廓然"同意，体现了李侗学说注重工夫的特点。"洒落"必须通过一事、一事的"融释"，所谓"持守之久，渐渐融释……庶几洒落尔"，这一过程可以说是综合了"未发"处的涵养与"已发"处的应事两方面的工夫。朱熹曾这样向弟子解释"融释"、"洒落"之说："这说是教人若遇一事，即且就上理会教烂熟离析，不待擘开，自然分解。久之自当有洒然处，自是见得快活。"②所谓"若遇一事"做到"烂熟离析"、"自然分解"便是"融释"，"久之自当有洒然处"便是"洒落"。"融释"侧重于"应事"方面，"洒落"则侧重于主体的感受，但二者都必须在遇事过程中得以实现。

正是在工夫论层面，朱熹将"融释"、"洒落"与程颐的格物说联系在一起，因为二者都主张做事要达到极致。朱熹说："旧见李先生说：'理会文字，须令一件融释了后，方更去理会一件。''融释'二字下得极好，此亦伊川所谓'今日格一件，明日又格一件，格得多后，自脱然有贯通处'。"③由于李侗所谓"融释"侧重在"一件事"上，而程颐之说则侧重在不同事，于是朱熹经常遇到弟子对两种说法的比较。据《朱子语类》载：

> 仁甫问："伊川说：'若一事穷不得，须别穷一事'，与延平之说如何？"曰："这说自有一项难穷底事，如造化、礼乐、度数等事，是卒急难晓，只得且放住。……延平说，是穷理之要。若平常遇事，这一件理会未透，又理会第二件；第二件理会未得，又理会第三件，恁地终身不长进。"④

> 李尧卿问："延平言穷理工夫，先生以为不若伊川规模之大，条理之密。莫是延平教人穷此一事，必待其融释脱落，然后别穷一事；设若此事未穷，遂为此事所拘，不若程子'若穷此事未得且别穷'之言为大否？"曰：程子之言诚善。穷一事未透，又别穷一事，亦不得。彼谓有甚不通者，不得已而如此耳。不可便执此说，容易改换却，致工夫不专一也。⑤

朱熹认为李侗"一事融释"和程颐"今日格一件，明日格一件"各有适用范

---

① 《延平答问》。
② 《朱子语类》卷一八。
③ 《朱子语类》卷一〇四。
④ 《朱子语类》卷一八。
⑤ 《朱子语类》卷一八。

围,学者在应事中必须互相补充,因地制宜,如果学者是在"为学之初"、"平常用事",则理应在一件事上"融释"之后,再另格一物,别穷一理;如果是一时难以处理的事情,则不必执着于一件事的"融释",而须"今日格一件,明日格一件"。虽然朱熹的格物致知说是对程颐的继承和发展,但他绝不拘泥于程说,而是用李侗的"融释"说来丰富、完善程颐的格物说。因此,朱熹在《大学或问》中对很多宋儒的格物说提出批评,唯独称赞李侗的"融释"说,他说:"惟念昔闻延平先生之教,以为'为学之初,且当常存此心,勿为他事所胜,凡遇一事,即当且就此事反复推寻,以究其理,待此一事融释脱落,然后循序少进,而别穷一事,如此既久,积累之多,胸中自当有洒然处,非文字言语之所及也。'详味此言,虽其规模之大,条理之密,若不逮于程子,然其功夫之渐次,意味之深切,则有非他说所能及者。"①

四、李侗对朱熹《中庸》思想的影响

在《延平答问》中,李侗与朱熹明确讨论到《中庸章句》的一处为第十六章"鬼神"一章。朱熹说:"窃谓此章正是发明显微无间只是一理处。"李侗评价道:"此段看得甚好,更引濂溪翁所谓'静无而动有'作一贯晓会,尤佳。"②另一处是因《韦斋记》而提及《中庸》第三十二章,李侗说:"某中间所举《中庸》始终之说,元晦以谓'肫肫其仁,渊渊其渊,浩浩其天',即全体是未发底道理,惟圣人尽性能然。若如此看,即于全体何处不是此气象?第恐无甚气味尔。某窃以谓'肫肫其仁'以下三句,乃是体认到此'达天德'之效处。就喜怒哀乐未发处存养至见此气象,尽有地位也。"③此处所言"未发处存养"是杨时—罗从彦—李侗一系的重要修养方法,对朱熹的《中庸》思想以及心性论的发展产生了很大影响。

"未发已发"问题的提出源自于程门弟子对《中庸》中"喜怒哀乐之未发谓之中,发而皆中节谓之和"的讨论,亦称"中和"问题。当时程颐与吕大临、苏季明讨论《中庸》中的"喜怒哀乐未发谓之中",产生了何谓"未发"、如何"体验未发"等问题。杨时认为,《中庸》所说"喜怒哀乐未发谓之中"之"中"其实是

---

① 《大学或问下》。
② 《延平答问》。
③ 《延平答问》。

《尚书·大禹谟》中的"道心惟微、惟精惟一、允执厥中"的"中"。未发之中就是道心，人只有在喜怒哀乐未发之际才能体验"中"，即"道心"。他说："《中庸》曰：'喜怒哀乐之未发谓之中，发而皆中节谓之和。'学者当于喜怒哀乐未发之际以心体之，则中之义自见，执而勿失，无人欲之私焉，发必中节矣。"①因此，杨时主张"静坐"以"体验未发"的修养方法，后来罗从彦、李侗继承了这一传统。李侗说："某曩时从罗先生问学，终日相对静坐。只说文字，未尝一及杂语。先生极好静坐，某时未有知，退入堂中亦只静坐而已，先生令静中看喜怒哀乐未发谓之中，未发时作何气象。"②李侗也向弟子传授"默坐澄心"的工夫，他说："学问之道不在于多言，但默坐澄心，体认天理，若见虽一毫私欲之发，亦自退听矣。久久用力于此，庶几渐明，讲学始有力也。"③朱熹也说："李先生教人，大抵令于静中体认大本未发时气象分明，即处事应物，自然中节。此乃龟山门下相传指诀。"④实际上，"静中体验未发"乃是杨时继承了程颢的思想，正缘于此，当杨时学成而归时，程颢目送他说："吾道南矣。"因此黄宗羲说："静坐看未发气象，此是明道以来下及延平一条血路也。"⑤

然而，朱熹作为道南学派的继承人，对于"体验未发"的做法终究未能契合。他说："余早从延平李先生学，受《中庸》之书，求喜怒哀乐未发之旨，未达而先生没。"⑥又说："昔闻之师，以为当于未发已发之几，默识而心契焉，然后文义事理，触类可通，莫非此理之所出，不待区区求之于章句训诂之间也。向虽闻此而莫测其所谓，由今观之，始知其为切要至当之说，而竟亦未能一蹴而至其域也。"⑦这是因为，朱熹认为，静坐无论实践中还是理论上都存在弊端。据《朱子语类》载：

> 问："先生所作《李先生行状》云'终日危坐，以验夫喜怒哀乐之前气象为如何，而求所谓中者'，与伊川之说若不相似？"曰："这处是旧日下得语太重。今以伊川之语格之。则其下工夫处，亦是有些子偏。只是被李先生静得极了，便自见得有个觉处，不似别人。今终日危坐，只是且收敛

---

① 《宋元学案》卷二五，《龟山学案》。
② 《延平答问》。
③ 《延平答问》。
④ 《朱文公文集》卷四〇，《答何叔京二》。
⑤ 《宋元学案》卷三九，《龟山学案》。
⑥ 《中和旧说序》。
⑦ 《朱文公文集》卷四〇，《答何叔京四》。

在此，胜如奔驰。若一向如此，又似坐禅入定。"①

朱熹认为，静坐固然能够"收敛"心性，但是久而久之，有流入禅的弊病。更为重要的是，朱熹认为，"体验未发"的说法本身存在矛盾，"这个亦有些病。那'体验'字是有个思量了，便是已发。若观时恁着意看，便也是已发。"②正缘于此，朱熹直到李侗去世也没有实现"体验未发"的目标。

尽管朱熹在李侗生前死后都没有实现"体验未发"的目标，但是李侗的"体验未发"的修养方法直接促进朱熹对"中和"问题的关注，产生了丙戌和己丑两次"中和之悟"。丙戌之悟是朱熹综合分析程颐、杨时、李侗的"未发已发"论以及湖湘学派修养论的结果，他从性体心用的观念出发，"反对以'未发之前'（小程）、'未发之际'（龟山）、'未发之时'（延平）那种用未发已发把心体流行的过程划分为不同阶段的观点"③。丙戌之悟主张"心为已发，性为未发"，于是朱熹采纳了湖湘学"先察识后涵养"的修养方法，这与李侗一贯提倡的"默坐澄心"、"体验未发"的涵养方法大相径庭。直到己丑之悟时，朱熹意识到"以察识端倪为初下手处，以故缺却平日涵养一段工夫"，于是开始向李侗"体验未发"的修养方法回归。但是，与李侗主张"静坐""体验未发"不同，朱熹主张"涵养须用敬，进学则在致知"。这就将道南学派的"主静"的直觉主义转向了程颐的"主敬"的理性主义。更为重要的是，通过己丑之悟，朱熹对心、性、情做了深入精细的分析，认为心有未发已发，性为未发，情为已发。在此基础上，朱熹对"中"、"和"做了如下解释："喜怒哀乐，情也。其未发，则性也，无所偏倚，故谓之中。发皆中节，情之正也，无所乖戾，故谓之和。"④可以说，朱熹对心性问题的思考是从道南学派的"未发已发"问题开始的，李侗"体验未发"的教导在朱熹的修养实践中虽没有收到实效，但却为朱熹进一步理解和发展《中庸》思想提供了前提，也为朱熹融合洛学、道南学派、湖湘学的心性论和修养论奠定了基础。

尽管李侗本人"不著书，不作文，颓然若一田夫野老"⑤，但透过朱熹的《延平答问》、《四书章句集注》、《四书或问》等相关内容，不难看出，李侗对《论》、《孟》、《学》、《庸》都有很深的造诣。朱熹在二十四岁初见李侗之后，在学习和

---

① 《朱子语类》卷一〇三。
② 《朱子语类》卷一〇三。
③ 陈来：《朱熹哲学研究》，北京：中国社会科学出版社，1988年，第98页。
④ 《中庸章句》。
⑤ 《朱子语类》卷一〇三。

注释《论语》、《孟子》、《大学》、《中庸》的过程中,有很多观点或理念都直接或间接地受到了李侗的指导和启发。可以说,李侗的指导推动了朱熹的《论语集解》、《孟子集解》、《大学集解》、《中庸集解》在绍兴年间的顺利完成,而朱熹在此期间对于《论语》、《孟子》、《大学》、《中庸》的探讨也为后来编纂《论孟集注》和《大学中庸章句》夯实了基础。要之,朱熹自从初见李侗受到"只教看圣贤言语"、"只在日用间着实做工夫处理会"的指教之后,逐渐由原来的"禅、道、文章、《楚辞》、诗、兵法,事事要学"①转而致力于精读以《论语》、《孟子》、《大学》、《中庸》为代表的儒家经典,为"四书"体系的形成提供了必要条件。尽管朱熹的《四书章句集注》最终形成于淳熙年间,距离李侗去世已有十余年,但是毋庸置疑,李侗对《论语》、《孟子》、《大学》、《中庸》的基本立场影响到朱熹四书体系的基本构架,二人讨论到许多问题,例如"一贯"、"忠恕"、"养气"、"夜气"、"中"、"和"等,在《四书章句集注》以及《或问》中都不同程度地体现了李侗学说的影响。总而言之,李侗在朱熹四书学的形成过程中功不可没,在洛学发展为闽学过程中起到了承前启后的重要作用。

---

① 《朱子语类》卷一〇四。

从李侗投书罗从彦看其为学思想的转变

◎ 陈利华

李侗（1093—1163），字愿中，北宋南剑州剑浦县（今福建南平）人，出身于以儒学起家的中下层官僚家庭，是一个从小就在家庭影响下致力于"习举子业"①的传统读书人，"既冠②，游乡校，有声称"③。但是，这种勤奋艰苦的顽强努力，仅仅只在时隔四年后的政和六年（1116年），就被束之高阁了。那一年，当踌躇满志的李侗决定投书罗从彦并最终选择成为罗从彦的嫡传弟子后，他的"举业人生"就似乎再也没有被提及过。这是因为他的学问不够吗？绝对不是。那是因为他的厌恶官场吗？好像也不能轻易判定。几十年后，两个儿子同时高中进士的客观事实④，难道不正是李侗精心教诲的结果吗？由此可见，二十四岁的那次投书求学，很有可能对李侗一生的思想转变产生重大影响，是李侗人生理想、学术思想乃至言谈举止发生明显蜕变的开始。虽然，这种看起来判若两人的蜕变结果，朱熹描述过，学者阅读过，后人谈论过，但却一直很少有人注意对其进行必要的研究、分析，以至于人们在说起李侗究竟是一个怎样的人的时候，常常是语焉不详、无法自圆。笔者在涉及这一相关问题的研究时，尽管还不能在仅有的文献记载中明确判断出李侗一生没有做官的原因是否与此变化有关，也不能清晰分辨出李侗在此变化之后是否还间

---

① （元）脱脱《宋史》卷四二八，《李侗传》。

② 古代男子满二十岁之后，即举行"及冠"之礼（也称加冠、弱冠），表示已经是成年人了，可以取"字"。

③ （宋）朱熹：《延平先生李公行状》。

④ 吴栻、蔡建贤：(民国)《南平县志》卷九《选举志第十三》载：绍兴二十七年丁丑（1157年），王十朋榜。绍复行兼经义，如十三年制。石应城、黄藻、吴人瑞、李信甫、李友直。

或有过参加科举并一再失败的不幸经历,但仍愿以不才之笔,斗胆对其为学思想的转变作一初步的试探性分析,以就教于诸师友。

一、深藏于典籍之中的李侗拜师投书帖

一直以来,由于李侗不愿为官、不喜著述而导致的文献资料记载缺乏问题,已然成了横亘在李侗研究者面前一道难以逾越的现实障碍,导致人们在对其进行研究的过程中,除了得以拥有一些地方史志、《宋史》、《宋元学案》以及后人为其编录的《延平文集》一卷、附录一卷、《延平答问》一卷、《延平答问后录》一卷①外,似乎就再难找到更多、更具体的文字记载。这种资料乏陈的无奈之状,不仅为我们了解李侗带来了认识上的不足,同时也使得我们在进行地方文化研究的过程中,无法为其广为宣传。

2012年,笔者在为南平市李侗研究会搜集、整理有关李侗生平的历史资料时,再次详细阅读了《宋史》和《南平县志》中的相关记载,赫然品读到一段有关李侗拜师罗从彦时以第一人称记录的"投书帖",该"投书帖"在《宋史》中出现的前缀为:"李侗,字愿中,南剑州剑浦人。年二十四,闻郡人罗从彦得河、洛之学,遂以书谒之,其略曰:……"②而《南平县志》的前缀则是:"政和六年,侗年二十四,始受学于郡人罗从彦。从彦学于杨时,时学于河南程灏、程颐。两程之传,则于濂溪周敦颐辟始之。敦颐接千五百年已绝之统,以主静为学要。黄庭坚称其胸中洒落,如光风霁月,侗私淑焉。侗初见从彦,书曰:……"③

这两则前缀所引发的、类似来源于李侗"拜师投书帖"的文字内容,虽然表面上看起来大同小异,但在情节转承和文字渲染方面,《南平县志》中的《儒林传》不仅远远超越了《宋史·李侗传》之上,而且还直接使用了"书曰"这样的肯定表达,仿佛撰写者完全是全文抄录了该书帖一般,读起来让人感觉自然、流畅不少。而《宋史》仅仅只是以"其略曰"的方式节录了其中部分内容,虽然在表达上还有些意犹未尽,但基本也都是以李侗的口吻陈述这样几个

---

① 后来,清代理学家张伯行在主编《正谊堂全书》时,又把这些辑录汇编成了《李延平集》四卷。

② (元)脱脱:《宋史》卷四二八,《李侗传》。

③ 吴栻、蔡建贤:(民国)《南平县志》卷二〇,《儒林传第二十四》,1985年,第1059页。

观点：

1.古代圣贤之所以成为圣贤，没有一个不是在老师"圣贤之说"的帮助下，让自己修养得越发明智。只是可惜的是，如此于国、于家、于人都大有所为的神圣之学，却在孟子之后出现了门派分立，使得天下真儒早已不再复见于世。因此天下那些所谓的流传之学也早就失却了圣学的本体，仅仅只是简单的句读文义而已。现在再学习这种没有思想、没有灵魂的失传之学，就成了天下读书人的一大悲哀。

2.我听说先生不仅侍学过龟山(杨时)十数年，而且还访学过伊川(程颐)，得到了一千五百年后的圣学不传之秘，处处极尽精妙，天下大凡有点见识的读书人，都没有一个不愿意拜受于先生门下，寻疑问道。

3.自己这么些年来，因为愚鄙而花了太多时间去攻习举业，所以才没有及时拜于先生门下。今天之所以抱着一颗拳拳之心前来求教，就是为了寻求到一种高于利禄之学的圣贤之学，希望先生不要为我的冒昧感到嫌弃才是。

4.我之前所以要攻取举业，完全是因为我的祖上都是以儒学起家，我不忍心看到子承父业的希望毁于一旦，所以才勤勉不懈地为之耗费了二十四年时光，期间虽然也研究了一些于世有为的真儒之学，但效果总不及先生亲自跟随在宗师身边言传身教、目击意会的好。

5.十年前(1106年)我就听说了先生大名，到现在十年过去，虽然我也已经二十四岁了，但在为学的道路上还是烛理不明，是非无辨，宅心不广，喜怒易摇，拣焉不净，守焉不敷，朝夕恐惧，这就好比饥寒交迫之人充满了对充饥御寒之具的极度渴求。今天听闻先生待人接物和蔼可亲，如沐春风，所以才大胆希望受业于先生门下，以求安身之要。如若不是因为这样的话，我又怎么敢以不肖之身，让先生长者您受累呢！

透过这封言辞恳切的投书可知，李侗在拜师罗从彦之前，不仅为攻取举业熟读了众多只为应试而定的儒家经典，而且还对那种致力于拯救道统、刷新儒说的正传之道非常向往，曾私下进行过一定接触，只是由于未能找到名师指点而烛理不明，是非无辨。那么，为什么有了这样的为学遗憾后，已对罗从彦有所耳闻的李侗却不在罗从彦居留沙县期间(1103—1113年)就前去拜师求教，也不在罗从彦初回(1113—1114年)罗源(今南平市延平区水南街道罗源村)时就即刻前往，而是偏偏在时隔两年后的1116年才决定前往呢？对此，只是节略投书的《宋史》并未作出任何说明，反是"全文照录"的《南平县志》有着一段可以反映当时可能仍在坚守举业的李侗的所思所想，说的是：

"圣学未有见处,在佛子中有绝嗜欲,捐想念,即无住以生身者,特相与游,亦足以澄汰滓秽,洗涤垢坌,忘情乾慧,得所休歇,言踪义路,有依倚处,日用之中,不无益也。若曰儒者之道,可会为一。所以穷理尽性,治国平天下者,举积于此,非自愚则欺也,众人皆坐侗以此,而不知侗暂引此,以为入道之门也。"①

这也就是告诉人们,在没有开始接触和研究义理之前,年仅十四岁的李侗就算听说了罗从彦的存在,也未必就会即刻产生前去拜师的需要。而后,初涉周敦颐之说的李侗之所以只是暂时选择以佛理为入道之门而没有第一时间拜会从彦,理由在于与目前尚未看到意义的科举之学相比,佛家中有断绝了对身体感官方面享受欲望的人,有舍弃了对现实生活进行物质奢想的人,因此交游佛家、研求佛理,可以帮助人们学会甄别好坏,去除污垢,忘乎于自以为智慧的所谓"洞见",不思不想,让心灵得到释放,让身心得到涤净,这对人们的生命追求来说,的确不无益处。因此很多儒学之人都好学佛理,精通佛理,自己做出这样的决定也是人之常情。但是,如果真要追求那种穷理尽性、治国平天下的儒者之道的话,这样的决定要么显得愚蠢,要么显得自欺了。因此,李侗才会自我感慨:"众人皆坐侗以此,而不知侗暂引此,以为也。"

但是,既然是已经投入了佛理的怀抱,那就免不了要受到佛理的感化、影响,呈现出对原本就是批判佛、道产物的"正统道学"②的不利倾向。因此,看完投书后的罗从彦便针对李侗的这种思想,专门作诗批评他说:"圣遭由来自坦夷,休述佛学惑他歧。死灰槁木浑无用,缘置心官不肯思。"③并告诫李侗,读书要以身体之,以心验之,从容默会于幽闲静一之中,超然自得于书言象意之表,这样才能默坐澄心以体悟天理,不被义理之外的其他学说迷失本性。但是,对于李侗究竟是不是一个可堪造就的理学之才,究竟能不能安贫若素、抛却名利、潜心向学,罗从彦也不好贸然作出否定。他只在随即的诗序中,表达了自己担心错判的心情,称:"愿中以书求道甚力,作诗五章以勉其意,然借

----

① 吴栻、蔡建贤:(民国)《南平县志》卷二〇,《儒林传第二十四》,1985年,第1161~1162页。

② "道学"又称"理学",是北宋以后社会经济政治发展的最重大理论表现和中国古代哲学批判佛、道的直接产物,是以讲究义理为主要特征的"新儒学"。

③ (宋)罗从彦:《勉李愿中五首》,吴栻、蔡建贤:(民国)《南平县志》卷一八,《七绝》,1985年,第978页。

视听于聋盲,未知是否?"这里所说的五章用以"勉其意"的诗作,除了上面已录的一首外,还有的另外四首是:

> 不闻鸡犬闹桑麻,仁宅安居是我家。耕种情田勤礼义,
> 眼前风物任繁华。

> 今古乾坤共此身,安身须是且安民。临深履薄缘何事,
> 只恐操心近矢人。

> 彩笔画空空不染,利刀割水水无痕。人心安得如空水,
> 与物自然无怨恩。

> 权门来往绝行踪,一片闲云过九峰。不似在家贫亦好,
> 水边林下养疏慵。

二、李侗投书后的思想行为转变

(一)从力求举业到只为真学

资料记载,李侗的曾祖父李幹,天圣二年(1024 年)甲子宋郊榜①进士,官封屯田郎中,为政清廉,赠②金紫光禄大夫。李侗的祖父李燧,宝元元年(1038年)戊寅吕溱榜③进士,官封朝散大夫,文采斐然,赠中奉大夫。李侗的父亲李涣(一作洫④,本文根据字义取"涣"字说),字焕章,封正六品上文散官⑤朝奉郎,赠右朝议大夫⑥,娶饶氏,赠恭人。在这样一个三代为官的书香环境下,聪慧灵敏的李侗作为李涣和饶氏最为钟爱的第三子,自然从小就被赋予了承接

---

① (明)黄仲昭:《八闽通志》卷五二,《选举·科第·延平府》载:天圣二年甲子宋郊榜:康处平、李幹(俱剑浦人)。

② 皇帝赐予官员父母、先人与妻室以爵位名号,存者称封,已死称赠。封赠先世起自晋、宋,大抵封赠一代,极少延及祖父,亦未尝至作品,唐末以后,宰相贵臣方追赠三代。

③ (明)黄仲昭:《八闽通志》卷五二,《选举·科第·延平府》载:宝元元年戊寅吕溱榜:宋琪、李繻(繻,《寰宇志》作繐)、余况(俱剑浦人)。

④ (明)黄仲昭:《八闽通志》卷六九,《人物·延平府》载:李侗字愿中,剑浦人。祖繻,父洫,皆以儒学起家。

⑤ 在宋代官僚等级制度下,"散官"(亦称阶官)是与"职事官"判然两分的一种官名。官员之有实际职务者为职事官,在职事官之外,存在着文散阶和武散阶序列,它们分别由文武散官构成,都是有官名而无职事的官称,被称为"散位"、"本品"或"本阶"。

⑥ 朱熹:《延平先生李公行状》。

家族荣光的神圣使命:从接受闺教到进入乡校,从攻取举业到顺利入仕,一切都在按部就班的过程中慢慢得到实现。因此,自北宋徽宗崇宁至政和元年(1102—1111年)的短短十年间,少年李侗就在父亲的带领下,专门拜访过剑浦城东最为出名的藏春私学①,知道私学自吴仪②(约1043—1107)创办后,不仅受到了在南剑州读书的理学家杨时(1053—1135),朝廷谏官太学博士陈瓘(1057—1124),元丰五年(1083年)剑浦县第一个状元黄裳以及时任南剑州知州的王汝舟(1034—1112)等人的极力推崇,而且还知道了另一个著名的同郡名人罗从彦(1072—1135)在年仅13岁(1084年)时就慕名前来跟随吴仪求学论道,在藏春峡里留下了研求不倦的为学佳话,于是便油然萌生要砥砺向学的人生理想。

后来,为考取举业,20岁的李侗又根据朝廷的取士要求③,开始进入到南剑州州学学习,陆续结交到一些与他志同道合的学友、师长,这其中,李侗遇上了对他影响最大的两个人,一个是同县南山人吴方庆(生卒年不详),一个是吴方庆的父亲吴觐(生卒年不详)④。吴方庆作为私学创办者吴仪的侄孙儿,自小就涉设经传,尤邃诗书,秉承家风,满腹经纶。他不仅继承了吴氏家族诗书传家、文教相携的优良传统,多次邀约州学学友李侗、邓肃(南剑沙县人,1091—1132)一起在藏春峡里求学论道,吟咏啸歌,而且还不知不觉让同道好友李侗在藏春学风的影响下,渐渐对社会流行的、有别于科举之学的正统道学产生了莫大兴趣。吴方庆的父亲吴觐,虽然早已与李家有过往来,后来甚至还成了李侗的岳父,但他对于李侗的影响,却不仅仅只是出于对李侗学识、人品的简单欣赏。史料记载,吴觐作为家教堪严的吴氏传人,其最特立

---

① 私学是中国古代私人办理的学校,与官学相对而言。这里所说的藏春私学即兴建于剑浦城东藏春峡的私人学校,是一处与南剑州州学并驾齐驱的学术交流场所,对南剑教育的影响很大。

② 吴栻、蔡建贤:(民国)《南平县志》卷二十《独行传第二十六》载:吴仪,字国华。父辅,以学起家,居官历著循声,仪其次子也。

③ 根据宋朝的取士要求,所有的州、县学子都必须依据庆历教改的规定,在学校学习期满300天后,方可被推荐去参加应举考试,这有点类似于今天必须拿到高中毕业证才能参加高考的意思。因此,为了拿到这样一个重要的、用于向上参考的资格学历,当时属于南剑州治下的剑浦、将乐、顺昌、沙县、尤溪等五县学子,全都要汇聚到南剑州州学,来完成国家规定的主要学业并获取他们参与国家考试的相应凭证。

④ 吴觐,雷州(今广东省湛江雷州市)刑曹(分管刑事的官署或属官),以子方庆,加承仕郎(文散官名。宋始置,为文官第二十三阶,正八品)。

独行的地方就是在严格要求人品的基础之上,专门为自己的爱女高设了一条"必取道学之正传者"①的择婿标准,让众多南剑才俊望而生畏。要知道,当时南剑州中真正能够称得上是"道学正传者"的人,除了年轻时盘桓藏春、学成后便北上寻宗的杨时、罗从彦之外,便再难找到一个实至名归的合适人选了。因此,为了一探这种最为学人所推崇的"正传道学",年轻好胜的饱学之子李侗才在为学目标上渐渐疏离了家人为其设计的举业理想,转向以周敦颐(1017—1073)为私淑对象,甚至还援引了"大智大慧"的佛门冥思静坐之法和机辨参悟思想,开始致力于自己的苦学生涯。

几年后,这个仍在为不能得到"道学正传"而迷惘彷徨的李侗听闻了人们对罗从彦的高度评价,便决心到罗源里投书拜师以实现自己穷理明辨的学术理想。他在书帖中非常恳切地将自己数年来努力研求但却依旧无法打破瓶颈的治学境遇和渴求破解的急迫之情做了充分表达,并特别承诺说:"故吾可舍今我,尚存昔之所趋,无涂辙之可留。今之所受,无关键之能碍。气质之偏者,将随学而变。染习之久者,将随释而融。启之迪之辅之翼之,使由正路行,而心有所舍,则俯焉日有孳孳,死而后已。侗当守此,不敢自弃于门下也。"②由此可见,李侗在还没有见到从彦之前,虽然早已凭借自己的聪明才智将道学的精髓体会融合到了一定程度,但终究也还算不上是获得真正的"道学正传",所以他才要彻底舍弃今我,舍弃家人对他子承父业的殷切期待,抛除一切俗世杂念,由"力求举业"转为"只为真学","日有孳孳,死而后已。"

(二)从潇洒豪放到澄心默坐

表明心迹并确立了师生关系之后,罗从彦便把"从容默会于幽闲静一之中,超然自得于书言意象之表"③的杨时之教进一步具化为"静中观理"的为学方法,要求李侗要用心体验"未发之中"的学理奥妙,潜心向学。使李侗渐渐明白了这种透过静坐以体验心灵的真正义蕴,知道了静坐只是了解心灵义蕴的方法之一,也知道了"心之为物,明白洞达,广大静一"的道理所在,并由此知心、知性,直探治学之本源。这种潜心体验天道与心性的"以身体之,以心

---

① 吴一鸣:《云雁庵记》;吴栻、蔡建贤:(民国)《南平县志》卷十四,《艺文志》,1985 年,第 755 页。

② 吴栻、蔡建贤:(民国)《南平县志》卷二十,《儒林传第二十四》,1985 年,第 1062 页。

③ (宋)杨时:《杨龟山先生全集》,台北:学生书局,1974 年,第 625~626 页。

验之,从容默会于幽闲静一之中,超然自得于书言象之表"的治学理论与为学方法,显然与一般的辞章考据之学不同,当然也与记问背诵的科举之术大相迥异,它一经授受,就令苦修数年的李侗顿觉醍醐灌顶,豁然开朗。于是,自感找到"道学正传"的李侗为了表明自己一心穷理的坚定信念,便决意抛开一切,专心追随罗从彦。

史料记载,李侗开始受学罗从彦时,为了领会什么才是真正的"道学正传",先是花大量时间将之前早已学过的《春秋》、《中庸》、《论语》、《孟子》等儒家经典重新再认真学了一遍,待"从容潜玩,有会于心,尽得其所传之奥"后,再从方法入手,由"静中看喜怒哀乐未发前气象而求所谓中者,久之,而于天下之理该摄洞贯,以次融释,各有条序"①,终于得到了罗从彦的高度称赞。后来,罗从彦在写给沙县挚友、同时也是杨时之徒陈渊的书信中,就不无欣喜地告诉陈渊说:"近有后生李愿中者,向道甚锐,曾以书求教,趋向大抵近正。"②

从此以后,已经获得"道学正传"之教的李侗为了进一步实现自己潜心体验天道与心性的为学目标,不仅在学术上完全接受了罗从彦的精心引导,常常"讲论之余,危坐终日,以验夫喜怒哀乐未发之前,气象为何如"③,而且在生活追求上也有意无意地完全效法罗从彦,表现得与罗从彦毫无二致。比如,罗从彦不愿从仕,李侗也就不再继续参加科举;罗从彦严毅清苦、嗜好泊如,李侗也就淡泊明志、怡然自适;罗从彦养成了通过静坐来思考、感应心灵义蕴的特殊习惯,李侗也就刻意学习从彦,终日静坐,渐渐进入到"以身体之,以心验之"的治学状态中,在性格脾气和行为举止上都有了很大转变。对此,《朱子语类》不无比对地记载说:"李延平初间也是豪迈底人,到后来也是磨琢之功。……常闻先生后生时,极豪迈,一饮必数十杯。醉则好驰马,一骤三二十里不回。"④后来,跟随罗从彦潜心静思后,李侗就大大改变了这种随性而为的生活状态,终身都无疾言遽色,比如,一般人去近一点的地方,都会走得稍慢一些,一旦去的地方远了,自然就要加紧步伐,但李侗绝非如此,他"出近处也

---

① (元)脱脱:《宋史》卷四二八,《李侗传》。

② (宋)罗从彦:《与陈默堂书》;吴栻、蔡建贤:(民国)《南平县志》卷十七,《艺文志》,1985年,第873页。

③ (明)林细:《请补宋罗李二先儒从祀庙庭呈议奏疏》;吴栻、蔡建贤:(民国)《南平县志》卷十二,《艺文志》,1985年,第623页。

④ (宋)黎靖德:《朱子语类》卷一百三,《罗氏门人》。

如此,出远处亦只如此"①。虽然只是行走二三里路,也常常要委蛇缓步,就像是在家里一样从容不迫。而且其待人接物也是如此,"寻常人叫一人,叫之一二声不至,则声必厉;先生叫之不至,声不加于前也"②。着着实实一派"静中气象",使得"乡曲以上底人只道他是个善人。"③间或有人好奇询问李侗是怎么养成这种习惯的,李侗就回答他们说:"只是潜养思索而已。"由此可见,这种立志求道、终日涵养潜思、默坐澄心的学术习惯养成后,李侗的举业人生与豪迈性情,的确有了不一样追求改变。

三、结　语

虽然,透过李侗投书数年后的目标理想和性情变化,我们得以了解到李侗在学术追求上所付出的巨大努力,也了解到李侗在生平活动中的点滴状况。但是要做到像了解杨时、罗从彦、朱熹那样较为全面地了解李侗,恐怕还是需要一定的材料支撑。相信借助专家学者们更多角度、更多抽丝剥茧般的细致考证,我们还是能够越来越走进李侗、看懂李侗。

---

① （宋）黎靖德:《朱子语类》卷一百三,《罗氏门人》。
② （宋）黎靖德:《朱子语类》卷一百三,《罗氏门人》。
③ （宋）黎靖德:《朱子语类》卷一百三,《罗氏门人》。

李侗在朱熹弃佛崇儒思想
转变过程中的作用研究

◎ 李永杰

朱熹早年泛滥佛老,沉溺于"昭昭灵灵的禅",但朱熹毕竟不是禅宗思想家,而是儒学大师——宋明理学的集大成者,所以在朱熹的思想历程中就有一个弃佛崇儒的转变过程。当然,即便"弃佛",那也是对佛教的扬弃,沉潜了佛教的精髓而改进了儒学理论,遂集大成于宋明理学。在朱熹弃佛崇儒的思想转变过程中,李侗起了关键性的作用。虽然很多论者都提到了这一点,但到底李侗的哪些东西让朱熹从深陷其中的"禅"而转向了儒,其转变的机理如何,却鲜有论及,而这也是一个很有意思的话题,笔者不揣浅陋,尝试着做一梳理与考辨,以求教于方家。

一、朱熹受学李侗前对禅宗的沉溺

佛教这一外来宗教,发展到唐朝的时候成为中国文化的主干,按梁启超的说法,当时中国一等的人物都沁润于佛家,虽然唐朝也有儒学思想家,但毕竟不占当时思想文化的主干。韩愈就曾力排佛教,他曾区别佛老的"正心诚意"与儒家的"正心诚意",儒家"正心诚意"并非目的,而仅为手段,目的在于修、治、齐、平,"内圣"不是目的,而"外王"才是儒家的价值追求。佛教虽盛,但它对于社会的伦理纲常毕竟无所补益,所以宋初儒家又开始代之而中兴,宋明理学这一新儒学就是儒学中兴的标志。虽然宋明理学使儒学得以重光,但它不是原原本本地复兴原始儒学,而是改造了原始儒学,进而将时代特色熔铸进儒学之中,形成新儒学。一个重要的特征就是将佛教的一些东西融进入儒学,宋明理学援佛入儒,融汇了儒、释、道三家,开创了儒学发展的新阶段。

宋明理学思想家都出入佛老,沁润于禅宗。周敦颐将道家的宇宙论和儒家的人生观有机结合构建了通天人之际,究古今之变的思想体系;二程曾"泛滥诸家,出入于老释"。全祖望说,"两宋诸儒,门庭径路半出佛老。"①乃至于胡五峰曾说,"定夫为程门罪人!"也就是说,游酢沉溺禅宗是儒学的罪人。朱熹就生在这样一个佛禅盛行的时代,他周围的人大都沾染禅宗,其父朱松就曾潜心禅学,经常出入于高僧大德之间,朱熹所受教于的"武夷三先生"也都深得禅道,在这样的氛围与环境中,朱熹也必然会对禅宗产生浓厚兴趣。他自己也长时间地沉溺于禅宗,"出入于释老者十余年",如此长期熏染于佛老,佛教对朱熹的影响也是深刻的,朱熹甚至说过,自己十九岁时用一禅僧所授之意答卷而考取进士,可以说,朱熹的理学思想中有深深刻的禅宗特质。但沉迷程度如此之深的朱熹到底是受到哪些教诲才决心放弃自己心爱的禅,最终认定"毕竟佛学无是处",而"逃禅归儒"呢?

二、李侗的哪些教诲让朱熹弃佛崇儒

赵师夏为《延平答问》写的跋中说,朱熹"同安官后,反复延平之言,而知其不我欺。自同安归在丁丑,朱子二十八岁,自此以前所谓出入释老者也。"②朱熹之所以逃佛入儒,一个重要的原因就是接受李侗的教诲,教诲虽然重要,但绝非唯一原因,而且应该说,李侗的教诲之所以能够发挥作用,是众多因素综合发挥作用的结果。首先,当时的时代需要儒学的中兴。儒学由于其自身的原因,自汉代以来逐渐呈衰弱之势,到了隋唐,和外来佛教和本国道教比起来呈边缘化的趋势,而佛教和道教是无益于社会伦理规范和社会秩序的。二程曾指出,"佛逃父出家,便绝人伦"③如果每个人都追求空,都出家,"则老者何养? 幼者何长?"④出家之人"跳出三界外,不在无行中",不再有家的观念,不再有君君臣臣之谊、父父子子之情,这样的社会也就没有伦理纲常,没有社

---

① 全祖望:《鲒埼亭集》外篇卷三一,《题真西山集》。

② 《朱子全书》第 20 册,上海:上海古籍出版社、合肥:安徽教育出版社,2010 年,第 354 页。

③ 《二程集》,北京:中华书局,1981 年,第 149 页。

④ 《二程集》,北京:中华书局,1981 年,第 409 页。

会秩序可言。不仅思想文化主流的佛教无法重建社会秩序,而且经过五代的动荡,整个社会呈"礼崩乐坏"的总体状况,这就需要由儒学担当重建社会秩序的大任。历史的发展是必然和偶然的辩证统一,历史的必然趋势具体化到了朱熹身上,就是他具备了重建社会秩序,中兴儒学的资质,现实为朱熹弃佛崇儒提供了客观基础。除了时代的因素之外,朱熹在同安为官的经历也是促其转向儒学的重要方面,南宋对外乞降,对内残酷压榨,所以社会动荡不安,朱熹在出仕同安的任上就做了许多推行儒学,重构礼仪,教化民众的事,这些经历也让朱熹日益觉得禅无益于重建社会规范,只有儒学才能够担当起重建社会秩序的重任。另外,朱熹之所以能够受到李侗教诲的影响,一个主要原因是朱熹从小并不是只泛滥佛学,而是"博求之经传,遍交当时有识之士。"①且其父就是二程三传弟子,服膺二程,所以朱熹从小就已经打下了儒学深厚的根基,虽然当时暂时还沉潜于佛老,但是一旦有合适的机缘,弃佛崇儒是有着深厚的思想基础的。

具体说来,李侗影响朱熹,使其弃佛崇儒的过程是这样的:朱熹绍兴二十三年(1153 年)朱熹二十四岁的时候,赴任同安,途中拜谒李侗,延平先生就开导禅意甚浓的朱熹,令其默坐澄心,细读圣贤。《朱子语类》卷一〇四中有:"延平先生尝言:'道理须是日中理会,夜里却去静处坐地思量,方始得。'某依此说去做,真是个不同。"对这种默坐澄心的强调可以说是道南一脉的共性,也是二程到朱熹这一学脉的要诀,黄宗羲称之为"明道以来下及延平一条血路",罗豫章强调"静处观心尘土不染",李侗则曾在乃师罗豫章教诲之下,终日危坐,用功夫于默坐澄心,体认天理。曾对张载《正蒙》"一故神,两故化"沉思默想了一个通宵,这件事让朱熹甚是感动。李侗之所以强调要终日危坐,默坐澄心,是因为他自己就曾由一个"好打马醉饮的豪士"经过其师罗彦的教诲而变为一个缓步低眉的木讷醇儒。② 朱熹的转变也需要经历一个类似的心路历程,才能够抛却他所迷恋的"昭昭灵灵的禅"。朱熹思想的真正转变是在绍兴二十七年(1157 年)同安任满等待继任者来代替他的时候,他简居畏垒庵(实际就是他在同安借居的一个居所),在这里他给李侗写了一封信,告之自己研读《孟子》涵养功夫方面的体会,李侗回信鼓励他"承谕涵养用力处,足见近来好学之笃,甚慰,甚慰。但常存此心,勿为他事所胜,即欲虑非僻之念,自

---

① 黄榦:《朱子行状》。
② 束景南:《朱子大传》,福州:福建教育出版社,1992 年,第 165 页。

不作矣。孟子有'夜气'之说，更熟味之，当见涵养用力处也。于涵养处着力，正是学者之要，若不如此存养，终不为己物也，更望勉之。"①李侗要求朱熹熟读《孟子》的"夜气"章，朱熹在这一段时间也确实在"夜气"这个问题上用力最猛。"夜气"之所以引发朱熹的兴致，不仅在于夜气乃孔孟"为己"之学的精要，而且在于"夜气"的存养功夫和朱熹心目中"昭昭灵灵的禅"产生了共鸣。夜气的存养强调默坐澄心，而禅也强调静坐、入定、澄心等等，这些东西调动了朱熹心灵深处的兴致，所以他开始深切地玩味夜气，并从夜气逐渐延伸至整个儒学。虽然这个时候朱熹思想转变还是比较大的，但畏垒庵时期的朱熹仅仅是从学李侗，实现思想转变的序曲，朱熹思想深处还在深深依恋着禅。

朱熹从同安回居以后，又于绍兴二十八年（1158年）当面请教于李侗。李侗的思想最重要的有两点：一是理一分特；一是主静。这次当面求教主要探讨了理一分殊问题，这次求教，朱熹基本确立了他的理一分殊理论，李侗强调从分殊而上升到理一，要从日常生活的分殊中上升到理一，而体认分殊就要在静中下功夫，静主要是心虚一而静，这和孟子的养浩然之气类似，静可以培养夜气。绍兴三十年（1160年），朱熹又向李侗当面请教，主要探讨如何在分殊（即用）上下功夫，以达到体用无间的融通状态。李侗不仅教导朱熹研读把玩孔孟精义，还教朱熹积极践履，关注现实（即分殊），禅宗要人恬淡退隐，洁身自好。朱熹也确实有此意向，但儒家要人直面现实，关注现实，而非退隐山林，儒家所讲的主静、主敬、诚心正意、默坐澄心等内在修炼只是手段，其目的在于经邦济世，在于治国平天下，"内圣"的目的是为了"外王"，直面现实，力图改造现实这才是儒家的目的，这也是李侗所说的"应事洒落"。朱熹通过当面向李侗请教和通信两种方式，在李侗的引导下，逐渐觉察到了禅的"不是处"，逐渐体悟到了儒家的"味道"，这一体悟随着他的为学和持守等功夫逐渐成为他思想的主流。

朱熹的弃佛崇儒虽有多种原因，何乃川先生和林振礼先生早在1984年的《朱熹"逃禅归儒"的思想转变》一文中就列举了促使朱熹思想转变的种种原因。② 但最直接的原因是李侗的影响，束景南先生在《朱子大传》中说："《延

---

① 《延平答问》。

② 何乃川、林振礼：《朱熹"逃禅归儒"的思想转变》，《福建论坛（文史哲版）》1984年第1期。

平答问》的编定,在朱熹逃禅归儒的转变道路上竖起一块丰碑。"①

三、"敬"——朱熹思想的禅宗痕迹

虽然朱熹最终选择了弃佛崇儒,但是早年泛滥的佛老对他影响甚深,其成熟时期的思想理论中也渗透着禅的因子,这也是朱熹援佛入儒,综罗儒、释、道的体现。这里我们尝试着以"敬"为例探讨朱熹思想的禅宗痕迹。

"敬"虽然是由二程所"拈"出的,但这个字却得到了程朱理学家们的一致重视,尤其是朱熹,朱熹在很多场合下论述过敬,我们这里将其敬的思想归纳为如下几点:

(一)敬,降服人心也。敬是一种心理状态,所以最要紧的是要降服得住人心。朱熹说,"人只有个心,若不降伏得,做甚么人。"人之所以为人而区别于其他动物,关键是人有人心,人心支配着人行善事,但人也是动物,人之超越动物之处就在于人心能超越动物的本能,能够用仁义礼智来规范自我,人也能堕落,关键要降伏得住人心,使人向善。"圣人千言万语,只要人不失其本心。""古人言志帅、心君,须心有主张,始得。"②降服人心,约束人心非常重要,"人精神飞扬,心不在壳子里,便害事。""未有心不定而能进学者。人心万事之主,走东走西,如何了得。"③

(二)敬、专一也。朱熹晚年高弟陈淳在《北溪字义》中对"敬"有这样的归纳:"所谓敬者无他,只是此心常存在这里,不走作,不散慢,常惺惺地惺惺,便是敬。"保持收敛身心,注意力集中专一于一件事情上,"主一只是心主这个事,更不别把个事来参插。若做一件事,又插第二件事,又参第三件事,便不是主一,便是不敬"。专一于一件事,就是敬,"敬者,一心之主宰,万事之根本,"④"虽无人境界,此心常严肃,如对大宾然,此便是主一无敌意。又如人入神祠中,此心全归向那神明上,绝不敢生些他念,专专一一,便自不二不三,就此时体认,亦见得主一无敌意分晓"⑤。陈淳还指出,敬字与诚字不相关,但却与恭字相关,恭是从容貌上来说的,敬则是从心上来说的。"敬,功夫细密;恭,气

---

① 束景南:《朱子大传》,福州:福建教育出版社,1992 年,第 196 页。
② (宋)黎靖德编:《朱子语类》第一册,北京:中华书局,1986 年,第 197 页。
③ (宋)黎靖德编:《朱子语类》第一册,北京:中华书局,1986 年,第 197 页。
④ (宋)陈淳:《北溪字义》,北京:中华书局,1983 年,第 35 页。
⑤ (宋)陈淳:《北溪字义》,北京:中华书局,1983 年,第 36 页。

象阔大。敬，意思卑曲；恭，体貌尊严。"①陈淳对敬的诠释可谓尽得乃师真传，朱熹也有诸多关于专一的阐发，如"敬，莫把做一件事看，只是收拾自家精神，专在此。今看来诸公所以不进，缘是但知说道格物，却于自家根骨上煞欠缺，精神意思都恁地不专一，所以功夫都恁地不精锐。未说道有甚底事分自家志虑，只是观山玩水，也煞引出了心，那得似教他常在里面好！如世上一等闲物事，一切都绝意，虽似不近人情，要之，如此方好。"②做持敬功夫的大敌就是缺乏定力，心驰骛于外物，受外在影响巨大，时而悲，时而喜，心为物欲所隔塞，放纵、浮躁的心难以被约束，就不是敬。人心昏昏，则不明，不明就难以提升自我德性，自我应有的慧根也难以充分发挥施展。在朱熹看来，不仅要能够保持敬的内在状态，还要坚持这种状态，使得自己长久地保持这种不放纵的状态，"人心常炯炯在此，则四体不待羁束，而自入规矩。只为人心有散缓时，故立许多规矩来维持之。但常常提警，教身入规矩内，则此心不放逸，而炯然在矣。心既常惺惺，又以规矩绳检之，此内外交相养之道也"③。为了保持这种惺惺然的心理状态，需要经常做这种持守功夫。

（三）敬，惺惺也。《宋元学案》中有关于"惺惺"状态的解释，"'惺惺'乃心不昏昧之谓，只此便是敬。心若昏昧，烛理不明，虽强把捉，岂得为敬"④。朱熹论敬的地方很多，但敬却并非他的最终目的，毋宁说，敬只是达到目的的一种手段，最终目的是境界的提澌，德性的超拔，"敬，德之聚也。"这也是儒家"内圣外王"之道在宋明理学的体现，敬强调内修，但内修之目的是开出外王，提升社会理论道德的水准。

（四）敬，收敛身心也。收敛身心，常使自我保持警醒和觉解，这是敬畏伦理的内在要义之一。朱熹说："人常须收敛个身心，使精神常在这里。似担百斤担相似，须硬着筋骨担。"要经常保持似担重担一样，保持自我内心的高度警觉。"学者须常收敛，不可恁地放荡"，"才高，须着实用工，少见许多才都为我使，都济事。若不细心用工收敛，则其才愈高，而其为害愈大"；"学者为学，未问真知与力行，且要收拾此心，令有个顿放处。"⑤

（五）敬体现在应事接物上。朱熹说："平日涵养之功，临事持守之力。涵

① （宋）陈淳：《北溪字义》，北京：中华书局，1983年，第37页。
② （宋）黎靖德编：《朱子语类》第一册，北京：中华书局，1986年，第215～216页。
③ （宋）黎靖德编：《朱子语类》第一册，北京：中华书局，1986年，第200页。
④ （清）黄宗羲：《宋元学案》第二册，北京：中华书局，1996年，第1548页。
⑤ 引文皆出自（宋）黎靖德编：《朱子语类》第一册，北京：中华书局，1986年，第201页。

养、持守之久,则临事愈益精明";"存心不在纸上写底,且体认自家心是何物。"①实际上除了"敬"以外,对"诚"的论述,对默坐澄心、切记体察的强调等等都渗透着禅宗的痕迹,限于篇幅,这里我们只探讨一个"敬"。

"敬"和禅宗有着密切的关系。禅宗强调"心法",不立文字,也正是这样,朱熹将禅指认为"昭昭灵灵",它强调人的悟性,而不强调外在方面。佛教传到中国,和中国文化有机结合形成禅宗,这和西方天主教发展为新教非常相似,中世纪天主教的特征是外在崇拜,教徒崇拜他们心目中的神,必须要到教会,否则教徒的祈祷不会传达到神那里,而宗教改革之后的新教则强调,神不是坐在教会里供人膜拜,而是常驻每个人的心灵深处,这样每个人只要在独处的时候默默祈祷,心灵深处的神就能听到。宗教改革将基督教从外在崇拜拉回到内在崇拜,这种内在崇拜类似于禅宗,它不强调外在仪式,甚至"酒肉穿肠内过,佛祖心中留"也是真正的佛教徒。禅宗强调内在的修炼,这种修炼和主静、主敬、默坐澄心非常相似,这种修炼更加强调虔诚,它本身也强调入定、静坐等修养功夫,所以朱熹所强调的主敬(不仅朱熹,整个宋明理学都有这个特色)本身就是禅宗的痕迹,是禅宗和儒家的有机结合。

---

① 引文皆出自(宋)黎靖德编:《朱子语类》第一册,北京:中华书局,1986 年,第 204 页。

逃禅归儒　弃文崇道

——李侗对朱熹早年思想的影响

◎ 冯会明

　　朱熹从 24 岁至 33 岁师从李侗十年,六次面见亲受教诲,数十封信函往来问学,李侗对朱熹早年的思想形成产生了重大影响,是李侗使朱熹幡然醒悟,逃禅归儒,将其引出佛老的泥淖、引上了道学的轨道,避免了朱熹在木鱼僧房中了此一生。李侗给朱熹指明了正确的用功方向,引导他去经典中求义,在日用处用工;传授了朱熹理一分殊的思想内核和主静的修养方法,实现了从主悟到主静的转变,以虚一而静的存养工夫代替空理悟入,以应事接物的分殊体认代替内心领悟。也正是李侗的教诲,使朱熹弃文崇道,确立以"穷理知道"为己任的理想。受教李侗,改变了朱熹早年的学术思想方向,对其一生产生了重大的影响。

一、师事武夷三先生,接受渗透佛老的儒学教育

　　朱熹 14 岁时,其父朱松病故。朱松去世前把家事托付给在崇安五夫里奉祠家居的刘子羽。朱熹遵父遗命,"依托刘子羽,入刘氏家塾,受学于武夷三先生:胡宪、刘勉之、刘子翚"[①]。接受比较全面的儒学教育。三先生都是洁身自好、超世脱俗的饱学硕儒,籍溪胡宪廉退自好的节操人品,草堂刘勉之的训诂学风,屏山刘子翚的举子学业,都对朱熹产生了不小的影响。在三先生的指导下,朱熹开始阅读儒家经典,为科举入仕攻读程文与辞章之学,为入

---

① 邹挺超:《朱熹的交往关系研究》,厦门大学 2009 年硕士学位论文,第 6 页。

"圣贤之域"而接触洛学,对道学有了初步的理解。但此时,"朱熹在三先生的教导下虽然对洛学已经有所体会,但还未完全进入程学的门径,并且还抱有从佛老之学体认儒家内圣的观点"①。

两宋之际,战乱不断,中原沦陷、山河破碎的巨变,使传统的儒家思想受到冲击,士大夫们在佛教和道教中寻求精神的慰藉,普遍养成了逃禅避祸、喜好谈佛说老的风气。他们和佛僧大都交往密切,关系和谐,儒佛道可以并行不悖得到广泛的认同,以佛修心,以道养生,以儒治世成为很多士大夫的人生信条,"出入佛老以求通达儒家的内圣是宋代许多士大夫都曾经历的过程"②。

武夷三先生也不例外,他们对佛老的喜好,也影响了朱熹。"三先生把渗透浓重佛老气的理学思想传授给了朱熹"③。除直接受到三先生的影响外,朱熹也间接受到家庭佛老气氛的熏陶,其祖父朱森,父亲朱松,以及三叔父朱槔都耽好佛老,喜结交禅师。因此,朱熹在接受传统儒学教育的同时,受三先生等的影响和熏陶,朱熹出入佛老,对佛道产生了浓厚的兴趣。他自己也说:"某年十五六时,亦尝留心于此(禅学)。"淳熙十五年(1188年)朱熹在给程正思信中,也再次明说自己早年曾经学习禅宗:"盖缘旧日曾学禅宗。"④

二、师从道谦,沉溺佛老,追求昭昭灵灵的禅

朱熹早年从三先生那里接受的是渗透浓重佛老气息的儒家教育,而与道谦的相遇交游,追求昭昭灵灵的禅,朱熹从而沉溺佛老,并师从道谦,开始了十余年出入佛老的心路历程。

开善寺的道谦是一个深得宗杲衣钵真传的高僧。绍兴十五年(1145年),朱熹经刘屏山得以认识道谦。"某年十五六时,亦尝留心于此。一日在病翁所会一僧,与之语。其僧只相应和了说,也不说是不是;却与刘说:'某也理会得个昭昭灵灵底禅。'刘后说与某,某遂疑此僧更有要妙处在,遂去扣问他,见他说得也煞好。"⑤年轻的朱熹对道谦深感敬佩甚至崇拜。

---

① 邹挺超:《朱熹的交往关系研究》,厦门大学 2009 年硕士学位论文,第 16 页。
② 邹挺超:《朱熹的交往关系研究》,厦门大学 2009 年硕士学位论文,第 10 页。
③ 束景南:《朱子大传》,北京:商务印书馆,2003 年,第 53 页。
④ 朱熹:《朱熹集》卷五〇,成都:四川教育出版社,1996 年。
⑤ (宋)黎靖德:《朱子语类》卷一〇四,北京:中华书局,1986 年。

绍兴十八年(1148 年)他带着宗杲的《大慧语录》离开家乡,赴临安应试。一路上,远游访禅,在礼部的考试中,他援佛入儒,靠着昭昭灵灵的禅说,竟然获得了考官们的青睐,得以金榜题名,使他更加崇信道谦。"及去赴试时,便用他意思去胡说。是时文字不似而今细密,由人粗说,试官为某说动了,遂得举。"①

绍兴十九年(1149 年)冬天,二十岁的朱熹,以新科进士身份荣归故里,回到婺源老家。次年春天返回时,走德兴、贵溪、弋阳、铅山一路,目的就是方便寻禅问道。归来后整整一年他沉浸在耽读儒经、佛典和道书中。因此,"绍兴十八年以来的远游和耽读佛老开拓了他的佛学视野,推动他跨出了师事道谦的决定性一步。"②

于是朱熹在密庵拜道谦为师,学内心参悟,学习融贯儒佛老,前后长达三年。他把书斋取名为"牧斋",闭门自牧主悟,修养明心见性的佛老心学,希望借佛禅心性之学来通达儒家的内圣。朱熹沉溺于佛老,也使他一度迷惑,"泛滥诸家,无所适从"。他说:"初师屏山、籍溪,籍溪学于文定,又好佛老,以文定之学为论治道则可,而道未至。然于佛老亦未有见……其后屏山先亡,籍溪在,某自见于此道未有所得,乃见延平。"③他在与汪应辰的书信中也说到这事:"熹于释氏之说,盖当师其人,尊其道,求之亦切至矣,然未能有得。"④

三、逃禅归儒:李侗将朱熹引出佛老泥淖、引入儒学正路

正当朱熹沉溺于佛老禅说,难以自拔之际,见到了李侗,从而把他引出佛老泥淖,引入儒学正路。"对于此时正沉溺于此的朱熹来说,还需要一个将他引出佛老、引入儒学道路的人,而这个人就是李侗。"⑤

绍兴二十三年(1153 年)五月,朱熹带着从道谦处熏陶来的一身禅气,南下赴任同安主簿。经过南剑时,往剑浦城南樟林,首次拜见了李侗。

延平先生李侗,字愿中,师从豫章罗从彦,是龟山杨时的再传弟子。"独

① (宋)黎靖德:《朱子语类》卷一〇四,北京:中华书局,1986 年。
② 束景南:《朱子大传》,第 108 页。
③ (宋)黎靖德:《朱子语类》卷一〇四。
④ 朱熹:《朱熹集》卷三〇。
⑤ 邹挺超:《朱熹的交往关系研究》,厦门大学 2009 年硕士学位论文,第 12 页。

得其阃奥,经学纯明,涵养精粹。"①他"一生不仕,结茅水竹樟林间,山中屏居四十年"。因和朱松是同门学友,两人交游相知几十年,"道谊之契甚深"。朱熹从小对其学问为人已耳濡目染。

朱熹除了遵父遗命,问学李侗外,他"这次见李侗主要就是向他大谈'昭昭灵灵'的禅学,炫耀自己近十年出入老佛的感受,把三先生和道谦传授给他的老佛玄说和盘倾倒出来就教于李侗"。

李侗并不认可朱熹以禅学通达内圣的道路,对他"就里面体认"的禅家参悟直接提出严厉的批评,对沉迷于此的朱熹当头棒喝!他看出朱熹"从谦开善处下工夫来,故皆就里面体认"②的弊病,要把年轻的朱熹引出佛禅的泥沼,让他从佛国仙界回到儒教乐地。"熹旧见李先生时,说得无限道理,也曾去学禅。李先生云:'汝恁地悬空理会得许多,而面前事却有理会不得!道亦无玄妙,只在日用间着实做工夫处理会,便自见得。'"③李侗当面指出朱熹追求一超直悟,悬空理会之弊,缺少平日存养工夫。要求朱熹"以存养工夫代替空理悟入,以应事接物的分殊体认代替内里体认。"④强调佛释言空,儒家言实,儒家实理,贯穿于人伦日用之间,只有儒家之道才能救时济世。李侗的教导如平地一声惊雷,给了沉迷佛老的朱熹巨大的震动,第一次打破了儒佛老同道的思想,朱熹如醍醐灌顶,从沉迷老佛的自我陶醉中逐渐清醒过来。

同时,朱熹在同安主簿的任上,面对百姓穷困、民生凋敝的现实,也意识到道谦"昭昭灵灵底禅",并不能真正解决现实所存在的复杂矛盾,不能经世致用。只有儒学才可以"敦礼义,厚风俗,戢吏奸,恤民隐",解决社会难题,才能济世安民,从而使"朱熹身上儒家士大夫的担待意识逐渐觉醒,这也是他认识到佛禅之弊,归本儒家的重要原因"⑤。朱熹弃禅归儒思想转变的一大标志就是他向县学诸生发了三十三篇《策问》,提出了一系列现实问题,表明了他试图以儒学来解决现实问题的立场。

假如没有李侗的一声棒喝,让朱熹醍醐灌顶,幡然醒悟,弃禅归儒,朱熹也许要在木鱼僧房中了此一生,实现他"粥饭何时共木鱼"⑥的理想。这样的

---

① 朱熹:《朱熹集》卷三七。
② 李侗:《李延平集》,北京:中华书局,1985 年,第 4 页。
③ 黎靖德:《朱子语类》,第 2568 页。
④ 束景南:《朱子大传》,第 166 页。
⑤ 邹挺超:《朱熹的交往关系研究》,厦门大学 2009 年硕士学位论文,第 14 页。
⑥ 朱熹:《朱熹集》卷一〇。

话,佛界可能多了一个高僧,但少了一个"致广大,尽精微,综罗百代"的理学集大成者。

李侗不仅使朱熹从禅佛中惊醒,抛弃禅学开始归本儒学,还指示了他正确的用功方向,教导朱熹去圣贤经书中求义,在日用处用工。他教导朱熹,"道亦无幽妙,只在日用间着实做工夫处理会","惟于日用处便下工夫,或就事上便下工夫,庶几渐可合为己物,不然,只是说也"。道体现于日用常行中,只有在日用间做功夫,才能理会寻找到道理,其方法途径就是读圣贤之书,看圣贤言语,在经书中求得答案,这就扭转了朱熹的用功方向。朱熹自己也说:"及见李先生后,方知得是恁地下功夫。"①在李侗的点拨下,朱熹由沉溺于佛经转入读儒家经典。李侗教诲的"一则曰日用处用功,二则曰去圣经中求义。两番教言均注重人生之教,这对扭转朱熹的研究方向起很大作用"②。

在李侗的教导下,朱熹最终发现了释氏之说漏洞百出:"李先生人简重,却不甚会说,只教看圣贤言语。熹意中道禅亦自在,且将圣人书来读,日复一日,觉得圣贤言语渐渐有味。却回头看释氏之说,渐渐破绽、罅漏百出。"③开始转向儒学,寻求义理,从而使他的学问方向发生了根本的转变。

绍兴二十六年(1156年)七月,朱熹同安主簿任满后,到泉州等候批书,度过了同安官余的半年。"同安官余"的读经反思和"杜鹃夜悟"的反省,使他对李侗的教诲深信不疑,更加坚定了他从教李侗的决心。赵师夏《跋延平答问》:"余之始学,亦务为笼侗宏阔之言,好同而恶异,喜大而耻于小,于延平之言,则以为何多事若是,心疑而不服。同安官余,反复思之,始知其不我欺矣。"后来朱熹所作《困学》诗:"旧喜安心苦觅心,捐书绝学费追寻。困衡此日安无地,始觉从前枉寸阴。"④表述了对这段师从道谦学禅,枉度光阴的后悔。

"理一分殊"和"主静"是李侗学问的主旨,也是"道南一脉"推崇和关注的核心命题。李侗的"理一分殊"观点对朱熹产生重大影响,使朱熹得道南真传,成为朱子理学体系的重要组成部分。

绍兴二十八年(1158年)正月,朱熹与李侗再次相见,李侗主要给他传授"理一分殊"的学问。其意是宇宙间有一个最高的理,是总的本源,这就是"理

---

① 黎靖德:《朱子语类》卷九八。
② 陈遵沂:《李侗对朱熹思想的影响》,《理论学习月刊》1989年第6期,第61～62页。
③ 黎靖德:《朱子语类》卷一〇四。
④ 朱熹:《朱熹集》卷二。

一";万事万物虽千差万别,亦各有各自的理,但这只是最高理的体现和反映,这就是"分殊",以此来解释人类社会和自然界。李侗说:"事有小大,理却无小大。""事有小大"指分殊,"理无小大"指理一。"理一分殊"是李侗学问的核心,也是区分儒学与异端的标志。他教导朱熹:"吾儒之学所以异于异端者,理一分殊也。理不患其不一,所难者,分殊耳。"要求朱熹领会和掌握"理一分殊"的真谛。朱熹接受了李侗就分殊上体认理一,即事穷理,循序渐进的思想。"理一分殊思想的确立使朱熹从朦胧的觉醒转向自觉的排佛。"[1]

李侗又标举"主静",主张静中体认,求中未发,把静中体认称为"于静处下工夫"。他认为"学问之道,不在多言,但默坐澄心,体认天理,若见虽一毫私欲之发,亦退听矣。久久用力于此,庶几渐明,讲学始有力耳。"[2]因为儒家之理是天理,而心具众理,要体认天理就要以静摄心,方法就是静坐、默坐澄心。

朱熹对李侗以主静为修身之方,以致知为进学之要,终日静坐以求未发气象的功夫进路并不十分认同。朱熹说:"余早从延平李先生学,受中庸之书,求喜怒哀乐未发之中,未达而先生没。"[3]直到李侗去世都是没有完全参透掌握,最终以"居敬存养",代替了李侗的主静工夫。

四、弃文崇道:李侗使朱熹确立以唱道为己任的理想

绍兴三十年(1160年)十月,朱熹又到延平与李侗相见。这次延平之会,使朱熹思想发生另一大转变就是意识到作文害道,使他终于放弃了原来想当诗人和文章家的想法,表示"顷以多言害道,绝不作诗",决定弃文崇道,终身以"唱道"为己任。

他给表弟程洵信中更明白表示说:"往年误欲作文,近年颇觉非力所及,遂已罢去,不复留情其间,颇觉省事。"这种弃文崇道立场转变后,"他同程洵展开了崇道学之士而贬辞章之士、崇程学而贬苏学、崇儒学而贬诗文的激烈论辩"[4]开始了自己"穷理知道"新历程。

---

① 束景南:《朱子大传》,第 174 页。
② 李侗:《李延平集》,第 57 页。
③ 朱熹:《朱熹集》卷七五。
④ 束景南:《朱子大传》,第 184 页。

不仅确立以穷理知道为己任的理想,更要付之于践履。虽然李侗屏居山中,终生不仕,但教导朱熹要知行并举,穷理应事兼行,做到"应事洒落"。在李侗的鼓励下,朱熹开始关注朝廷政局,关注社会民生,从书斋中走了出来,直面社会现实。"由恬淡退守、洁身自好到以下民为忧、以未行为恐的变化。"①在李侗的督促鼓励下,朱熹开始上封事和入都奏事。

绍兴三十二年(1162年)八月,宋高宗禅位给孝宗后,朱熹应诏上了平生第一篇封事——《壬午封事》:提出了"讲学明理、定计恢复、任贤修政"的三大方略:一是"帝王之学不可以不熟讲",帝王要熟讲格物致知正心诚意的大学之道,反佛崇儒,才能大本正而天下治。二是"修攘之计不可以不早定",做到修政事,攘夷狄;三是"本原之地不可以不加意",要正朝廷、立纪纲、励风俗,选守令,才能安定天下百姓。

朱熹这篇封事,事先和李侗进行了讨论,得到了李侗的悉心指点,"封事熟读数过,立意甚佳。今日所以不振,立志不定,事功不成者,正坐此以和议为名尔。书中论之甚善……要之,断然不可和,自整顿纲纪,以大义断之,以示天下向背,立为国是可尔,此处更可引此。又许便宜从事处,更下数语以晓之,如何?……亦可早发去为佳"②。封事也正是李侗穷理洒然和应事洒然思想的反映。

李侗还鼓励朱熹入都奏事。由于汪应辰等人的举荐,隆兴元年(1163年)八月,朱熹再次入都,第一次到垂拱殿面对新君孝宗奏事。对此次面君登对,李侗很是关切,反复教导朱熹:要从反佛、反和、反近习三条入手。朱熹把李侗的意见都写入了奏事三札中,即《癸未奏札》:一是极论《大学》之道和帝王之学;二是论复仇之义;三是论内修政事之要。但在当时的环境下,朱熹的主张并没有得到孝宗的青睐,被除武学博士,待次四年,变相的把朱熹弃于家中而不用。虽然朱熹"得君行道"的愿望没有能够实现,但入都后得以与众多道学士大夫的相识,提升了朱熹的知名度和地位,朱熹因此成为道学群体的一员,并且卷进了隆兴北伐与和议的政治旋流。

朱熹问学李侗,达十年之久。"朱子对李侗的师从是后生对当时大儒的敬仰与赞许。"师事李侗,从"存养"到"致知"到"应事"等方面都得到其教诲,对朱熹思想发展具有重大意义。

---

① 束景南:《朱子大传》,第185页。
② 李侗:《李延平集》,第29页。

在李侗的指点下,朱熹从虔诚出入佛老的泥潭中清醒过来,认识到了释老的错误与危害。正如《朱子年谱》记载:"朱熹之学,初无常师,出入于经传,或泛滥于释老。自谓见李先生后,为学始就平实,乃知向日从事释老之说皆非。……"从而弃禅归儒,转到儒学的路径上来,改变了他一生的思想道路。"从学李侗,使朱熹完全放弃了禅学迂回,直接回到儒家经典中找寻内圣的门径。更重要的是,李侗不只将朱熹引回儒学,而且将朱熹引入了二程道学传统中。"①

此外,李侗还指明了朱熹去圣贤经书中求义,在日用处用工正确方向;传授了"理一分殊"和主静的修养方法,且使朱熹弃文崇道,确立以唱道为己任的道学理想。使朱熹成为二程的四传弟子,继承道学正统。可以说"李侗是使朱熹真正踏入道学之门的第一人"。②

朱熹对恩师也十分尊敬。李侗去世后,隆兴二年(1164年)正月,朱熹到延平哭奠李侗,亲自撰写了《祭李延平先生文》和《延平先生李公行状》。高度评价了恩师李侗的人品:"先生姿禀劲特,气节豪迈,而充养完粹,无复圭角,精纯之气,达于面目。"③在《祭文》中感谢李侗十年来的教诲是义重恩深:"从游十年,诱掖谆至。春山朝荣,秋堂夜空。即事即理,无幽不穷。……熹等久依教育,义重恩深。"④汪应辰在所作《李延平先生墓志铭》中也说朱熹受教李侗久益不懈,"其事先生,久益不懈。以为每一见,则所闻必益超绝"⑤。后来朱熹在创办沧州精舍时,将恩师李侗从祀孔子,表达了对李侗的尊敬和推崇。

---

① 邹挺超:《朱熹的交往关系研究》,厦门大学2009年硕士学位论文,第16页。
② 胡泉雨:《论朱熹与李侗的师生关系》,《黄山学院学报》2013年第1期,第12~15页。
③ 李侗:《李延平集》,第58页。
④ 李侗:《李延平集》,第60页。
⑤ 李侗:《李延平集》,第62页。

论李侗的"洒落气象"及其对朱熹的影响

◎ 蓝宗荣

　　李侗(1093—1163),字愿中,南剑州剑浦(今福建南平市延平区)人,被尊为延平先生。他与朱熹之父朱松均为理学家杨时的高足罗从彦的门下弟子,李侗实得其传。朱熹于李侗为世代有交情的通家子,又从学于李侗前后达十年之久,亲炙者六次。绍兴二十三年(1153年)六月朱熹赴同安主簿任顺路拜见李侗;绍兴二十八年(1158年)正月中旬朱熹同安主簿任满归来后,再前往南平受学,至三月而返;绍兴三十年(1160)十月,朱熹又拜见李侗于南平,数月而归;绍兴三十二年(1162年)春正月,朱熹拜谒李侗于建安(今建瓯市),遂与李侗俱归延平受教,至三月而归;隆兴元年(1163年)夏、秋,李侗往返江西铅山县其长子李友直处,去来途经崇安(今武夷山市),均与朱熹相会,朱熹还率弟子陪恩师畅游武夷山。随后李侗应福唐(今福清市)守汪应宸之请,赴福唐讲论,病发,于十月十五日逝于府治学馆,于是与朱熹隔生死。李侗生前对朱熹面授前后有数月之久,又有24通书信往复答疑解难,后来朱熹将其整理成《延平答问》,书中有23处涉及"洒落"、"洒然"或"脱然"。李侗的"洒落"思想及修为对朱熹的影响是深刻的。

一、李侗的"洒落"思想

　　李侗"洒落"思想的产生是有一定背景的,他说:"今学者之病,所患在于未有洒然冰解冻释处。纵有力持守,不过只是苟免显然尤悔而已,似此恐皆不足道也。"①因此,李侗把"洒落"作为一个重点问题加以强调,并提出了达到"洒落"的基本路径。

(一)"洒落气象"的提出

李侗曾说:"洒落自得气象,其地位甚高。"②什么是"洒落"呢?李侗在庚辰(1160年)五月八日写给朱熹的信中说:"某尝以谓遇事若能无毫发固滞,便是洒落。即此心廓然大公,无彼己之偏倚,庶几于理道一贯。若见事不彻,中心未免微有偏倚,即涉固滞,皆不可也。……非理道明,心与气合,未易可以言此。不然,只是说也。"③可见"洒落"的特征在于明道理且道理一贯,达到心与气合,见事透彻,处事潇洒磊落,不偏不倚,通达晓畅。什么是"气象"呢?"气象"既指具体的自然万物的外在物象,又指具有内在意蕴的美学范畴。当指后者时,其意与"境界"一词相似,泛指人的精神品格,包括气度、风度、风范所达到的高度。李侗非常赞赏周敦颐的"洒落气象",他说:"尝爱黄鲁直作濂溪诗序云:舂陵周茂叔(敦颐)人品甚高,胸中洒落,如光风霁月。此句形容有道者,气象绝佳。胸中洒落,即作为尽洒落矣。学者至此虽甚远,亦不可不常存此体段在胸中,庶几遇事廓然,于道理方少进。愿更存养如此。"④李侗对周敦颐的洒落气象的赞赏溢于言表,他要求学者要以周敦颐为榜样。他认为一个人具备洒落的精神境界必然会影响其言行举止。

(二)"洒落气象"的路径

要达到"洒落"的境界,需要讲求方式方法。在长期的实践中,李侗形成了一套"洒落"修养的方法。

首先,先博学而后致约。李侗说:"不博无以致约,故闻见以多为贵。"⑤遇事以无疑为善,这是因为"若是生疑,即恐滞碍。"⑥闻见多了,见事透彻,自然

---

① 李侗:《李延平集》,上海:商务印书馆,1935年,第17页。
② 李侗:《李延平集》,上海:商务印书馆,1935年,第17页。
③ 李侗:《李延平集》,上海:商务印书馆,1935年,第19页。
④ 李侗:《李延平集》,上海:商务印书馆,1935年,第18页。
⑤ 李侗:《李延平集》,上海:商务印书馆,1935年,第9页。
⑥ 李侗:《李延平集》,上海:商务印书馆,1935年,第18页。

疑殆就少了。博学的同时又要择精守约。所致之约就是儒家普遍适用的道统,李侗说:"所谓道者,是犹可通行者也。"①为此,李侗建议多看儒家经典,对于这些经典中的精华,"玩味久之,必有会心处"②。为了达到多闻见的目的,李侗主张让学者们群居终日,交相切磨,日用之间观感而化。这是因为学者看儒家经典过程中可以通过互相启发,领会其中微辞奥旨,甚至详考其事,"玩味所书抑扬予夺之处,看如何。积道理多,庶几渐见之。大率难得,学者无相启发处,终愦愦不能洒落尔"③。

其次,于涵养处着力。李侗说:"于涵养处着力,正是学者之要。"④这是因为所学之知识并不能马上就能适合自身,需要领会其中的道理且一以贯之,才能应事洒落,无幽不穷。这就需将从师友中获得的道理往来于心中不断回味,他说:"夕所得于师友者,往来于心,求所以脱然处。"⑤又说:"今之学者虽能存养,知有此理,然旦昼之间一有懈焉,遇事应接举处不觉打发机械,即离间而差矣。唯存养熟,理道明,习气渐尔消铄,道理油然而生,然后可进,亦不易也。"⑥说明学者虽然知道存养的道理,但是不能坚持不懈。如果持守的意志不坚,就很容易受到其他事情的干扰。很多人不知道如何才能做到吻合浑然、体用无间。人们得不到进步,大概就是缺少涵养的缘故。所以,李侗说:"常存此心,勿为他事所胜,即欲虑非僻之念自不作矣。"⑦又说:"大凡人理义之心何尝无,惟持守之即在尔。……湛然虚明,气象自然可见。……涵养须于此持守可尔……伊川所谓未有致知而不在敬者……但敬不明于理,则敬特出于勉强而无洒落自得之功,意不诚矣。……恐前数说方是学者下功夫处。不如此则失之矣。由此持守之久,渐渐融释,使之不见有制之于外,持敬之必理与心为一,庶几洒落矣。"⑧说明通过涵养持敬,融释,从而对事物有透彻的理解,达到心与理一,不受制于外,才能称为"洒落"。

再者,以静坐默识的体悟方法来实现心与理一。静坐默识的体悟方法并

---

① 李侗:《李延平集》,上海:商务印书馆,1935年,第7页。

② 李侗:《李延平集》,上海:商务印书馆,1935年,第7页。

③ 李侗:《李延平集》,上海:商务印书馆,1935年,第17页。

④ 李侗:《李延平集》,上海:商务印书馆,1935年,第7页。

⑤ 李侗:《李延平集》,上海:商务印书馆,1935年,第7页。

⑥ 李侗:《李延平集》,上海:商务印书馆,1935年,第21页。

⑦ 李侗:《李延平集》,上海:商务印书馆,1935年,第7页。

⑧ 李侗:《李延平集》,上海:商务印书馆,1935年,第17页。

非李侗的发明,默识心通是"道南学派"极力推崇的修养意向。李侗说:"所谓静坐,只是打叠得心下无事,则道理始出。道理既出,心下愈明静矣。"[①]又说:"静中看喜怒哀乐未发之谓中,未发时作何气象,此意不唯于进学有力,亦是养心之要。"[②]因为"处事扰扰,便似内外离绝不相该贯,此病可于静坐时收摄,将来看是如何。便如此就偏着处理会,久之知觉渐渐可就道理矣"[③]。又说:"大抵学者多为私欲所分,故用力不精,不见其效。若欲于此进步,须把断诸路头,静坐默识,使之泥滓渐渐消去方可。不然,亦只是说也,更熟思之。"[④]李侗强调静坐修心主要目的在于收摄身心,心无旁骛,消除私欲,从而有利于实现心与理一,避免两者的脱节,以利于应事中节。朱熹曾说:"李先生教人,大抵令于静中体认大本未发时气象分明,即处事应物,自然中节。此乃龟山门下相传指诀。"[⑤]黄宗羲也说:"罗豫章师龟山,李延平师豫章,皆以静坐观喜怒哀乐未发前气象为何如,而求所谓中者。想其观字,亦如言圣人之能反观,非费思求索之谓,必有默会自得处。"[⑥]又说:"'静坐中观喜怒哀乐未发前作何气象'是静中见性之法。要之,观者即是未发者也,观是不思,思则发矣。此为初学者引而致之之善诱也。"[⑦]陈来先生在《朱子哲学研究》中指出:"所谓体验未发,是要求体验者超越一切思维和情感,以达到一种特别的心理体验。在这种高度沉静的修养中,把注意力完全集中到内心,成功的体验者常常会突发地获得一种与外部世界融为一体的浑然感受。"[⑧]当然这种体验未发的静坐功夫异于禅定,明道曾说:"习忘可以养生者,以其不留情也。学道则异于是。"[⑨]李侗的静坐不是心中虚无一物,而是要"静中有个主宰存养处"[⑩],是时时处处主于天理、存养天理[⑪]。

最后,不离日用,反身而诚,贵在自得。李侗非常关注修己之学。而修己

---

① 李侗:《李延平集》,上海:商务印书馆,1935 年,第 38 页。
② 李侗:《李延平集》,上海:商务印书馆,1935 年,第 18 页。
③ 李侗:《李延平集》,上海:商务印书馆,1935 年,第 26 页。
④ 李侗:《李延平集》,上海:商务印书馆,1935 年,第 28 页。
⑤ 朱熹:《朱熹集》,成都:四川教育出版社,1996 年,第 1841 页。
⑥ 黄宗羲:《明儒学案》,北京:中华书局,1985 年,第 1245 页。
⑦ 李侗:《李延平集》,上海:商务印书馆,1935 年,第 1581 页。
⑧ 陈来:《朱子哲学研究》,北京:中国社会科学出版社,1987 年,第 92 页。
⑨ 李侗:《李延平集》,第 31 页。
⑩ 李侗:《李延平集》,上海:商务印书馆,1935 年,第 51 页。
⑪ 刘京菊:《承洛启闽——道南学派思想研究》,北京:人民出版社,2007 年,第 241 页。

之学离不开日用工夫,所以,李侗说:"唯于日用处便下工夫,或就事上便下工夫,庶几渐可合为己物,不然只是说也。"①又说:"读书者,知其所言莫非吾事,而即吾身以求之,则凡圣贤所至而吾所未至。皆可勉而进矣。若植以文字求之,悦其词义以资诵说,其不为玩物丧志几希。"②在李侗看来,读书人对圣贤之言都应在日用处下功夫,在人生中消融,化为自身的德行,而不是只是说说而已的口耳之学。他尤其注重领会儒家经典的言外之意,特别是基于直觉的经典中与己心相会之处。他说:"须是认圣人所说,于言外求意乃通。"③又说:"吾辈立志已定,若看文字心虑一澄然之时略绰一见,与心会处,便是正理。"④他提倡如颜子那种闻言悟理、心契神受的自得处,因为只有这样才能"默识心融,触处洞然"⑤。而洒落与自得又是连在一起的,李侗认为:"大率须见洒然处,然后为得。"⑥而只有本着诚意持敬之心,反身以诚,才能实现自得,李侗说:"昔尝得之师友绪余,以谓学问有未惬适处,只求诸心。若反身而诚,清通和乐之象见,即是自得处。更望勉力,以此而已。"⑦说明通过内省,以至诚之心立身行事,达到清通和乐之境,便是自得,便是洒落。

二、李侗的"洒落气象"

李侗受朱熹的父亲朱松雅重,基于他有着"求之当世,殆绝伦比"的处世风范与品性。同门友沙县邓迪曾评价说:"愿中如冰壶秋月,莹彻无瑕,非吾曹所及。"⑧清康熙四十四年(1705年),康熙帝应学臣沈涵之请,为一大批著名理学家御书赐额,其中,为李侗题额"静中气象",这是对李侗洒落境界的切中评价。李侗的"洒落气象"具体表现为学术通明、道德纯备以及人生态度上的超然远引。

① 李侗:《李延平集》,第31页。
② 李侗:《李延平集》,上海:商务印书馆,1935年,第58页。
③ 李侗:《李延平集》,上海:商务印书馆,1935年,第8页。
④ 李侗:《李延平集》,上海:商务印书馆,1935年,第18页。
⑤ 李侗:《李延平集》,上海:商务印书馆,1935年,第10页。
⑥ 李侗:《李延平集》,上海:商务印书馆,1935年,第10页。
⑦ 李侗:《李延平集》,上海:商务印书馆,1935年,第25页。
⑧ 李侗:《李延平集》,上海:商务印书馆,1935年,第59页。

（一）学术通明

李侗对儒家经典非常精通，朱熹曾说："（李侗）语《中庸》曰：'圣门之传是书，其所以开悟后学无遗策矣。然所谓喜怒哀乐未发之中者，又一篇之指要也。若徒记诵而已，则奚以为哉。必也体之于身，实见是理。若颜子之叹卓然，见其为一物而不违乎心目之间也。然后扩充而往。无所不通，则庶乎其可以言中庸矣。'其语《春秋》曰：'春秋一事，各是发明一例。如观山水，徙步而形势不同。不可拘以一法。然所以难言者，盖以常人之心推测圣人。未到圣人洒然处，岂能无失耶。'其于《语》、《孟》他经，无不贯达（一本作通）。苟有疑问答之必极其趣。……其辨析精微，毫厘毕察。尝语问者曰：'讲学切在深潜缜密，然后气味深长，蹊径不差。'"①又说："其语治道必以明天理、正人心、崇节义、励廉耻为先。本末备具，可毕而行。非特空言而已。异端之学，无所入于其心，然一闻其说，则知其诐淫邪遁之所以然者。盖辨之于锱铢眇忽之间，而儒释之邪正分矣。"②以上李侗的这些观点，给朱熹留下深刻的印象，确实说明了李侗的学术造诣深厚，已达贯通洒落的境界。李侗虽然不著书却不影响他作为朱熹老师的资格，正如颜子不著书，并不影响颜子作为"亚圣"（明代改为"复圣"）一样。清代延平知府金州周元文曾说："（朱子）尝于集注中称述之，至云：'默坐体验，洒然融洽。'盖其辨晰经书，推见至隐，虽虞廷之精一，孔门之一贯，不过是也。"③

（二）道德纯备

李侗为人处世有极佳的品性。朱熹评价说："其事亲诚孝，左右无违。仲兄性刚多忤，先生事之，致诚尽敬，更得其欢心焉。闺门内外，夷愉肃穆，若无人声。而众事自理。与族姻故，恩意笃厚，久而不忘。生事素薄，然处之有道，量入为出。宾祭谨饬，租赋必为邻里先，亲戚或贫不能婚嫁，为之经理。节衣食以赈助之。与乡人处，饮食言笑终日油油如也。年长者事之尽礼，少者贱者接之各尽其道。以故乡人爱敬，暴悍化服，其接后学答问，穷昼夜不

---

① 李侗：《李延平集》，上海：商务印书馆，1935年，第58页。
② 李侗：《李延平集》，上海：商务印书馆，1935年，第59页。
③ 朱杰人：《朱子全书》第13册，上海：上海古籍出版社、合肥：安徽教育出版社，2002年，第358页。

倦。随人浅深,诱之各不同。而要以反身自得而可以入于圣贤之域。"①李侗待人处世能达到以上境界,主要在于能够以尽己及物之心作为日常生活的一贯之理。他引用伊川的话说:"维天之命,于穆不已,忠也;乾道变化,各正性命,恕也。体会于一人之身,不过只是尽己及物之心而已。"②又说:"盖天下之理无不由是而出。既得其本,则凡出于此者,虽品节万殊,曲折万变,莫不该摄洞贯。以次融释,而各有条理,如川脉络之不可乱。大而天地之所以高厚,细而品类之所以化育,以至于经训之微言,日用之小物,折之于此,无一不得其衷焉。由是操存益固,涵养益熟,精明纯一,触类洞然。泛应曲酬,发必中节。"③"其制行不异于人,亦常为任希纯教授延入学作职事。"④可见,李侗的"洒落气象"的形成是他从日常生活中下功夫,长期涵养持守融释的结果。没有高贵的身份,一样可以成为道德纯备的圣贤。

(三)超然远引

人们常说禀性难移,可是李侗却能够做到变化气质,而且不干利禄,超然远引。实际上,少时的李侗十分豪迈,朱熹说:"尝闻先生后生时极豪迈,一饮必数十杯,醉则好驰马,一骤三二十里不迥。"⑤又说:"早岁闻道即弃场屋,超然远引,若无意于当世。然忧时论事,感激动人。"⑥李侗得豫章所传之学后,退居山田,结茅水竹之间,谢绝世故,四十余年,箪瓢屡空,怡然自适。李侗志于圣人绝学,务求诣其极,体验四十余年,遁世不见,无意于从政,俨然如一田夫野老,却无怨无悔。

李侗通过默坐澄心以体认天理的长期历练之后,神采精明,没有颓堕之气。他"虽行二三里路,常委蛇缓步,如从容室中。寻常唤人,唤之不至,声必厉。侗唤之不至,声不加于前。其居处有常,不作费力事。所居狭隘,屋宇卑小。然甚整齐潇洒,安物皆有常处。"⑦他即便饮食或有不充,而怡然自得;他"姿禀劲特,气节豪迈,而充养完粹,无复圭角。精纯之气达于面目,色温言

---

① 李侗:《李延平集》,上海:商务印书馆,1935年,第57页。

② 李侗:《李延平集》,上海:商务印书馆,1935年,第16页。

③ 李侗:《李延平集》,上海:商务印书馆,1935年,第56页。

④ 李侗:《李延平集》,上海:商务印书馆,1935年,第823页。

⑤ 李侗:《李延平集》,上海:商务印书馆,1935年,第38页。

⑥ 李侗:《李延平集》,上海:商务印书馆,1935年,第598页。

⑦ 吴栻:(民国)《南平县志》,上海:上海书店,2000年,第823页。

厉,神定气和,语默动静端详闲泰,自然之中若有成法。平居恂恂于事若无甚可否,及其酬酢事变断以义理,则有截然不可犯者"①。李侗的个性已形成徐缓、中和、晓彻、清纯、怡然的超脱气象。

三、李侗的"洒落气象"对朱熹的影响

李侗在给罗博文的书信中说:"元晦进学甚力,乐善畏义,吾党鲜有。晚得此人,商量所疑,甚慰。"又曰:"此人极颖悟,力行可畏,讲学极造其微处。某因追求有所省,渠所论难处,皆是操戈入室,须从源头体认来,所以好说话。"②李侗看到了朱熹是可造之才,因此对他悉心传授,而李侗的"洒落气象"对朱熹产生了深远的影响。

(一)为朱熹树立了洒落的榜样

朱熹深受李侗的言传身教的影响,在学术思想和人生态度等方面都发生了重要的变化。在学术思想上,李侗"冰壶秋月"、"光风霁月"的情怀和点拨,已使朱熹心智开悟,从而实现"逃禅归儒"学术转向,这为朱熹以后的终身辟佛奠定了基调;李侗"教熹看圣贤言语,熹将圣贤书读之,渐渐有味,顿悟异学之失。乃返博归约,就平实处为学,于道日进"③,为朱熹后来致广大,尽精微,综罗百代,集理学之大成指引了方向。朱熹对《四书集注》的精确解释,与李侗对儒家经典洒然无碍解释的影响是分不开的。李侗曾特别指出了朱熹学术中的一些窒碍之处,例如,他曾说:"深测圣人之心,一个体段甚好,但更有少碍"④;"谕及所疑数处,详味之,所见皆正当,可喜。但于洒落处恐未免滞碍。"等等。在接到朱熹不洒落处已渐融释告知之后,李侗称赞说:"承谕,近日学履甚适,向所耽恋不洒落处,今已渐融释。此便是道理进之效,甚善甚善。"⑤朱熹对李侗的逐件"融释"不洒落之处的方法颇受启发。要达到心中"洒落"之功,须融释生活中一件又一件的事情,通过对每一件事情的透彻理

---

① 朱杰人:《朱子全书》第13册,第351页。
② 李侗:《李延平集》,第4页。
③ 吴栻:(民国)《南平县志》,上海:上海书店,2000年,第823页。
④ 李侗:《李延平集》,第22页。
⑤ 李侗:《李延平集》,第25页。

会,经过日积月累,心中自然能够明了洒落了。朱熹说:"旧见李先生说理会文字,须令一件融释了后,方便理会一件。融释二字,下得极好。"①朱熹后来在仕途上屡屡辞官,具有深厚的隐士情结,这无疑又是受到了李侗淡泊名利、超然远引人格潜移默化的感召。

(二)坚定了朱熹成为圣贤的决心

不仅如此,李侗还寄希望于朱熹能够成为治道的圣人。如果以常人之心推测圣人,未达到圣人的洒落处,就会有失,只有达到圣人的境界才是洒然无室的。李侗说:"圣人廓然明达,无所不可。非道大德宏者不能尔也……未至此,于所疑处即有碍。"②又说:"但合内外之道,使之体用一源,显微无间,精粗不二,衮同尽此理,则非圣人不能是也。"③李侗强调圣人可以通过正确的方法,循序渐进达到,他说:"某窃以谓圣人之道中庸,立言常以中人为说,必十年乃一进者;若使困而知学,积十年之久,日孳孳而不倦者,是亦可以变化气质而必一进也。若以卤莽灭裂之学而不用心焉,虽十年亦只是如此,则是自暴自弃之人尔。言十年之渐次所以警乎学者,虽中才于夫子之道,皆可积习勉力而至焉。圣人非不可及也,不知更有此意否?"④李侗认为即使是中等才智的人,通过努力学习,变化气质,十年一进,都是可以成为圣人的。朱熹十数岁时当读到孟子"圣人与我同类"时,喜不可言,以为圣人亦易做。李侗勉励朱熹成圣,并告诉十年一进的方法,这就进一步增强了朱熹成圣的信心。

(三)启发了朱熹继续探索致"中和"的修养方法

"洒落"的一个特征就是应事中节,为实现这个目的,就需要加强致中和的修养方法。虽然朱熹亲炙之时,贪听讲论,又好章句训诂之学,不得尽心于李侗的"默会心通"的修养方法,直到李侗去世都还没有完全参透,未能体验到胸次洒落。朱熹曾说:"旧闻李先生论此(未发已发)最详。后来所见不同,遂不复致思。今乃知其为人深切,然恨已不能尽记其曲折矣……但当时既不

---

① 李侗:《李延平集》,第47页。
② 李侗:《李延平集》,第22页。
③ 李侗:《李延平集》,第16页。
④ 李侗:《李延平集》,第14页。

领略,后来又不深思,遂成磋过,孤负此翁耳。"①但这一修养方法成为朱熹后来继续"中和"问题讨论的重要话头。在李侗过世不久,朱熹听说张南轩得衡山胡氏(胡宏)之学,于是前往访问。在壬辰八月《中和旧说序》中,他说:"余平从延平李先生学受《中庸》之书,求喜怒哀乐未发之旨,未达而李先生没。窃自悼其不敏,若穷人之无归。闻张钦夫得衡山胡氏学,则往从而问焉。钦夫告余以所闻,余亦未之省也,退而沉思殆忘寝食,一日喟然曰:'人自婴儿以至老死,虽语默动静之不同,然其大体莫非已发时,特其未发者为未尝发尔。'"②朱熹逐渐认识到"中和旧说"是有问题的:"非惟心、性之名命之未当,而日用工夫全无本领。盖所失者不但文义之间而已。"③因为以心为已发,性为未发,日用工夫,也只是以察识端倪为最初下手处,这就缺少了平时涵养这一段工夫,于是,"使人胸中扰扰,无深潜纯一之味,而其发之言语事为之处,亦常急迫浮露,无复雍容深厚之风"④。因而,朱熹结合二程思想的分析并整合自己过去的心性观,形成了"中和"新说,即"未发为性,已发为情",而"心统性情"。在新确立的"心性"关系里,"心"不仅存在于"已发"时,也存在于"未发"时,而且"已发未发"只是一个工夫,了无间隔。他在《与湖南诸公论中和第一书》中说:"平日庄敬涵养之功至,而无人欲之私以乱之,则其未发也,镜明水止,而其发也,无不中节矣。此是日用本领工夫。至于随事省察,即物推明,亦必以是为本。"⑤朱熹于是有了"鸢飞鱼跃"的心灵体验。

(四)"洒落"成为朱熹"圣贤气象"的中心话语

钱穆认为朱熹、吕祖谦在《近思录》中提出的"圣贤气象"是宋代理学家一绝大新发明。而"圣贤气象"的提出无疑是受了李侗的"洒落气象"的启发。"洒落"成为朱熹解释"圣贤气象"的重要词语,如《朱子语类》云:"集注谓曾点'气象从容',便是鼓瑟处;词意洒落,便是下面答言志……'异乎三子者之撰'一句,便是从容洒落处了。"⑥朱熹针对曾点既见得天理流行,胸中洒落,而行有不掩,做工夫却有欠缺的不足进行了克服,形成了"幔亭之风","'幔亭之

---

① 朱杰人:《朱子全书》第 22 册,第 1979 页。
② 朱杰人:《朱子全书》第 24 册,第 3634 页。
③ 朱杰人:《朱子全书》第 23 册,第 3130 页。
④ 朱杰人:《朱子全书》第 23 册,第 3131 页。
⑤ 朱杰人:《朱子全书》第 23 册,第 3131 页。
⑥ 黎靖德:《朱子语类》,北京:中华书局,1986 年,第 1034 页。

风'是朱熹与生徒们以武夷山诗意栖居为背景反映出来的、追求自得其乐和自由精神的圣贤气象。"[1]朱熹在武夷精舍期间潇洒啸咏,完成《四书集注》,迎来诗歌创作的高峰和人生的顶峰。"幔亭之风"已对"曾点气象"实现了理性超越,真正达到了体用无间,洒然融释的境界。

四、结　语

李侗的洒落修养已达很高的境界,可是他还是孜孜以求,永无止境。在庚辰五月八日给朱熹的书信中,他谦虚地说:"某晚景别无他,唯求道之心甚切。虽间能窥测一二,竟未有洒落处。以此兀坐,殊愦愦不快。"[2]可见,"洒落"一直是李侗一生追求的理想。李侗如此重视洒落,并对朱熹等门人悉心教导,无非是想为社会培养出尽可能多的儒家式君子,以力纠当时社会知识分子不够洒落之偏。自南宋以来至今已近千年,"洒落"仍是有志于遨游于自由精神境界的人们所追求的理想。谁不想言行举止超然神采,风度翩翩,自然大方? 谁不想洞彻万物,做事恰到好处,完美无瑕? 谁不想拥有一个心境达观,超凡脱俗,不为世事所累的潇洒人生? 接受自身改变不了的,改变自身能力所及的,不再为琐事而烦扰,不再为小事而糊涂,做个洒落的、身心加健康的人,将赋予人生以更多的意义。有韵致的洒落是一种对万物的洞察和生命的热情,是一种人生理性的豁达,是一种内涵与外露统一的表象,也是精神超越的折光。

---

[1]　蓝宗荣:《论朱熹"幔亭之风"的美育特征与实质》,《湖州师范学院学报》2013年第1期,第14页。

[2]　李侗:《李延平集》,第17页。

《延平答问》与朱熹思想嬗变之考察

◎ 陈国代

李侗(1093—1163),字愿中,南剑州剑浦人,在山野结室读书穷经,讲学论道,学者尊称为延平先生。北宋政和六年(1116 年),李侗从学于龟山门人罗从彦(1072—1135),累年潜心钻研,实得真传,而朱熹(1130—1200)再传之。全祖望说:"豫章之在杨门,所学虽醇,而所得实浅,当在善人、有恒之间。一传为延平则邃矣,再传为晦翁则大矣,豫章遂为别子。甚矣,弟子之有光于师也!"①本文就《延平答问》对朱子思想的影响作一考察。

一、《延平答问》的基本情况

朱熹从宋高宗绍兴二十三年(1153 年)五月赴任同安县主簿,过南剑州时初见李侗,到宋孝宗隆兴元年(1163 年)延平先生作古,前后不过十一年,约五次见面,②而师弟子相聚的时日甚短,当面授受的时间不多,诸多问题则以书函问目讨教。延平先生回信共有 24 封,文字不多,约 1600 余言,经过朱熹手订而成《延平答问》一书。

(一)书信往来起止时间

朱熹与李侗往来论学之书信不多,《延平答问》所收书信起于绍兴丁丑(二十七年,1157 年)六月二十六日,止于隆兴癸未(元年,1163 年)七月二十

---

① 黄宗羲:《宋元学案》卷三九,《豫章学案》,北京:中华书局,2007 年,第 1269 页。
② 陈国代:《朱熹在福建的行踪》,北京:作家出版社,2007 年,第 96～98 页。

八日。其中有丁丑年 1 封,戊寅年 3 封,己卯年 2 封,庚辰年 2 封,辛巳年 5 封,壬午年 7 封,癸未年 4 封。

（二）《延平答问》涉及书籍

朱熹"自见于此道未有所得,乃见延平"。师从李侗的数年间,"不辍留意于经书",所呈示者有《大学》、《论语》、《孟子》、《中庸》;《易》、《诗》、《春秋》、《左氏春秋》、《胡氏春秋传》、《春秋纂例》、《礼》、《礼记》;二程《语录》、《谢上蔡语录》;濂溪《遗书》、《西铭》;罗从彦《韦斋记》,等等。可见《延平答问》是围绕"四书"与"五经"而展开学术讨论,为其理学框架的建构打基础。

（三）往来书信涉及人物

书信中出现历史人物有周公、孔子、孟子、颜回、子夏、曾参、子路、子贡、荀子;程伊川、程明道、张横渠、谢上蔡、吕与叔、杨龟山、尹和静、罗先生、李先生、朱元晦;胡安定、胡明仲、陈几叟;苏东坡、苏子由、黄鲁直、王介甫。

李侗略对诸多学者的见识进行比较,认为二程及程门诸君论学有见地;二苏于"学"无渊源,只是聪明过人,解《语》《孟》,有见解处,但"二苏《语》《孟》说,尽有可商量处",①朱熹也看出"说养气处,皆颠倒了"的问题。

（四）《答问》编辑与版本

朱熹大约在隆兴元年（1163 年）八月下旬至九月上旬编订《延平答问》一书,当时李侗在世。次年,他给同门师友罗博文信中说:"先生诸书,想熟观之矣。平日讲论甚是,如此奇论,所未及者。别后始作书请之,故其说止此,然其大概可知矣。"②朱熹亲自选定《延平答问》,后附李侗先生给刘玶的两封信,合为一卷,最初刻印于建阳麻沙,称《正录》。此后,又有朱子门人所加《后录》本以及明弘治间严州太守周木辑校《续录》一卷,与前《正录》、《后录》同刊并行本。故流传下来有多个版本。

---

① 朱杰人:《朱子全书》第 13 册,上海:上海古籍出版社、合肥:安徽教育出版社,2002 年,第 322 页。

② 朱熹:《晦庵先生朱文公文集·续集》卷五,《答罗参议书》,第 4748 页。

二、《延平答问》的相关内容

（一）日常生活

书信中简单记载李侗日常生活，如说不事经营，经济拮据，房屋破败，而自己收敛身心，终日危坐，"村居如旧，应事接物"，"村居兀坐，一无所为"；其子李友直、李友谅绍兴二十七年（1157 年）登科后外任，次子任建安县主簿，迎亲奉养，"某在建安，竟不乐彼"；长子任铅山县尉，迎亲奉养，"在此粗安，第终不乐于此"。故李侗多数时间蛰伏在剑浦城南崇仁里樟林村，皓首穷经，很想见朱熹，又担心祝老夫人在家无人照顾不能如愿。当获知朱熹身体不适时，则要"元晦……随宜摄养"，[①]表示了长辈的关怀。

（二）学术渊源

罗从彦师从杨时，于北宋崇宁元年（1102 年）始见龟山先生于将乐，政和二年（1112 年）从学于萧山县，政和七年（1117 年）又到毗陵从学，[②]所得不深，却在道南学派中占有一席之地。李侗在书信中多次提到师事问题，如"某自少时从罗先生学问，彼时全不涉世故，未有所入，闻先生之言，便能用心静处寻求。至今澒汩忧患，磨灭甚矣"[③]；"某囊时从罗先生学问，终日相对静坐，只说文字，未尝及一杂语。……令静中看喜怒哀乐未发之谓中，未发时作何气象"[④]；"昔闻之罗先生云：'横渠教人，令且留意神化二字。所存者神，便能所过者化。私吝尽无，即浑是道理，即所过自然化矣'"[⑤]；"中年以来即为师友捐弃，独学无助，又涉世故，沮困殆甚"[⑥]；"某自闻师友之训，赖天之灵，时常只在心目间，虽资质不美，世累妨夺处多，此心未尝敢忘也。于圣贤之言，亦时有会心处，亦间有识其所以然者。但觉见反为理道所缚，殊无进步处。今已老

---

① 朱杰人：《朱子全书》第 13 册，第 322 页。
② 黄宗羲：《宋元学案》卷三九，《豫章学案》，第 1270 页。
③ 朱杰人：《朱子全书》第 13 册，第 323 页。
④ 朱杰人：《朱子全书》第 13 册，第 322 页。
⑤ 朱杰人：《朱子全书》第 13 册，第 340 页。
⑥ 朱杰人：《朱子全书》第 13 册，第 331 页。

矣,日益恐惧"①。因此,李侗"立志已定",年老仍致力于理学研究,只怕不洒脱;"某晚景别无他,唯求道之心甚切。虽间能窥测一二,竟未有洒落处。以此兀坐,殊愦愦不快。昔时朋友,绝无人矣,无可告语,安得不至是耶"②;"某尝闻罗先生曰:'祭如在,及见之者;祭神如神在,不及见之者。'以至诚之意与鬼神交,庶几享之。若诚心不至,于礼有失焉,则神不享焉,虽祭也何为!"③要求说理,"若更非是,无惜劲论,吾侪正要如此"④;"昔尝得之师友绪余,以谓问学有未惬适处,只求诸心。若反身而诚,清通和乐之象见,即是自得处";"某幸得早从罗先生游,自少时粗闻端绪,中年一无伙助,为世事淟汩者甚矣。所幸比年赖得吾元晦相与讲学,于颓堕中复此激发,恐庶几于晚境也。何慰之如"⑤。李侗晚年初心不改,得聪明好学的朱熹往来问难,发明道理,使其绪有传。

(三)不擅笔耕

朱熹说李侗先生:"亦常为任希纯教授延入学作职事";"不著书,不作文,颓然若一田夫野老"⑥;"李先生为人简重,却是不甚会说,只教人看圣贤言语。"⑦李侗不善语言表达,于书信中也有反映,如"素来拙讷","语言既拙,又无文采",很诚恳地告诉朱熹"某不能文,不能下笔也",⑧对弟子问目往往点到为止,而不作长篇阐述,故有"发脱道理不甚明亮"之说,只令"元晦可意会消详之,看理道通否","有所疑,便中无惜详及,庶几彼此得以自警也。"每欲朱熹来剑浦相见面论,"有疑,容他日得见剧论,以尽其说"⑨,但李先生"终是短于辨论邪正"。⑩

---

① 朱杰人:《朱子全书》第 13 册,第 321 页。
② 朱杰人:《朱子全书》第 13 册,第 321 页。
③ 朱杰人:《朱子全书》第 13 册,第 318 页。
④ 朱杰人:《朱子全书》第 13 册,第 325 页。
⑤ 朱杰人:《朱子全书》第 13 册,第 334 页。
⑥ 黎靖德:《朱子语类》卷八三,北京:中华书局 1986 年,第 2601 页。
⑦ 黎靖德:《朱子语类》卷八三,第 2620 页。
⑧ 朱杰人:《朱子全书》第 13 册,第 334 页。
⑨ 朱杰人:《朱子全书》第 13 册,第 326 页。
⑩ (宋)黎靖德:《朱子语类》卷八三,第 2602 页。

（四）讨论内容

李侗从罗从彦学，喜欢看《论语》，也看《春秋》、《左氏春秋》，转而要求朱熹"去圣经中求义"，"甚不许"看《正蒙》、《知言》之类，①故书信也是围绕儒家经典中疑难问题而展开，或做出直接回答，或问目笺释，或点拨提醒，或留待面论。今举其要如下：

1.讨论《孟子》养气、夜气说、求放心等问题。"示谕夜气说甚详……切不可更生枝节寻求，即恐有差。"②绍兴三十年（1160 年）五月，朱熹研读《孟子》，旁及苏辙《孟子解》等书，并将书寄给李侗。李侗认为"二苏《语》《孟》说尽有可商量处，俟他日见面论之"。是年夏秋间，朱熹写成《孟子集注》稿本，十月赴延平面见李侗，仍加讨论。

2.讨论《春秋》微言大义。李侗"初问罗先生学《春秋》，觉说得自好。后看胡文定《春秋》，方知其说有未安处"③。李侗指导朱熹读《春秋》，以胡安国《春秋传》解说为准。后来朱熹也发现胡《传》以义理为说，其"义理正当"，有"说得太深"处，"亦有太过处"，但"胡文定公所解，乃是以义理穿凿，故可观"；"某平生不敢说《春秋》。若说时，只是将胡文定说扶持说去"。尊圣人"教后人自将义理去折衷"，④并未全部照搬。

3.讨论《论语》仁说、心说、孝道之说；礼之用和为贵；吾十有五而志于学；禘自既灌而往者，吾不欲观之矣；祭祀、鬼神；居上不宽，为礼不敬，临丧不哀，吾何以观之哉；吾道一以贯之，忠恕之说；诸子之比较；颜子"不远复"；"五十知天命"等。绍兴二十八年（1158 年），朱熹在五夫一边开私塾教书，一边读书，与李侗书信往来论学答问，也就正于其他前辈。他在致父执范如圭的信中写道："去岁在同安独居几阅岁，看《论语》近十篇，其间疑处极多，笔札不能载以求教。"⑤此间，朱熹先后与李侗、胡宪、范如圭等人讨论"忠恕一贯"之旨，"某向来只惟见二程之说，却与胡籍溪范直阁说，二人皆不以为然"⑥。绍兴二

---

① （宋）黎靖德：《朱子语类》卷八三，第 2602 页。

② 朱杰人：《朱子全书》第 13 册，第 321 页。

③ 黎靖德：《朱子语类》卷八三，第 2602 页。

④ 朱杰人：《朱子全书》第 13 册，第 322 页.

⑤ 朱熹：《晦庵先生朱文公文集·续集》卷五，《答罗参议书》，第 1609 页。

⑥ （宋）黎靖德：《朱子语类》卷八三，第 698 页。

十九年,朱熹"遍求古今诸儒之说,合而编之",写信给门生许升,说:"熹《论语说》方了第十三篇,小小疑悟时有之,但终未见道体亲切处。如说'仁者浑然与物同体'之类,皆未有实见处。如说仁者浑然与物同体之类,皆未有实见处,反思茫然,为将奈何?"①是年底,便写成《论语集解》稿。隆兴元年(1163年)撰《论语要义》和《论语训蒙口义》。

成书之前,其疑未得尽释,多与李侗先生书信往来讨论而日有所获。绍兴三十年(1160年)五月至七月,朱熹还在继续钻研,并与李侗探讨《论语集解》。后来看到程门侯氏谢氏刘氏等人所记,载说分明,于是晓得"忠者天道,恕者人道",弄清楚"忠便是一,恕便是贯。"即以"理一分殊"注释"忠恕一贯"。绍兴三十一年(1161年)五月,朱熹的学问进展已得李侗赞许,称其"向所耽恋不洒落处,今已渐融释,此便是道理进之之效,甚善,甚善"②。

4.讨论《诗》思无邪,兴刺止乎礼义。绍兴二十九年(1159年)始作《诗集解》③,至隆兴元年六月稿成。④ 论及程颢诗二绝句,李侗依记忆录罗从彦《山居诗》给朱熹,⑤说杨龟山给胡安定《渚宫观梅寄康侯》"直是气味深长"⑥。

5.讨论涉及《礼》中关于"禘"的问题。朱熹后来作礼学类文章与著作甚多。

6.讨论《中庸》"忠恕违道不远"、"喜怒哀乐未发已发"、"鬼神"一章发明显微无间之理,看其妙用如何;兼及吕与叔、杨龟山《中庸解》。朱熹师从武夷三先生,得授《中庸》,回忆说:"某年十五六时,读《中庸》'人一己百,人十己千'一章,因见吕与叔解得此段痛快,未尝不悚然警厉奋发!"⑦至师事李侗期间,开始撰写一本"《中庸》集说"之书。

7.讨论《大学》的次序问题。朱熹通过李侗而接续于二程之学,认为《大学》是儒家重要思想的载体,于是开始诠释工作,广泛收集前儒注释《大学》的精粹,融于一书,初成《大学集解》,后来有《大学章句》、《大学或问》等。

8.讨论《西铭》所包含的哲理,特别关注伊川引入"理一分殊"的观点,后

---

① 朱熹:《晦庵先生朱文公文集·续集》卷五,《答罗参议书》,第1735页。
② 朱杰人:《朱子全书》第13册,第330页。
③ 束景南:《朱熹年谱长编》,上海:华东师范大学出版社,2001年,第240页。
④ 朱杰人:《朱子全书》第13册,第298页。
⑤ 朱杰人:《朱子全书》第13册,第322页。
⑥ 朱杰人:《朱子全书》第13册,第338页。
⑦ 黎靖德:《朱子语类》,第66页。

来推出《西铭解》。

9. 讨论《太极图说》"太极动而生阳"、"至理之源",后来有《太极图说解》。

10. 讨论《易》之《复卦》等相关问题,后来有《易传》、《周易本义》和《易学启蒙》。

11. 讨论《程氏遗书》及门人所录之《语录》。李侗推重谢良佐,以其言论闳肆,足以启发后进,特地抄《上蔡语录》给朱熹,说:"谢上蔡语极好玩味。盖渠皆是于日用上下工夫,又言语只平说,尤见气味深长。"在李侗、胡宪指导下,朱熹于绍兴二十九年(1159 年)三月,校定《谢上蔡先生语录》。[①] 至乾道二年(1166 年)编订《二程语录》、《二程先生文集》。

12. 讨论《奏稿》问题。绍兴三十二年(1162 年)六月十一日,高宗内禅,孝宗即位,十九日诏求直言,朱熹决意上封事,至七月,力陈讲帝王之学、定修攘之计、固本原之地的封事草成,寄呈李侗修订,其主张倡导儒学、反对和议和任贤修政的议论得到肯定与充实。李侗说:"封事熟读数过,立意甚佳。……断然不可和"[②];"某人之去……骂辱……夷狄所以盛者,只为三纲五常之道衰也"[③];"今日三纲不振,义利不分。缘三纲不振,故人心邪僻不堪用,是致上下之气间隔,而中国之道衰,夷狄盛,皆由此来也。义利不分,自王安石用事,陷溺人心,至今不自知觉。"[④]

书信作为师徒质疑问难、授业解惑的最佳载体,涉及文献十多种,讨论问题数十条,李侗的见解大多被朱熹吸纳。可以说,《延平答问》既是朱熹对恩师学术思想的总结,也是朱熹学术思想嬗变的历史记载,是后代考论李侗对朱熹人生影响的重要文献。

三、李侗对朱熹思想的影响

朱熹学问进展受李侗的影响,可以从他给柯翰的一封书信窥出:"熹自延平逝去,学问无分寸之进,汩汩度日,无朋友之助,未知终何所归宿。"[⑤]也可以

---

① 束景南:《朱熹年谱长编》,第 241 页。
② 朱杰人:《朱子全书》第 13 册,第 334 页。
③ 朱杰人:《朱子全书》第 13 册,第 340 页。
④ 朱杰人:《朱子全书》第 13 册,第 340 页。
⑤ 朱熹:《晦庵先生朱文公文集·续集》卷五,《答罗参议书》,第 1730 页。

从他乾道三年(1167年)八月特地到湖南长沙与湖湘学派交流得到反证,还可以从《朱子语类》中晚年言论得到反映。

(一)逃禅归儒

朱熹在十五六岁时受到好佛的刘子翚、胡宪及道谦的一些影响是事实。他说:"熹天质鲁钝,自幼记问言语不能及人。以先君子之余诲,颇知有意于为己之学,而未得其处,盖出入于释、老者十余年。"①而十九岁脱去场屋束缚后,对所能看到的各种文献都产生了阅读兴趣,其中就有佛道文献,认为讲的自有道理,"某少时未有知,亦尝学禅"②,大有迷恋"佛亦教人为善"③的心结。在得到正确的引导便转变进发的路数,将佛老书搁置一边,全心攻读儒家著作,走上儒学道路。

朱熹初见李侗,说得无限道理,而面前事却理会不了,就受到不客气的批评:"天下理一而分殊,今君子何处腾空处理会得一个大道理,更不去分殊上体认?"随后李侗在答书中说:"释氏所谓一超直入如来地,恐其失处正坐此,不可不辨"④;"向来尝与夏丈言语间稍无间,因得一次举此意质之。渠乃以释氏之语来相淘,终有纤奸打讹处,全不是吾儒气味,旨意大段各别。"⑤朱熹没有隐瞒自己早年的心路历程,在给吕祖俭的信中也提到"昔侍李先生论近世儒佛杂学之弊"⑥。李侗说:"禅学者则不然。渠亦有此病,却只要觉念不采,以是为息灭,殊非吾儒就事上各有条例也。"朱熹说佛老"能克己而不能复礼"⑦,指出"佛老氏却不说着气,以为此已是渣滓,必外此然后可以为道。遂至于绝灭人伦,外形骸,皆以为不足恤也"⑧。朱熹后来讲到自己受李侗影响而转变思想⑨,后人也采信朱子逃禅归儒之说。

朱熹有自我批评的精神与勇气,屡对儒佛之异进行辨析,遵"前辈有言,

① 朱熹:《晦庵先生朱文公文集·续集》卷五,《答罗参议书》,第1700页。
② 黎靖德:《朱子语类》卷八三,第2620页。
③ 黎靖德:《朱子语类》卷八三,第2698页。
④ 朱杰人:《朱子全书》第13册,第331页。
⑤ 朱杰人:《朱子全书》第13册,第323页。
⑥ 朱熹:《晦庵先生朱文公文集·续集》卷五,《答罗参议书》,第2184页。
⑦ 黎靖德:《朱子语类》卷八三,第1048页。
⑧ 黎靖德:《朱子语类》卷八三,第2508页。
⑨ 黎靖德:《朱子语类》卷八三,第2620页。

圣人本天,释氏本心"①之说,师事李侗后学问路径与人生定位很明确,且与师友书信往来中常常敲响"失正途,入于异端之学,为害亦不细"②的警钟,扭转学风,振奋士气。

(二)存养工夫

李侗给出明确的为学方向,从儒家经典中寻求微言大义,朱熹感佩并穷理不休,沉潜于实学而日有所得。李侗沿用罗从彦主静的心性修养工夫,要求笃志好学的朱熹用力于为己之学,求圣贤气象。朱熹与师友数年的讲论切磋,经过"困学"的艰难跋涉,心性涵养从主悟到主静,直到乾道二年(1166 年)九月讨论"中和之说",才悟出"主敬"思想,从主静到持敬,找到源头活水,渐入圣域。正是李侗引导朱熹体验圣人气象,从人伦日用之间下手,使朱熹脱离佛老参悟方式,落实于儒家经典研究而推究实理。

朱熹尊李侗从儒家经典中求义,认真研究《五经》,认为《周易》主要是卜筮之书,《礼记》是春秋战国时代一部礼仪制度的汇编,是记载礼仪的书籍,《尚书》与《春秋》属于记载历史的书,《诗经》内容丰富且庞杂,表达的意义不够集中、明确,无法形成完整的思想理论体系。儒家没有完整的思想理论体系,就无法对抗外来的宗教对儒家传统观念的巨大冲击。"汉唐诸人说义理,只与说梦相似。"③也就是说,汉唐时期僵化的《五经》研究,回应不了佛教的挑战,满足不了社会思想需求,造成知识精英援佛入儒,甚至逃避现实而遁入空门。朱熹已经看到儒学陷于困境,要复兴儒学,要重振纲常,要重构完备的思想体系。这一体系在师事延平先生时就有端倪。

(三)面对现实

李侗要求朱熹做到处事洒落,"今之学者虽能存养,知有此理,然旦昼之间一有懈焉,遇事应接举处,不绝打发机械,即离间而差矣。"④学者多为私欲所分,用力不精,难于取效。"向所耽恋不洒落处,今已渐融释。此便是道理进之效。"一旦时机成熟,也要走出书斋:"闻召命不至,复有指挥。……辞之。

---

① 朱熹:《晦庵先生朱文公文集·续集》卷五,《答罗参议书》,第 1314 页.
② 朱熹:《晦庵先生朱文公文集·续集》卷五,《答罗参议书》,第 1737 页。
③ 黎靖德:《朱子语类》卷八三,第 1220 页。
④ 朱杰人:《朱子全书》第 13 册,第 325 页。

……若于义可行,便脱然一往,亦可也。"隆兴元年(1163 年)九月,朱熹入朝奏事,指出"陛下毓德之初,亲御简策,不过讽诵文辞,吟咏情性。比年以来,欲求大道之要,又颇留意于老子、释氏之书。记诵辞藻,非所以探渊源而出治道;虚无寂灭,非所以贯本末而立大中"之非,且有"夫帝王之学,必先格物致知,以极夫事物之变,使义理所存,纤悉毕照,则自然心诚意正,而可以应天下之务"之高见,开始走上以圣贤之学格君之非、正君之心的艰难道路。

由"复卦见天地之心"
一番答问谈李侗对朱熹的影响

◎ 丘山石

所谓"复卦见天地之心"一番答问,指的是《延平答问》中李侗与朱熹关于"太极动而生阳"及"喜怒哀乐未发已发"的一番答问:

问:"太极动而生阳,先生尝曰:'此只是理,做已发看不得。'熹疑既言动而生阳,即与复卦一阳生而见天地之心何异?窃恐动而生阳,即天地之喜怒哀乐发处于此,即见天地之心;二气交感化生万物,即人物之喜怒哀乐发处于此,即见人物之心。如此做两节看,不知得否?"先生曰:"太极动而生阳,至理之源,只是动静阖辟,至于终万物始万物,亦只是此理一贯也。到得二气交感化生万物时,又就人物上推,亦只是此理。中庸以喜怒哀乐未发已发言之,又就人身上推寻,至于见得大本达道处,又衮同只是此理。此理就人身上推寻,若不于未发已发处看,即缘何知之?盖就天地之本源,与人物上推来,不得不异。此所以于动而生阳,难以为喜怒哀乐已发言之。在天地只是理也,今欲作两节看,切恐差了。复卦见天地之心,先儒以为静见天地之心,伊川先生以为动乃见此,恐便是动而生阳之理。然于复卦发出此一段示人,又于初爻以颜子不远复为之,此只要示人无间断之意,人与天理一也。就此理上皆收摄来与天地合其德、与日月合其明、与四时合其序、与鬼神合其吉凶,皆其度内尔。妄测度如此,未知元晦以为如何?有疑更容他日得见剧论。语言既拙,又无文采,似发脱不出也。元晦可意会消详之,看理道通否。"①

---

① 《延平答问》,《朱子全书》第 13 册,第 328～329 页。

在这一番答问中,李侗与朱熹分别展示了不同的几个问题域,分别为"太极动而生阳"、"复卦见天地之心"、"理"、"物"、"已发未发"等,二人各自对它作了一些表述与分析。纵观朱熹一生的学术生涯,李侗的这番答问使朱熹长期坚持的一些学术思想得到了修正,对朱熹建构他的学术思想体系产生了十分深远的影响。

一、"复卦见天地之心"对朱熹的提示

所谓"复卦见天地之心",此语源自《周易·复》。《周易·复》谓:"复:亨。出入无疾,朋来无咎。反复其道,七日来复。利有攸往。《彖》曰:复,'亨'。刚反动而以顺行,是以出入无疾,朋来无咎。'反复其道,七日来复。'天行也。'利有攸往。'刚长也。《复》其见天地之心乎?"①对于《周易·复》的解读,历史上存在有两种,即是李侗所谓的"先儒以为静见天地之心"与"伊川先生以为动乃见此",分别代表中国传统思想家们两种不同宇宙论及人生论。所谓的"先儒以为静见天地之心"的"先儒",如《礼记·乐记》作者便是其中之一。《礼记·乐记》云:"人生而静,天之性也;感于物而动,性之欲也。"②《礼记》以"静"为人之天性,人之天性即道的呈现。《中庸》所谓"天命之谓性,率性之谓道",即此之谓也。虽然《荀子·解蔽篇》亦云:"人何以知道?曰心。心何以知道?曰虚壹而静。……未得道而求道者,谓之虚壹而静。作之,则将须道者之虚,虚则入;将事道者之壹,壹则静;将思道者谓之静,静则察。知道,察;知道,行,体道者也。虚壹而静,谓之大清明。"③荀子主张人只有在"虚壹而静"的状态下才能"知道",因而,这种"静"与《礼记·乐记》作者不同,它只是人之认识心应该有的一种状态。真正将"静"直接提升为"天地之心"的则是先秦道家的老子,以及魏晋玄学领军人物王弼。《老子》曰:"重为轻根,静为躁君。"④王弼谓:"凡物,轻不能载重,小不能镇大。不行者使行,不动者制动。是以重必为轻根,静必为躁君也。"⑤《老子》又曰:"致虚极,守静笃。万物并

---

① 《周易》,《四书五经》,第 162 页。
② 《礼记·乐记》,《四书五经》,第 566 页。
③ 《荀子》,第 262~263 页。
④ 《老子》,第 6 页。
⑤ 《老子道德经注》,《王弼集校释》,第 69 页。

作,吾以观复。夫物芸芸,各复归其根。归其根曰静,是谓复命。复命曰常。"①王弼注:"言致虚,物之极笃;守静,物之真正也。动作生长。以虚静观其反复。凡有起于虚,动起于静,故万物虽并动作,卒复归于虚静,是物之极笃也。各返其所始也。归根则静,故曰静。静则复命,故曰复命也。复命则得性命之常,故曰常也。"②所谓"物之极笃",即万物运行之中枢。"卒复归于虚静,是物之极笃。"指的就是以"虚"(无)为万物之本源,以"静"为天地运行之中心。王弼以"凡有起于虚,动起于静,故万物虽并动作,卒复归于虚静,是物之极笃也"作为对《老子》中"复"之义的解读。同样的,对于《周易·复》彖辞"复其见天地之心",仍是以"归于虚静"来解读,他说:"复者,反本之谓也。天地以本为心者也。凡动息则静,静非对动者也;语息则默,默非对语者也。然则天地虽大,富有万物,雷动风行,运化万变,寂然至无是其本矣。故动息地中,乃天地之心见也。若其以有为心,则异类未获具存矣。"③以"无"、"静"为天地之"本",显示出魏晋玄学具有浓厚的道家思想色彩。长期以来,由魏晋、南北朝,直至隋唐、有宋,禅玄之风炽盛,以"虚静"为"物之极笃"的思想一直被当时的学界奉为圭臬。

逮至有宋,"庆历之际,学统四起"④。许多思想家们为了改变朝野士庶嗜禅佞佛,以至圣学道统失坠,纷纷重解经典,以图重建儒学学统。作为北宋学术巨擘的二程,自然不会缺席这场轰轰烈烈的学统重建运动。李侗所谓"伊川先生以为动乃见此",就是指程颐在对《周易·复》的重新解读之中,实现对儒家宇宙论及人生论的重构。程颐曾谓:"人说复见其天地之心,皆以谓至静能见天地之心,非也。复之卦下面一画,便是动也。安得谓之静?自古儒者皆言静见天地之心,唯某言动而见天地之心。"⑤在注"复其见天地之心"时,他又说:"其道反复往来,迭消迭息,七日而来复者,天地之运行如是也。消长相因,天之理也。阳刚君子之道长,故'利有攸往'。一阳复于下,乃天地生物之心也,先儒皆以静为见天地之心,盖不知动之端乃天地之心也,非知道者,孰能识之?"⑥《礼记》作者与王弼及其后来诸多程颐所谓的"先儒"多以"虚静"为

① 《老子》,第 4 页。
② 《老子道德经注》,《王弼集校释》,第 35～36 页。
③ 《周易注》,《王弼集校释》,第 336～337 页。
④ 黄宗羲:《宋元学案·序录》,《宋元学案》,第 1 页。
⑤ 《河南程氏遗书》卷一八,《二程集》,第 201 页。
⑥ 《周易程氏传》卷二,《二程集》,第 819 页。

"物之极笃",即是以"虚"(无)为宇宙本体,而程颐以"一阳复于下"为"天地之心",即是以"生"(有)为宇宙本体,二者反映了各自不同的宇宙论及人生论,其所表述的社会现实意义也各有不同。虽然周敦颐也主张"主静,立人焉"①,二程、张载等人也都提到"静",但他们的"静"并非归于寂然不动的"无"的"静",而是"动静阖辟"中相对于"辟"的"阖"。一开(辟)一合(阖)、一往一返、无有不动,"动"乃"静"中之"动","静"乃"动"中之"静"。

长期以来,中国传统思想家们对于《周易》的解读,分别持有以象数解易与以义理解易二种思想观点和方法。从李侗与朱熹的一番答问中可以看出,李侗支持程颐以义理解易的思想观点。朱熹始终认为"易本为卜筮而作"②,"易本卜筮之书"③,因而终其一生多从象数角度研易。可是,他在注易解易时,仍大量沿用程颐及其他诸多"先儒"的义理思想。即如他在注解《周易·复》象辞"复其见天地之心"句时说:"积阴之下,一阳复生,天地生物之心几于灭息,而至此乃复可见。在人则为静极而动,恶极而善,本心几息而复见之端也。程子论之详矣,而邵子之诗亦曰:'冬至子之半,天心无改移。一阳初动处,万物未生时。玄酒味方淡,大音声正希。此言如不信,更请问包牺。'至哉言也,学者宜尽心焉。"④朱熹首肯"程子论之详矣",表明他接受了李侗的提示,以"复卦一阳生"为"天地之心",摈弃"先儒"以"虚"(无)、"静"为"天地之心"的思想观点,秉持以"生"(有)、"动"之理建构他的学术思想体系,但他却又称赞邵雍的诗"至哉言也",显然在他的内心中并没有完全清除以寂然不动的"虚静"、"无"为"天地之心"的思想残余,因为"天心无改移"、"一阳初动处,万物未生时"就隐含寂然不动的"虚静"、"无"的内在意涵。

二、"太极动而生阳"的阐释及对朱熹的导引

"太极动而生阳"是程颐阐发及李侗对朱熹提示"复卦见天地之心"之主旨,朱熹由此做了延伸,他说:"既言动而生阳,即与复卦一阳生而见天地之心何异?窃恐动而生阳,即天地之喜怒哀乐发处于此,即见天地之心;二气交感

---

① 《太极图说》,《周敦颐集》,第7页。
② 《朱子语类》卷六六,第1620页。
③ 《朱子语类》卷六六,第1622页。
④ 《周易本义》,《朱子全书》第1册,第95～96页。

化生万物,即人物之喜怒哀乐发处于此,即见人物之心。如此做两节看。"对此,李侗将朱熹在阐发中出现的偏误做了细致的疏解:

(一)"此只是理,做已发看不得";"在天地只是理也,今欲作两节看,切恐差了";"此只要示人无间断之意,人与天理一也"。所谓"太极动而生阳",源自周敦颐的《太极图说》。周敦颐谓:"无极而太极。太极动而生阳,动极而静,静而生阴,静极复动。一动一静,互为其根。分阴分阳,两仪立焉。阳变阴合,而生水火木金土。五气顺布,四时行焉。五行一阴阳也,阴阳一太极也。太极,本无极也。五行之生也,各一其性。无极之真,二五之精,妙合而凝。乾道成男,坤道成女。二气交感,化生万物。万物生生而变化无穷焉……"①二程亦谓:"静中有动,动中有静,故曰动静一源。"②李侗谓:"太极动而生阳,至理之源,只是动静阖辟,至于终万物始万物,亦只是此理一贯也。"由此可知,李侗在此番答问开头所言"太极动而生阳"之句,实际上隐含有周敦颐"动极而静,静极复动。一动一静,互为其根"与二程的"动静一源"之意。"太极动而生阳,至理之源",但"动静一源"、"动极而静"、"静极复动"、"一动一静,互为其根","理"便是统摄"太极""动""静""阖""辟"的"理"。"终万物始万物"之"终""始"的过程,乃"此理一贯也"。"太极动而生阳"以及"复卦一阳生"乃"未发"向"已发"转换的关口,为"天地之心",与"已发"之"天地之喜怒哀乐"、"二气交感化生万物"、"人物之喜怒哀乐"有异,由此,李侗认为:"此只是理,做已发看不得。"否则,便是割裂"动""静",承认在"伊川先生以为动乃见此"的"天地之心"之外,还有存在着一个寂然不动的"静"的"天地之心",亦即承认在"动乃见此"之外"先儒以为静见天地之心"的合理性。而"到得二气交感化生万物时",便只有"就人物上推",否则,"理"与"天地之心"人"缘何知之"?"中庸以喜怒哀乐未发已发言之,又就人身上推寻",同样也是为了由此而见得"太极动而生阳"之"理"。至于伊川何必"又于初爻以颜子不远复为之"?"此只要示人无间断之意,人与天理一也",故而李侗一针见血地指出:"在天地只是理也,今欲作两节看,切恐差了。"因为"太极动而生阳"、"天地之喜怒哀乐"与"二气交感化生万物"、"人物之喜怒哀乐"的"人物之心"俱为"天地之心","人与天理一也"。

(二)"就天地之本源,与人物上推来,不得不异"。二程曾自称:"吾学虽

---

① 《太极图说》,《周敦颐集》,第5~6页。
② 《河南程氏粹言》卷一,《二程集》,第1182页。

有所受,天理二字却是自家体贴出来。"①所谓"天理",即理学家们阐发的"理"。"道是统名,理是细目"②,"理"是"道"的细化,所以理学也称道学。二程体贴"天理"即是揭示"道",他们对理学思想体系的建构也是由阐释"道"开始。《易》曰:"形而上者谓之道,形而下者谓之器。"③作为"道"之"细目"的"理",程朱等人自然也承认它为"形而上者"。所谓"形而上"及"形而下"者,如戴震所谓:"形谓已成形质。形而上犹曰形以前,形而下犹曰形以后。阴阳之未成形质,是谓形而上者也,非形而下明矣。"④由此,"形而上"即是"未成形质"之前,"形而下"即是"已成形质"之后。"阴阳一太极也。太极,本无极也。""太极"与"阴阳"俱为"未成形质"的"道"、"理"。"道"、"理"为"太极""动""静"的统一。"太极动而生阳"所阐释的乃是"形而上""未成形质"的"至理之源",非"已成形质"的"形而下"之"器"。

那么,"已成形质"的"形而下"之"器"、"气",又指的是什么呢?"器"、"气"既为"已成形质"的"形而下者",则表明它就是指世间具体的事物。诸如"中庸"之"喜怒哀乐未发已发",因为只有"就人身上推寻",人才能见得,"未发"即未在"人身上"显现,"未成形质",即为"形而上"的"道"、"理",而"已发"即已在"人身上"显现,"已成形质",便为"形而下者"的"器"、"气"。

可是,又应该如何处理"道""器"或"理""气"之间关系呢?程颐谓:"气是形而下者,道是形而上者。"⑤朱熹说得更加明白:"理也者,形而上之道也,生物之本也;气也者,形而下之器也,生物之具也。"⑥"道"、"器"关系即"理"、"气"关系。张载谓:"凡可状,皆有也;凡有,皆象也;凡象,皆气也。"⑦又谓:"阴阳之气,散则万殊,人莫知其一也。"⑧程颐谓:"天地之气,既是二物,必动已不齐。譬之两扇磨行,便其齿齐,不得齿齐。既动,则物之出者,何可得齐?转则齿更不复得齐。从此参差万变,巧历不能穷也。"⑨又谓:"静动者,阴阳之

---

① 《河南程氏外书》卷一二,《二程集》,第424页。
② 《朱子语类》卷六,第99页。
③ 《周易·系辞上》,《四书五经》,第200页。
④ 《孟子字义疏证》卷中,第22页。
⑤ 《河南程氏遗书》卷一五,《二程集》,第162页。
⑥ 《晦庵先生朱文公文集》卷五八,《答黄道夫》,《朱子全书》第23册,第2755页。
⑦ 《正蒙·乾称篇第十七》,《张载集》,第63页。
⑧ 《正蒙·乾称篇第十七》,《张载集》,第66页。
⑨ 《河南程氏遗书》卷二上,《二程集》,第31页。

本也;五气之运,则参差不齐矣。"①概而言之,"形而下"的"气"一旦"散则万殊",便"参差万变,巧历不能穷"。由此,李侗也就认为自"人物上推来",便与"就天地之本源""不得不异"。

朱熹曾谓:"理未尝离乎气。然理形而上者,气形而下者。自形而上下言,岂无先后!理无形,气便粗,有渣滓。"②又谓:"若理,则只是个净洁空阔底世界,无形迹,他却不会造作;气则能酝酿凝聚生物也。"③综观朱熹的学术实践活动,"理""上""气""下"及"理"清"气"浊思想观点始终是他所秉持的学术主旨。

"太极动而生阳"、"二气交感化生万物"、"只是动静阖辟""一贯"之"理"。其"二气交感化生万物","就人物上推",所得"亦只是此理"。而所谓"中庸以喜怒哀乐未发已发言之","就人身上推寻","又衮同只是此理",因为"若不于未发已发处看,即缘何知之?"但"二气交感化生万物"与"人物之喜怒哀乐",非为所谓"天地之喜怒哀乐",因为"在天地只是理也","天地"并没有所谓的"喜怒哀乐"。"天地之本源"为"天地之心",为"未成形质"之前"形而上"的"道"与"理",为"未发",无不"净洁","无形迹",也"不会造作";而自"二气交感化生万物"及"人物之喜怒哀乐"等"人物上推来"的为"已发",为"已成形质"之后"形而下"的"器"与"气",便"粗","有渣滓",但"则能酝酿凝聚生物"。李侗所谓"就天地之本源,与人物上推来,不得不异。此所以于动而生阳,难以为喜怒哀乐已发言之"之语就是儒家传统"理""上""气""下"及"理"清"气"浊思想观点的体现。纵观朱熹所建构的学术体系,"理""上""气""下"及"理"清"气"浊思想观点始终贯穿于其中,可见李侗对朱熹导引之深邃,又可见其影响之巨!

三、"静"、"敬"的转换与中和新说的形成

在朱熹的学术实践中,有那么一段非常曲折且艰辛的对其所谓"中和旧说"的超越历程。其实,所谓中和说就是关于《中庸》"已发未发"的阐发。《中庸》谓:"喜怒哀乐之未发,谓之中;发而皆中节,谓之和。中也者,天下之大本

---

① 《河南程氏粹言》卷二,《二程集》,第 1227 页。

② 《朱子语类》卷一,第 3 页。

③ 《朱子语类》卷一,第 3 页。

也;和也者,天下之达道也。致中和,天地位焉,万物育焉。"①朱熹谓:"喜、怒、哀、乐,情也。其未发,则性也,无所偏倚,故谓之中。发皆中节,情之正也,无所乖戾,故谓之和。大本者,天命之性,天下之理皆由此出,道之体也。达道者,循性之谓,天下古今之所共由,道之用也。此言性情之德,以明道不可离之意。"②一句话,如何对待"已发未发",如何达到"中和",是圣学入门之要。

所谓"中和旧说"乃是指朱熹遵从他早期所领会的李侗师教而进行的修养方法。朱熹曾说:"李先生教人,大抵令于静中体认大本未发时气象分明,即处事应物自然中节。此乃龟山门下相传指诀。"③其实,李侗所说的"于静中体认"即是他时常强调的静坐。所谓"于静中体认大本未发时气象"即是在静坐中体察性体未发前状况,还是杨时道南一脉"相传指诀"。

《延平答问》载:

> 曩时某从罗先生学问,终日相对静坐,只说文字,未尝及一杂语。先生极好静坐。某时未有知,退入室中亦只静坐而已。先生令静中看喜怒哀乐未发之谓中未发时作何气象,此意不唯于进学有力,兼亦是养心之要。元晦偶有心恙不可思索,更于此一句内求之静坐看如何。往往不能无补也。

> 某自少时从罗先生学问,彼时全不涉世,故未有所闻入先生之言。便能用心静处寻求,至今淟汩忧患磨灭甚矣。四五十年间,每遇情意不可堪处,即猛省提掇以故初心,未尝忘废,非不用力,而迄于今更无进步处。常切静坐思之,疑于持守及日用尽有未合处,或更有关键未能融释也。

> 壬午五月十四日书云:"承谕,处事扰扰,便似内外离绝不相该贯,此病可于静坐时收摄,将来看是如何。便如此就偏着处理会,久之知觉渐渐可就道理矣。更望勉之也。"

> 大抵学者多为私欲所分,故用力不精,不见其效。若欲于此进步,须把断诸路头,静坐默识,使之泥滓渐渐消去方可。不然,亦只是说也。更熟思之。

> 与刘平甫书云:"学问之道不在于多言,但默写坐澄心,体认天理,若

---

① 《中庸》,《四书五经》,第 7 页。
② 朱熹:《中庸章句》集注,《四书集注》,第 26 页。
③ 《晦庵先生朱文公文集》卷四〇,《答何叔京》,《朱子全书》第 22 册,第 1802 页。

见虽一毫私欲之发，亦自退听矣。久久用力于此，庶几渐明，讲学始有力也。"

又与刘平甫书云：大率有疑处，须静坐体究人伦，必明天理，必察于日用处着力，可见端绪在，勉之尔。"①

由于朱熹在李侗身上得到的关于"静"的认识是笼统的，或者说他对李侗之"静"是囫囵吞枣的，当然，这一方面也可能是因为李侗本身对于"静"的各种意涵及歧义并没有厘清而造成的，致使李侗虽然在"复卦见天地之心"一番答问中对朱熹说："先儒以为静见天地之心，伊川先生以为动乃见此，恐便是动而生阳之理。"但朱熹在很长一段时间里，其学术实践仍是沿袭从道谦和尚那里传习而来的禅定的"静"。特别是李侗所说的"若欲于此进步，须把断诸路头，静坐默识，使之泥滓渐渐消去方可"一席话，使得朱熹始终难以从释老的禅定及静坐中拔擢出来。对于这一点，他也曾懊恼："余早从延平李先生学，受《中庸》之书，求喜怒哀乐未发之旨未达而先生没。余窃自悼其不敏，若穷人之无归。"②

《说文解字》谓："静，审也。从青，争声。"③可见"静"的本意为"审"，而"审"为细察。细观李侗对于"静"的提出，分别有"静中看"、"静坐思之"、"静坐时收摄"、"静坐默识"、"静坐默识，使之泥滓渐渐消去"、"默坐澄心，体认天理"、"静坐体究人伦"等等，并不是道家老子及魏晋玄学家王弼所解读的寂然不动的"静"，而是周敦颐、程颐等人"一动一静，互为其根"、"动静无端，阴阳无始"④的涵"动"之"静"，是一个内敛的动态过程。"动静阖辟"，一往一返，乃是宇宙万物有机的运行方式。

起初，朱熹从自己所认为的"静"出发，以为"未发之前，天理浑然；戒慎恐惧，则既发矣。……喜怒哀乐之未发，乃本然之中；发而中节，乃本然之和，非人之所能使也"⑤。以心为未发，于未发中求所谓的"中"，但又无法弄清"未发之时"究竟是怎么一回事，而且这种"于静中体认大本未发时气象"，以心为未

① 《延平答问》，《朱子全书》第 13 册，第 322～341 页。
② 《晦庵先生朱文公文集》卷七二，《中和旧说序》，《朱子全书》第 24 册，第 3634 页。
③ 许慎：《说文解字》，第 106 页。
④ 程颐：《易说》，《河南程氏经说》卷一，《二程集》，第 1029 页。
⑤ 《晦庵先生朱文公文集》卷七二，《张无垢中庸解》，《朱子全书》第 24 册，第 3475～3477 页。

发的思想与程颐主张"求中于喜怒哀乐之前,则不可"、"凡言心者,皆指已发为言"明显发生矛盾。于是,开始首肯胡宏所传湖湘派"察识于未发,涵养于已发"的修习方法。一段时间以后,他开始对程颐所谓"凡言心者,皆指已发为言"感到苦恼:"人自婴儿以至老死,虽语默动静之不同,然其大体莫非已发,特其未发者为未尝发尔。"①认为无论是"已发"还是"未尝发",都是"心"主宰之。朱熹谓:"心,主宰之谓也。动静皆主宰,非是静时无所用,及至动时方有主宰也。"②而对于他所秉持的"静",则认为:"若以天理观之,则动之不能无静,犹静之不能无动也,静之不能无养,犹动之不可不察也。但见得'一动一静,互为其根',敬义夹持,不容间断之意,则虽下'静'字,元非死物,至静之中盖有动之端焉。是乃所以见天地之心者。而先王之所以至日闭关,盖当此之时,则安静以养乎此尔,固非远事绝物,闭目兀坐而偏于静之谓。但未接物时,便有敬以主乎其中,则事至物来,善端昭著,而所以察之者益精明尔。伊川先生所谓'却于已发之际观之'者,正谓未发则只有存养,而已发则方有可观也。周子之言'主静',乃就中正仁义而言。以正对中,则中为重;以义配仁,则仁为本尔。非四者之外别有'主静'一段事也。"③

朱熹带着自己的疑惑,再通过对二程著作的辑订,结合程颐前后之言,认为"程子所谓'凡言心者,皆指已发而言',此乃指赤子之心而言,而谓'凡言心者',则其为说之误,故又自以为未当,而复正之"④。

出于对李侗所传自杨时以来道南一脉的"静"很容易使人滑入佛老的禅定及静坐的考虑,朱熹便主张"以静为本,不若遂言以敬为本",因为"敬字工夫通贯动静",由此,如果易"静"为"敬",此前诸多困惑便可冰释。通过几番辛勤的梳理及省察,朱熹最后确立以程颐"涵养须用敬,进学则在致知"的"敬"为他的修习方法,"静"、"敬"的转换,标志着他的中和新说终于形成了。朱熹由李侗的"静"到程颐的"敬",走过了一个对师教的遵从到怀疑、舍弃,再到遵从、完善的曲折过程。这一曲折的学术历程也为他以张载的"心统性

---

① 《晦庵先生朱文公文集》卷七二,《中和旧说序》,《朱子全书》第 24 册,第 3634 页。

② 《朱子语类》卷五,第 94 页。

③ 《晦庵先生朱文公文集》三二,《答张敬夫》,《朱子全书》第 21 册,第 1420～1421 页。

④ 《晦庵先生朱文公文集》卷六四,《与湖南诸公论中和第一书》,《朱子全书》第 23 册,第 3131 页。

情"①为理论架构,建立自己的理学思想体系打下了坚实的基础。

四、结 语

李侗对朱熹的影响是非常巨大的,从逃禅归儒到中和新说的形成,再到整个理学思想大厦的建立,处处可见朱熹对李侗思想的完善与发展。在"复卦见天地之心"的一番答问中,"先儒以为静见天地之心,伊川先生以为动乃见此"的提示;"太极动而生阳"的阐释及对朱熹的导引:"此只是理,做已发看不得"、"在天地只是理也,今欲作两节看,切恐差了"、"此只要示人无间断之意,人与天理一也"、"就天地之本源,与人物上推来,不得不异"等。朱熹最终通过"静"、"敬"的转换,实现中和新说的形成,标志着宋代理学学脉由周敦颐、二程、杨时、罗从彦、李侗,再到朱熹薪火传承的实现与发展。在这一传承与发展的过程中,李侗其功至伟!

---

① 《张子语录·后录下》,《张载集》,第338页。

晚年李侗期许面会朱子的迫切、缘由及境遇

◎ 刘　刚

晚年李侗与朱熹有着深厚的师生情缘。《延平答问》曰："侗于朱子为父执。绍兴二十三年,朱子二十四岁,将赴同安主簿任,往见侗于延平,始从受学。"事实上,朱子师从李侗,有着父亲的刻意安排,"是时吏部员外郎朱松与侗为同门友,雅重侗,遣子熹从学,熹卒得其传"①。可见,李侗 61 岁之时与年少的朱熹结下了师生情缘。此时,李侗早已归隐山野达 40 多年,其致志悟道治学的精神及"冰壶秋月"般的高尚人格皆吸引着朱子前来问学。而李侗对朱熹也给予认可,正如其所言:"元晦,进学甚力,乐善畏义,吾党鲜有。"②又曰:"此人极颖悟,力行可畏,讲学极造其微处。某因追求所省,渠所论难处,皆是操戈入室,俱从源头体认来,所以好说话。"③可见,朱子的聪慧与勤奋李侗是给予赞许的。实然,李侗恰值晚年能收朱子这样的学生实乃幸事。为此,晚年李侗与朱子的相遇、师承,是二者相互吸引。李侗的年迈及常居延平与朱子的为官同安,在二者治学问道上有着突出的矛盾。由此,在有限的相见之后,李侗对朱子的授学、解惑,绝非依循常规。在这师徒二人天各一方的空间区域下,晚年李侗对朱子采用了另类的授学形式,正如《延平答问》语:"故书札往来,问答为多。"足以窥知,李侗和朱子之间通过书信往来,完成了修学、治学的历程。

《延平答问》正是其书信往来的有力见证,从绍兴丁丑年(1157 年)到癸未

① 《宋史·李侗传》。
② 《延平答问》。
③ 《延平答问》。

年(1163 年)这七年间给朱熹的信文摘要共 24 篇、64 条,还收入朱熹同李先生平素面难对答的语录,共有百条以上。实际上,在这些书信往来的背后,李侗对朱子有着浓浓的相见之意。在其写给朱子书信的言语之中,不难发现,晚年李侗对朱熹有着期许面会。无疑,针对晚年李侗何以迫切地想见朱子,应然成为首要的追问。

一、相见之迫切

李侗对朱子的迫切相见,彰显在与其书信的文字之中。不难发现,在李侗写给朱子的 24 封书信之中,有十余处提及想面会朱子的地方。更有甚者,李侗在一封信中曾有两处,更曾有三处提及与朱子当面商谈之意。李侗在写给朱子的书信中,除了表达一些学术上的解惑之余,更曾有着心灵感情的流露,特别是想见朱子之迫切得以全面彰显。正如"戊寅冬至前二日书云:承示问,皆圣贤之至言,某何足以知之。……,他日若获款曲,须面质论难,又看合否。如何?"①这是李侗在书信之中第一次提及面会朱子之事,就在此信文后,又有"请俟他日反复面难,庶几或得其旨"②。可见,李侗欲见朱子之切。庚辰五月八日李侗又书云:"此中相去稍远,思欲一见未之得。"③且在此信,还曾语:"二苏语孟说尽有可商论处,俟他日见面论之。"④庚辰七月李侗又书云:"当俟他日相见剧论可知。"更有辛巳八月七日书云:"是与非更俟他日面会商量可也。"⑤由此,透过李侗书信文字的背后,我们应然窥知,李侗充分地表达了想面会朱子之意,其情真,其意切。当然,李侗对朱子的期许面会在书信中有着直接的邀约,亦曾有着言语的暗示。

李侗对朱子有着直接邀约相见之语。晚年李侗给朱子的书信之中,有几处直接的邀约面见之语。其语言直白,流露出想见朱子的心情之切。庚辰七月李侗书云:"乃望承欲秋凉来,又不知偏侍下别无人可以释然,一来否只为

---

① 《延平答问》。
② 《延平答问》。
③ 《延平答问》。
④ 《延平答问》。
⑤ 《延平答问》。

往来,月十日事疑亦可矣。"①又有"某兀坐于此,朝夕无一事,若可以一来甚佳。致千万意如此。"②且更有辛巳中元后一日书云:"谨俟凉爽可以来访。"③可知,李侗在写给朱子的书信之中,想面会朱子,曾有着直接的邀约性言语表达,不难窥知,李侗的坦率与相见朱子之切。实际上,窥究《延平答问》,像以上李侗在书信之中,直接、坦率地邀约朱子前来面会的言语,并不多见。可见,在这仅有的几处,更足以表达晚年李侗对朱子的情真意切。

李侗对朱子的前来面会又有着诸多的暗示。在李侗书信之中,直接性的表达面会之外,更有间接性的语言暗示。李侗曾经以孔子门徒学习的案例来暗示朱子要前来其住处更随他一心治学。正如其庚辰七月书云:"大率今人与古人学殊不同,如孔门弟子群居终日相切摩,又有夫子为之依归,日用相观感而化者其多,恐于融释而脱落处,非言说可及也。"④李侗是赞许孔门学徒的做法的,且认为他们朝夕相伴孔子身边是有收获的。为此,他在书信之中,不可避免地流露出期望朱子能够如此之意,自然在言语之外对朱子能够前来面会有着几分期盼。李侗在书信中更曾有"当俟他日相见剧论可知。"⑤辛巳八月七日又书云:"是与非更俟他日面会商量可也。"辛巳二月二十四日更曾书云:"有疑更容他日得见剧论。"⑥可见,李侗的他日相见再议之语,暗示着朱子能够前来与之面会。在李侗写给朱子的书信之中,不管暗语的无意使用,还是刻意安排,皆足以使得朱子得知,李侗的相见之迫切。事实上,无论李侗的直接性语言相约,还是间接性暗示,皆给后人留下一个诘问,即晚年李侗为何迫切地想面会朱子。实际上,在李侗想见朱子的背后有着深刻的原因。

二、面会的缘由

(一)学　业

晚年李侗对朱子用心培育,解疑之所求。晚年李侗对朱子的培育是十分

---

① 《延平答问》。

② 《延平答问》。

③ 《延平答问》。

④ 《延平答问》。

⑤ 《延平答问》。

⑥ 《延平答问》。

用心的,尽管两人相隔一方,但书信往来的解惑答疑恰恰成为李侗用心体现之所在。可以说,自李侗收朱子为徒之后的十年间,除了几次短暂的相见之外,书信往来成为师徒二人交流的重要工具,李侗对这样的授业方式是颇多无奈的。李侗向往的是孔子门徒般的治学方式,正如其在书信所言:"大率今人与古人学殊不同,如孔门弟子群居终日相切摩,又有夫子为之依归,日用相观感而化者甚多,恐于融释而脱落处,非言说可及也。"①李侗十分赞许孔子门徒朝夕相伴在孔子身边的治学行为,他认为正是这种相伴,老师做到了言传身教,学生学到了书本言语之外的更多知识和感悟。为此不难发现,李侗的内心在朱子的学业指导上有着深深的愧疚,尽管书信之中有着详细的解惑和回答,但难免有着不尽其详的感觉,由此,他多次在书信之中表达了欲面会朱子之意。

此外,李侗还强调老师指导的重要,正如其曾言:"侗闻之,天下有三本焉,父生之,师教之,君治之,阙其一则本不立。古之圣贤莫不有师。"②同时,李侗亦对朱子有着很高的寄望,他在给朱熹讲解《论语》"吾十有五而志于学"章句时,勉励朱熹循序渐进。每十年都要有一个大发展,并说:"圣人非不可及也。不知更有此意否?"可知,李侗有意寄望于朱子能够成为治道的圣人。基于此,李侗从师者出发,应然发现书信往来的求学问道绝非能够达到言传身教之目的,更曾难以从涵养及道德人格上对其给予直接的感染和熏陶,由此,李侗在书信中十分迫切地表达了想面会朱子之意。当然,书信之中难免有诸多不尽如人意之处,为此,李侗基于治学的严谨和解惑的必要对朱子能够前来面会授业亦有着期盼。如辛巳二月二十四日李侗书云:"有疑更容他日得见剧论。"③又曾有辛巳中元后一日书云:"谕及所疑数处,详味之,所见皆正当,可喜。但于洒落处恐未免滞碍,今此便速不暇及之,谨俟凉爽可以来访,就曲折处相难,庶彼此或有少补焉尔。"④可知,书信往来,并非让李侗全面详细地将欲言之语得以表达,他也曾担心朱子理解上生误。其实,在李侗看来治学求道,有着诸多不可言传之处。因此,李侗期盼朱子能够前来相会,以便当面将疑惑解释详尽,更希望能够当面探究。故李侗对朱子的迫切相见,

---

① 《延平答问》。

② 《宋史·李侗传》。

③ 《延平答问》。

④ 《延平答问》。

是基于师者的内心愧疚,是未能尽其职责的弥补,更有学业上对其用心培养,答疑解惑之所求。

(二)学 术

朱子的学术志趣与晚年李侗相投,是其学术对话的最佳人选。晚年李侗与朱子是相互肯定与欣赏的。事实上,如果说朱子对李侗的师从是后生对当时大儒的敬仰与赞许,更是其向往之的目标及方向。由此,朱子对晚年李侗是给予敬仰的。如其在《延平先生李公行状》说:"先生姿禀劲特,气节豪迈,而充养完粹,无复圭角。精纯之气达于面目,色温言厉,神定气和,语然动静,端详闲泰,自然之中若有成法。平居恂恂于事若无甚可否,及其酬酢事变断以义理,则有截然不可犯者。"①另一方面,李侗对朱熹也是给予肯定和喜欢的,在壬午六月十一日书,他曾语:"足见日来进学之力,甚慰。"在学术志趣上,朱子的颇多认识与追求,与李侗有着相投的机缘。

诸多学术问题及对社会现实的认知上,朱子的看法得到李侗的认可及赞许。如,朱子的"近世以来,风颓俗靡,士大夫依把物搪剧取劈稼考不可胜数"②,又云:"三纲既沦,九法亦敦。"与李侗的"今日三纲不振,义利不分"③不谋而合。至于如何医治这种病态的社会,朱子认为要"上不失列圣传授之统,下使天下之道术得定于一"④。且"道者,日用事物当行之理,皆性之德而具于心……所以不可须臾离也。若其可离,则为外物而非道矣。是以君子之心常存敬畏,虽不见闻,亦不敢忽,所以存天理之本然,而不使离于须臾之顷也"⑤。更言:"圣人千言万语只是教人存天理,灭人欲","学者须是革尽人欲,复尽天理,方始为学。"⑥事实上,朱子的有些主张,李侗早就强调过,"抑侗闻之,道可以治心,犹食之充饱,衣之御寒也。人有迫于饥寒之患者,皇皇焉为衣食之谋,造次颠沛,未始忘也。至于心之不治,有没世不知虑,岂爱心不若口体哉,弗思甚矣"⑦。可见,二者都强调要重视"道"的重塑。此外,两人就国家统一

---

① 《朱文公文集》卷九七。
② 王懋竑:《朱子年谱》。
③ 《延平答问》。
④ 《延平答问》。
⑤ 《中庸章句》。
⑥ 《朱子语类》。
⑦ 《宋史·李侗传》。

问题,在主张抗金、反对议和的问题上也意见一致。故晚年李侗与朱子在学术及对社会现实的认知上,有着相同的志趣,由此,李侗想面会朱子意欲畅谈成为一种必然。

李侗曾就学术探讨与对话的问题,对朱子有过赞许。他在壬午七月二十一日的书中言:"所幸比年来得吾元晦相与讲学于颓堕中,复此激发,恐庶几于晚境也。何慰之如。"[①]当然,李侗的晚年,就学术问题的探讨上,能与之对话的人相继离开人世,"昔时朋友绝无人矣,无可告语,安得不至是耶?可叹可惧"[②]。正是晚年李侗,学术对话上孤寂的真实的写照。而朱子的出现,正如李侗发自内心所言"晚得此人,商量所疑,甚慰"。在学术上,李侗与朱子建立了沟通的桥梁,李侗的终生所学对"道""理"的感悟,倾诉给朱子,一吐为快的同时,且对其又进行用心的指导。而朱子的一些疑问与困惑,又诱发李侗的深刻反思,可见二者在学术上的对话,可谓相互得益。这种收获,李侗指出"某昔于罗先生得入处,后无朋友,几放倒了。得渠如此,极有益。"而朱子则更是收获颇多,如其言:"其后熹获从先生游,每一去而复来,则所闻必益超绝。"[③]《朱子年谱》更记载:"按朱熹之学,初无常师,出入于经传,或泛滥于释老。自谓见李先生后,为学始就平实,乃知向日从事释老之说皆非。此后,绍兴二十八年、三十年、三十二年,先后见李侗问学。汪应辰称,朱熹师事延平,久益不懈。"为此,李侗基于在学术上与朱子对话的必需,难免相见情切,故在书信期许面会的言语颇多。

(三)心　灵

晚年李侗心灵孤寂,对朱子有着感情上的眷恋。李侗的性格及内心是复杂的。一方面,李侗主张静修,注重涵养,他曾说:"既而退居山田,谢绝世故四十余年,食饮或不充,而怡然自适。"[④]"他一切置之度外,唯求进此学问为庶几尔。"[⑤]另一方面,他"事亲孝谨,仲兄性刚多忤,侗事之得其欢心。闺门内外,夷愉肃穆,若无人声,而众事自理..亲戚有贫不能婚嫁者,则为经理振助

---

① 《延平答问》。
② 《延平答问》。
③ 《延平先生李公行状》。
④ 《宋史·李侗传》。
⑤ 《延平答问》。

之。与乡人处,饮食言笑,终日油油如也。其接后学,答问不倦,虽随人浅深施教,而必自反身自得始"①。可见,在遁世与人世之间李侗有着苦恼。特别是晚年,李侗的内心是孤寂的。正如其在壬午四月二十二日书云:"吾侪在今日,只可于僻寂处,草木衣食苟度此岁月为可。"②更曾有壬午七月二十一日书云:"某在建安竟不乐彼,盖初与家人约二老,只欲在此。继而家人为儿辈所迫,不能谨守,遂往,某独处家中,亦自不便,故不获已,往来彼此不甚快。"又有庚辰七月书云:"某兀坐于此,朝夕无一事,若可以一来甚佳。"③可知,李侗的身心是孤独的。为此,他需求朱子能够相伴左右,共同论道,书信中一再表达了相见之情。

此外,李侗与朱子的父亲朱松乃同门好友,《宋史·李侗传》载:"是时吏部员外郎朱松与侗为同门友",且朱松十分欣赏李侗,故"遣子熹从学"。可见,李侗对朱子有着凌驾于师徒感情之上父子般的深情。因此,朱子在14岁时,其父朱松逝去,在24岁时方拜李侗为师。朱子对李侗之情如其言:"熹也小生,熹也小生,丱角趋拜。恭惟先君丱角趋拜。恭惟先君,实共源派。间间侃侃,敛衽推先,冰壶秋月,谓公则然。"④更有"以父执事延平而已"。⑤可知,晚年李侗与朱子有着浓浓的深情。李侗心灵的孤寂与朱子待其诚恳,又以师、父般地尊敬李侗,使得李侗对朱子颇为眷恋。李侗在迟暮之年身居山中,"中年一无做助,为世事澳汩者甚矣"。可谓一身求学、治学茫茫,回顾往昔,身心倦怠。而在晚年山居的寂寞境况中得到朱子这样的高足,定然感到无限的快慰。为此,他将传承其一生之学的希望寄托于朱子,常以书信往之,又意欲相见,故常常将期许面会朱子之意付诸笔端。实际上,李侗与朱子的几次短暂邂逅使得二者受益匪浅,相见之后,李侗对朱子的相见日切,如朱子所言:"相期日深,见励弥切。"⑥可谓,晚年李侗对朱子有着师长的关怀,更有着父亲般的深情。在其迟暮之时的最后十年里,李侗对朱子的意欲相见是一种真情的彰显,更是其心灵皈依、眷恋真情流露的真实表现。

---

① 《宋史·李侗传》。

② 《延平答问》。

③ 《延平答问》。

④ 《延平答问》。

⑤ 《延平答问》。

⑥ 《延平答问·祭文》。

三、期许的境遇

晚年李侗对朱子的期许相见在历史的境遇下,颇多无奈。尽管李侗与朱子相差 31 岁,但师生情谊并非因天各一方而疏远,相反由于书信的往来,情真意切,意欲相会更切。实际上,基于诸多条件的限制,在二人交往的十年间,拜师后的朱子与李侗又有着五次面会。"二十八年戊寅二十九岁春见李先生于延平"①,"绍兴三十年冬,朱子在同安任满,再见侗,仅留月余"②。朱子第三次拜谒李侗是在绍兴三十二年(1162 年)。这时李侗寓居建安(今福建建瓯),已年届古稀。隆兴元年(1163 年)六月,李侗从建安出发,前往信州铅山(今江西上饶县),欲去他的儿子李友直的任所接受赡养,途经武夷山。酷暑时节,朱熹在五夫里的紫阳楼再次见到了李侗。同年八月,李侗由铅山返回,途经武夷山,第五次与朱熹相见。如《延平答问》里朱子所言:"计前后相从,不过数月";"熹愚不肖,蒙被教育,不为不久。"③可见,尽管李侗在书信之中对朱子有着期许面会,但在历史境遇之下,并非如人所愿。

晚年李侗在书信之中对朱子的期许面会,朱子应然知晓,但由于家庭及公务的羁绊,朱子未能常常应约相见,实属憾事。实际上,朱子未能应约面会,有两个方面的原因:其一,朱子母亲年事已高,需朱子常侍左右。李侗曾在庚辰五月八日书云:"此中相去稍远,思欲一见未之得,恐元晦以亲旁无人慊侍,亦难一来。奈何。"④又在庚辰七月书云:"乃望承欲秋凉来,又不知偏侍下别无人可以释然,一来否只为往来,月十日事疑亦可矣。但亦须处得老人情意帖帖无碍,乃佳尔。"⑤且李侗还提及"然又不敢必觊,恐侍旁乏人,老人或不乐,即未可。更须于此审处之,某寻常处事,每值情意迫切处,即以轻重本末处之,似少悔吝。愿于出处间更体此意"⑥。以上足以见之,李侗也深知朱子家中有年高母亲,朱子不便远行。而朱熹面对李侗书信里的期许面会的期

---

① 《朱子年谱》。
② 《延平答问》。
③ 《延平答问》。
④ 《延平答问》。
⑤ 《延平答问》。
⑥ 《延平答问》。

盼,更多的是无奈。其二,朱子身在仕途,公务繁忙,无暇登门相会李侗。朱子有言:"蹇步方休,鞭绳已掣。"①由此,最让朱熹感到茫然若失的是,由于宦务在身,不能时刻趋奉李侗先生之旁,朝夕问道解惑。正如其曾言:"熹于此时,适有命召。"②就这样,忙于公务的朱子只好在心灵深处与李侗相会,而无暇亲身前行。

① 《延平答问·祭文》。
② 《延平答问》。

师承与"心法"：
以《延平答问》序跋为中心的考察

——兼论明清之际朱子学的地位

◎ 胡泉雨

《延平答问》（初为一卷本）是朱熹辑订的，收录的是他与其师李侗（延平）之间平时论学的往来书札，时间自宋绍兴二十七年丁丑（1157 年）六月（时年朱子 28 岁）至隆兴元年（1163 年）癸未（时年朱子 34 岁），共七年。① 后来，朱熹门人又将其平时论述李延平的语录、《延平先生李公行状》、《祭延平李先生文》等收入别为《附录》一卷并刊行于世。自此以后一直到民国这八百多年里，出现了不少刻印于不同时期的《延平答问》的不同版本，而每一个刻本都留有刊刻者或是当时的文士名流所作的序、跋。据陆建华、严佐之校点的《延平答问》所收的《附录》，所录的历代刻本序跋或记共有 21 篇，②其中，宋代 2篇、明代 3 篇、清代 8 篇、民国 1 篇，《四库全书总目提要》之《延平答问提要》1篇，此外，还收录了历代藏书家为所藏《延平答问》所作的"记"6 篇。当然在《附录》中还有另外两篇序未有提到，就是清周亮工和李佐圣受李葆初之请为顺治本《延平答问》所作的序（此两序详见《南平县志》卷十六）。从这些序跋中可以直观感受到：《延平答问》在清代的刻印是较频繁的，而对这些序跋作一全面考察，从中可以窥见李侗、朱熹的学术渊源与师承关系等重要的讯息，可以了解《延平答问》的版本刻印与流传情况以及《延平答问》一书的性质与作用，特别是序跋背后所承载的与当时学术动态相关联的学术流变。这也给

---

① 朱子从游李延平的时间，若从其绍兴二十三年（1153 年）始见算起到李延平隆兴元年（1163 年）去世，前后共有十年之久。

② 赵师夏：《延平答问序跋》，《朱子全书》第 13 册，上海：上海古籍出版社，合肥：安徽教育出版社，2002 年，第 354～366 页。

我们研究《延平答问》文本本身或以《延平答问》研究李延平和朱子二人的思想提供了又一新的角度。

一、从序跋看《延平答问》的版本刊刻、流传过程

就已知而言，《延平答问》在宋代有三个版本：嘉定七年（1214 年）北海王耕道姑孰郡斋本、嘉定九年（1216 年）曹彦约益昌学宫刻本、建阳麻沙印本。其中嘉定“姑孰本”的跋文是由朱子门人及孙婿赵师夏（致道）所作，该跋文在后世学者中多有推崇。况且王氏“姑孰本”乃后来历代各刊本的“祖本”，与其最近的曹氏“益昌本”即是承其而重刻的，这一点曹氏在他自己所作的《延平答问跋》中就已点明，他说：“《延平答问》一编，始得当涂印本于黄岩赵师夏致道……”①而文中所提到的“当涂印本”即指王耕道的“姑孰本”，因“当涂”当时属江苏管辖。到了明代，也有不少《延平答问》的刻本，这其中最具意义的当属周木刻本，原因在于“周木本”具有承上启下的作用，它上承宋嘉定刻本，下启后来历次刻本（后来宋本已佚失），这可从周木在他亲自撰写的《延平答问序》中可以看出一些端倪，他说：

> 木思睹有年，遍求于人而不可得，深愧寡陋，未考《元史》从祀之详。成化乙巳，乃复上请于朝，并乞校颁其书，羽翼正学。有司置议，事不果行。既六年，乃得延平郡庠近刻本而读之，承传舛讹，益增疑惧。又三年，始求得嘉定间刻本而校正焉，比近本既多《后录》，而复僭为《补录》，以附于后，刻之严郡，传示将来，俾知朱子又得于先生，而先生有功于朱子，诚如雷霆日月之不可掩矣。②

当然，在该序文中周木还提及了请旨颁书和为搜寻《延平答问》版本所经历的曲折过程。另外，周木还辑录朱子《文集》、《朱子语类》中与李延平相关的论述而“复僭为《补录》”。由于宋本的佚失，周木刻本就成了以后诸刻本的“模本”了，如稍后的“正德李习本”、“万历熊尚文刻本”两个明代刻本都与“周木本”是一脉相承的。到了清代，几个重要的《延平答问》刻本，如清顺治年间（1644—1661）李延平裔孙李孔文刻本、清康熙年间（1662—1722）张伯行《正谊堂全书》本、吕氏宝诰堂本以及清乾隆年间（1736—1795）《四库全书》本也

---

① 赵师夏：《延平答问序跋》，《朱子全书》第 13 册，第 355 页。
② 赵师夏：《延平答问序跋》，《朱子全书》第 13 册，第 356 页。

都与"周木本"有着较深的渊源关系。

二、从《延平答问》序跋看李延平、朱子的学术渊源与师承关系

检视《延平答问》历代各序跋,作者都会不约而同地提及李延平、朱子二人的学术渊源与师承关系。朱子门人暨孙婿赵师夏为北海王耕道所刻宋嘉定姑孰本所作的首个《延平答问跋》就曾提到:

> 延平李先生之学,得之仲素罗先生;罗先生之学,得之龟山杨先生。龟山盖伊洛之高弟也。……文公幼孤,从屏山刘公学问。及壮,以父执事延平而已,至于论学,盖未之契,而文公每诵其所闻,延平亦莫之许也。文公领簿同安,反复延平之言,若有所得者,于是尽弃所学而师事焉。①

从上述可知,朱子的师承脉络是:伊洛(程颢、程颐)→杨龟山(时)→罗仲素(从彦)→李延平→朱子。当然,赵师夏在这篇跋文中提到李延平在师承上所做的贡献,认为"今文公先生之言布满天下,光明俊伟"是"实延平先生一言之绪也"。② 清代南平知县苏渭生在《清乾隆补刻本延平答问跋》中也说:"自龟山得濂洛之传,而道学之统闽中为盛。顾上承杨、罗而下开考亭(即指朱熹),则延平李先生之功为甚钜。"③从赵师夏作跋以后,历代为《延平答问》作序或跋的作者也都会提及师承和学术渊源,而且更加的推崇和重视。明代周木在《延平答问序》中说:

> 先生之学得之豫章,豫章得之龟山,龟山实得之于伊洛,伊洛之学则又得于濂洛。其源流之正,授受之真,不啻日月之明、雷霆之震,虽聋瞽之人,有不可掩者。④

这里,周木将这种师承已上溯到了周濂溪(敦颐),而且认为这是"道统"的正传。至清代,承续周木此提法的有顺治间为顺治本《延平答问》作序(实名为《李延平先生文集序》)的周亮工,他在序文中多次提到:"尝稽考亭……及受学于李延平先生之门,为学乃始敛就平实","知先生,则愈知考亭矣。濂洛之学,至考亭而集其成";"昔人以世无二程,无复知有濂溪。然则若无考

---

① 赵师夏:《延平答问序跋》,《朱子全书》第 13 册,第 354 页。
② 赵师夏:《延平答问序跋》,《朱子全书》第 13 册,第 354 页。
③ 赵师夏:《延平答问序跋》,《朱子全书》第 13 册,第 359 页。
④ 赵师夏:《延平答问序跋》,《朱子全书》第 13 册,第 355 页。

亭，将不知有先生矣。"①周元文在《清康熙延平府刻本延平答问序》中也提"传道之正宗"，他说：

> 窃闻秦汉而降，道统不绝如线，迨至有宋，二程子发其宗指，朱子集其大成，而圣道以明。程子得杨龟山先生，目之曰："吾道南矣。"继之者为罗仲素先生，又传而为李愿中先生，而后有朱子。其间师弟相承，后先继起，则杨、罗、李三先生实为传道之正宗。②

而光绪五年（1879 年）巡延（延平）建（建阳）邵（邵武）使者广敏在《清光绪延平府刻本延平答问序》中更是讲道：

> 粤稽道统相传，自尧舜禹汤文武周孔，以迄思孟，燦著于群经。降而下之，荀与杨也，择焉不精，语焉不详，道统于是乎少微矣。紫阳出，数百年坠绪忽焉复振，究其渊源，则延平先生所传也。先生得濂洛正派，即绍洙泗真传。③

综合上述可知，从宋代开始推崇李延平和朱子的门人学者都非常重视他们二人的师承关系与学术渊源，而且到明清之际以及整个清时期，更是将李、朱二人的师承与学术源流从上追溯至二程及周濂溪，亦即从"道南学派"上溯到整个"道统"，并且将朱子的地位从"道南真传"提升至得"道统正宗"，这固然与朱子"集理学之大成"有关，然其中的更深层次的原因何在？这要联系明清之际的整个学术史环境来考察。因行文关系，将此点放到后面论述。

三、从序跋看《延平答问》是一部怎样的书

我们知道，《延平答问》是朱子辑录了他与老师李延平之间平日论学往来的书信。至于辑订的初衷，历来都认为该书就是一本老师与学生之间普通的学习问答而已，《四库全书总目提要》更较明确说《延平答问》是"书札往来问答""后朱子辑而录之"。另外，从《延平答问》流传过程中所出现的不同的书名也可窥见一斑，《延平答问》从朱子辑订时起就未曾明确书的名称，如《朱文公文集》中有一处以"延平先生语录"而作的论述，除此之外，还有称"延平问

---

① 周亮工：《李延平先生文集序》，武夷山朱熹研究中心：《朱熹与闽学渊源》，上海：三联书店，1990 年，第 396 页。
② 赵师夏：《延平答问序跋》，第 357 页。
③ 赵师夏：《延平答问序跋》，《朱子全书》第 13 册，第 360～361 页。

答"、"延平李先生答问"、"延平李先生师弟子答问"、"延平语"等。其实,这提法在《延平答问》历代刻本的序跋中也多有提及,明弘治间(1488—1505)周木在他所刻本《延平答问序》的开头就说:"《延平答问》者,子朱子述其师延平李先生答其平日之问,以明其传之有自也。"①明正德间(1506—1521)李习(李侗裔孙)在他所刻本《延平答问跋》中也说:"紫阳朱夫子受学于老祖文靖公之门,尝以平日答问要语编录成书,流布天下。"②周木与李习二人都认为《延平答问》是李、朱二人的"平日答问"。总之,对于《延平答问》一书的性质都普遍认为属于"问答"类的书。

但到后来特别是明末清初时,学者对于《延平答问》书的性质(即属何类书)有了新的观点和提法,将《延平答问》提升为一本传授"心法"③的书,明万历间(1573—1620)的熊尚文在他所刻《延平答问序》中首次提出这样的观点,只是他用了"心传"一词,他说:"庶先生平日所得于豫章,而紫阳氏所藉以演心传于万祀者,是集稍觇一斑矣。"④至清代,就都比较普遍的认同甚至推崇这种说法。康熙间(1662—1722)延平知府周元文在延平府刻本《延平答问序》中说:"程子曰:'《中庸》一书,乃孔氏传授心法。'则是书(指《延平答问》)也,其即紫阳所受之心法欤?"⑤周氏这里正式使用"心法"一词,并且将《延平答问》与《中庸》并提,其寓意可见一斑。与周元文同时的南平县知县邓炎在同本的《延平答问跋》中亦说:"而《答问》一编,则李、朱二夫子传授心法,其讲学精奥,泂继往开来,不容泯没者也。"⑥此后继承"心法"说的还有乾隆间(1736—1795)钟紫帏补刻本《延平答问跋》中说:"因忆《延平答问》一书,乃朱子授受衣钵。"⑦光绪二年(1876年)延平知府张其曜在延平府刻本《延平答问跋》开头说"《延平答问》一书,先儒所授受,实后学之法程,凡以阐明斯道者,无微不显。"⑧光绪五年(1879年)知延平府事的张国正在同本《延平答问序》

---

① 赵师夏:《延平答问序跋》,《朱子全书》第13册,第355页。
② 赵师夏:《延平答问序跋》,《朱子全书》第13册,第356页。
③ "心法"的提法源自佛教,《成唯识论》和《五味百法》等佛教经典均讲"心法"。明代"心学"产生的原因之一就是受此说法的影响。
④ 赵师夏:《延平答问序跋》,《朱子全书》第13册,第357页。
⑤ 赵师夏:《延平答问序跋》,《朱子全书》第13册,第358页。
⑥ 赵师夏:《延平答问序跋》,《朱子全书》第13册,第358页。
⑦ 赵师夏:《延平答问序跋》,《朱子全书》第13册,第359页。
⑧ 赵师夏:《延平答问序跋》,《朱子全书》第13册,第360页。

中更是提"圣贤心法",他说:"《延平答问》者,子朱子辑其师延平李先生平日传授之言,盖圣贤心法也。"①

综合上述,我们可以明显看出,自明末首提"紫阳演心传",到"紫阳受心法"、"朱子授受衣钵"、"先儒授受法程",到最后的"圣贤之心法",足以证明《延平答问》在明末清初及清以后的理学乃至儒学的地位得到了提升与推崇,当然这与当时朱子地位的再次得到提升与推崇以及明清之际的学术变化有着密切的联系。

四、从序跋看明清之际朱子学地位的再提升

综合上文所述,从《延平答问》历代刻本的序跋里可以得到这样一个讯息,即在明清之际,朱子学学者们以传刻《延平答问》作为捍卫朱子及其理学地位的形式,使之不至于在"心学"兴起的浪潮中衰微。《延平答问》各序跋的作者将朱子的师承渊源追溯至周濂溪,并且推崇朱子为"道南学派"乃至整个"道统"流传的"正宗"与关键人物;更甚者是将《延平答问》这样的师生间"答问往来书札"尊奉为"圣贤之心法"。固然一本书的作用不会很大,但放于当时的思想和学术环境,且又是朱子亲自辑订的书,是具有重要的时代与学术(特别对于程朱理学来讲)意义的。当然,这种提升的过程是漫长的,凝结着诸多尊崇程朱学者的心血。究其原因,就必定会联系到明清之际那场重要的学术变迁运动。

首先,当时尊程朱学者极力抬升朱子地位及推崇《延平答问》为"心法"之书,与"阳明学"的盛行成为"显学"而"朱子学"的衰微有关。在明代的前中期,因明王朝的"定朱学于一尊"的举措,朱子理学仍然处于思想学术的统治地位,但也是从明代初期开始,朱子理学的发展有了心学化的趋向。在这个过程中起重要作用的是陈献章与湛若水二人,但最终集心学之大成的就是王阳明,他一开始也尊奉程朱,后来"龙场悟道"并逐渐形成了以"心"为中心的较为完整的思想体系,赢得了当时学界的广泛关注,瞬间传遍大江南北,成为明代中后期的"显学"而盛行。相反,在这一时期,朱子学虽还是统治之学,但由于心学的兴起而声势锐减变得衰微不堪。当然,这里面有朱子学自身理论

---

① 赵师夏:《延平答问序跋》,《朱子全书》第 13 册,第 361 页。

与实践上产生的矛盾,这种矛盾张岂之曾概括为:"一是明政府一方面'定朱学于一尊',而在实际层面却从一己私利出发,采取极端不合理的措施;二是朱学在'格外在之物与伦理实践'之间的无法调和的矛盾;三是朱学自身的流变呈现出注重居敬躬行、心上理会的向里工夫,即有向心学接近与注重心学的趋向。"①也与当时一批尊朱子学的学者的思想认识变化有关。如薛瑄就说:"自考亭以还,斯道已大明,无烦著作,直须躬行耳。"②在他看来,朱子学不再是一种需要研究的思想形态,而只是一种只要进行道德实践即可类似与准宗教性的信仰体系。然鉴于当时这种学术环境,明清之际的一批坚守朱子学学者、士人并没有消沉,而是受当时普遍流行心学及心法之类论说的启发,一方面将朱子作为从"道南之传"抬升至接续整个"道学"继承人的一个标志;另一方面,是将《延平答问》作为整个理学以及道学的传授心诀而尊为"心法",旨在推动程朱理学的进一步广泛传播,抬升与巩固朱子学的统治地位。

其次,在明末清初的那场思想变动中,尊崇朱子学并努力维护他们的影响和地位的,就不得不提到顾宪成、高攀龙以及他们所领导的东林学派。上面曾提到,朱子学经南宋以后的兴盛,到明代已逐渐衰微,被阳明学的兴盛所冲击。但正如历史一样有盛必有衰,等到了王阳明去世后,阳明学的发展出现了分化,并暴露出了心学的弊端,从而就出现了学术上的反动。而顾宪成、高攀龙等在此时"广邀同道,集会讲学"并以东林书院为中心"传播学术、评议时政",形成了具有独特思想特征的东林学派。从东林学派的整个发展历史来看,自始至终是"学宗程朱"的,朱文杰说:"东林学派为儒家的正统学派,他们恪守程朱正宗。"③而且与"濂洛关闽"之学有着渊源关系,其中当属周敦颐影响最大。当然,有学者认为顾、高等东林学派人是从"王学"向"朱学"的回归的学派,如陈时龙说:"东林学派源出于心学但代表了向程朱学回归的趋向的学派。"④陈祖武在《顾炎武评传》中也说:"在晚明学术界,顾宪成、高攀龙以

---

① 张岂之:《中国思想学说史》(明清卷上),桂林:广西师范大学出版社,2008 年,第 19 页。

② 张廷玉:《明史》,北京:中华书局,1974 年,第 7229 页。

③ 朱文杰:《吴桂森和他的〈息斋笔记〉》,江苏省政协文史资料委员会《东林学术研讨会论文资料选》,1998 年,第 217 页。

④ 陈时龙:《晚明书院结群现象研究——东林书院网络的构成、宗旨与形成》,《安徽史学》2003 年第 5 期,第 8 页。

向朱学的回归,试图重振没落的理学。"①但就是这种"回归",为朱子学以及朱子地位的再次提升创造了有益的思想条件和学术环境。另一方面,始终坚守朱子学的学者也受到东林学派"崇朱辟王"的激励,积极而广泛地通过刊刻一些朱子的书籍来进一步宣传朱子学,并提升朱子在理学乃至整个道统上的地位。这可以从上述的自明末至清代《延平答问》的多个刻本,以及各刻本序跋中对于朱子师承渊源的抬升,将《延平答问》视为理学及整个道统的"圣贤心法",就可以略见一二。

总之,《延平答问》一经问世,历代的刻本及为之作序跋者不在少数,特别是明末清初以及整个清代属最多。更有甚者,许多尊崇朱子学的学者借助于当时的学术流变,将《延平答问》看作理学乃至整个道统所传授的"圣贤之心法",进一步明确与提升了李侗在朱熹理学体系中的地位与影响,也维护了朱子作为道统的正宗传承人地位。从而,使朱子学在被"心学"的兴盛而一度消沉后,又重新焕发出新的活力和能量,回归到正统的"显学"的地位,并一直延续到清朝末年。

---

① 陈祖武:《顾炎武评传》,北京:中国社会出版社,2010年,第24页。

图书在版编目(CIP)数据

道南学派研究/姚进生主编.—厦门:厦门大学出版社,2015.10
ISBN 978-7-5615-5784-6

Ⅰ.①道… Ⅱ.①姚… Ⅲ.①理学-哲学学派-思想史-中国-南宋-文集
Ⅳ.①B244.05-53

中国版本图书馆 CIP 数据核字(2015)第 234545 号

官方合作网络销售商: dangdang.com 亚马逊 amazon.cn JD.COM 京东

厦门大学出版社出版发行

(地址:厦门市软件园二期望海路 39 号   邮编:361008)
总编办电话:0592-2182177 传真:0592-2181406
营销中心电话:0592-2184458 传真:0592-2181365
网址:http://www.xmupress.com
邮箱:xmup @ xmupress.com

厦门集大印刷厂印刷

2015 年 10 月第 1 版 2015 年 10 月第 1 次印刷
开本:720×1000 1/16 印张:26 插页:2
字数:430 千字 印数:1～1 500 册
定价:66.00 元

本书如有印装质量问题请直接寄承印厂调换